本願寺教如の研究　下

小泉義博著

法藏館

本願寺教如の研究　下

目次

第二部　本願寺の動向と諸国門徒衆

第六章　下総磯部勝願寺とその末寺衆……330

本願寺教如の研究　下

第二部　本願寺の動向と諸国門徒衆

第一章　本願寺の動向と近江興敬寺永宗

はじめに

近江国蒲生郡日野牧《ひのまき》の仁正寺村《にしようじむら》（のちに西大路村《にしおおじむら》と改称）に所在する興敬寺（コウキョウジ、いまは東派、松原山）は、「興性寺次第之事」[1]の前半部分によると、親鸞に帰依した円鸞（俗名伊勢兵庫介）が創建した寺院とされ、当初は「興性寺（興正寺とも）」との寺号を称して、京都五条西洞院に所在したという。

円鸞が文永十一年（一二七四）に死去した後、興性寺歴代は、

②円順―③円智―④乗円―⑤証円―⑥円敬―⑦正敬、

と継承された。この⑦正敬は、明徳二年（一三九一）に相模最宝寺から養子として入寺した人物とされ、その際に前代⑥円敬は、「興性寺次第之事」の前半部分を執筆して、⑦正敬に与えたようである。

さらに「興性寺次第之事」の後半部分によれば、これ以降の住持は、

⑧善敬―⑨敬了―⑩玄了―⑪宗了―⑫円明、

と継承される。この⑫円明の時代に、「此代、寺号替ル」とあって、寺号が興性寺から興敬寺へ変更され、また門

徒衆に誘われて京都から蒲生郡日野牧の南大窪村に転じたとされる。この事件は、「本願寺蓮如上人、御年七十八歳之御時、アラタメテ御筆ニテ、興敬寺ト被下候訖」と記されているから、その年齢に基づいて明応元年（一四九二）のことと計算できる。この寺号変更が生じた理由について、一説(2)には、仏光寺経豪が蓮如に帰属して「興正寺」という寺号を下付されたことに対応したものとの指摘があるが、この考え方は筆者には不自然と思われる。むしろ、この時代の興性寺住持たる⑫円明に、弟某があったために、兄円明には「興敬寺」、弟某には「正崇寺（ショウソウジ）」の寺号が下付されて、二ケ寺に分裂したと想定すべきであろう(3)。ちなみに現在の正崇寺は大窪村に所在し、西派に属して川原山と称しているから、移転当初には興性寺はこの大窪村に所在したが、やがてこの地を弟某（正崇寺）に委ねて、兄円明（興敬寺）は新たな寺地（仁正寺村）を得て移転したということなのであろう（移転時期は明応二年頃か）。かくして⑫円明は、明応二年（一四九三）霜月に「興性寺次第之事」の後半部分を作成して、これを次代住持に譲与しているのである。

これ以降の住持については、「興敬寺縁起」(4)に語られている。それによれば、

⑬顕明―⑭敬明―⑮了順―⑯了誓―⑰玄明、

と継承されたとされる。この間の事柄としては、永正八年（一五一一）十一月に「門徒衆覚書」(5)が、「教明」なる住持によって作成されているが、これは⑭敬明と同一人物と考えられる。

そしてその次の⑮了順が、「興敬寺文書」によって知られる「永田栄俊」(6)に該当し、さらに⑯了誓が、その後継者と思しき「永宗」(7)に当たるのであろう。なお、以上の系譜を語る「興敬寺縁起」は、⑰玄明によって寛永十二年（一六三五）二月に作成されたものではあるまいか(8)。

次に、興敬寺の寺領と末寺門徒衆についてあらかじめ述べておこう。永禄十年（一五六七）作成と思しき「寺

近江「興敬寺文書」中の花押・印章（「明性寺文書」を含む）

61：永禄11年（1568）
11月22日
丹後法印証念

60：永禄12年（1569）
卯月12日
丹後法印証念

92：元亀２年（1580）
12月26日
正秀

72：元亀３年?（1572?）
２月13日
上野法眼正秀

68：天正元年（1573）
卯月28日
小松主正勝

62：天正元年（1573）
９月２日
小松原主計助正勝

63：天正２年（1574）
５月17日
小松原主計助正勝

64：天正２年（1574）
６月13日
上法正秀

65：天正２年（1574）
６月29日
正秀

89：天正７年?（1579?）
９月28日
法玄
（法敬坊玄誓）
（ツブレ型）

66：天正８年（1580）
６月13日
「祐勝」

63：天正８年（1580）
８月16日
法玄
（法敬坊玄誓）
（ツブレ型）

 69：天正12年（1584） 6月18日 頼廉	 67：天正10年（1582） 6月18日 頼廉
 87：天正14年（1586） 8月18日 「翫」	 80：天正10年（1582） 6月18日 益田少将照従
 87：天正14年（1586） 8月18日 少進法印仲康	 83：天正10年（1582） 8月5日 常長
 **「明性寺文書」** 天正14年（1586） 極月2日 性乗	 85：天正10年（1582） 8月15日 照従
 **「明性寺文書」** 天正14年（1586） 12月2日 重之	 88：天正10年（1582） 9月3日 仲之
 70：天正15年（1587） 正月朔日 照従	 **「明性寺文書」** 天正10年（1582） 11月15日 照従

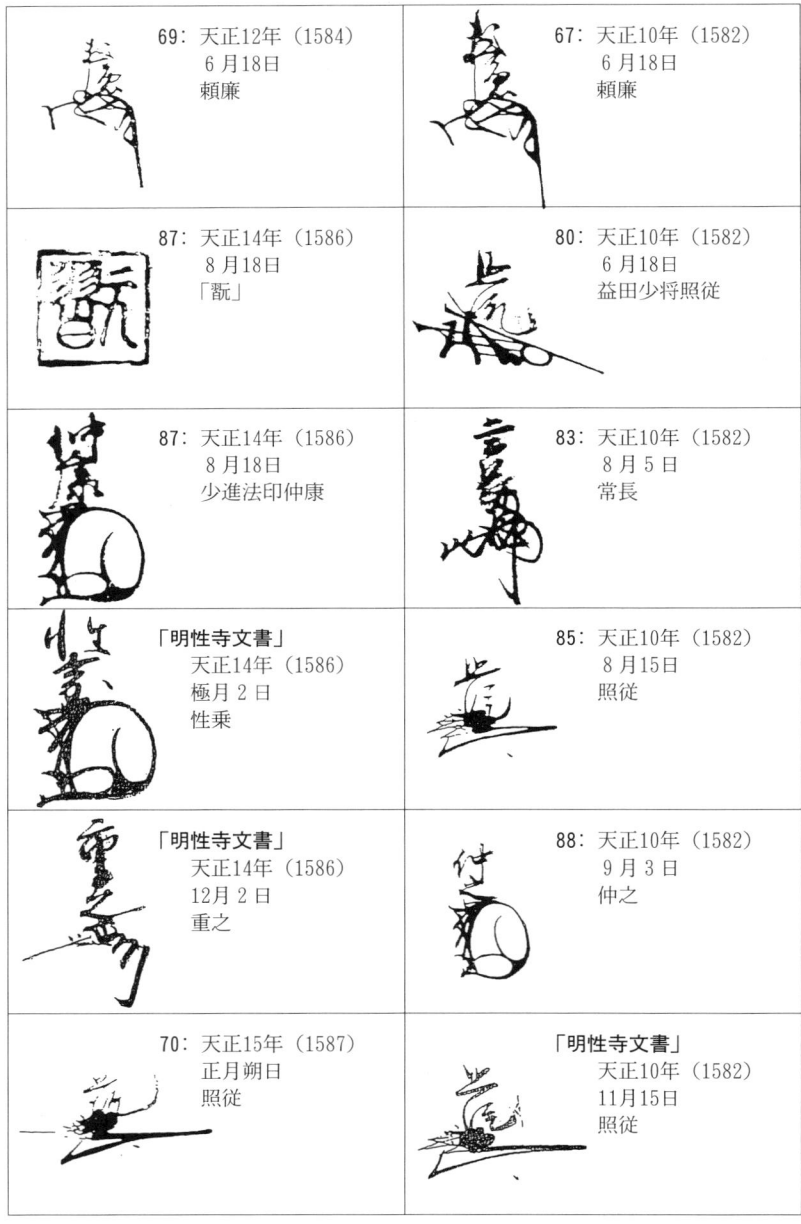

 79：天正16年?（1588?） 6月12日 少進法印性乗	 82：天正15年（1587） 7月19日 頼廉
 74：天正17年（1589） 3月15日 性乗	 71：天正16年?（1588?） 正月28日 「明聖」
 75：天正17年（1589） 3月16日 益田少将照従	 71：天正16年?（1588?） 正月28日 少進法印性乗
 76：天正17年（1589） 3月20日 「明聖」	 73：天正16年?（1588?） 2月28日 「詳定」
 76：天正17年（1589） 3月20日 少進法印性乗 （木版花押）	 73：天正16年?（1588?） 2月28日 刑部卿法印頼廉
 77：天正17年（1589） 3月21日 性乗	 79：天正16年?（1588?） 6月12日 「明聖」

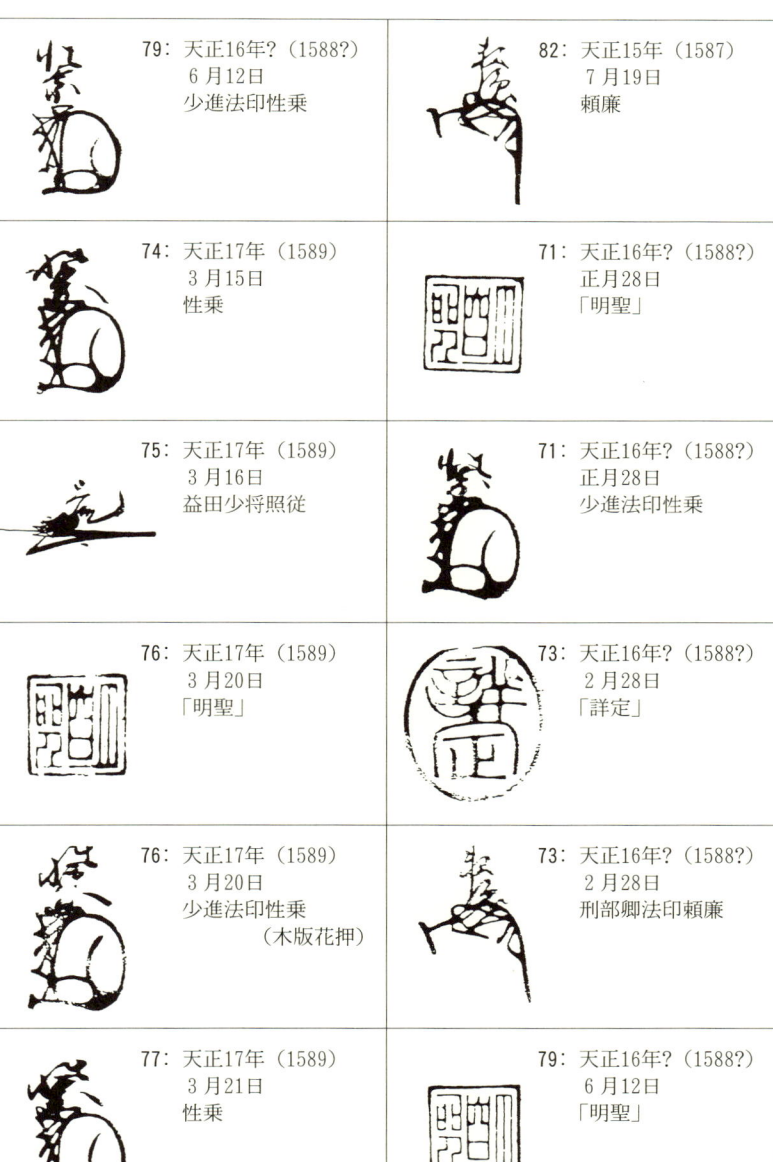

78：天正17年（1589）
3月21日
冨永采女正言之
（バネ型）

90：天正17年?（1589?）
9月29日
教圓

81：慶長元年以降
（1596～）
7月9日
少進法印性乗

91：慶長元年以降
（1596～）
12月13日
冨永采女正言之
（アリ型）

「明性寺文書」
慶長8年？（1603？）
2月2日
「詳定」

「明性寺文書」
慶長8年？（1603？）
2月2日
按察法印頼龍

領・門徒衆覚書（仮称）[9]、および年未詳「松原興敬寺門徒末寺之次第」[10]によれば、寺領としては計七二石（このうち四二石が興敬寺領、三〇石が市左家領）[11]を有し、末寺門徒衆としては、光林坊（甲賀柑子袋、のち光林寺）、高野六地蔵福性寺、八坂香林坊（のち善敬寺）、日野増田明性寺、愛知川宝満寺、西連坊（西蓮坊）、善照寺、益田宝寿坊、仰（アフギ）龍光寺、大黒や（のち西福寺）、ゑひすや（のち連乗寺）、などがいたことが知られる。

　これらのうち特に注意しなければならないのは増田明性寺（ミョウショウジ、いまは東派、閑松山）であって、天正初年になると明性寺は本願寺直参の格式を与えられたらしく、その結果「日野五ケ所」[12]という総称が登場するようになる。この五ケ所とは、興敬寺、正崇寺、明性寺、本誓寺（いまは東派、野田山、現在地日田村はもとは野田村と称した）、照光寺（いまは西派、内池村に所在）の五ケ寺を指している。[13]なおこのうち照光寺については、天正十七年頃に一時期、廃絶に等しい状態となった可能性があり、そのため、これに代えて弘誓寺（グゼイジ、西派、瓜生津村に所在）を「五ケ寺」に含む説も生じたらしい(14)。

本稿で「興敬寺文書」を分析するに当たっては、できるだけ多数の文書を取り上げることとし、また関連の深い「明性寺文書」(15)にも視野を広げて、戦国末期〜近世初期における本願寺の動向と、それに翻弄された近江日野牧門徒衆の動きを、子細に追ってみたいと思う(16)。

一　義昭・信長の上洛と本願寺

永禄十一年（一五六八）七月、越前朝倉義景のもとにいた足利義昭が美濃織田信長を頼って移動したので、信長は九月七日、義昭を伴って上洛することとした。途中の近江では対抗勢力に一撃を加えつつ、九月二十八日に京都へ入った信長は、翌十月に摂津の各地を転戦したのち、二十二日に参内して義昭を将軍に就任させたのである。

大坂本願寺の周辺が騒然たる情勢となってきたことに不安を抱いた興敬寺栄俊は、そこで顕如に書状を発して懇志を進上したところ、次の下間証念書状**61**が付与された。

61　将且私へ十疋、上給候。祝着之至、無是非候。就中、所労之由、無御心元候。此外不申候。
今度爰許、物忩之儀、無御心元由付而、先度被差上飛脚候処、無通路、自途中罷帰候間、即又只今言上。就夫、鳥目二十疋進上之旨、及披露候。心懸之由相心得、能々可申下由、被仰出候。先日之比、以外雖相騒候、急度被仰付、早令静謐候。可御心安候。旁期御参之時候条、不能委細候。恐々謹言。

丹後法印

（永禄十一年）十一月廿二日　　　　　　　　（下間頼総）証念（花押）

（栄俊）興敬寺　御返事(17)

右によれば、ここもとの状況が「物忩」＝物騒であると心許なく思われて、先度は栄俊から飛脚が派遣されたが、軍勢に妨げられて途中から引き返した由である。そこでこの度、再び派遣して鳥目二〇疋を進上されたので披露したところ、心懸けのほど感謝しているとの意向が示された。また先日にはもってのほかの騒ぎが起きたが、厳しい指示が下されて静謐するに至ったので安心しておられるようにと述べ、さらに追而書では、私＝証念にも銭一〇疋が届けられ感謝している。所労とのことであるから養生されるように、と語られているのである。

これの発給年次であるが、冒頭の「今度爰許、物忩之儀」との表現は、信長と本願寺との対立が始まった初期段階の印象を与えているから、永禄十一年十一月のものではないかと思われる。そしてもしそうであるならば、後半部分の「以外雖相騒候、急度被仰付、早令静謐候」との表現は、信長から本願寺に対して命ぜられた礼銭五千貫の納入指示と、これに対する門徒衆の反発、そして顕如の納入決定に伴って寺内が沈静化した経緯を意味しているのではないかと考えられる。

この信長の礼銭賦課については、「細川両家記」に次のように記されている。

一、（永禄十一年十月）今度東国衆（織田信長軍）、摂州入之時、大勢、山崎家々、居取に乱妨之由候。此外、国中郡山所々、被相破候。寺寺吉所は、以礼銭相課。大坂よりは五千貫分、出之由候。

一、堺南北へも二万貫、矢銭被相懸候処、不能承引。城楼を上、堀をほり、北の口々に樋を埋み候間、矢銭之儀、相延由候。(18)

すなわち、「東国衆」＝信長軍が摂津に入ったとき、山崎の家々に陣を取って乱妨を働いたほか、寺院・吉所（公家か）には礼銭を課した。そこで大坂本願寺からは五千貫が上納された。また堺の南北町にも矢銭二万貫の上納が命ぜられたが、堺はこれを承引せず、城楼を築き堀を掘り、北の出入り口には防御のための樋を埋めて対抗の姿勢を見せた。その結果、矢銭の納入は延び延びとなっている、と述べられているのである。

この記事では、本願寺門徒衆の動きが語られていないので判然としないが、堺衆と同様に、彼らが一戦を構えようとしたであろうことは容易に推測できる。けれども顕如の意思として納入が決定されたならば、門徒衆としてはこれに従わねばならず、やがては静謐に帰したことであろう。このように考えるならば、先引の史料61が永禄十一年十一月の発給であることは、まず間違いないと思われる。

それから五ケ月後の永禄十二年（一五六九）四月、興敬寺栄俊はまた顕如に音信を認めて懇志を進上したところ、次の返書60がもたらされた。

60　端書無之候。

就此方之儀、無御心元被存、言上、并為御音信二十疋、又自御門徒中二十疋、進上之旨、令披露候。相心得、具可申下由、被仰出候。時分柄、寔大切之心懸候。彼方(織田信長)任存分、新儀非例、雖申来候、随分以無為之儀、被仰分、当分先御静之儀候。自然又、不図於理不尽之族者、為不可被及是非、普請以下被仰付、御要害御堅固候。第一　御門主様尊体、近日御勇健御座候。旁以可御心安候。仍私へ二十疋到来、不存寄芳意、難申謝候。尚期後喜、不能委細候。恐々謹言。

丹後法印

(永禄十二年)卯月十二日　証念(下間頼総)（花押）

ヒノ
興敬寺(19)
御返事

右の下間証念書状60によれば、この方の状況につき心許なく思われて、書状と懇志二〇疋、また門徒中からの懇志二〇疋を届けられたので、これを披露したところ謝意が示された。「彼方」＝信長の存分によって、「新儀非例」すなわち礼銭が賦課されるに至ったが、種々の尽力によって落着に帰し、当分は静謐の事態となった。今後もし同様に理不尽を申し懸ける者がいたならば、必ずしも無事に決着がつくとは限らないので、普請を指示して要害を堅固に築いておられる。御門主様＝顕如の尊体は、近日ますます御勇健であるから、安心しておられるように。また私＝証念にも二〇疋が到来し、思いもよらない芳意で感謝している、と述べられているのである。

ここに見える「新儀非例」というのが、信長から課せられた礼銭を指していることはまず間違いなく、しかも対応策を講じて「御静之儀」になったと語られるから、これの発給は永禄十二年卯月と推測してよいであろう。そして顕如は今後のことを考えて、要害の普請を指示したと語られており、こうして次第に顕如は反信長の姿勢を強めて、ついに翌永禄十三年（元亀元年、一五七〇）九月に石山合戦に踏み込むこととなったのである。

二　第一次石山合戦と下間頼総の死去

永禄十三年（元亀元年）三月、岐阜から京都に上った信長は、足利義昭邸の完成を祝う能楽の上演を見た後、四月二十五日に出陣して越前朝倉義景の攻撃に向かった。ところが敦賀を制圧した段階で突然に近江浅井長政が反旗を翻したため、信長は急ぎ朽木越えを通って退却しなければならなかった。

六月、体勢を立て直して再び近江に出陣した信長は、二十八日に姉川で朝倉・浅井軍に対して打撃を与える。一旦岐阜に戻った信長は八月二十日、今度は「南方表」（摂津野田・福島方面）に向けて出陣するが、これには義昭も加わっていた。九月三日には義昭は摂津中島（中之島）に動座し、十二日には信長・義昭はともに海老江に据陣する。そして大坂本願寺に対して直接攻撃を加えるに至ったために、顕如はついにこの日（元亀元年九月十二日）、門徒衆に決起を呼びかけたのである。かくしてここに顕如と信長との第一次石山合戦が開始されることとなった（元亀三年三月まで）。

顕如の挙兵を知った朝倉・浅井勢は、これに呼応して西近江路を長駆し、比叡山に達して京都を窺う形勢を見せる。この結果、信長は腹背両面に敵を迎える危機となったのであるが、まもなくに同年十二月の降雪期となって、朝倉義景が単独で信長と講和して撤退していってしまう。積雪で退路を断たれる危険性を避けるためであったが、このことで信長は窮地を脱することができたのである。そしてその報復として彼は、翌年元亀二年（一五七一）九月十二日に比叡山を焼き討ちしてしまうのである。

それからまもなくの元亀二年十二月九日、顕如の側近として活動していた下間丹後頼総（証念）が死去する。[20] この報に接した興敬寺千世菊（前住栄俊の後継者）は、そこで使者を本願寺へ派遣して懇志を進上し、弔意を表すこととした。

92　端書無之候。

此方御気遣候由、相聞、以使者被申上候。丹後法印（下間頼総＝証念）、依不慮儀、被相果候。然共、無相替御事、可御心安候。様体者、使者可被申候。就中、綿子一把進上被申候。同自御門徒衆一把、進上被申通、何以遂披露候。相心得、能々可申旨、被仰出候。次私へ十疋、被給候。路次不輙候処、懇意、祝着無極候。来春者早々御参、待申候。

彼是取乱、不能一二候。恐々謹言。

（元亀二年）
十二月廿六日　　　正秀（花押）

興敬寺
千世菊殿
御返事

右の下間正秀書状92は、文言中に下間頼総の死去が語られているから、元亀二年十二月のものとしてよい。その言うところは、この方＝大坂本願寺に気遣いな事態が生じている由が耳に達し、使者を派遣してこられた。確かに丹後法印頼総（証念）は不慮の出来事によって死去したが、本願寺にとっては重大事となっていないので、安心しておられるように。状況の子細については使者が申されるであろう。なお懇志として綿子一把が進上され、また門徒衆からも同一把が届けられたので披露を遂げた。さらに私＝正秀にも銭一〇疋が届けられた。路次の不安な時に懇意を示されること、まことに祝着である。来春には是非とも参詣していただきたい、と述べられているのである。

この充所に登場する「興敬寺千世菊」とは、前住持たる栄俊の後継者に当たる人物なのであろう。つまりこの元亀二年十二月の時点で栄俊はすでに死去していて、その跡は千世菊が継承していたことが知られるのである。前引した史料61（永禄十一年十一月）では栄俊の「所労」が語られていたから、これが悪化して死去するに至ったものと思われる。

三　興敬寺の跡目問題

前住持栄俊の名が最後に確認できる史料は、次の六角義治安堵状写であろう。

108　御墨附之写

就垣見在城仁、申通、聞分候。

一、蒲生下郡、諸入方、奉行之事。

一、桐原七郷、諸寺庵領之事。

一、興敬寺屋敷・寺内之事。

右、不可有相違者也。仍如件。

元亀二
五月廿八日　　　義治　御印

永田栄俊へ

右によれば、興敬寺住持たる永田栄俊は還俗して六角義治配下に属し、垣見城に警固として在城することとなったので、栄俊の三項目の権益が義治から安堵されている。すなわち、①蒲生下郡の「諸入方」（他領主の知行地であろう）を管理すること、②桐原七郷における寺庵領を管轄すること（知行地として支配する意か）、③興敬寺の屋敷・寺内を所有すること、以上の三項目である。この史料によって栄俊は元亀二年五月までは存命し、六角勢の一員として活動していたことが知られるのである。

ところが栄俊はそれからまもなくに死去したらしく、元亀二年十二月には後継者たる「千世菊」が登場するのである（前掲史料92）。彼はその名から判明するように元服（得度）以前の少年で、しかもおそらくは栄俊の実子ではなく、一族の子弟（甥など）だったのであろう。そのために門徒衆からは、彼の継承について強い異論が提起されることとなった。

72　已上。

就興敬寺跡目之儀、無筋目者之由、自門徒中、慥申上候条、既坊主可被仰付之［　　］召候。然処、今度其方、国並之儀被仰出候趣、守　御掟、不顧身命馳走仕通、忠節思召、被成御感候。則坊主職、永代被仰付訖。難有存知、向後［　　］一味同心、［　　］水魚之思、上儀等之事、猶々可申上之旨、被仰出候者也。仍如件。

上野法眼
正秀（花押）

（元亀三年カ）
二月十三日

興敬寺
永宗
進之候(21)

右の二月十三日付け下間正秀書下状72によると、興敬寺の「跡目」＝後継者に、筋目（正統性）のない者が継承したとの旨が、門徒中から本願寺に訴え出られた。しかしながら、すでに永宗が興敬寺の「坊主」として認められているのであるから、この旨を承知するように。その方の位置付けは「国並」（在地の一般寺院と同列との意か）たるべしとの意向であって、この決定に従って身命を捨てて馳走されるならば、その忠節に対しては必ずや門主の「御感」が示されるであろう。よって坊主職が永代に安堵されたので、これに感謝の念を持たれ、今後は門徒衆と一味同心して水魚の思いで、「上儀」＝門主に対して一層の尽力を示されるようにとの仰せである、と述べられているのである。これの発給年次は、先引92の二ケ月後、元亀三年（一五七二）二月と推測するのが無理が少ないであろう。そしてもしそうであるならば、千世菊は元亀二年十二月〜翌三年二月の間に得度を果たして、興敬寺住持に正式に就任したことが判明するのである。

なお、それからまもなくの元亀三年三月、本願寺顕如は一旦、信長と和睦を締結することとした。『信長公記』では顕如から白天目が献上されたと語られており、ここまでが第一次石山合戦（元亀元年九月十二日〜元亀三年三月）に当たるのである。

四　信玄の死去

第一次講和によって顕如と信長との対立関係は解消されたが、しかし北陸・東国方面においては合戦が続いていた。とくに甲斐武田信玄が、元亀三年十一月下旬に軍勢を動かして遠江二俣城を攻略するに至ったため、信長は直ちに出陣し、また徳川家康も浜松城から兵を出して対戦したのであるが、十二月の三方原における合戦で信長・家康連合軍は敗北を喫してしまった。

翌元亀四年（天正元年、一五七三）、信玄はさらに三河野田城を攻撃して二月十七日にこれを制圧するが、その陣中で彼は発病するに至ったので、急ぎ甲斐府中へ戻ることとした。しかしながらその途中の四月十二日、ついに信濃伊那郡駒場で死去してしまうのである（五三歳）。

信玄死去の第一報は直ちに本願寺顕如のもとにも届けられるが、それを報じたのは興敬寺永宗の名代（道西）だったと思われる。

68 （端裏ウワ書）「永宗　御返報　（小松原主計助）小松主」

東国之様体、御注進旨、具被遂披露候。御心懸、神妙被　思召之旨候。為御志茶二袋、御進上付而、（下間上野法眼正秀）上法へ同二袋、慥申聞、即御返事被申候。尚以相意得、可申入旨候。此方弥御無事、殊更　上々様、御勇健御座候。別而可御心安候。次私へ同二袋、上給候。毎度之御懇志至、難有無冥加存候。就中、河州表様体、道西ニ申含、可被申渡候。爰元御堅固御座候間、可御心安候。恐々謹言。

（天正元年）卯月廿八日　　　　正勝（花押）

永宗　御返報（22）

右の68は卯月二十八日付け小松原正勝（下間正秀の手次）書状であって、その言うところは、「東国」の情勢について注進がもたらされ、これをつぶさに披露したところ、心懸けのほど神妙との意向であった。また志として茶二袋が進上され、下間正秀へも茶二袋が届けられ、いま返信が付与された（遺存しない）。この方は御無事であり、上々様＝顕如は御勇健であるから安心されるように。さらに私＝正勝へも茶二袋が届けられ感謝している。なお河州表の様体については道西（これが使者である）に申し含めたので、お聞きになっていただきたい、と述べられているのである。

問題なのは、冒頭に見える「東国」の情勢とはなにか、またこれの年次はいつかという点である。前述したように、信玄は元亀四年（天正元年）四月十二日に伊那駒場で死去するが、遺体はそのまま甲斐府中まで運ばれたから（約一六〇km＝四日間）、四月十六日にはここに達していたことであろう。この信玄死去の事態を把握した道西（興敬寺名代として甲斐府中に派遣されていたか）は、その翌日十七日に甲斐府中を出発して近江日野牧に向かったであろうから、四月二十五日には興敬寺に到着していたと考えられる（約三六〇km＝九日間程度）。そして情勢を永宗に伝えてその書状と懇志を携え、さらに翌日二十六日に大坂に向かって出発したならば、本願寺には二十七日夕刻には到着していたに違いない（約一〇〇km＝二日間）。かくしてその翌日二十八日に道西は、顕如に書状・懇志を進上して情勢報告を行い、右の68（卯月二十八日付け）を拝受したのである。以上のように想定してよいならば、冒頭の「東国之様体」とは、信玄死去の第一報であった可能性が極めて高いのであり、またその年次は元亀四年（天正元年）卯月のものと推断して差し支えないのである。

なお、後半の「河州表」の情勢というのは、足利義昭が同年二月に反旗を翻して二条城に立て籠もったことに呼応し、河内若江城の三好義継が騒動を引き起こしていたことを意味するのではなかろうか。信長は三月下旬に上洛して義昭に圧力を加え、四月七日には義昭を降伏に追い込むことに成功する。ところが義昭は七月に、またもや反旗を掲げて山城槇島城に立て籠もったため、信長は七月十八日にこれを攻撃して、ついに義昭を二十一日に河内若江城に追放してしまうのである。こうした推移を踏まえるならば、68の「河州表」とは河内若江城の三好義継を指すことは間違いなく、おそらく彼は二月～三月の時点でも義昭に呼応して兵を挙げていたのであろう。そして以上のような推測が妥当ならば、この68が元亀四年（天正元年）卯月のものであることはまず間違いないと思われるのである。

なお、それからまもなくの天正元年八月、信長は越前朝倉義景に総攻撃を加えてこれを滅ぼし、次いで反転して近江浅井長政も滅ぼしてしまう。そしてその後の越前統治は、旧朝倉被官から寝返った桂田長俊（もとは前波吉継）・富田長繁らに委ねることとした。こうして信長包囲網の一角が崩れてしまったため、顕如は越前を奪い取って再びその勢力圏に加えるべく、加賀一向一揆に対して南下の指示を発するのである。

五　勝頼の家督相続

ところで、その後の甲斐における情勢であるが、信玄死去に伴う服喪期間が明けて、その子勝頼が家督として発した最初の文書は、八月十九日付けの次のごとき書状だったと思われる。

就家督相続、被凝精誠巻数、送給候。令頂戴候。殊筆五対・椀一具到来、珍重候。是茂任例年之旨、黄金二両、進之候。猶武運長久、当家繁栄之懇祈、任入候。恐々敬白。

（天正元年）八月十九日　勝頼（花押）

高野山
成慶院(23)

この勝頼書状によると、高野山成慶院から家督相続に関して、祈祷の精誠を尽くした旨の巻数が届けられ、また合わせて筆・椀が届けられたことを感謝する。これに対して勝頼から成慶院へは、例年通り黄金二両を進呈するので、武運長久と当家繁栄の祈祷を行っていただきたい、と述べたものである。勝頼が甲斐国主として発給する文書は、これ以降次第に増加していくから、この八月十九日をもって勝頼政権が正式に発足したと解してよいであろう。なお右の文書によれば、家督継承について勝頼からかなり早い段階で、その第一報が成慶院に届けられていたことが判明し、それを受けて成慶院は祈祷の巻数を返送していたことが知られる。つまり右の書状は勝頼からの第二報に当たるのであって、この事実を踏まえるならば、信玄がみずからの死去を秘するように指示したとの説は、少なくとも成慶院との関係においては妥当しないのである。

そこで次に、右の勝頼書状を高野山まで届けた使者の動きを考えてみよう。使者は、右が作成された翌日二十日朝には甲斐府中を出発したであろうから、高野山まで最短の経路で約四五〇km、日数で十二日間程度を要したと想定するならば、彼が高野山に到着したのは九月二日頃であったと思われる（八月は小の月）。しかるに「興敬寺文書」には、それと全く同時期の天正元年九月二日付けで、次のごとき小松原正勝書状62が伝存している。この日付に注目して推測を逞しくするならば、もしかして62を大坂で拝受した興敬寺名代は、前述した勝頼の使者と同道して行動していたのではあるまいか。

62 「(端裏ウワ書)(墨引)(異筆)「天正元年」

ヒノ
興敬寺
御返報　　　　小松原主計助
　　　　　　　　　正勝　」

端書不申入候。

御注進之様体、具被遂披露候。殊更銀子四文目、御進上候付而、上野法眼(下間正秀)へ同五分、具申聞、即御返事被申候。尚以相心得、可申入由候。此方弥　御門主様、御堅固御座候。別而可御心安候。次私へ同三分、被懸御意候。遠路不輙処、御懇志難有、無冥加存候。旁期御参候。恐々謹言。

(天正元年)九月二日　　　　正勝(花押)

ヒノ
興敬寺
御返報(24)

これによれば、いま注進された様体＝情勢を披露し、また顕如への銀四匁、上野法眼＝正秀への銀五分について言上して御返事が付与された(遺存しない)。御門主様＝顕如はいよいよ御堅固であるから安心されるように。さらに私＝正勝へも銀三分が届けられ感謝している、と述べられているのである。文面からは年次推測が困難であるが、異筆の追記に従って天正元年九月二日のものとしておこう。

この日付に基づくと、これを拝受した興敬寺名代は、その前日一日の夕方には大坂に達していたこととなるが、この動きと、前述した勝頼の使者の動きとが、日付のうえですこぶる接近している点が注目されるのであって、もしかすると彼らは同道して行動していたのではなかろうか。もしこの推測が妥当であるならば、勝頼は本願寺顕如充ての書状も同様に作成していたに違いないから、それの持参を託されたのは興敬寺名代だった可能性が極めて高いこととなるであろう。

そこで、勝頼使者と興敬寺名代とが同道していたとの仮定に立って、彼らの動きを推測してみよう。彼ら両人は、勝頼書状の日付けの翌日、すなわち八月二十日の朝に、甲斐府中を一緒に出発したのである。そして興敬寺名代は、途中で住持永宗の懇志と書状とを所持しなければならないから、彼ら両人は近江日野牧に八月二十八日夕方には到着していたと思われる（甲斐府中〜日野牧は約三六〇km＝約九日間）。そして翌二十九日朝に日野牧を出発して、大坂本願寺には九月一日夕方に到着する（日野牧〜大坂は約一〇〇km＝二日間）。かくしてその翌日二日に顕如に勝頼書状と永宗書状とを進上したところ、前掲の九月二日付け正勝書状62が下付されたのである。続いて翌三日朝、使者と名代とはさらに同道して大坂から高野山に向かったであろうから、高野山成慶院には九月五日夕方に到着したと考えられる（大坂〜高野山は約八〇km＝二日間）。こうして使者は、先引した勝頼書状と黄金二両とを成慶院に進上したのであり、その後、十数日間ここに逗留して旅の疲れを癒したことと考えられる。

しかるに九月十九日朝になって、使者と興敬寺名代は再び同道して高野山を出発し、大坂に向かう。本願寺には二十日夕方に達したと考えられ、彼らの到着を聞いて顕如は翌二十一日、次の書状を使者に託して勝頼に届けるよう命じたのである。

今度家督之儀、尤千喜万悦、目出覚候。仍太刀一腰為時・腰物国光熨付・馬一疋、進入之候。表祝儀計候。猶節々可申伸候。委曲頼充（下間正秀）法眼、可申入候。——。

（天正元年）九月廿一日

——

武田《(勝頼)》四郎殿(25)

すなわち、勝頼が武田家家督を継承されたことは誠にめでたい事柄であって、祝儀として太刀一腰（為時作）・腰物＝脇差し（国光作、熨斗付き）・馬一疋を進上する。なお子細は下間頼充（正秀）が伝えるであろう、と述べられているのである。

こうして使者と名代の両人は、九月二十一日に大坂を発って近江日野牧に立ち寄り、先引した正勝書状62を興敬寺永宗に渡したうえで、二十三日朝にここを発って甲斐府中に向かったのである。甲斐府中に到着したのはおそらく十月一日夕方のことだったであろう（九月は大の月）。なおもしかすると、右掲の顕如書状案に「委曲頼充法眼、可申入候」と記された下間頼充は、彼らに同行して甲斐へ祝詞言上に赴いた可能性も指摘できるのではあるまいか。

六　第二次石山合戦

第一次講和（元亀三年三月）が成立したことにより、信長勢との対戦は一応停止とされたから、本願寺の周辺においては平穏な状況が生まれたことであろう。けれども顕如は、加賀一向一揆に対して越前への南下を命じていたので、ここでは再び激しい戦乱に突入することとなった。朝倉氏滅亡後の越前支配を委ねられたのは、旧朝倉被官の桂田長俊・冨田長繁らであったが、翌天正二年（一五七四）正月になって冨田長繁が桂田長俊を攻め滅ぼす事件が勃発し、これを契機に一向一揆勢が加賀から越前へ大挙南下して、ついにその北半（木目峠以北）を制圧してしまったのである。顕如はこの越前の支配のために下間頼照・七里頼周らを派遣していた。

越前におけるこうした新たな戦況に呼応するために、甲斐武田勝頼も正月二十七日、美濃恵那郡岩村に出陣して明智城を攻囲し、やがてここを制圧するに至る。信長はこの動きを聞いて二月五日、岐阜を出陣するのであるが、まもなくに明智城が敵の手に落ちたために、兵を返して二月二十四日に帰城したのである。そして三月になって信長は上洛し、東大寺正倉院の蘭奢待を拝領する手続きを行って、五月下旬にまた岐阜に戻っていった。

越前が一向一揆の支配下に属し、また甲斐武田勝頼も美濃恵那郡の明智城を制圧する情勢となったため、顕如は天正二年四月三日、再び反信長の姿勢を鮮明にして第二次石山合戦に踏み込んだのである（天正三年十月二十一日まで）。

さて勝頼は、それからまもなくの天正二年五月十二日、遠江高天神城に対する攻撃を開始し、六月にはこれを制圧してしまう。信長はこれを阻止すべく急ぎ岐阜から出陣したが、六月十九日に早くも高天神城が落城した旨の報を得たので、それ以上の進撃を諦めて反転し、六月二十一日には岐阜に戻ったのであった。

この高天神城をめぐる合戦に関連して発せられたのが、次の三点の書状である。このうちまず二点を引用してみよう。

63 「（端裏ウワ書）（墨引）
興敬寺
御返報　小松原主計助
正勝」

「（袖異筆）天正二年」

此方弥御無事、殊更　上々様、御堅固御座候。別而可御心安候。爰元相応之御用、承候者、可為本望候。

已上。

態飛脚被差上、其許様体御注進通、具被遂披露候。御心懸段、無比類之由、相心得、能々可聞入旨候。従上法（下間上野法眼正秀）、直札可被参候処、時分柄、被取乱候間、拙者如此候。尚々相替事候者、御注進専用之由候。恐々謹言。

（天正二年）五月十七日　　　　正勝（花押）

興敬寺　御返報（26）

64「（端裏ウワ書）（墨引）」「（異筆）天正二年」　上法 正秀」

興敬寺　御返事

端書無之候。

東国辺之儀、態道西被差越、様体具被申入、指図等被上申候。即懸御目候。心懸、神妙之儀候。殊道西方之苦労、無是非事候。彼表之儀、猶々能々被立聞、憐ニ様体、追而可被申上候。路次、別而雖可為造作候、彼方儀、御肝煎共候間、被聞召度之由、被仰出候。委曲道西可被申候。恐々謹言。

（天正二年）六月十三日　　　正秀（花押）

興敬寺　御返事（27）

右に引用した二点の史料は、本来は下間正秀書状64（後者）が先行して発せられ、これに続いて小笠原正勝副状63（前者）が添えられるべきものである。けれどもこの時点では、正秀になんらかの事情（他所への使いなど）があって発給が遅れたために、やむなく逆の順序で下付されることとなったものである。

前者の小松原正勝書状63によれば、いま飛脚（後者に登場する道西を指す）を派遣して様体を注進されたので、これを顕如に披露したところ、心懸けのほど比類なしとの意向が示された。本来ならば下間正秀が直札によってまず謝意を表すべきであるが、時分がら取り乱した状況なので、拙者＝正勝が先にこの書状を発して礼辞を伝えるところである。今後も情勢の変化があれば注進して頂きたいと述べられ、さらに追而書では、この方は御無事で、上々様＝顕如は御堅固であるから安心されるように。なおここもとにおける相応の御用を承ることがあれば本望である、と記されているのである。

次いで一ケ月遅れで発せられた後者の下間正秀書状64によると、東国の情勢について道西を遣わされて様体を言上され、「指図」（地図か）などをもたらされたので、顕如が御目を懸けられるところとなり、心懸けのほど神妙との御意向であった。ことに道西の苦労は言うべき言葉もない。かの「表」について今後もよく情報を収集され、逐一言上していただきたい。路次では造作＝困難な状況があるであろうが、彼方の情勢については注目しておられ、詳細を聞きたいとの御意向である。なお委曲は道西から申されるであろう、と述べられているのである。

この二点の発給年次は、異筆の追記によって天正二年のものと判明するが、そのうち前者63の五月十七日という日付は、武田勝頼軍が遠江高天神城に対して攻撃を開始する五月十二日の、わずか五日後に当たっている。この点を踏まえて推測を逞しくするならば、興敬寺が派遣した名代＝道西は、もしかすると勝頼軍に随伴して行動していたのではなかろうか。

前者63が発せられた五月十七日を基準にして、名代（＝飛脚、道西）の動きを逆算してみよう。彼はその前日十六日には大坂本願寺に達していたはずで、そのためには十五日朝には近江日野牧を出発していなければならない（日野牧～大坂は約一〇〇km＝二日間）。そしてその前日十四日に彼が日野牧に達するためには、遠江高天神城の攻囲軍中を十日には離脱していなければならない（高天神城～日野牧は約二二〇km＝五日間）。しかるにこの十日というのは、勝頼軍が高天神城の攻撃に着手する二日前に当たるから、もし名代（道西）が勝頼軍に随伴していたならば、彼は勝頼軍が高天神城の周囲に着陣して態勢を調えた時点で、この新たな情勢を伝えるべく勝頼軍を離れて、近江日野牧を目指したということになるであろう。そしてさらに大坂本願寺に達して63の下付を受け、直ちに彼は日野牧に戻り、次いで再び高天神城の攻囲軍中に戻っていったものと思われる。

けれども、本来同時に発せられるべき64については、下間正秀が大坂にいなかったため、この時点で名代（道西）に手交することは不可能であった。そこで正秀が戻ってきた六月十三日にようやく花押が据えられて、一連の手続きは完了したのであるが、それはそのまましばらく大坂本願寺で正秀が預かることとしたのではなかろうか。そして、遠江の勝頼軍に戻った名代（道西）が、その一ケ月後の六月二十九日に再び大坂にやって来て、高天神城の新たな情勢を報じた際に、預かっていた前回の64と、次の65とが、同時に名代（道西）に下付されたのではないかと考えられる。

65（端裏ウワ書）「　　　　（異筆）「天正二年」
興
「　　　」　　　　　　　　　　　正秀　」

尚々、相替儀候者、早々御申可越候。以上。

遠江表高天神様体、以一書、御注進之通、具遂披露候。路次不合期時分、早々被申上候。誠以神妙ニ被思召候。濱松之様子、慥被聞召度候間、能々被立聞、聽而可被申上候。路次雖可為御造作候、相替儀共、追而可被申上候。随而越前表之儀、一国平均御存分ニ被仰付候間、別而可御心安候。猶期後音之時候。恐々謹言。

（天正二年）六月廿九日　　　　　　正秀（花押）

興（28）
御返事

右の六月二十九日付け下間正秀書状65は、異筆の追記によって天正二年のものと判明するから、前引した64の十六日後のものである。その言うところは、遠江表の高天神城の様体につき、一書をもって注進された通りに披露を遂げたところ、路次のたやすからざる時分に、早々に言上されたことは誠に神妙とのことであった。なお浜松の様子についてもお聞きになりたいとの御意向であるから、得られた情報は速やかに言上していただきたい。路次には造作なる状況があるであろうが、情勢の変化は逐一お知らせいただきたい。なお越前表では「一国平均」が達せられて、顕如の御存分の通りになっているから安心されるようにと述べられ、さらに尚々書でも、情勢の変化があれば直ちに言上されるように、と見えているのである。

前述のごとくに高天神城は、勝頼軍が五月十二日から攻撃を開始し、六月中旬にはその制圧が完了していた。『信長公記』の記事によれば、信長が落城の報を得たのは六月十九日に今切の渡りにおいてとされるから、制圧はその前日六月十八日のことであろう（高天神城～今切は約六〇㎞＝一日半の行程）。他方で、右の65の六月二十九日という日付を基準にするならば、落城は六月二十一日以前のこととしなければならない（高天神城～近江日野牧～大坂は約三一〇㎞＝約七日間）。かくして、この両者から得られた結論（『信長公記』からは十八日の落城、右の65からは二十一日以前の落城）に齟齬が生ずることはないので、65によって注進された情勢とは、勝頼軍による高天神城制圧の第一報であったと考えて、まず間違いないと思われるのである。

ところでこの65では、越前が「一揆持ち」（『信長公記』）の体制となったことを、「一国平均」と呼んでいる点にも注目しておきたい。しかもそのことにより、顕如は御存分の通りに指示されていると語られているのであるから、天正二年に一向一揆が越前を制圧したことは、明らかに顕如の指示に基づくものであり、少なくとも本願寺坊官としてはこのように認識していたことが確認できるのである。

さて、信長が越前一向一揆を制圧するために岐阜を発ったのは、翌年天正三年（一五七五）八月十二日のことである。十四日には敦賀に達して、その翌日十五日から、木目峠とその周辺の諸城に立て籠もる一揆勢に総攻撃を開始した。そして翌十六日には早くも信長は敦賀から府中龍門寺城へ移動し、続いて二十三日には一乗谷、二十八日には豊原寺へと移陣して越前の平定を進めたのである。九月二日に北庄にやって来た信長は、城郭の普請を指示するとともに、越前の新たな支配体制を決定し、一旦は豊原寺に戻る。そして九月十四日に北庄へ移って越前国掟条々を定めた後、二十三日にここを離れて府中へ移動し、さらに翌二十四日には今庄から近江椿坂へ抜け、次いで美濃垂井を経て二十六日に岐阜へ帰城したのであった。

こうして越前一向一揆が壊滅させられたために、顕如は信長との対戦を中止することと決し、天正三年十月二十一日に第二次和睦を締結したのである（第二次石山合戦は天正二年四月三日〜翌三年十月二十一日）。

七　第三次石山合戦

天正四年（一五七六）四月十四日からは第三次石山合戦が開始される。先に攻撃を仕掛けたのは信長方で、以後は本願寺周辺で合戦が展開されることとなったので、顕如はこれを「籠城」と呼んでいる。これが終了するのは天正八年（一五八〇）四月（顕如の大坂退城）であるが、しかしその後、長子教如が籠城戦の継続を唱えて四ケ月間立て籠もるから、彼の退城までを第三次石山合戦に含めるならば、その終了は天正八年八月である。

天正四年四月十四日から信長は、荒木村重・細川藤孝・明智光秀・原田直政らに命じて、大坂本願寺に直接に攻撃を加えさせた。五月三日には三好康長・原田直政らが木津へ攻め寄せるが、これに対抗して本願寺勢は「ろうの岸」から討って出て、原田直政らを討ち取ってしまう。信長は五月五日に出馬して各方面の軍勢を督戦し、六月上旬に一旦安土に戻っている。

七月十五日になって、安芸毛利氏の水軍が八〇〇艘の大船を繰り出し、海上から大坂本願寺に兵粮を運び込もうとした。対する信長方は三〇〇艘の船で木津川口を塞ぐが、数の上では敵わず、毛利水軍は兵粮を運び入れて撤退していったのである。信長はこの報を得て出馬しようとしたが、すでに敵勢が退却したことを聞いて思いとどまった。そして安土城の普請事業にしばらく注力した後、十一月に参内して内大臣に任ぜられたのである。

翌天正五年（一五七七）二月、紀伊雑賀衆のうちの三緘衆と、根来寺の「杉の坊」とが、信長の味方に転ずる旨を申し出てきたので、信長は雑賀攻撃を実施する。二月十三日に出京した信長は、八幡・若江・和泉香庄へと陣を進め、さらに佐野・志立と進撃して、二十二日から軍勢を雑賀へ乱入させる。二十八日には淡輪へ移陣し、三月二日には鳥取郷若宮八幡宮へと移動するが、この段階で七人の雑賀衆（土橋平次・鈴木孫一・岡崎三郎大夫・松田源三大夫・宮本兵大夫・嶋本左衛門大夫・栗村二郎大夫）が、本願寺方を離れて信長方に帰属するに至ったので、信長は彼らを赦免している。そして各地を転戦した後、三月二十七日に安土城に戻るのである。

しかるに八月十七日になって、信長方であった松永久秀・久通父子が謀叛を企て、守備した天王寺城を脱して大和信貴山城に立て籠もった。そこで信長は、細川藤孝・明智光秀・筒井順慶らに命じて攻撃を行わせ、十月十日に織田信忠の指揮下でこれを制圧している。

天正六年（一五七八）になると、四月四日から織田信忠勢を大坂表に転戦させ、四月中旬～下旬には滝川・明智・丹羽勢を丹波に派遣している。五月一日からは織田信忠勢を播磨に出陣させ、これに続いて信長も出馬しようとしたが、中旬から大雨と洪水とが発生したために延期を余儀なくされる。しかるに六月十六日、播磨在陣の秀吉が上洛してきて、三木城の別所長治に苦戦している状況を報じたので、信長は出馬をやめて、滝川・明智・丹羽勢や、織田信孝・織田信雄らを派遣することとした。そして七月十五日には神吉城を攻略することができたのであった。

七月中旬、伊勢九鬼嘉隆に命じていた大船が完成し、大坂表に回航されて海上警固の任に就く。そこで信長は九月三十日にこれを堺津で観閲している。

ところが十月二十一日、これまで信長に従っていた摂津有岡城（伊丹城）の荒木村重が逆心を企てるに至った。信長は十一月九日から摂津に出馬し、高槻城の高山右近を帰順させることができたが、それ以上の戦果は得られず、各地の城砦に在番衆を配置して、十二月二十五日に安土に帰城したのである。

翌天正七年（一五七九）四月八日から信長は、播磨に織田信忠らの軍勢を派遣して、三木城の別所長治に攻勢を加える。八月中旬には再び信忠勢を摂津に派遣し、有岡城の荒木村重に攻撃をかけたところ、九月二日に村重は妻子や若党らを置き去りにして城を捨て、尼崎に転じてしまった。その結果、捕虜となった者達の多くは十二月十三日に尼崎近隣で磔とされ、また荒木一族は京都に移送されて十二月十六日に六条河原で処刑されたのである（村重自身はその後天正十四年まで存命）。

荒木村重が有岡城を捨てた結果、まもなくにここが制圧されて、残された妻子らが捕縛されたとの報は、本願寺方にとっては衝撃であったに違いない。そこで興敬寺永宗は、得られた情報を顕如に伝えるべく使者を派遣したらしい。それに対して発せられたのが次の法敬坊玄誓書状**89**と考えられる。

89（端裏墨引アリ）
尚々、我等式迄、御懇之義、無申計候。猶御使者可被申候。以上。
今度者御雑説付、為御見舞、両使御上候。則様体、懇ニ法眼（下間刑部卿頼廉）迄申入候。并御音信之銀子、慥上申、御返事悉相調、使者江渡候。就中、　御門跡様御堅固、御寺内弥御無事儀候。各可御心安候。次為御音信、拙者迄艮（銀）四匁、被懸御意候。御懇之段、難申謝存候。何様不図御参之砌、以面談、御礼可申述候。恐々謹言。

（天正七年カ）九月廿八日　　　　（法敬坊玄誓）法玄（花押）（ツブレ型）

日野五ケ所坊主衆御中　床下(29)

右の89は、九月二十八日付けで法敬坊玄誓（下間頼廉の手次）が、日野五ケ所坊主衆に充てて発した書状である。それによると、この度の「御雑説」について見舞いの両使を派遣され、様体＝情勢について詳しく法眼＝下間頼廉に伝えられた。また音信としての銀子は確かに届け、いま御返事を使者に渡した（遺存していない）。御門跡様＝顕如は御堅固で、御寺内も無事であるから安心されるように。さらに拙者＝玄誓にまで銀四匁が届けられ感謝している。参詣された際に面談をもって御礼を申したい、と述べられているのである。

この書状で注目すべき文言は、流布している「御雑説」につき、その詳細を両使が言上したと見える箇所である。雑説の内容が不詳なのは残念なところであるが、日付に着目すれば、それは九月二日に有岡城（伊丹城）を捨てた荒木村重のその後の動向、および残された妻子らに関する情報であった可能性が、かなり高いように思われるのである。断言はできないが、もしこのように推測して差し支えないならば、この書状は天正七年九月の発給とすべきなのである。

八　教如の籠城戦継続と興敬寺

こうして天正七年（一五七九）九月に荒木村重の摂津有岡城が攻略され、また翌八年正月には播磨三木城の別所長治が制圧されるに至って、顕如はついに籠城戦（第三次石山合戦）の継続し難きことを悟り、信長との間で三度目の和睦を締結することと決したのである。信長の和睦覚書は三月十七日付けで提出され、これに対して本願寺の覚書（下間仲之・下間頼龍・下間頼廉の連署）は、閏三月五日付けで勅使庭田重保・勧修寺晴豊充てに作成されている。そして顕如は四月九日に大坂本願寺を離脱し、舟で紀伊雑賀鷺森へと転じたのであった。

ところが、この顕如の方針に反して、その子教如はあくまでも籠城戦を継続すべしと唱えて、諸国門徒衆に檄文を発し始めたのである。

（包紙ウワ書）「日野惣中　　教如」

態筆をそめ候。当寺長々籠城あひつゝき候事、をの〳〵懇志をはこふ故、今日まで無別儀候事（候脱カ）。然者当寺と信長、一和之儀すてに相調候。しかれとも、彼方調略、難計候間、此度抽粉骨馳走候はゝ、併仏法可為再興候。

穴賢々々。

（天正八年）後三月廿五日　　教如（花押）

日野惣中（30）

右は近江日田村の「本誓寺文書」に残された教如書状であって、その日付に基づけば天正八年後三月のものと断じてよい。その内容は、当寺＝大坂本願寺において長期の籠城戦が継続できたのも、ひとえに門徒衆の懇志によるものであって、別儀の事態が生ずることなく今日に立ち至った。当寺と信長との和睦は成立したが、しかし信長の調略には計りがたき点があり、必ずや裏切りがあるに相違ない。よって籠城戦の継続を試みることとするから、いま一度の粉骨を期待するところである、と述べられているのである。充所には「日野惣中」と記されるが、実際にこれが伝存するのは「本誓寺文書」であるから、これを大坂本願寺で拝受したのは本誓寺の住持だったとすべきであろう。こうして教如に同調する主戦派門徒衆は、大坂に留まって籠城戦の継続に尽力することとなったのである。

しかしながら、雑賀に転じた顕如にとってこの主戦派の動きは、門主の方針に反抗する事態にほかならない。そこで彼は主戦派＝教如派の門徒衆に対して、破門処分（史料上の表現では折檻・勘気）を加えることとしたのである。

興敬寺に加えられたのは「折檻」処分であって、永宗にとっては大きな不安を与える決定であった。そこで彼は名代として太郎兵衛を大坂に派遣し、教如派の側近衆にこの措置について問いただすこととした。それに対して下付されたのが次の返書**66**である。

66　尚々、此方之儀、弥御無事ニ御座候間、難有被存、此度之儀、無油断御馳走、肝要候。殊為御音信、艮子(銀)一匁上給候。まこと尓〳〵喜悦之至候。次ニ、折節見来候間、からすミ一丁進候。いつれも御参之時、可申候。以上。

書状拝見、祝着之至候。先以此方、御堅固ニ御座候間、可御心安候。将且、其方四人之坊主衆、御せッかんニ付而、御迷惑候よし、尤候。乍去、新門主様(教如)江、御家徳相被渡、御所様者雑賀江、御座ヲ被替候。就其、前々儀者相すたり、何之衆茂、只今者　御免之御事候之間、定而別儀有間敷候と存候。然者、今度我等下坊主衆江、被成　御書候。御門徒中御馳走被申候様、憑申候。則　御書之御礼之時、興敬寺為名代、門徒衆一人、可被参候。随分此儀、御取合可申上候。猶此方之様体、太郎兵衛可被申候。恐々謹言。

(天正八年)六月十三日　　祐勝（花押）

永宗房
御返報(31)

右は六月十三日付けで発せられた祐勝（姓未詳）なる人物の書状である。その言うところは、書状を拝見したが、この方は御堅固であるから安心されるように。その方たち四人の坊主衆が「御せッかん」（折檻）とされ、迷惑の事態となっているのはもっともなことである。ところで、新門主様＝教如へ「御家徳」＝御家督を譲渡されて、御所様＝顕如は雑賀へと移動されたので、これによって従来の決定は「相すたり」＝停止となり、またいずれの衆もいま教如から「御免」＝処分解除とされたので、別儀の事態となることはあるまい。さらにこの度、われら下坊主衆に対して御書が下されることとなったので、門徒中として馳走（つまり御書下付に応じた御礼銭の納入）に励まれるよう憑むところである。御書下付に伴う御礼言上のために、興敬寺名代として門徒一人を派遣して頂きたい。なおこの儀（折檻処分の解除）については取りなしを行うつもりであり、この方の様体に関しては太郎兵衛（これがこの時の使者）が伝えるであろうと述べ、さらに尚々書では、この方はいよいよ御無事であって、油断なく馳走に努められることが肝要である。また音信として銀子一匁が届けられ感謝している。それに対しては「からすミ（鱲子）一丁」を進呈するところであり、参詣された時に子細を申し上げたい、としているのである。

この書状では、顕如が紀伊雑賀へ転ずる一方、教如は籠城戦継続を唱えていると語られるから、その年次が天正八年であることは疑いない。興敬寺も、この教如に加担を表明して懇志を進上するなどした結果、顕如から「御せツかん」の処分を加えられることとなったのである。同様に処分されたのは「四人之坊主衆」と記されているが、これは第十二節引用の史料84から判明するように、正崇寺・本誓寺・照光寺・興敬寺の四ケ寺であろう[32]。なお、これを発した祐勝が教如派に属していることは言うまでもないところである。

こうして教如は大坂本願寺で、いましばらくの籠城戦継続を試みたのであるが、所詮は信長軍の敵ではなく、天正八年七月になって行き詰まってしまう。そこで彼は、信長との間で再度の和睦交渉を行い、八月二日に大坂本願寺を脱して雑賀和歌浦へと転じたのである。

雑賀に達してまもなくに発せられたのが、次の教如書状（「本誓寺文書」）である。

「(包紙ウワ書)ヒノマキ
　坊主衆中
　同門徒衆中　　　教如」

去二日、大坂令退出、至雑賀在陣(津カ)候。無念之雖始末候、端城等就令破脚、不及了管、如此候。就其、今度予一味同心之衆、毛頭気遣有間敷候。御門主之御前も、無別儀可申究候。各法儀相嗜、尚以真俗共馳走、頼入計候。穴賢。

(天正八年)八月九日　　　教如(ママ)
　ヒノマキ
　　坊主衆中
　　同門徒衆中(33)

右によると、教如は八月二日に大坂を退出して、いま雑賀に滞在している。まことに無念の事態であるが、端城などが破却されるに至ったため、やむを得ないところである。ところで予＝教如に一味同心した門徒衆の処遇については、決して気遣いは無用であって、御門主に対して必ずや取りなしを行うであろう。各人はいよいよ法儀を嗜んで馳走に努めるよう頼むところである、と述べられているのである。教如の花押が欠けているが、その理由は教如に押捺の余裕がなかったため、右筆が作成したものをそのままで下付したからと考えられ、これを案文や偽文書などと想定するには及ぶまい。この書状こそが、前掲66で特記されていた「御書」に該当し、また当時の本誓寺住持が興敬寺名代の「門徒衆一人」として雑賀でこれを拝受した結果、「本誓寺文書」としていまに伝存することとなったのである。

ところで、右の書状では教如は「毛頭気遣有間敷候」と述べているが、しかし門主顕如の処分を解除する効力はこの書状には備わっておらず、あくまでも顕如から直接に折檻解除の指示を受ける必要があった。そこで興敬寺永宗は、右の書状を得て直ちに、再び名代を雑賀の顕如のもとへ派遣することとし、これに対して次の法敬坊玄誓書状86が付与されたのであるが、残念ながら顕如の態度に変わる気配はなかったのである。

86 「（端裏ウワ書）（墨引）
　永宗　　　　　　　　　　　　法玄」
　　参御返事

尚々、五ケ所へも、以別帋申度候へ共、各之御心中不存候間、御心得候て、御申可有之候。先度も、此さた候つる間、取合□者、懇ニ申上候。以上。

又申候。五帖目之御文ハ、与八。ぬきかきの御文ハ、弥兵衛。此分、慥御渡候へく候。以上。

御切帋、令披見候。然者、五ケ所之儀、千万無御心元存候。就其、興敬寺之御事、別而せうし尓存候。尓あひの御用候ハヽ、可承候。随分馳走申へく候。則小松方へも、度々様体申入候。可御心安候。法眼（下間刑部卿頼廉）への御礼之儀ハ、其方御のほり之時、談合可申候。五ケ所之御事、随分馳走可申候間、各へ此由、御申可有候。次与八・弥兵衛、両人之御文、道西ニ下候。慥御請取可有候。恐々謹言。

（天正八年）八月十六日　　　　法玄（法敬坊玄誓）（花押）（ツブレ型）
　永宗（34）
　　参御返事

右の法敬坊玄誓書状86によると、御切紙（永宗の書状のこと）を披見したが、五ケ所（正崇寺・本誓寺・照光寺・興敬寺・明性寺の五ケ寺）の処遇（つまり折檻処分）については、まことに御心許ない思いを抱いておられることと存ずる。とりわけ興敬寺に対する処分は「せうし」＝笑止、すなわち放置できるものではなく、「尓あひ」

＝相応の御用があったならば承りたい。必ずや尽力したいと思う。また小松方（小松原正勝のことか）へも度々、申し入れを行っているので安心されるように。法眼＝頼廉への御礼銭に関しては、その方が上って来られた際に談合いたしたい。五ケ所の処遇に関しては馳走に努める所存であるから、この由を各寺院に伝えて頂きたい。次に与八・弥兵衛の両人から要請があった御文については、いま道西（これが名代）に付与したので受け取って頂きたいと述べ、さらに尚々書では、五ケ所へそれぞれに別紙をもって伝えたいが、その御心中について不明なので、この点を心得られて伝達して頂きたい。先度もこの要望（折檻解除）があった時には、手次の者は確かに門主に申し上げたと語り、さらに続けて、五帖目の御文は与八に渡し、「ぬきかきの御文」は弥兵衛に渡して頂きたい、としているのである。

右の玄誓書状で問題とされているのは、「五ケ所之儀、千万無御心元存候」と記されるように、日野牧五ケ寺（正しくは明性寺を除く四ケ寺）の折檻処分がどうなるのか、いつ解除されるのかという点である。しかしながら顕如は、まだこの時点では処分を解除しようとはしなかったのである。

なおこれを発した玄誓は、下間頼廉の手次（小奏者）を務めた人物であるから、右の86も、頼廉書状に添えられた副状と誤解しがちである。しかし文言中には頼廉書状が発せられたとの表現が見えないから、頼廉はこの時、書状を発してはいなかったとしなければならない。つまり永宗書状に対する返書としては、右の玄誓書状しか発せられていないのであって、こうした文書発給上の格下げの処遇こそが、折檻処分に伴う具体的な効果だったと考えられるのである。

なお、先引した教如書状の八月九日という日付と、右の玄誓書状の八月十六日という日付に注目しておきたい。教如書状を拝受した使者（本誓寺住持自身）は、その日直ちに雑賀を離れて日野牧に向かったであろうから、彼は八月十二日夕方には到着していたと思われる（紀伊雑賀〜近江日野牧は約二〇〇㎞＝四日間）。そこでこれを見た永宗が新たな書状と懇志とを調えて名代道西に所持させ、翌十三日朝に再び出発させたとするならば、道西は十六日夕方に雑賀に達してこれらを玄誓に上納したことと思われる。その結果、同日十六日付けをもって右の書状86が下付されたものと考えられるのである。

いまひとつ、右の書状86で注目される点に、使者として登場する「道西」がいる。彼の名が記される史料としては、右の86（天正八年八月）のほかに、第四節引用の史料68（天正元年卯月）、第六節引用の史料64（天正二年六月）の、以上三点を指摘できる。つまり道西は、興敬寺永宗の指示によって、関東〜近江日野牧〜大坂本願寺の間を幾度となく往復し、詳細なる情報を本願寺へもたらしていたことが知られるのである。

九　本能寺の変における蒲生氏郷と興敬寺

さて、大坂本願寺から雑賀和歌浦に転じた教如は、天正八年十一月初旬になって諸国秘回の旅に出ることとした。まず紀伊日高郡阿尾浦に転じてここに十六日間留まり、次いで美濃郡上郡気良庄小倉村に移って約一ケ月間過ごす。そしてさらに越後を目指して北上するが、飛騨高山から先へは進めなかった（戦況悪化が原因か）ために反転し、越前大野郡石徹白庄を通って大野郡穴馬庄半原村へと移動する。ここで翌九年（一五八一）正月を迎えた教如は、さらに大野郡富島村の南専寺へ移動して、それから約一年間ここに潜伏することとしたのである。

しかるに天正十年（一五八二）二月、教如のもとに信長軍の甲斐出陣の報が届けられる。そもそも教如の最終目的地は甲斐であったから、教如はこの信長軍の動きを牽制して武田勝頼を支援するために、越中五箇山へと移動して一向一揆に蜂起を命じ、後方を攪乱する作戦に出たのである。けれども三月十一日には早くも勝頼が倒されてしまい（頸実検は十四日に伊那谷の浪合で）、これ以上の一揆蜂起が無意味となったために、教如は秘かに五箇山を離れて安芸毛利氏のもとへと転じ、さらに反転して四月下旬に播磨英賀本徳寺へ潜入したのである。

それから一ケ月余が経過した六月二日、信長が本能寺において明智光秀に倒されてしまう。この直後に作成された覚書が、次の「興敬寺文書」**別2号**である。

別2

覚

一、（第一条）今度　上様（信長）御果候。無是非儀候。仍明知（明智光秀）、当国（近江）江下向、幸ニ候。催一揆、可打果。然者御褒美之段、可有訴訟候。聊無如在疎意、馳走可申候事。

一、（第二条）皆共、忠節在之様ニ、被仰出候へとの旨、本願寺殿へも申上候事。

一、（第三条）御本所様（織田信雄）・三七殿様（織田信孝）・徳川殿（家康）、其外歴々、可被達御本意候。造意無油断候間、御出張不可有程候。然者、皆之所、可被参候事。

以上。

（天正十年六月二日〜十三日）　　　　（蒲生賢秀カ）（35）

右の覚書の内容は次の通りである。

第一条……今度、上様＝信長が死去されたが、是非もないことである。「明知」＝明智光秀が当国＝近江へ下向したことは幸いというべきであって、直ちに「一揆」を組織して打ち倒すべきである。もしそれができたならば、御褒美について訴訟されるとよい。必ずや疎意なく馳走に努めるであろう。

第二条……すべての者が忠節に努めるよう命ぜられるべきであって、このことは本願寺顕如にもお伝えした。

第三条……御本所様＝織田信雄、三七殿様＝織田信孝、徳川家康、そのほか歴々の者たちが、やがては御本意（謀叛人の打倒）を達せられることとなるであろう。計画は油断なく進められるであろうから、軍勢の出陣もまもなくのことと思われる。もしそうなったならば、それに合流されるのがよいであろう。

以上のように述べられているのである。この覚書が作成されたのは、信長滅亡の六月二日から、光秀滅亡の十三日までの間であるが、そのうちでも前半のものとしてよい。作成者名(36)を考えるために、「氏郷記」(37)によって、この段階の氏郷とその父賢秀（天正十二年三月十日まで存命、五一歳）を追ってみるならば、賢秀は安土城に留守居として在城していたため、直ちに氏郷に命じて乗物・馬・伝馬などを手配させ、信長の妻子や女房衆を日野城(38)に移動させたと記されている。そして光秀からの勧誘は退け、十三日に光秀が滅亡した後には、伊勢織田信雄軍に合流して上洛したと語られているのである。こうした動向に照らしてみるならば、右の覚書は、父賢秀が作成して氏郷に所持させ、興敬寺永宗に届けさせたものではないかと考えられよう。

さて、六月十三日に早くも光秀が滅ぼされたことにより、紀伊雑賀にあった本願寺顕如は各方面と密接な連絡をとって、新体制の成立に影響力を行使しようとしていた。「興敬寺文書」には、そのうち蒲生一族に充てられた書状が残されているので、これを検討しなければならない。

67雖未申通候、令啓候。今度京都不慮之儀、不及是非候。就其、対当寺可預御入魂之由、被差上飛脚、承候通、門主へ申顕候。寔被寄思召、御懇之段、別而満足被申候。能々相意得、可申入之旨候。三七（織田信孝）様、此方へ深重可被仰通之旨、宮内卿法印（松井友閑）・惟住（丹羽長秀）五良左衛門殿、為御使、被仰越候。以来切々可申承候。猶期後喜之節候。恐々謹言。

（天正十年）六月十八日　　頼廉（花押）

蒲生右兵衛大夫《（賢秀）》殿
蒲生忠三郎《（氏郷）》殿（39）
御宿所

80
猶々、御父子様之御取次、御両所へ幾重も〳〵、可然様ニ可申入事、肝心候。已来、切々可申談候。万端
可預御指南候。以上。
蒲生殿御父子之御内存之通、被差《（上脱カ）》両使、被仰越之趣、被遂披露候。被寄思食御懇之段、御満足之御事候。向後
別而被仰通、無二之御入魂候様ニ、弥各々御肝煎、専一候。御父子様御取次、御両所へ以書状、雖可申入候、
無案内之儀候。先々可預御心得候。則御父子さまへ刑部卿《（下間頼廉）》法眼、以懸札被申入候。可然之様、可被申上候。此
両人、此方尓て一段、御肝煎候。難渋付而、下国遅々候。恐々謹言。

益田少将
六月《（天正十年）》十八日　照従（花押《（エビ型）》）
正崇寺
興敬寺
御宿所

右の二点のうち前者67は、蒲生右兵衛大夫賢秀とその子忠三郎氏郷に充てられた頼廉書状である。その言うところは、初めて書状を差し上げるが、このたび京都において不慮の事件が起き、是非もないことである。当寺＝本願寺に対して入魂していただける由、飛脚によって知らせが届いたので、門主へ言上しておいた。まことに懇意を示されたこと、満足しておられる。なお「三七様」＝織田信孝からはこの方へ丁重なる挨拶が、宮内卿法印（松井友閑）・惟住五良左衛門（丹羽長秀）を使者として伝えられており、今後も親密なる関係を維持したいと思う、と述

べられているのである。なおその充所の蒲生忠三郎（氏郷）には「御宿所」との脇付があるから、これを持参した飛脚とは氏郷自身であったことが判明する。

次いで後者80は、頼廉の手次たる益田照従が発した正崇寺・興敬寺充ての書状であって、実質的には前者の副状に相当するとしてよい。その内容は、蒲生賢秀・氏郷父子の存念が両使をもって伝えられ、これを披露したところ、懇意が示されたこと満足との御意向であった。今後は仰せの通り、無二の入魂の態度を維持したく、各々が努力を傾けることが肝要である。蒲生父子への取次については、正崇寺・興敬寺へ書状で申し入れるべきところであるが、無案内の状態なので配慮を御願い致したい。また蒲生父子へは頼廉が「懸札」（前者67を指す）によって申し入れたので、適切に伝言していただきたい。なおこの両人（使者）はこの方で種々尽力しているが、難渋であるために下国が遅れている、と述べられている。そしてさらに猶々書においても、蒲生父子への取次について御両所（正崇寺・興敬寺）へ幾度も適切に申し入れていただくことが肝心である。今後も連絡を密にして、万端において御指南に預かりたい、としているのである。この80の充所においても、興敬寺には脇付「御宿所」が記されているから、興敬寺永宗自身が使者として顕如のもとに達していることが知られる。つまり文言中に見える「両使」とは、蒲生氏郷と興敬寺永宗の両人を指しているのである。

なお後者80の照従書状では、これが頼廉書状に伴う副状との表現が見えていない。その理由は前述したごとく、折檻とされた永宗に対する格下げの処遇によるものであろう。つまり照従書状しか発せられてはいないのである。また前者67（蒲生賢秀・氏郷充て）がいま興敬寺に伝来する理由であるが、氏郷と興敬寺永宗とが同道していたため、目的の達せられた書状の保管を永宗に委ねたからではないかと思われる。

十　家中合体と興敬寺

信長打倒を念願してきた教如は、その報を潜伏中の播磨英賀本徳寺で受けることとなった。そこで彼は、撤退してきた秀吉と六月九日に姫路城で面謁し、交誼を取り結ぶことに成功したのである。そして翌十日には舟で雑賀に立ち戻ることとし、六月二十七日になって朝廷の斡旋に基づいて、父顕如との間で家中合体（仲直り）を実現するのである。

しかしながら顕如は、旧主戦派に加えた折檻・勘気の処分については、一向にこれを解除しようとはしなかった。そこで興敬寺永宗は八月になって、三度にわたって使者を雑賀に派遣して、処分解除を申し出ているのである。

83　将且、山□被懸御意候。折節事□かき□（カ）候処、別而御懇之儀、過分存候。猶期後面候。以上。
御状令祝着候。然者、興敬寺御侘言之儀、少進法印（下間性乗）へ具申聞候処、慥被得其意候。於御参者、其刻、必可被入御耳候。可御心安由候。以外取乱候間、重以面可申伸候。恐々謹言。
（天正十年カ）八月五日　（池上）常長（花押）（アンバ型）
ヒノ
興敬寺
（永田）孫右衛門尉殿
御返報

一回目の働き掛けに対して発せられたのが、右の池上常長書状83である。それによれば、永宗書状がいま届けられ祝着である。ところで興敬寺の御侘言（弁明）について、少進法印＝下間性乗へ詳細に伝言したところ、確かに了解したとの意向であった。今後お参りされた節には、必ず顕如の御耳に入れる所存であるから安心しておられるようにとの由であった。なお今は取り乱しているので、次回に来られた際に面談を致したい、と述べられているのである。この83の充所は興敬寺・孫右衛門尉の連名となっているから、この両人が連名で処分解除を要請する書状を発していたものであろう。しかしながら、容易に解除は実現しそうになかったのである。なおその年次は、常長の花押形状「アンバ型」に基づいて、天正十年八月のものと推測することができよう(40)。また、奏者たる下間性乗が書状を発するには及んでいない点に留意しなければならない。

右の返書を受け取った永田孫右衛門尉は、そこで次にはみずからが本願寺顕如のもとへ赴き、前回とは変わって下間頼廉の取次経路を用いて、処分解除を申し出ることとした。けれどもこの二回目の働き掛けも奏功せず、次の書状85を得るに止まったのである。

85　以上。

当寺御理之儀付而、永孫右《（永田孫右衛門）》、於此方、別而御肝煎之儀候。当月御正月《（八月十二日ハ証如忌日）》、専ニ御歎被申上候へ共、何も無一途候。旁々御取成可申上候由候。其元各、雖御侘言候、其御寺之儀、不混自余、可被入精候。無御退屈御訴訟、尤候。猶於様体者、孫右申渡候間、不能懇筆候。恐々謹言。

八月十五日《（天正十年カ）》　照従（花押）《（マツバ型）》

興敬寺
惣御門徒衆御中
御宿所

右の益田照従の八月十五日付け書状85によれば、当寺＝興敬寺永宗の処分解除に関して、永田孫右衛門がこの方において特別に支援される様子を示しておられた。とくに当月＝八月は証如年忌の「御正月」（祥月）に当たるので、下間頼廉はしきりと嘆願されたが、残念ながらその効果は見られなかった。今後も御取り成しを致したいとのことであった。そこもとは各々が詫び言を申し出ておられるが、その「御寺」＝興敬寺については他寺と区別して精を入れる所存であるから、諦めることなく訴訟を繰り返されることが肝要である。なお詳細については孫右衛門が申されるであろう、と述べられているのである。

この85においても、残念ながら処分解除の決定は下されてはいないのである。その年次は、益田照従の花押形状「マッパ型」に基づき、天正十年八月のものと推測して差し支えないであろう。なお今回も、奏者たる下間頼廉の書状は発せられてはおらず、右の照従書状だけで手続きは完結しているのである。

二度にわたる処分解除の働き掛けが奏功しなかったことによって、ついに三回目には蒲生氏郷みずからが、雑賀の顕如のもとを訪れて言上することとした。これに対して発せられたのが、次の下間性乗（仲之）書状88である。

88雖未申通候、令啓候。仍今度　上様（織田信長）、不慮之儀付而、御忠節之段、無其隠儀候。以其趣、早速被達　御本意、静謐之儀、目出存候。就中、下野殿（蒲生下野守定秀）対門主、無御等閑候間、不相替於御入魂者、祝着可被申候。此方相応之儀、聊不可有疎意候。将又其元、物忩（ママ）之砌、赤井、其外門下中へ、被入置御加勢、無異儀候段、本望至候。向後之儀、可然様、頼存候。猶石原・山本、可申入候間、不能詳候。恐々謹言。

（天正十年）九月三日　　仲之（花押）

蒲生忠三郎（氏郷）殿
御宿所

この九月三日付け下間性乗書状88は、内容から考えて天正十年発給であることが確実である。その言うところは、初めて書状を発するが、この度、上様＝信長が不慮に死去された際、忠節を示されたこと隠れなき事柄である。また光秀を倒すという本意が早速に達せられて静謐に帰したことは結構なことである。ところでかつて蒲生下野守定秀（氏郷の祖父）(41)は、門主顕如に対して等閑なき態度を示しておられたが、定秀と同様に今後も入魂していただけるならば祝着の至りである。この方に相応のことがあれば、疎意なく実現に努めるであろう。そこもとにおいて「物忩」＝不穏なる事態があったが、「赤井」やそのほか門下中へ加勢を入れ置かれた結果、無事に落着となったのは本望である。今後もよろしく御願いしたい。なお石原・山本が詳細を伝えるであろう、と述べられているのである。

この充所に見える「御宿所」の脇付に基づけば、いま氏郷自身が雑賀の顕如のもとに達していることは明らかであり、文言中に見える石原・山本とは、氏郷に随行する被官人なのであろう。冒頭に「雖未申通候、令啓候」と記されているが、これは奏者下間性乗（仲之）にとって初めての氏郷充て音信となるから、このように表記されたものと考えられる。なおこの書状が興敬寺に遺存する理由は、前掲67と同様、これの保管を興敬寺が委ねられたからであろう。

十一　秀吉政権成立と蒲生氏郷の伊勢転封

天正十年十一月になって、正崇寺・興敬寺はまた顕如のもとに使者（宮村）を派遣して情勢を報告し、次の益田照従書状を得た。これは現在「明性寺文書」中に残されるものである。

猶々、右之趣、懇法眼へ令申候。次両使《(宮村・左介)》、長々逗留候事、如何候間、先々一人《(左介)》下申候。様子、跡ヨリ可申候。明性寺ヨリ近々便宜候間、猶御用候ハヽ、可被仰上候。以上。

御一書之通、拝見申候。

一（第一条）、柴田殿（勝家）・羽柴殿（秀吉）御間、無事候由、可然儀候。既双方人数、被打入之由候。

一（第二条）、忠三様（蒲生忠三郎氏郷）、筑州（羽柴秀吉）へ御一味之由候。弥対当寺御入魂様、各御才覚専一候。

一（第三条）、御所様へ、自忠三御一礼之事、いつれも不苦候。兎角無御等閑之儀、通候様ニ、可有御肝煎候。

一（第四条）、四ケ寺御一味候て、御歎之儀、尤存候。明性寺・同左介、被入精候事、申請候。自惣中我等へ、御音信送、懇申候。能々御礼、頼申候。委細宮村可被申候。不限是、御用候ハヽ、可被示越候。恐々謹言。


（天正十年）十一月十五日　照従（マッパ型）（花押）

日野　正崇寺
興敬寺
同孫（永田）右衛門尉殿　御返報 (42)

右によれば、正崇寺・興敬寺・永田孫右衛門尉からの一書を拝見した。柴田勝家と羽柴秀吉との間はまだ開戦に至ってはいない由で結構なことであるが、しかしすでに双方の人数は攻撃の手筈を調えているとのことである（以上第一条）。「忠三様」＝蒲生氏郷は、「筑州」＝羽柴秀吉に御一味される由であるが、当寺（本願寺）に対しても御入魂していただけるよう才覚を働かせて頂きたい（以上第二条）。御所様＝顕如に充てて氏郷から懇志が進上されれ結構なことである。これからも等閑なき関係が維持されるよう尽力していただきたい（以上第三条）。日野牧四ケ寺（正崇寺・興敬寺・本誓寺・照光寺）が一味して、折檻処分が解除されるように「御歎」＝要望されるのはもっともなことである。明性寺とその門徒左介が解除の働き掛けに尽力しておられることは承知した。また惣中から我等へ音信が届けられたので確かに言上した。委細は宮村が伝えるであろう（以上第四条）、と述べられている。そしてさらに猶々書でも、以上の趣旨をつぶさに下間頼廉に伝えたところである。なお両使（宮村と左介の両人）が長々と逗留されることはいかがかと存ぜられるので、まず一人（左介）を帰国させた。様子については後信でお知らせすることとし、明性寺が近々本願寺に上ることとなるであろうから、御用があればこれに託して言上していただきたい、と述べられているのである。

右の第一条では、柴田勝家と羽柴秀吉との賤ケ岳合戦が、開戦直前の情勢に立ち至っていると語られているから、これの年次が天正十年十一月であることは疑いない。また第二条では、蒲生氏郷は秀吉方に属する所存だと述べられ、第三条では氏郷から顕如に書状が発せられたとされている。そして第四条では、日野牧四ケ寺に対する折檻処分の解除が要望されているが、しかしまだそれは実現していないことが知られるのである。

なお、第四条と猶々書の文言によって、今回の場合は偶然にも宮村（興敬寺が派遣）と左介（明性寺が派遣）の両人が同時に本願寺（雑賀）に達していることが知られるが、二人も滞在する必要はないとして、まず一人（左介）を下向させ、これに右の書状を所持させた結果、これは「明性寺文書」に残されることとなったのである。しかるにここで注意すべきは、明性寺（および名代左介）がなぜ使者の役割を果たせたのかという点であって、その理由は、明性寺が折檻処分を受けていなかったことを指摘しなければならない。つまり明性寺は、石山合戦最末期に四ケ寺（正崇寺・興敬寺・本誓寺・照光寺）が教如派へ加担したこととは相違して、ひとり顕如の和睦開城の方針に従っていたのである（第十三節で再論）。

さて、右の第一条に記されていた勝家と秀吉との対立であるが、翌年天正十一年（一五八三）四月になってついに賤ケ岳で合戦となり、敗走した勝家は北庄城で自害して果ててしまう。また伊勢滝川一益も同年八月には秀吉に降伏するに至ったので、秀吉の政権獲得はほぼ確定したのである。他方、本願寺ではその直前の天正十一年七月に、顕如らが紀伊雑賀を離れて和泉貝塚（願泉寺）に転じていた。

秀吉の権力が確立するに伴い、これに服属した蒲生氏郷の処遇は次第に高まることとなった。彼はそれまで忠三郎を称していたが、天正十一年末に「飛騨守」の受領名を付与され(43)、次いで天正十二年（一五八四）三月～四月の小牧・長久手の戦いにも彼は参陣している。合戦ではまず伊勢織田信雄が、家臣の岡田重孝・津川雄春・浅井田宮丸らを秀吉内通の疑いによって自害に追い込み、次いで徳川家康と結んで挙兵して小牧山に陣する。これに対して秀吉方は楽田に兵を進めるとともに、羽柴秀次と池田恒興・元助父子とに命じて三河奇襲を試みさせた。しかしながらこの作戦は失敗し、秀次軍は長久手で家康軍に急襲されて敗北してしまうのである。両軍はそれからまもなくして相次いで兵を引き、同年十一月に至ってようやく講和が成立するのであるが、こうしたなかで氏郷に対しては天正十二年六月、新領地として伊勢松ケ島城が与えられたのである。

そこで氏郷は伊勢に転ずるに当たり、顕如にその経緯を報ずることとした。しかもその使者の役目は興敬寺が務めることとなったらしい。これに対して顕如が氏郷充てに発した書状、および下間頼廉の副状が、次のものである。

69
「（端裏切封）（墨引）」

粗御入魂之趣、承届様候。誠欣悦至極候。抑只今馬一疋青毛、給候。一段見事候。可為御秘蔵之処、是又御懇信之儀、不知所謝候。向後相応之事、自他可申伸候。於爰元不可有疎意候。今度御在許、御本意、尤目出候。委細下間刑部卿（頼廉）法眼可申候。穴賢。

（天正十二年）六月十八日　光佐（花押）

蒲生飛騨守（氏郷）殿(44)

貴札拝見申候。仍門跡へ為御音信、御馬一疋青毛、具令披露候。殊御在陣、御取紛之砌、被寄思召、遙々御懇情之至、一段満足被申候。則被呈一封候。連々如承候、向後別而可被申通候。御入魂可為本望候。爰元相応之儀、聊不可有如在候旨、能々相心得、可申入由候。将且尾州表之儀、増々被属御勝手之段、珍重被存候。随而愚拙へ鵝眼五百疋、被懸御意候。過当之至存候。猶期後喜之節候。恐惶謹言。

（天正十二年）六月十八日　　頼廉（花押）

蒲生（氏郷）飛騨守殿　御報　(45)

右に引用した二点のうち、前者の顕如書状はいま「興敬寺文書」に遺存していない。しかし東京大学史料編纂所の影写本作成の時点では存在していたから、ここで検討を加えておこう。それによれば、蒲生氏郷から入魂する旨の書状が届き、まことに欣悦である。また馬一疋（青毛）も頂戴したが、秘蔵のものをお贈りいただき感謝に堪えない。今後ここもとにおいては疎意なきように努めたい。この度の「御在許」（氏郷の伊勢転封を意味するか）は本意と言うべく結構なことである。なお子細は下間頼廉が申すであろう、と述べられている。

次いでこれに添えられた後者の下間頼廉副状69によると、貴札を拝見したが、門跡＝顕如に御馬一疋（青毛）を届けられたので披露した。「御在陣」中のことで繁忙を極めているなかで、このように特段の御懇情を示されたこと、一段と満足しておられる。よっていま返書を呈された。これからは御入魂していただける由、本望である。ここもとに相応のことがあれば、如在なく実現に努力したい。「尾州表」については安定的に推移しており、珍重と存ずる。なお愚拙＝頼廉へも鵝眼五〇〇疋が届けられ感謝している、と述べられているのである。

右の二点の年次についてであるが、後者69に「御在陣」と記され、また「尾州表」が制圧できたと語られている点から考えて、尾張の支配権を巡って合戦が展開した天正十二年のものとしてまず間違いあるまい。また前者には「御在許」と見えているが、これは氏郷が伊勢に移転したことを意味するものと考えられ、この点からも天正十二年六月の発給であることは確実と思われる。

なお、右の二点が「興敬寺文書」に残される理由であるが、興敬寺永宗（実際にはその名代か）がこの二点を託されて、蒲生氏郷に手渡すよう依頼されていたにも拘わらず、氏郷が不在（転戦中であった）のためにその目的が果たせず、その結果、そのままこの二点は興敬寺に残されてしまったのではあるまいか。つまり右の二点に託された所期の目的は、ついに果たされることはなかったと考えられるのである。

十二　興敬寺の侘言と赦免

さて天正十三年（一五八五）四月になって、秀吉は顕如に対して摂津中島（中之島）河崎における新たな寺地を付与することとした。翌五月に秀吉の立ち会いのもとで屋敷地の縄打ちが行われると、直ちに新堂舎の建設が開始され、しかもその完成を待たずに同年八月三十日、顕如・教如らは早くもここに移動してしまう。そして翌天正十四年（一五八六）八月の証如三三回忌に間に合うよう、普請事業を急速に推進させて、予定通りに新堂舎で法要を執行したのであった。

しかしながら、興敬寺永宗に対しては折檻処分が加えられたままであるから、顕如の面前に出仕することはもちろん、新堂舎に対する資金援助の要請もなかったのではあるまいか。

けれども、天正十四年八月六日から法要が始まると（十三日まで）、顕如の心境には変化が生じたらしく、興敬寺永宗らに対する折檻処分について、これを解除するとの内意が示されることとなった。そこで日野牧四ケ寺に充てて次の書状が発せられ、直ちに中島本願寺へ参上するよう指示されたのである。

84急度令申候。仍各事、随分御執成申上候。則唯今、被成　御赦免候間、早々可有参上候。然則(カ)、兼而祇候(カ)可被申候処、使者之躰、不可然候。片時も急ニ可有上□□。御児様(准如)、別而被□(入カ)御精候。忝□□(可被カ)存候。猶御参之時、旁々可申述候。聊不可□(有カ)油断候。恐々謹言。

少進法印

性乗

(天正十四年)八月八日

日野　正崇寺

本誓寺

興敬寺

照光寺　几下

右の八月八日付け下間性乗書状案84によると、正崇寺・本誓寺・興敬寺・照光寺に加えられた折檻処分の解除について、これまで随分と御執り成しを行った結果、ただいま「御赦免」との決定が下されたので、早々に参上されるように。直々に処分解除を申し渡されるので、使者を派遣されるのではなくして、みずからが急いで出仕されること。「御児様」＝准如が、この措置について御精を入れておられたから、忝なく存ぜられるように。なお参詣された際に子細を申し述べることとしたい、としているのである。これの年次が天正十四年であることは、後掲史料27によって確実としてよい。

この通知を受け取った興敬寺永宗らは、そこで直ちに中島本願寺に上ったところ、顕如からじかに処分解除が申し渡されたうえで、次の下間仲康（仲孝＝性乗）の奉じた御印書87が下付されたのである。

87　（黒印）（印文「霑」）

今度興敬寺、被成御赦免候。各可為満足候。随分御取成申上候。向後別而入魂候て、萬可有馳走事、尤肝要候。雖不及申候、上儀之御事、聊不可有如在候。此等之通、能々相心得可申旨、御意候。則被成　御印候也。

少進法印

（天正十四年）八月十八日　　仲康（花押）

興敬寺
惣門徒中

右の八月十八日付け御印書87によれば、この度、興敬寺の折檻処分が「御赦免」となった。惣門徒中には満足すべき事態であって、随分と取りなしを行った結果と言うべきである。今後は門徒中が入魂＝協力して馳走に努めねばならない。言うまでもないことであるが、「上儀」＝門主顕如に対して決して如在の事態があってはならない。よくよく心得るようにとの御意であって、そのために御印が押捺された、と述べられているのである。興敬寺以外の正崇寺・本誓寺・照光寺に対しても、右と同様の御印書が発せられていたに違いないが、あいにくと当該寺院にその史料は遺存していないようである。なお、これの袖に据えられた「霑」印は他に類例が少なく、極めて注目すべきものである。

そこで問題はこれの発給年次であるが、次の史料27によれば、天正十四年八月のものであることが確実である。

27天正十四年八月十日（八脱カ）ゟ、御ちやうす（手水）、御　免ニ付而、　上々様、同下々迄、御礼銭入日記。興敬寺分

御門跡様へ　三貫文
新御所様へ　二貫文
内上様へ　二貫文
御児様へ　三貫文
五百文　内かミさまの御取次　田中殿
五百文　おちこさまの御取次　きやうふ殿
四百文　右両人の女房立　二百文ッ、二人へ
二百文　同小取次　二人ニ百文ッ、
二貫文　少進殿
一貫文　刑部卿殿
五百文　う祢め
一貫文御おこさまの御もり　川なへ六良左衛門殿
二貫文内二百文めわたにて　少将殿
五百文かミさまの御ふくさまへ　仏照寺へわたす
二百文□　□取次への分
一貫二百文さらしにて二たん　ふせん殿
□百文　仏照寺
壱貫二百文内わたにて卅文め　同大かミ

二百文　　　同彦三
百文　　　同久兵衛殿
百文　　　同内衆
御門跡様へ御仏事銭　三百文
百文　　　法印
（後欠）(46)

右の史料27は、天正十四年八月十日（正しくは十八日か）に興敬寺に対し、「御ちやうす」（御手水＝便所）の使用が「御免」となったことに応じて、各方面に進上された御礼銭の額を書き留めたものである。そのなかから主たる項目を取り上げると、

御門跡様＝顕如……………………三貫文
新御所様＝教如……………………二貫文
内上様＝如春尼（顕如妻）………二貫文
御児様＝准如………………………三貫文
少進殿＝下間性乗（仲之）………二貫文
刑部卿殿＝下間頼廉………………一貫文
う祢め＝冨永采女正言之（下間性乗の手次）……五〇〇文
川なへ六良左衛門殿（川那部了治か）…………一貫文
少将殿＝益田照従（下間頼廉の手次）…………二貫文

かミさまの御ふくさま（教如内室「御福」か）…五〇〇文
ふせん殿＝川那部豊前守……………………一貫二〇〇文

このように進上されているほか、これ以外にもいくつかの項目で礼銭が必要とされており、その総額は極めて大きなものとなっているのである。なお、准如充ての懇志が、教如充てのそれよりも高額となっているのは、先引84で准如の取りなしが特筆されていたことに応じた措置であろう。

右の史料から判明するように、興敬寺永宗の折檻処分解除とは、本願寺の堂舎の奥に設置された御手水の使用を容認されることだったのである。つまり、かつて興敬寺に対しては、門主顕如の日常生活の場に接近できる処遇（格式）が与えられていたが、これを剥奪することが折檻だったのであり、この措置がいま解除されて、永宗は再び顕如の身辺近くに伺候できるようになったということなのである。なお、同様に処分されていた正崇寺・本誓寺・照光寺からも、その解除に伴って同様の礼銭が進上されたことは疑いないところである。

十三　明性寺門徒衆の不参事件

前節で述べたように、日野牧五ケ寺のうちの興敬寺・正崇寺・本誓寺・照光寺四ケ寺に対する折檻処分は、天正十四年八月の時点でようやくに解除されるに至った。残る一ケ寺は明性寺であるが、これはそもそも教如派に加担することがなかったために、折檻処分を受けることもまたなかったのである。ところが、興敬寺が復活することに伴って、明性寺配下の門徒衆が不参事件を引き起こす事態となってしまう。関係の史料はいま「明性寺文書」に二点残されているので、検討を加えてみよう。

そもそも明性寺は、永禄頃には興敬寺の門徒（末寺）に位置付けられていたらしく、「松原興敬寺門徒末寺之次第」には、

日野増田
明性寺　沢山ノ明性寺ハ庶子也。(47)

とあって、明性寺は興敬寺の末寺であること、また沢山明性寺（彦根市本町に所在）はその庶子であることが知られる。

明性寺のこの当時の住持は賢了と称し、寺伝によれば彼は石山合戦に参加したとされるので、おそらくはその参戦を契機として興敬寺末寺を離れ、本願寺直参の処遇を顕如から与えられたのではないかと考えられる。と言うのは、天正七年九月の史料89（第七節引用）において、「日野五ケ所」との表記が登場するからであって、これ以前の段階で明性寺が本願寺直参とされ、他の四ケ寺と同列の処遇を与えられていたことは確実なのである。ところが天正八年四月、教如が大坂本願寺における籠城戦の継続を唱えた際、四ケ寺（興敬寺・正崇寺・本誓寺・照光寺）はこれに加担を表明して、懇志を進上するなどの行動に出たのであるが、ひとり明性寺賢了だけは、顕如の方針（和睦開城）に従うこととしたのである。その結果、やがて四ケ寺は顕如から折檻処分を受けたが、賢了だけはその処分を受けることがなかった。それどころか賢了に対しては、他の四ケ寺の門徒衆すべてを管掌する地位と責任が与えられたのではないかと考えられる。

しかるに天正十四年八月、四ケ寺の折檻処分が解除されたことにより、これまで明性寺の配下に所属させられていた石原・増田・イモシ村の門徒衆が、もとの興敬寺門徒の地位に復帰したいとの意思を表して、明性寺に対して不参の行動に出たのである。そこで賢了は直ちにこの事態の推移を本願寺に報じ、奏者下間性乗から次の書状の下付を受けて、門徒衆に帰属を継続するよう働き掛けることとした。

急度申越候。仍其在所之儀者、寶寿坊門徒之由候。然処、此比就幼少、不参之由候。言語道断、不相届次第候。急々如前々参詣候而、可有馳走事肝要候。自然被申分於在之者、可被申。（ママ）其上堅固ニ可被仰付候。恐々謹言。

（天正十四年）極月二日　　性乗（花押）

江州日野
石原
増田
イモシ
惣御門徒中（48）

其在所之儀者、寶寿坊門徒之由候処、此仁幼少故ニ不参之由、依相聞候、自法印以一札被申入候。向後者、前々ニ不相替参詣候て、諸事可有御馳走事、可為尤候。若又御存分於在之者、可被申上候。是又可為有様候。此等之趣、吾等（ママ）ゟも猶可申遣之旨候。恐々謹言。

（天正十四年）十二月二日　　（冨永）重之（花押）（バネI型）

江州日野
石原
増田
イモシ
惣御門徒中（49）

右の二点の史料のうち、前者は極月二日付けで下間性乗が発した書状、後者はその手次冨永重之が同日付けで添えた副状である。事件が興敬寺復活に伴って生じたものであることは疑いないから、その年次は天正十四年十二月としてよいであろう。

前者によると、日野牧の石原・増田・イモシ村の門徒衆は、いずれも宝寿坊の門徒であるが、坊主が「幼少」であることを理由にして「不参」の態度を示しており、まことに言語道断の不届きな事態である。従来のごとくに速やかに参詣して馳走に努めなければならない。もし申し分があるならば言上するように。その上で厳重な指示が下されるであろう、と述べられている。

続いて後者の重之副状でも、三ケ村の者達は宝寿坊門徒であり、その坊主が幼少の故をもって不参の態度をとっているとのことで、いま性乗から一札が下付された。今後は従来通りに参詣して、諸事の馳走に努めるべきであって、もし存分があるならば申し出るように、と述べられているのである。

右の二点で「不参」の態度を指弾された者達は、その理由として宝寿坊坊主が幼少であることを上げているが、これは単なる口実にすぎないとすべきであろう。前述したように、宝寿坊とその門徒衆は本来、興敬寺の配下であったから[50]、興敬寺が折檻処分となった際に、明性寺配下へと転属させられていたに違いない。その彼らが、興敬寺の復活に伴って、かつてのごとくに興敬寺門徒の地位に復帰したいと希望することは、当然の心情と言わねばならないであろう。しかしながら明性寺としても、一旦獲得した門徒衆を手放すわけにはいかないから、賢了は直ちに本願寺から右の二点の命令書を得て、門徒衆に対して帰属関係の維持を強制したのである。かくして、宝寿坊と三ケ村門徒衆の帰属関係は、これ以降も明性寺門徒たるべしと定められたのである。

十四　顕如の病臥と教如の九州下向

天正十四年十一月、顕如はかなり重い病気となった。早速に医師が手配されて、同月二十三日に半井瑞策（通仙院）が京都から中島へ下向したが、見るべき治療効果が現れなかったために、やがて彼は帰洛してしまう。これに続き、祐庵、宗虎、曲直瀬道三、上池院らも中島に赴いて治療を試みたが、一向に病状は回復せず、約半年後の天正十五年（一五八七）五月頃になって、ようやく顕如は本復するに至ったのである。
その間の門徒衆は病状の推移を大いに気遣い、教如充てに懇志を進上して回復の具合を問い合わせるなどしている。

70御所様御煩、無御心元之趣、以御飛脚言上、則　新御門主様へ、代五十疋進上、被遂披露候。随而、刑部卿（下間頼廉）法印へ同二十疋、慥申届候。委細御返事被申候。猶能々相心得、可申旨候。次拙者へ同十疋給候。寔以無冥加御事候。旁期後音候。恐々謹言。

（天正十五年）正月朔日　　　照従（マツバ型）（花押）

ヒノ
正崇寺
本誓寺
照光寺
興敬寺
御宿所

右の正月朔日付け益田照従書状70によれば、御所様＝顕如が「御煩」の様子であることを心許なく思われて、飛脚を遣わして挨拶を言上され、新御門主様＝教如に充てて銭五〇疋を進上されたので披露を行った。また刑部卿法印＝頼廉へも銭二〇疋が届けられ、返事が付与された（遺存していない）。さらに拙者＝照従にも銭一〇疋が届けられ感謝している、と述べられているのである。ここには顕如の「御煩」が語られているから、天正十五年正月のものであることは確実である。充所には正崇寺・本誓寺・照光寺・興敬寺の四ケ寺が連記されているが、末尾の興敬寺に脇付「御宿所」が付されているから、飛脚とは興敬寺永宗自身であったことが知られる。また明性寺がここには記載されていないが、前節で述べた門徒衆の帰属をめぐる事件の直後であったから、四ケ寺と共同して行動することには躊躇があったのであろうか。

さて、天正十五年三月になって、豊臣秀吉は薩摩島津義久を制圧するために出陣し、五月になって彼を降伏に追い込んだのであるが、これに際して教如は遙々と九州にまで下向し、秀吉に陣中見舞いを行っている。出発したのは三月中旬と思われ、その帰路においては石見大森銀山の順勝寺に立ち寄るなどして、六月下旬に中島に立ち戻ったらしい。

教如が無事に帰還したとの報は、まもなくして諸国門徒衆の耳に達したので、その無事を祝う懇志が相次いで届けられることとなった。

82来札、遂披見候。新門様□、此春被成御下向、無事ニ還御候。有難被存、為御見廻代五十疋進上、懇中上候。即被顕　御印書候。可有頂戴候。就其、私へ十疋給候。無冥加候。先々此方御無事候。可御心安候。猶期後音候。恐々謹言。

（天正十五年）七月十九日　　頼廉（花押）

ヒノ同仁正寺村　興敬寺

惣御門徒中

右の下間頼廉書状82によると、来札を披見した。新門様＝教如がこの春に九州へ下向され、無事に還御された祝儀として銭五〇疋が進上されたので、言上したところ御印書が下付された（遺存しない）。私＝頼廉へも銭一〇疋が届けられ感謝している、と述べられているのである。その年次が天正十五年七月であることは明らかである。

ところで「興敬寺文書」には、かつて次のような教如書状も遺存していたらしい（いまは所在不明）。

「（墨引）《（ウワ書）》羽《（羽柴）》忠三良殿《（蒲生氏郷）》　　光寿《（教如）》」
回章

芳墨、為悦之至候。如仰、明朝之儀、御事多中ニ畏存候。必参上可申候。随而、置合《（香カ）》之儀、舟越へ被仰遣之由、心得申候。同道可申候。又孫作《（横田孫作カ）》迄、御懇之儀、難申尽候。尚以貴面、旁御礼可申候。恐々謹言。

六月廿六日《（天正十五年）》　　光寿（花押）
（充所欠ク）(51)

右によれば、芳墨を頂戴して喜んでいる。明朝は忙しいなかをお呼びいただき、恐縮の限りであって、必ず参上するつもりである。「置合」（香合の誤読か）の儀については舟越へ指示される由で、この点を心得て同道することとしたい。また横田孫作に対しても懇意を示され感謝の言葉もない。お目に懸かった際に御礼を申し上げたいと思う、と述べられているのである。

この書状の充所「羽忠三郎」とは、羽柴忠三郎つまり蒲生氏郷を意味している。氏郷はすでに天正十一年末に陸奥守に叙任されていたが、ここでは教如は忠三郎と表記して、氏郷に対する親愛の念を表現しているのであろう。また「羽柴」姓について、「蒲生氏郷記」(52)では、天正十五年三月の記事中に「羽柴飛騨守氏郷」との表記が登場している。これの直前の天正十四年十一月に、秀吉に対して「豊臣」姓が付与される事件があったから、(53)それからまもなくに氏郷に対しては羽柴姓が付与されたのであろう。とするならば、前掲の教如書状は天正十五年六月か、あるいはそれ以降のものということになる。そしてその内容を踏まえるならば、教如が九州から帰還した直後に氏郷から呼び出されたことに対し、参上を約束した返書に相違ないと思われるので、これは天正十五年六月のものと推測されるのである。

なお、この史料が「興敬寺文書」に残された理由であるが、これを持参するように依頼された興敬寺永宗が、氏郷のもとに届けてその目的を達した後、いわば記念としてこれを拝受したためではないかと考えられる。

十五　興敬寺からの懇志進上

興敬寺永宗に対する折檻処分が解除された後には、永宗から顕如・教如に対して定期的に懇志が進上されるようになったであろう。いま「興敬寺文書」中にはこうした懇志請取状が三点残されているので、ここでまとめて取り上げておきたい。

71　（印文「明聖」）（黒印）

年頭之為祝詞、青銅五十疋進上之通、具令披露候処、遠路可為誰左（雑作カ）ニ、懇情、神妙被　思食候。就其、連々如
御掟、法儀無油断被相嗜、仏法世間共以、如御意、其心懸専用候。此等之通、能々可申下候由、被　仰出候。
仍被（所脱カ）顕　御印、如件。

（天正十六年カ）正月廿八日　　少進法印

性乗（花押）

ヒノ　正崇寺

興敬寺

まず右の71は、正月二十八日付けで下間性乗が奉じた御印書で、袖の「明聖」印によって顕如充ての懇志であることが判明する。その内容は、年頭の祝詞として進上された青銅五〇疋に対して、謝意を伝えたものである。年次

推測の手掛かりは乏しいが、天正十六年（一五八八）のものではないかとしておきたい。

73　（印文「詳定」）（黒印）

新御所様へ、年始之為御礼、鳥眼二十疋進上之趣、具ニ遂披露候。心懸之至、神妙被思召候。先以　上々様、御堅固ニ御座候。可心安候。将且安心之一儀、無油断可被相嗜事、自何以簡要之旨、相心得可申候由、　御意候。則被顕　御印候也。

刑部卿法印
頼廉（花押）

（天正十六年カ）二月廿八日
日野
興敬寺

続いて右の73は、下間頼廉が奉じて二月二十八日付けで発せられた教如御印書で、袖の「詳定」印によって教如の意思が明示されている。その内容は、年始の御礼として新御所様＝教如に鳥眼二〇疋が進上され、神妙との意向が示されている。これも年次推測の手掛かりは乏しいが、もしかすると天正十六年二月の発給ではなかろうか。つまり前掲71から一ヶ月後のものと想像されるのである。71を拝受した興敬寺名代は一旦国許に戻り、新たな教如充て懇志を所持して、再び中島本願寺に上ったことであろうが、もしかすると71と73とを受領した名代は別人であったかもしれない。

79　（印文「明聖」）（黒印）

御所様為志、青銅五十疋進上之通、具令披露候処ニ、遠路可為造作、懇情之至、先以神妙ニ被思召候。就其、連々如　御掟、信心決定有、今度之可被遂報土往生事、　善知識之御本懐、不可過之候。唯有増之体迄尓てハ、無所詮事候。誠廣大之御慈悲と、難有被存、安心治定之上ニハ、称名念仏、無油断可被相嗜事、肝要候。仍所

被排　御印、如件。

少進法印

(天正十六年カ)六月十二日　　性乗（花押）

ヒノ
興敬寺下
仁正寺村
廿八日講中

さらにその半年後と思しき懇志請取状が、右の79である。その言うところは、顕如充ての青銅五〇疋が進上され、これを披露したところ神妙との意向が示されたと述べられている。これも年次推測が困難であるが、天正十六年六月のものではないかとしておきたい。

十六　聚楽第落書事件と本願寺

天正十七年（一五八九）二月になって、秀吉の建てた聚楽第の壁に何者かが「落書」を張り出す事件が起きる。激怒した秀吉は直ちに厳重な探索を行わせ、容疑者一七人を逮捕して処刑する。そしてさらに追及したところ、残党が中島本願寺に隠れているとの報がもたらされるに至り、その結果、本願寺は謀叛を企てているとの嫌疑が懸けられてしまうのである。かくして本願寺は存亡の危機に直面することとなってしまい、三月八日になって、関係ありと目された願得寺ほか二人が犠牲となって自害し、その関係者六六人が新たに逮捕されて磔刑に処せられ、また居住していた町二つが焼き払われて、ようやく落着するに至ったのである。

事態の推移を、各地門徒衆は固唾を呑んで見守っていたことであろう。そして落着した後には、その無事を祝う懇志が相次いで届けられることとなった。

74　尚々、我等へ同十疋、送給候。御懇志、難申尽候。以上。

今度御寺内、就御糺明、為御見廻鳥眼三十疋、進上之通、具令披露候之処、即被成　御印書候。御頂戴可為尤候。然者、此方之時宜、可然様ニ相済候間、不可有御機遣候。猶近々可申述候。恐々謹言。

(天正十七年)三月十五日　　性乗（花押）

本誓寺
興敬寺
正崇寺
几下

右の三月十五日付け下間性乗書状74によると、この度「御寺内」に対して御糺明が行われ、それを見舞って顕如に鳥眼三〇疋が進上されたので披露したところ、御印書が発せられたので頂戴されるように（遺存していない）。この方については無事に落着となったので安心されるようにと述べ、さらに尚々書では、我等＝性乗にも銭一〇疋が届けられ感謝している、と記されているのである。

続いて教如充ての懇志に対する請取状が、次の75である。

75「(端裏ウワ書)　（墨引）
日野
本誓寺　　　　益田少将
興敬寺　　　　　照従
正崇寺
御宿所　」

新御門主様へ為御見廻、代三十疋進上、被遂披露候。随而、刑部卿法印（下間頼廉）へ十疋、申届候。則御返事被申候。猶能々相意得可申旨候。次拙者へ十疋給候。無冥加候。先々此方、不慮之仰付ニ、被成御機遣候へ共、無御別儀、早速相済申候。可御心安候。旁期後信候。恐々謹言。

（天正十七年）三月十六日　照従（花押）（マツバ型…後期型）

ヒノ本誓寺
興敬寺
正崇寺
御宿所

この三月十六日付け益田照従副状**75**によると、いま新御門主様＝教如へ見舞いとして銭三〇疋が進上されたので披露を行った。また刑部卿法印＝頼廉への銭一〇疋については返事が付与され（遺存していない）、さらに拙者＝照従にも銭一〇疋が届けられて感謝している。この方に対して「不慮」の指示が発せられたために、御気遣いを示されたが、無事に落着したので安心されるように、と述べられている。充所の正崇寺に「御宿所」との脇付が付されているから、いま三ケ寺を代表する使者として正崇寺自身が中島本願寺に達しているのであろう。

なお、天正十五年正月の史料**70**（第十四節に引用）には、四ケ寺が充所に記載されていたが、右の**74**・**75**ではそのうちの照光寺が見えなくなっている。その理由としては、住持が若くして死去し、その後継者がまだ成人となっていない状況が想定されるのではなかろうか。つまり照光寺は天正十七年三月頃には、廃絶に等しい状態だったと考えられるのである。

さて、右の照従書状**75**が日野牧にもたらされたのは、その翌日十七日の夕刻であろう（中島～日野牧は約一〇〇

km＝二日間）。これによって本願寺の安泰を確認した興敬寺永宗は、そこで改めて新年の祝辞を申し述べるため、翌十八日に使者を派遣して懇志を進上することとした。使者はその翌日十九日の夕刻に中島に到着するので、翌二十日に懇志を進上して次の三点の懇志請取状を拝受したのである。

76　（黒印）（印文「明聖」）

御所様へ、年頭之為御礼、鳥眼弐拾疋進上之通、具令披露候之処、懇情之至、先以神妙ニ思食候。然者、連々如　御掟、法儀可被相嗜事、可為肝要候。此等之趣、委可申下旨、被　仰出候。仍所被排　御印、如件。

少進法印

（天正十七年）三月廿日　　性乗（花押）（木版）

興敬寺

77　此方為御見廻、被差上使札、鳥目二十疋進上之通、具遂披露候処、即被成　御印書候。可有頂戴事、可為尤候。然者、今度御寺内、就御糺明之儀、雖被成御機遣候、早速相済候間、可御心安候。随而、我等へ同十疋、送給候。万々無冥加候。恐々謹言。

（天正十七年）三月廿一日　　性乗（花押）

興敬寺　廻報

78　（端裏ウワ書）「（墨引）　冨永采女正

興敬寺　御返報　　言之」

御状令拝閲候。仍此方為御見廻、御進上之通、具被遂披露候処、被成　御印書候。尤忝御事候。然者、今度此方、御機遣之儀、其許へ相聞申候ゟも、不成大形雖御様体候、御理之上を以、無別（儀脱カ）相済候条、可御心安候。将且、少進法印（下間性乗）へ代十疋、委申聞候処、即以返札被申入候。次私へ同卅文、被懸御意候。毎度御懇志、過分之至、無冥加候。恐々謹言。

三月廿一日（天正十七年）　　言之（花押）（バネ型）

興敬寺

御返報

右のうち、第一史料76は三月二十日付けで性乗が奉じた顕如御印書（「明聖」印）、第二史料77はその翌日付けで性乗が添えた副状、第三史料78はさらに同日付けで手次冨永言之が添えた副状である。年次は、第二史料77に寺内紀明が行われたとの文言が見えているから、すべて聚楽第落書事件に関わる天正十七年のものと推測してよい。

その言うところは、第一史料76では、御所様＝顕如に進上された年頭の御礼の鳥眼二〇疋について、謝意が示されて御印が据えられたと見えている。

続いて第二史料77では、見舞いの書状と鳥目二〇疋が進上され、これを披露したところ御印書が付与された。この度「御寺内」に対して御紀明が行われ、気遣いを示されたが、早速に落着となったので安心されるように。また我等＝性乗にも銭一〇疋が届けられ感謝している、と述べられている。

さらに第三史料78では、見舞いの懇志進上を披露して御印書が下付された。この度この方において気遣いなる事態が生じ、その方へ報ぜられた以上の尋常ならざる状況となったが、幸いに「御理」の弁明に努めたところ、無事に落着するに至ったので安心されるように。なお性乗へ銭一〇疋が届けられて返札（第二史料77を指す）が発せられた。さらに私＝言之にも銭三〇文が届けられ感謝している、と述べられているのである。

さらにそれから半年経った天正十七年九月二十九日には、姓未詳教円が次の書状90を発している。

90　猶々、不慮之儀出来付而、各々御機遣、笑止千万御事候。程々御用心簡用候。此方儀、無油断御心かけ、
簡用存候。以上。

其後者、久不申承候。背本意存候処ニ、依思食、為御音信銀子四文目、被懸御意候。誠ニ御懇志之儀、過分至候。仍　御門跡様、并新御所様、何も御勇健御座候。可御心安候。御近所御寺内、御堅固之御事候。是又可御心安候。其方儀おの〳〵、無何御座之由（マヽ）、珍重存候。雖然、猶以御用心、簡用候。爰元於相替儀者、重而可申下候。委曲御両使、可有御演説候間、不一二（マヽ）候。恐々謹言。

（マヽ）ヒノ、マキ

（天正十七年）九月廿九日　　　教圓（花押）

五ケ寺御中　御宿所(54)

右の史料90によると、その後は音信が久しく途切れていたが、いま銀子四匁が届けられ、過分の至りと存ずる。御門跡様＝顕如、新御所様＝教如は、いずれも御勇健であるので安心されるように。また本願寺の近隣も寺内も御堅固なので、これも安心しておられるように。その方においても同様に平穏の由、珍重と存ずるが、御用心されるように。ここもとで異変が生じたならば、改めて申し下す所存であって、委曲は両使から演説（口頭による伝達）がなされるであろうと述べ、さらに猶々書では、「不慮」の出来事により各々は気遣いを示されたが、幸いに落着するに至った。よくよく用心に努めることが肝要である、と記されているのである。この書状90も、猶々書に「不慮」の文言が見えているから、聚楽第落書事件の発生とその落着に祝意を表したものと思われ、年次は天正十七年

九月としてよいであろう。

なおこの充所には「五ケ寺」と見えているが、前述したように照光寺はこの頃、断絶に等しい状況であった可能性があり、正しくは「四ケ寺」と記されるべきところである。もちろん同寺の復興には努力が傾けられたに相違なく、やがて復活して現在に継承されているのであろう。

十七　善敬寺の直参主張と興敬寺

聚楽第落書事件を乗り切った本願寺は、その後ひたすら秀吉の歓心を買うことに努めた結果、天正十九年（一五九一）閏正月五日になって秀吉から、京都西六条において新たな寺地が与えられることとなる（現在の西本願寺の所在地）。顕如はそこで直ちに新堂舎の建立を計画するが、資材については中島本願寺を解体して運ぶこととした。工事は順調に進展し、顕如・教如両人は八月六日に早くも京都へ移動してしまうのである。

その直前の天正十九年七月、興敬寺は次のような覚書を本願寺に提出していた。

44　覚

一、（第一条）善敬寺、直参之由申候而、此五ケ年之間、興敬寺へ不参仕候事。

一、（第二条）我身ニしてハ、御　うらかきを、正ニ可仕候と申候。又対興敬寺へハ、御　うらかきハ正ニ不成由、申候事。

一、（第三条）日野興敬寺門徒と御座候御本尊御門徒衆を、善敬寺門徒と申候て、昔ゟ有来　上儀之寺役を押申、新儀ニ我役儀、中懸候。

新御所様、日野へ被成御座候時ゟ、如此申出、度々　上儀等をかき申候付、仁正寺村庵室兵衛、御本尊数代御座候。殊更　実如御上人様之御筆を、不入物と申候て、新キ御本尊、善敬寺門徒と申事候間、此度いわれさる事、不被尽筆帋候。御尋候ハ、、一一可申上候事。以上。

天正十九（年脱カ）七月　日　ヒノ　興敬寺

右の覚書案44には、次のように記されている。

第一条……興敬寺の末寺たる善敬寺が「直参」と主張して、この五年間（天正十五年～十九年）、興敬寺に対して不参の態度であること。

第二条……絵像裏書について、善敬寺はみずからの努力で染筆してもらう所存だと主張していること。また興敬寺に対しては、裏書染筆は困難だろうと述べていること。

第三条……「日野興敬寺門徒」と本尊裏書に記されている門徒衆について、善敬寺はみずからの門徒と主張し、昔から負担してきている本願寺への寺役を滞らせ、新儀に自分の勝手な役を賦課していること。

右の箇条にまとめた善敬寺の不届きな言い分は、新御所様＝教如が近江日野を訪れられた時から主張されており、上儀＝本願寺に対する寺役を欠く事態となっている。仁正寺村の庵室兵衛に至っては、御本尊が数代にわたって下付されているにも拘わらず、実如御上人様の染筆による本尊は不要であると語り、しかも新しく下付された本尊裏書には「善敬寺門徒」と記されていると主張している。全くもって認めがたき言い分であり、到底ここに書き尽くせるものではない。以上について子細をお尋ねの際には、一々お答えする所存である。以上が、覚書案44に記された内容である。

この覚書案は、興敬寺が本願寺に訴え出た訴状の控えに当たるものであって、興敬寺を離脱しようとする門徒衆に対し、本願寺からの厳命を手掛かりにして帰参強制を図ろうと目論んでいるのである。

ここに登場する善敬寺とは、犬上郡八坂村に所在し、本来は興敬寺の末寺であった。天正八年の教如による籠城戦継続の際には、善敬寺も興敬寺らとともに教如派へ加担しており、その結果、善敬寺には「御勘気」の処分が加えられていたのである。(55) ところが前述したごとく、天正十四年八月になって興敬寺が折檻処分を解除されたため、こうした本末関係が完全にこじれてしまったのである。善敬寺はそこで、教如が天正十五年八月の草津湯治旅行の途中、近江日野牧に立ち寄った際に、(56) 教如から直参処遇を与えられるよう働きかけたもののごとくであり、その結果、それ以後の善敬寺は、興敬寺に対して断固たる不参の姿勢を示すこととなったのである。

第二条に記される裏書の件も、教如染筆による下付が可能であることを念頭に置いて、善敬寺はこのように主張しているのであろう。そして逆に顕如に帰属した興敬寺にとっては、教如からの裏書下付は困難だと述べているのである。また第三条も同様であって、興敬寺門徒のうちの旧主戦派に対しては、善敬寺はみずからの門徒と主張し、本願寺（顕如）へ上納すべき寺役を滞らせて、教如に進上するための懇志を徴収しているのであろう。

右の覚書案44で興敬寺は、こうした善敬寺の姿勢を糾弾したうえで、御印書（または奏者衆の書状）の下付を受けて、善敬寺に対して帰属強制を命じようとしているのである。その結果については史料が残されていないため判然としないが、おそらく帰属強制は困難だったことであろう。なぜならば、翌天正二十年（文禄元年、一五九二）十一月二十四日に顕如は死去してしまい（五〇歳）、教如が本願寺門主の地位に就くこととなるからである。

十八　教如体制から准如体制への転換

顕如が死去したことに伴って、教如はまずこの報を肥前名護屋の秀吉に知らせ、次いで翌文禄二年（一五九三）春には禁中へ参内して、相続安堵の御礼言上を行った。そして教如は、これまで隠居の境遇を余儀なくされていた旧主戦派（教如派）に対して、その復活を指示したのである。この結果、各地の寺院・道場でこれまで住持を務めていた顕如派が相次いで排除され、代わって教如派が管掌権を握ることとなった。

日野牧においても、これまで逼塞を余儀なくされていた教如派が復活し、旧顕如派に対して種々の粛清を加えた可能性がある。しかも興敬寺の場合、顕如からの折檻処分はすでに解除されていたから、かえってその立場は微妙なものとなったに違いない。この段階の史料として「興敬寺文書」には、次のような門徒衆置文が作成されて遺存している。

104前住様六月御明日、為御頭銭、仁正寺村・佐久良郷ゟ、　上儀江上銭壱貫文、上り申候。又其方高野郷ゟ、興
敬寺へ六月廿八日ニ、上銭壱貫文、相定申候。然者、料足之祢の出入、御座候ニ付而、当年抱（カ）、相理申候処ニ、
増田弥右衛門殿・□田六右衛門方、為御扱、八木、御斗舛ニテ参石之定、相究候。縦年々ニ、鳥目・八木之祢
の出入、雖在之候、右之如定申、当所興敬寺へ無異儀、可相渡候条、□　□ゟ被下候如一行、相違有間敷候。
仍為後日、互ニ一行ヲ取替、興敬寺へ置申所、如件。

文禄弐年
十月三日　　庵室兵へ（花押）

増田清右衛門（花押）
敬心（花押）
惣門徒（略押）

下田賀
高野郷
惣坊主衆
同御門徒中
参

右の史料104によると、「前住様」＝顕如の忌明け法要が六月に実施され、その御頭銭として仁正寺村・佐久良郷から、「上儀」＝教如に充てて上銭一貫文が進上された。またその方の高野郷から興敬寺へは、六月二十八日に上銭一貫文が納入される規定となっていた。しかるに料足の「祢」＝値には、「出入」＝上下の変動があるので、当年分に関して「理」＝要望を申し上げたところ、増田弥右衛門・□田六右衛門の両人の仲介によって、「八木」＝米を「御斗舛」にて三石とすることに決定された。もし年々において銭と米との値に上下の変動があっても、この決定に従って興敬寺へ異儀なく進上するものとし、この「一行」＝置文の通りに相違なきように努めねばならない。よって後日のために相互に「一行」を交換し、また興敬寺へ置いておくこととする、と述べられている。署名する庵室兵へ・増田清右衛門・敬心・惣門徒代表の以上四人は、仁正寺村および佐久良郷に居住する門徒達であり、彼らの連署によって下田賀・高野郷に充てて誓約しているのである。

このうちの「庵室兵へ」は、前引した史料44に「仁正寺村庵室兵衛」と記されていて、善敬寺（教如派）とともに興敬寺永宗（顕如派）に反抗的な態度であったことが知られた。その彼が、いま教如時代となったことにより、門徒衆を代表する立場で各種の差配を行っていることが知られるのである（ただし右が作成された文禄二年十月の時点では、すでに教如は秀吉から退隠を厳命されてしまっていたが）。

さて、教如が本願寺の門主となって、教如派門徒衆が相次いで復活する事態を迎えたために、これを阻止すべく旧顕如派は、如春尼（顕如妻で教如母）を通じて秀吉に、教如の排斥を強く要請することとした。秀吉はこれを承けて閏九月十六日、教如とその側近衆を大坂城に呼び出し、全十一条におよぶ彼の罪状を指摘して退隠を厳命し、代わってその弟准如（顕如の三男）に本願寺を委ねたのである。

教如はしかしながら、この指示に容易に従おうとはせず、翌年文禄三年（一五九四）九月になってようやく「御裏」に転じたので、その翌月に准如は「御表」へ移動することができた。また本願寺内の体制転換はさらに遅れ、文禄四年（一五九五）八月頃に准如が帰属誓約の誓詞提出を厳命したことによって、ようやく准如派が本願寺全体を掌握するに至ったのである。

各地の寺院・道場においてもこれと同様に、教如派が排除されて准如派（旧顕如派）の住持が復活したか、あるいは帰属関係を転換して准如派への帰属が強制されたことであろう。教如派にとっては屈辱の姿勢と言わねばならないが、しかしこの段階においては、かかる面従腹背の態度もやむを得ないものだったのである。

准如体制に転換したことにより、興敬寺（旧顕如派＝准如派）の地位は安泰になったと思われるが、その門徒衆（教如派）をどのように帰属させるかについては、困難な状況が続いていたことであろう。そこで興敬寺はこうした状況を本願寺（准如派）に言上して、事態の打開を図ろうとするのである。

81　興敬寺儀者、善敬寺坊□（主カ）之事候間、自先規有来馳走、不可有闕如候。若此旨於違背者、急度得御意、可申付者也。

急度令申候。仍而仁正寺・佐久良、善敬寺門下之儀、無紛候。雖然、善敬寺、対興敬寺於不馳走者、右両所之

古　御本尊之任御裏書、厳重可被　仰付候。所詮如前々、興敬寺之儀、諸色可有馳走事、専用候。則善敬寺方へ茂、如此申遣之候。恐々謹言。

少進法印
性乗（花押）（リングⅠ型―下膨型）

（慶長元年カ）七月九日

仁正寺村
安室兵衛
増田
教心（敬カ）

佐久郎
惣門徒中

右の七月九日付け下間性乗書状81によると、仁正寺村・佐久良村の門徒衆が、善敬寺の門下であることは明白であるが、善敬寺は興敬寺に対して馳走しないとの態度である。よって右の両村に伝来する古い「御本尊」の御裏書に基づき、興敬寺へ帰参すべしとの厳重な指示が下されることであろう。従来のごとく、興敬寺に対して種々の馳走に努めることが肝要であって、善敬寺へもこのように命じたところであると述べ、さらに追而書でも、興敬寺は善敬寺にとって本寺に当たるから、先規の通りに馳走を欠如してはならない。もしこの指示に違背する場合には、門主の意向を伺ったうえで厳重な措置が加えられるであろう、と述べられているのである。充所は仁正寺村の安室兵衛（＝庵室兵衛）・増田・教心、および佐久郎村の惣門徒中となっており、これらはいずれも教如派の善敬寺門徒だったと考えられる。

この81の年次推測には、まず性乗の職務復帰の時期が手掛かりとなる。すなわち彼は、教如時代（文禄元年十一月〜）には奏者を解任されており、准如時代（文禄三年十月〜）となって奏者に復帰するのであるが、その文書発給は文禄五年（＝慶長元年）正月以降のことである。よって右の書状81は、慶長元年（一五九六）七月か、またはそれ以後のものとしなければならない。またここに据えられた花押形状も慶長元年頃のものと判断されるので[57]、この81は慶長元年七月のものと推測しておきたい。

さてこの書状を拝受した興敬寺永宗は、これを不参の庵室兵衛・増田・教心に示して説得を行ったところ、教心は帰参するに至ったが、しかし庵室兵衛は一向に態度を変更しようとはしなかった（増田については不明）。そこで改めて十二月十三日付けで、次の冨永言之書状91が発せられることとなる。

91 「（端裏ウワ書）（墨引）
興敬寺御下
仁正寺村
教心御房
御宿所
冨永采女正
言之」

態令啓達候。仍庵室兵衛殿、不覚悟ニ付而、対興敬寺御不参之条、従法印（下間性乗＝仲之）、書状被差遣之候。然者、貴殿之儀ハ、興敬寺之儀、別而御馳走之由、孫右衛門尉殿（永田）御申候間、法印被得其意、一段感入被存候。以来之儀も、先規之如筋目、仏法世間共以、御嗜肝要旨被申候。猶孫（右脱カ）衛門尉殿、可為御演説候間、不能詳候。恐々謹言。

（慶長元年カ）十二月十三日　言之（アリ型）（花押）

興敬寺御下
仁正寺村
教心御房
御宿所

右の冨永言之書状91によると、庵室兵衛殿は覚悟に乏しく、興敬寺に対して不参の態度なので、法印＝下間性乗より書状が遣わされた。しかるに貴殿＝仁正寺村教心は、興敬寺に対して馳走に尽くすとの態度に転換され、この旨を永田孫右衛門尉殿が言上されたところ、法印＝性乗は納得されて一段と感心しておられた。今後も先規の筋目のごとくに、仏法・世間ともに尽力されることが肝要との意向である。なお子細については孫右衛門尉殿が「演説」＝口頭伝達されるであろう、と述べられているのである。充所の教心に脇付「御宿所」が添えられているから、これを本願寺において拝受したのは教心自身であったことが知られる。それとともに、孫右衛門尉が子細を「演説」すると見えていたから、彼もいま本願寺に達していることが確実である。つまり今回は、興敬寺へ帰属する姿勢に転換した教心と、永田孫右衛門尉との二人が同道して、准如のもとに来ているのである。そしてその年次であるが、発給者冨永言之の花押形状(58)を根拠にすれば、慶長元年十二月のものと考えられるであろう。つまり前引81の半年後のものということである。なお、あくまで不参を貫いた庵室兵衛がその後どうなったかは不明であるが、これから数年後には教如の分立の動き（東派離脱）が顕在化するから、おそらくは不参の姿勢で一貫したことと考えられる。

十九　教如の分立と明性寺の帰参

秀吉から退隠（隠居）を厳命された教如は、文禄三年九月に京都西六条の本願寺（現在の西本願寺）の裏方（北の別棟）に転じて「御裏」と呼ばれるようになり、この状態は秀吉存命中には変わることがなかったであろう。しかるに慶長三年（一五九八）八月、秀吉はついに死去し、これを契機にして情勢は大きく転換することとなる。

教如は、徳川家康との間に交誼を形成することを目指した。家康は慶長五年（一六〇〇）六月になって上杉景勝を征伐するために出陣したが、教如はこれを追って下野国小山にまで下向し、ここで陣中見舞いを行う。そして石田三成方の動向を伝えたところ、家康は直ちに兵を返して西に向かい、同年九月についに関ケ原で激突して覇権を得たのである。

それからまもなくして家康は、教如に対して門主復帰を打診したらしい。しかし教如はもはやそれが困難であることを理解していたから、准如体制下から分離独立するという方針を示したのであった。その結果、家康は慶長七年（一六〇二）三月に、教如に対して東六条における新たな寺地（現在の東本願寺の地）を付与したので、ここに直ちに新伽藍の建立が開始されたのである。また教如はその権威を荘厳するため、上野国厩橋の妙安寺に対して、伝来の親鸞木像を譲り受けたいと働きかけていたのであるが、この手続きにも家康は介入して、慶長八年（一六〇三）正月にようやく木像は京着する。教如派（東派）の分離独立はこうして達成されたのである。

日野牧門徒衆のうちで現在、西派（准如派）に属しているのは、正崇寺・照光寺の二ケ寺であるから、彼らは東派（教如派）が分立しても、それに同調することはなかった。他方、東派（教如派）に属するのは興敬寺・本誓寺・明性寺であって、このうち興敬寺・本誓寺の二ケ寺は、慶長七年～八年の段階で直ちに東派（教如派）に帰属したことと考えられる。

問題とすべきは明性寺である。その住持賢了は、天正八年段階には顕如派であり、これがその後、准如派に続いていくのであるから、現在においては西派に属するのが順当である。しかし実際には東派に属しているから、その帰属関係にその後、重大な転換が生じていたとしなければならない。

「明性寺文書」に残された東派からの文書としては、次の教如御印書（下間頼龍奉）がある。

（印文「詳定」）
（黒印）

御所様（教如）へ為志、代四百文進上之通、遂披露候之処、遠路懇志之儀、神妙ニ被　思食候。随而連々如聴聞、安心決定候上ニハ、報謝之称名、無由断可被相嗜事、肝要之旨、被　仰出候。仍所被挑御印、如件。

按察法印

頼龍（花押）

（慶長八年カ）
二月二日

明性寺下

惣中(59)

　これによれば、御所様＝教如に充てて懇志四〇〇文がいま届けられ、謝意が示されたと述べられている。年次推測の手掛かりは乏しいのであるが、前述のごとき情勢の推移を踏まえるならば、慶長八年二月のものと推測すべきであろう。つまり教如派が分立した直後に、明性寺は帰属の態度を表明していたと考えられるのである。明性寺が東派に帰属した原因については、一つには興敬寺（かつての本寺）が東派に属したこと、二つには配下の宝寿坊とその門徒衆（もとは興敬寺門徒衆であった）が東派に転じたと推測されること、これらの理由が指摘できるであろう。

おわりに

　本章の検討で明らかにできた近江興敬寺の動向を、最後に簡単にまとめておきたい。

　興敬寺の前身は「興性寺」と称し、親鸞に帰依した円鸞（俗名伊勢兵庫介）が京都五条西洞院に創建した寺院とされ、彼が文永十一年に死去した後は、②円順―③円智―④乗円―⑤証円―⑥円敬―⑦正敬（明徳二年に相模最宝寺から入寺）―⑧善敬―⑨敬了―⑩玄了―⑪宗了―⑫円明、と継承された。この⑫円明時代の明応元年に、蓮如から新寺号「興敬寺」が下付されるとともに、近江日野牧南大窪村に転じたと語られるが、その内実は、兄円明の「興敬寺」と弟某の「正崇寺」とに分立することだったと考えられる。仁正寺村への移転はそれからまもなくのことであろう。

さらにこれ以降の住持は、⑬顕明—⑭敬明（教明とも、永正八年に存命）—⑮了順—⑯了誓—⑰玄明（寛永十二年に存命）、と継承されており、⑮了順が「永田栄俊」に、⑯了誓が「永宗」に、それぞれ該当するのであろう。

永禄十年頃の興敬寺は、寺領合計七二石（このうち四二石が興敬寺領、三〇石が市左家領）を有し、また末寺門徒衆としては、光林坊（のち光林寺）・福性寺・香林坊（のち善敬寺）・明性寺・宝満寺・西連坊（西蓮坊）・善照寺・宝寿坊・龍光寺・大黒や（のち西福寺）・ゑひすや（のち連乗寺）、などが属していた。このうち明性寺は、天正初年頃に本願寺直参に昇格したと思しく、その結果、興敬寺・正崇寺・本誓寺・照光寺・明性寺は「日野五ヶ所」と総称されるようになったらしい。

永禄十一年九月に織田信長が足利義昭を伴って上洛し、翌十月には摂津を転戦して騒然たる情勢となったため、興敬寺（永田）栄俊は十一月に本願寺顕如に書状と懇志を届けて、側近下間頼総（証念）からの書状を下付されていた。信長は本願寺に礼銭五千貫の納入を指示したため、門徒衆は強く反発するが、顕如は納入を承諾することとした。

翌永禄十二年四月にも栄俊は顕如に懇志を進上しているが、付与された下間頼総書状では、信長からの礼銭賦課の問題が落着したと述べられるとともに、今後のために顕如は大坂本願寺の要害普請を指示されたと見えている。

こうして顕如は次第に反信長の姿勢を強め、ついに元亀元年九月から第一次石山合戦に踏み込むのである（元亀三年三月まで）。この間の興敬寺では、元亀二年五月までは栄俊は存命であったが、まもなくして死去したらしく、同年十二月には後継者「千世菊」（永宗）が史料上に登場する。千世菊は、この頃に死去した下間頼総への弔意を表すために、本願寺に使者を派遣しているが、しかし門徒衆は彼の継承に強く反発を示して、筋目（正統性）のない者が継承したとの批判を加えたらしい。そこで千世菊（永宗）は本願寺にこれを訴えて、元亀三年二月に、永宗を興敬寺の坊主職に安堵するとの裁決を得ているのである。またその際、興敬寺の位置付けは「国並」（在地の一般寺院と同列の意か）とされ、今後は身命を捨てて忠節を尽くすべしと指示されている。

元亀三年三月になって本願寺顕如は、信長と和睦して第一次石山合戦を終結させるが、しかし戦況はむしろこれ以降に急進展した。すなわち、同年十一月に甲斐武田信玄が出陣して遠江二俣城を攻略し、これを迎撃した信長・徳川家康軍は、同年十二月の三方原の戦いで敗退してしまう。さらに信玄は、翌天正元年二月に三河野田城を制圧するが、その陣中で彼は発病するに至り、ついに四月十二日に信濃伊那郡駒場で死去したのである（五三歳）。

この信玄死去の第一報を本願寺顕如に届けたのは、興敬寺永宗が派遣した名代道西であった。彼はそのとき甲斐府中に滞在していたらしく、信玄の遺体が帰還した翌日十七日にここを発ち、二十五日に近江日野牧に達して永宗の書状と懇志を携え、翌日さらに大坂に向かって、二十七日夕刻には本願寺に到着する。そして二十八日に道西は顕如に情勢報告を行って、同日付けの小松原正勝書状を拝受したと考えられるのである。

信玄死去の報はやがて信長のもとにも届いたので、信長は同年八月に越前朝倉義景の攻撃軍を動かすこととする。そしてこれを滅ぼした後、反転して近江浅井長政も滅ぼして、越前統治は桂田長俊・富田長繁らに委ねたのである。甲斐ではその後、服喪の明けた武田勝頼が家督を継承して、国主としての文書を発給しはじめるが、その最初は天正元年八月十九日付けの高野山成慶院充て書状であったと思われる。そしてこれを託された使者は、興敬寺名代（道西か）と同道して翌二十日に甲斐府中を出発し、近江日野牧を経て九月一日には本願寺に達する。そこで翌二日に勝頼書状と永宗書状とを顕如に進上して、同日付けの小松原正勝書状を興敬寺名代は下付されたのである。次いで翌三日、使者と名代とは同道してさらに高野山へ向かい、九月五日には成慶院へ到着して、勝頼書状と黄金二両とを進上したことであろう。十数日間ここに留まった使者と名代は、九月十九日に高野山を出発して翌日に大坂に達したので、顕如は二十一日付けで勝頼充ての書状を作成し、また太刀・腰物・馬一疋などを添えて届けさせることとした。かくして彼らは十月一日には甲斐府中に達したと思われるが、もしかすると下間頼充も彼らに同道して、祝詞言上のために甲斐へ赴いていた可能性が指摘できる。

翌天正二年正月、越前では冨田長繁と桂田長俊との対立が生じ、これを契機に加賀一向一揆が南下して越前北半を制圧してしまった。これと時を同じくして、甲斐武田勝頼も美濃恵那郡に出陣し、翌月には明智城を制圧してしまう。こうした情勢を聞いた顕如は、そこで天正二年四月に第二次石山合戦に踏み込んだのである（天正三年十月まで）。

同年五月に武田勝頼は、さらに遠江高天神城の攻撃を開始して、六月にはこれを制圧する。この軍事行動には、興敬寺名代（道西）が随伴していたらしい。名代は、勝頼軍が高天神城を取り囲んでまもなくの五月十日にここを離脱し、十四日に興敬寺に立ち寄って永宗書状と懇志を携え、さらに十七日に大坂に達して顕如に戦況報告を行ったので、同日付けの小松原正勝書状が付与されるのである。名代はその後直ちに高天神城の攻撃軍中へ戻り、その落城後の六月二十九日に再び大坂にやって来て、事態の推移を報告したと考えられる。

信長が越前の再制圧軍を動かすのは天正三年八月のことである。最初の一撃で木目峠の最前線を突破した信長は、府中～一乗谷～豊原寺～北庄と次々に陣を進め、一向一揆衆の掃討戦を展開して、九月下旬には岐阜に戻ったのである。こうして越前を失ったため、同年十月に顕如は第二次和睦を締結することとした。

しかしこの和睦も長続きせず、天正四年四月に信長軍が大坂本願寺に攻撃を加えたことで、第三次石山合戦に踏み込んだのである。顕如はこれ以降を「籠城」戦と呼んでおり、教如がここを離脱する天正八年八月まで続く。その間の戦いとしては、まず天正四年七月に安芸毛利氏の水軍八〇〇艘が、本願寺に兵粮を運び込んでいる。翌天正五年二月には信長が紀伊雑賀への攻撃を実施して、雑賀衆を服属させることに成功するが、しかし八月には松永久秀・久通父子が信長方に反旗を翻したので、十月に織田信忠に命じてこれを制圧させている。そして天正六年七月には、伊勢九鬼嘉隆が大船を建造して大坂表に回航させたので、信長は制海権をほぼ掌握することができたのである。

ところが天正六年十月、摂津有岡城（伊丹城）の荒木村重が本願寺方に転ずる。そこで信長は翌七年八月にこれを信忠勢に攻撃させたところ、村重は一族・被官を捨てて尼崎に敗走してしまった。捕縛された妻女はまもなく京都で処刑されることとなるが（村重自身は天正十四年まで存命）、この事態は本願寺方にとっては衝撃だったらしく、永宗は使者を派遣してこれを顕如に報じ、九月二十八日付けの法敬坊玄誓書状を下付されている。

有岡城の落城に続いて、翌八年正月には播磨三木城の別所長治が滅ぼされてしまう。かくして顕如はついに籠城戦（第三次石山合戦）を断念することとし、和睦を結んで四月九日に紀伊雑賀鷺森へ脱したのである。

ところがその子教如は、この方針に反対して断固たる籠城戦継続を唱え、諸国門徒衆に檄文を発し始める。「本誓寺文書」に残された天正八年後三月の教如書状が、日野牧門徒衆充ての檄文に該当するものであって、信長は必ずや裏切るであろうとして門徒衆に一層の粉骨を求めているのである。こうした事態を聞いて、興敬寺・正崇寺・本誓寺・照光寺の四ケ寺は教如派への加担を決め、懇志を進上するなどの行動に出た。しかし明性寺はこれに加わらなかったらしい。その結果、まもなくに主戦派（教如派）は顕如から折檻・勘気の処分を受けることとなるが、ひとり明性寺は処分されることはなかったのである。

折檻とされた永宗は、直ちに名代太郎兵衛を派遣して状況を問い合わせている。これに対する姓未詳祐勝の六月十三日付け書状では、教如へ家督を譲渡されて雑賀へ移動されたのであるから、顕如の決定はこれによって停止となり、また教如から処分解除されるであろうから心配は無用である、と述べられているのである。

教如の唱えた籠城戦継続も、しかし所詮は信長軍の敵ではなく、天正八年八月に教如は大坂から雑賀和歌浦へ転ずることとした。この教如を警固すべく、本誓寺はその時点まで随伴していたのであるが、雑賀に移動してまもなくの八月九日に教如書状（ただし教如花押の押捺を欠く）を拝受して、彼は帰国したのである。そこで永宗は、改めて処分解除を求める名代を派遣するが、八月十六日付け法敬坊玄誓書状では、五ケ所（正しくは興敬寺・正崇寺・本誓寺・照光寺の四ケ寺）に対する折檻処分は解除されていないと返答されているのである。

それからまもなくの天正八年十一月初旬、教如は諸国秘回の旅に出ることとし、信長が滅ぼされた天正十年六月の時点では、彼は播磨英賀本徳寺に潜伏していたらしい。「興敬寺文書」には、この本能寺の変の直後に作成された覚書が残されており、蒲生賢秀が執筆して子氏郷に託し、興敬寺へ持参させたものと考えられる。それによれば、明智光秀が近江へ下向したので、門徒衆は一揆を起こして討ち取り手柄とすべきである。織田信雄・織田信孝・徳川家康らがやがては謀叛人を打倒するであろうから、それらの軍勢に合流すべきである、と述べられている。

六月十三日に光秀は早くも倒されてしまうが、雑賀の顕如は各方面と連絡を取り合って、新体制の成立に影響力を行使しようとしていた。「興敬寺文書」には、そのうち蒲生賢秀・氏郷充ての六月十八日付け下間頼廉書状、および益田照従副状（正崇寺・興敬寺充て）が残されている。それによれば、蒲生賢秀・氏郷は本願寺に対して入魂の態度であり、また織田信孝からも丁重なる挨拶がもたらされたと述べられている。なおこの際の使者を務めたのは蒲生氏郷と永宗の両人であった。

信長が滅ぼされたことで、教如はまず秀吉と交誼を取り結び、雑賀に戻って六月二十七日に父顕如と家中合体

（仲直り）を実現した。しかし顕如は、旧主戦派に対する折檻・勘気の処分を解除しようとはせず、そのために永宗は同年八月、三度にわたって使者を派遣して処分解除を申し出ている。最初は名代が書状を持参し、二度目は永田孫右衛門尉がみずから顕如のもとへ赴き、三度目には蒲生氏郷が顕如のもとを訪れるのであるが、しかしいずれも効果は乏しかった。

天正十年十一月に正崇寺・興敬寺は、また顕如のもとに使者（宮村）を派遣して情勢を報告した。これに対する照従書状では、柴田勝家と羽柴秀吉との間はまだ開戦に至っていないが、すでに双方の人数は攻撃の手筈を調えていること、蒲生氏郷は羽柴秀吉に一味する意向であること、顕如に充てて氏郷から懇志が進上されたが、これからも等閑なき関係が維持されるよう望んでいること、日野牧四ケ寺（正崇寺・興敬寺・本誓寺・照光寺）は折檻処分の解除を要望しており、これに明性寺も尽力しているが、まだ実現はしていないこと、これらの点が伝えられている。

天正十一年四月、秀吉は賤ケ岳合戦で勝家軍を破り、敗走した勝家は北庄城で自害する。また伊勢滝川一益も同年八月に秀吉に降伏して、秀吉の権力が確立することとなった。これに伴って蒲生氏郷の処遇は次第に高まり、天正十一年末には飛騨守に叙任される。また彼は天正十二年三月～四月の小牧・長久手の戦いにも参陣し、その功績で同年六月に伊勢松ケ島城が与えられることとなった。氏郷はそこでこの旨を顕如（この頃には和泉貝塚に転じていた）に報じて馬一疋を献じたところ、六月十八日付けの下間頼廉書状で謝意が示されている。

天正十三年四月、顕如は秀吉から摂津中島（中之島）河崎に新たな寺地を拝領する。直ちに縄打ちが行われて堂舎建設が開始され、同年八月三十日には顕如・教如は早くもここに移動してしまう。そして翌天正十四年八月には、完成した新堂舎において証如三三回忌が挙行されたのである。

その法要の最中の八月八日、顕如は興敬寺など四ヶ寺に加えていた折檻処分の解除を決め、坊主自身が直ちに本願寺へ上ってくるように指示する。そして八月十八日に顕如からじかに解除が申し渡されるとともに、下間仲康（性乗）の奉じた御印書（印文「諗」の黒印）が下付されたのである。そこで永宗はその礼銭として、顕如に銭三貫文、教如に銭二貫文、如春尼（顕如妻）に銭二貫文、准如に銭三貫文などを進上している。この処分解除によって永宗は、本願寺の堂舎の奥にある御手水（便所）を再び使用できるようになり、このことで彼は公然と顕如の身辺に伺候できたのである。正崇寺・本誓寺・照光寺からも同様に、処分解除に伴う礼銭が進上されていたことであろう。

ところが、この興敬寺の復活に伴って不参事件が起きる。かつて興敬寺が折檻された際、その門徒衆（宝寿坊と石原・増田・イモシ村門徒衆）は、明性寺へ転属するよう指示されていたが、彼らは再び興敬寺配下に復帰したいとして、明性寺に不参の態度を取ったのである。彼らはその際の口実として、宝寿坊が幼少であるからと主張していた。しかし本願寺はこの要請を認めず、宝寿坊とその門徒衆は今後も明性寺門徒たるべしと命ずることにしたのである。

天正十四年十一月になって、顕如はかなり重い病気となる。医師が手配されて様々な治療が試みられたが、なかなかその効果は現れず、約半年後の天正十五年五月頃になってようやく本復している。興敬寺など四ヶ寺はその間に見舞いの飛脚を派遣するが、これに対する懇志請取状は天正十五年正月朔日付けで発せられており、その飛脚は永宗自身が務めていた。

天正十五年三月、薩摩の平定に出陣した秀吉に陣中見舞いを行うため、教如が九州へ下向して、六月下旬に戻ってくる。門徒衆はその帰還を祝って懇志を届けており、永宗も七月十九日付けの懇志請取状を得ていた。また蒲生氏郷も、戻った教如に対して再会を呼びかけており、教如は六月二十六日付け書状で翌朝の参上を約束していた。なお、この頃のものと思しき懇志請取状が三点残されており、永宗は顕如・教如に定期的に懇志を進上していたことが知られる。

さて天正十七年二月、聚楽第の壁に「落書」が張り出される事件が起きたので、激怒した秀吉は厳重な探索を行わせて、容疑者十七人を処刑する。しかしその残党が中島本願寺に隠れているとの報がもたらされ、本願寺には謀叛の疑いが掛けられてしまった。そこで疑われた願得寺らが犠牲となって三月八日に自害し、関係者六六人が新たに磔刑となり、居住していた町二つも焼き払われて、ようやく落着するのである。門徒衆はその無事を祝って相次いで懇志を届けるが、本誓寺・興敬寺・正崇寺からの懇志に対しては、三月十五日付け（顕如充て）・三月十六日付け（教如充て）で請取状が発せられている。この時の使者は正崇寺が務めたらしい。なおこの頃に照光寺住持は死去していた可能性があり、もしかすると廃絶に近い状態であったかもしれない。

落書事件の決着を聞いた永宗は、そこで改めて新年の祝辞を言上すべく使者を派遣し、三月二十日付け懇志請取状を下付されている。それから半年後の同年九月の姓未詳教円の書状でも、聚楽第落書事件が「不慮」の出来事として触れられているから、この事件は本願寺にとって存亡の危機だったと評さねばならないのである。

本願寺はその後、ひたすら秀吉の歓心を買うことに努めた結果、天正十九年閏正月五日に京都西六条で新たな寺地が与えられることとなる。そこで中島本願寺の堂舎を解体して資材を運び、これを組み立てて京都本願寺としたのである。そして顕如・教如両人は八月六日に早くも京都へ移動してしまった。

その直前の天正十九年七月、興敬寺は善敬寺（犬上郡八坂村に所在）との関係について裁決を求めるため、覚書を本願寺に提出している。その要点は、末寺の善敬寺が「直参」を主張して、天正十五年以来、不参の態度であることを指弾するものである。この訴訟の原因は、興敬寺とともに善敬寺も教如派に加担し、そのために勘気の処分を受けていたのであるが、興敬寺が天正十四年八月に処分を解除されたために、本末関係がこじれてしまったのである。善敬寺はそこで、教如が天正十五年八月の草津湯治旅行の途中で日野牧に立ち寄った際、教如から直参処遇を与えられるよう働き掛けたらしく、それを踏まえて善敬寺は興敬寺に不参の姿勢をとり続けたのである。そこで興敬寺は、御印書の下付を受けて帰属を強制しようとするのであるが、しかしおそらくそれは実現しなかったことであろう。なぜならば、その翌年天正二十年十一月に顕如が死去し（五〇歳）、本願寺は教如体制となるからである。

門主となった教如は、まず逼塞していた旧主戦派（教如派）の復活を指示したらしい。その結果、各地の寺院・道場では顕如派が排除され、代わって教如派が管掌権を握ることとなった。日野牧においても教如派が復活し、旧顕如派に対して粛清を加えた可能性がある。「興敬寺文書」には文禄弐年十月の門徒衆置文があるが、そこに署名する庵室兵衛・増田清右衛門・敬心らは、いずれも教如派であろう。なお置文では、顕如の忌明け法要（六月実施）のための御頭銭として、仁正寺村・佐久良郷に銭一貫文、高野郷に米三石（もとは銭一貫文）が割り当てられ、今後もこの負担を踏襲すると述べられている。

こうして教如体制が成立したことに伴い、旧顕如派は迫害を被ることとなったため、彼らはこれを阻止すべく如春尼（顕如妻で教如母）を通じて、秀吉に教如排斥を強く要請することとした。秀吉はそこで、文禄二年閏九月十六日に教如を大坂城に呼び出して退隠を厳命し、代わりに弟准如（顕如三男）を門主としたのである。けれども教如はこれに容易に従わず、文禄三年九月にようやく「御裏」に転じたので、翌月に准如は「御表」へ移動している。各地の寺院・道場でも同様に、教如派が排除されて旧顕如派＝准如派が復活したことと思われる。

永宗は、この段階では旧顕如派＝准如派であったが、門徒衆のうちには教如派が少なくなく、とりわけ八坂善敬寺の姿勢は強硬であった。そこで永宗は、慶長元年七月に下間性乗書状の下付を受けて、善敬寺配下たる仁正寺村・佐久良村の門徒衆を帰参させようと図っている。その結果、不参であった庵室兵衛・増田・教心（敬心）のうち、教心は帰参するに至ったが、庵室兵衛は一向に転換しようとはしない（増田については不明）。やむなく永宗は、十二月に再び庵室兵衛充ての厳命書を受け取っているが、しかしおそらく彼の転換は実現せず、不参のままで教如分立を迎えたのではあるまいか。

さて教如は、准如体制下から分立するために、徳川家康との交誼形成を企てた。家康は慶長五年六月に上杉討伐に出陣するが、教如はその陣中見舞いに下野国小山へ下向しているのである。こうした努力の結果、慶長七年三月に教如は、家康から東六条における新たな寺地を付与される。そこで直ちに新堂舎を建立するとともに、慶長八年正月には上野国厩橋の妙安寺から親鸞木像を迎えて、ついに教如派（東派）の分立が達成されたのである。

日野牧五ケ寺のうちで東派に帰属することとなるのは、興敬寺・本誓寺・明性寺の三ケ寺である。このうち興敬寺・本誓寺については順当な帰参と評してよいが、明性寺賢了が東派となったことは想定外と言わねばならない。こうした行動の理由として、一つには、かつての本寺の興敬寺が東派に属したため、これに従って円滑な関係を維持したいと考えたこと、二つには、明性寺配下の宝寿坊とその門徒衆も同様に東派に転じたと考えられ、彼らを今後も服属させるには、明性寺自身が東派に転じた方が好都合であったこと、これらの点が指摘できるであろう。かくして明性寺には、慶長八年と思しき二月二日付けの教如御印書（下間頼龍奉）が遺存することとなるのである。

注

（1）近江「興敬寺文書」第一号（『栗東歴史民俗博物館紀要』第五号、一九九九年。第六号、二〇〇〇年）。本稿ではこの『栗東歴史民俗博物館紀要』の整理番号に従い、引用史料の冒頭にはその番号を記載しておくこととする。なお本文書は、早くに『近江蒲生郡志』巻六・巻十（滋賀県蒲生郡役所発行、一九二二年）に掲載され、また近年では指定研究「湖東地方における真宗教団の展開」（研究代表者福間光超氏、『龍谷大学仏教文化研究所紀要』第一九集、一九八〇年、訓読は早島有毅・高島幸次・大脇昌幸氏、以下では『仏文研紀要』と略記する）にも掲載された。そこで両書に掲載される史料についてのみ、それぞれの整理番号を注記して便宜を図っておきたい（掲載されない史料には注記を付さない）。ちなみに第一号史料は、『近江蒲生郡志』では第二九一八号として、また『仏文研紀要』では第一号として掲載されている。引用に際して、栗東歴史民俗博物館から提供された写真版により訓読を訂正したものがあるが、一々これらを指摘することは差し控えておきたい。なお高井多佳子氏「湖東日野興敬寺の寺歴について―「興敬寺文書」調査報告―」（『栗東歴史民俗博物館紀要』第五号）、「興敬寺文書翻刻（解説）」（『栗東歴史民俗博物館紀要』第六号）を参考にしている。

（2）「湖東地方における真宗教団の展開」（『仏文研紀要』）の解説における指摘。

（3）「興敬寺文書」第三号、興敬寺縁起では、惣領たる「南興正寺」がのちに興敬寺となり、庶子たる「北興正寺」がのちに正崇寺になったとされている。

（4）「興敬寺文書」第三号。

（5）「興敬寺文書」第四二号（『近江蒲生郡志』第二九二一号、『仏文研紀要』第二号）。

（6）「興敬寺文書」第一〇七号（『仏文研紀要』第七号）。

（7）「興敬寺文書」第七二号（『仏文研紀要』第一七号）。

（8）「興敬寺文書」第四号の興敬寺玄明譲状は、寛永十二年二月四日の作成であるが、第三号の興敬寺縁起も、この時に同時に作成されたものと思われる。

（9）「興敬寺文書」第四三号（『近江蒲生郡志』第二九二三号、『仏文研紀要』第四号）。

（10）「興敬寺文書」第四六号（『近江蒲生郡志』第二九二〇号、『仏文研紀要』第二三号）。

（11）「市左家領」の三〇石とは、興敬寺の同族たる武士の領地であろう。史料上には永田孫右衛門という武士が登場し、彼は興敬寺と緊密な関係にあることが推測されるから、これが市左家に該当するのであろう。
(12)「興敬寺文書」第八九号。
(13)『近江蒲生郡志』における解説のほか、『滋賀県の地名』(『日本歴史地名大系』第二五巻、平凡社、一九九一年)における「興敬寺」・「正崇寺」などの解説による。このほか「本誓寺」・「弘誓寺」・「明性寺」などの項目も参照している。
(14)高井多佳子氏「湖東日野興敬寺の寺歴について―「興敬寺文書」調査報告―」(注1)による。
(15)近江「明性寺文書」は、東京大学史料編纂所の写真版六一七一・六一―一〇四による。なお寺伝では、天正期の明性寺住持「賢了」は石山合戦に参加して雑賀に赴き、そこで戦死したとされているが(『近江蒲生郡志』第三五一五号解説、および『滋賀県の地名』八一一ページ)、この説は錯誤と思われる。と言うのは、天正十年十一月の史料(第十一節引用)において、その活動が確認できるからである。けれども、賢了が石山合戦に参加したというのは確実であり、またその後の彼は顕如派に属する姿勢で一貫したらしい。この点は、他の四ケ寺が合戦最末期に教如派に加担し、そのために折檻処分を受けたこととは異なっているので注意しなければならない。つまり明性寺賢了は折檻処分を受けてはいないのである。現在の明性寺が東派(教如派)に属している点からは、こうした賢了の動きを推測することは困難と思われるので、史料解釈には注意が必要である。
(16)小風真理子氏「石山戦争後の本願寺内紛と門末―近江日野の事例から―」(『戦国史研究』第四四号、戦国史研究会、二〇〇二年)が、日野牧門徒衆の動向を追っているが、取り上げられた史料数が少ないために、情勢の推移を子細に究明するには不十分と言わざるを得ない。
(17)『近江蒲生郡志』第三五〇九号、『仏文研紀要』第五号。
(18)「細川両家記」(『群書類従』第二十輯、合戦部、六三〇ページ、続群書類従完成会、一九三二年、一九七七年訂正三版)。
(19)『近江蒲生郡志』第三五〇八号、『仏文研紀要』第六号。
(20)「二条宴乗日記」元亀二年十二月九日条(金龍静氏「戦国時代の本願寺内衆下間氏」による―『名古屋大学文学部研究論集』史学二四、一九七七年)。
(21)『仏文研紀要』第一七号。

(22)『近江蒲生郡志』第三五一〇号、『仏文研紀要』第一〇号。
(23)「高野山文書」成慶院文書(『大日本史料』第十編之十五、九四ページ、一九七五年、東京大学出版会)。笹本正治氏『武田信玄』一一一ページ(『ミネルヴァ日本評伝選』、ミネルヴァ書房、二〇〇五年)。信玄死去の四月十二日から、この書状の前日八月十八日までは、計一二五日間となる(四月十二日を含む)。
(24)『近江蒲生郡志』第三五〇五号、『仏文研紀要』第九号。
(25)『顕如上人文案』巻上(『真宗史料集成』第三巻・一向一揆、同朋舎、一九七九年)。
(26)『近江蒲生郡志』第三五〇七号、『仏文研紀要』第一一号。
(27)『近江蒲生郡志』第三五一一号、『仏文研紀要』第一四号。
(28)『近江蒲生郡志』第三五一二号、『仏文研紀要』第一五号。
(29)『仏文研紀要』第八号。
(30)近江日田「本誓寺文書」(『近江蒲生郡志』第三五一六号)。
(31)『近江蒲生郡志』第三五一七号、『仏文研紀要』第一二号。
(32)ここに明性寺が見えない理由は、教如派へ加担せず、そのために折檻処分も受けていないからである。
(33)近江日田「本誓寺文書」(『近江蒲生郡志』第三五一八号)。なお「在陣」は誤読と思われ、正しくは「在津」であろう。
(34)『近江蒲生郡志』第二九二三号、『仏文研紀要』第一三号。
(35)『近江蒲生郡志』第三五二二号、『仏文研紀要』第二二号。
(36)『仏文研紀要』の解説によると、かつてこの覚書には「蒲生飛騨守筆」(蒲生氏郷)との付箋があったとされる。しかし付箋はいまは失われており、しかも付箋を直ちに信頼するわけにはいかない。なぜならば、蒲生氏郷が「飛騨守」を称するのは天正十一年末より以後であって、覚書作成当時には「忠三郎」と称していたからである。
(37)「氏郷記」巻上(『改定史籍集覧』第一四冊、六二二ページ、近藤活版所、一九〇二年)。
(38)現在の興敬寺が立地する地点(蒲生郡日野町西大路一九九五)こそが、かつての日野城(中野城とも)の所在地であって、境内ではいまでも土塁や空堀の痕跡を確認することができる。ただしその当時から現在地に興敬寺が立地していたかどうかは不明である。

(39)『近江蒲生郡志』第三五二四号、『仏文研紀要』第二〇号。
(40)拙稿「池上和泉守常長の花押」(拙著『本願寺教如の研究』続、第四部第四章第一節)。
(41)「氏郷記」巻上(『改定史籍集覧』第一四冊、六四六ページ)によると、定秀は氏郷の祖父に当たり、下野入道快幹軒と称し、天正七年三月に七二歳で死去したとされている。
(42)近江増田「明性寺文書」。東京大学史料編纂所写真版六一七一・六一―一〇四による。
(43)「氏郷記」巻上(『改定史籍集覧』第一四冊、六五五ページ)による。
(44)『仏文研紀要』第一八号。東京大学史料編纂所影写本三〇七一・六一―三四。
(45)『仏文研紀要』第一九号。
(46)『近江蒲生郡志』第二九二四号。
(47)「興敬寺文書」第三号(『仏文研紀要』第二三号)。
(48)「明性寺文書」(『近江蒲生郡志』第三五一三号)(東京大学史料編纂所写真版六一七一・六一―一〇四)。
(49)「明性寺文書」(『近江蒲生郡志』第三五一四号)。
(50)「興敬寺文書」第三号の「松原興敬寺門徒末寺之次第」によれば、増田宝寿坊も本来は興敬寺門徒であると記載されている。
(51)『仏文研紀要』第二二号。東京大学史料編纂所影写本三〇七一・六一―三四。
(52)『改定史籍集覧』第一四冊。
(53)天正十四年十一月、正親町天皇が退位して後陽成天皇が即位するに際し、秀吉には「豊臣」の姓が与えられ、また正二位内大臣に叙任されている。諸大名に対しても同時に除目が行われ、蒲生氏郷には従四位下侍従が与えられたので、以後、氏郷は「松ケ島侍従」と称されたという。こうした推移を踏まえるならば、「羽柴」姓が氏郷に与えられたのは天正十四年十一月からまもなくの時点であった可能性が高い。
(54)『近江蒲生郡志』第三五〇六号、『仏文研紀要』第一六号。
(55)「龍谷大学図書館所蔵文書」(早島有毅・高島幸次・西脇理氏「湖東における真宗教団の展開」―『龍谷大学仏教文化研究所紀要』第二一集、一九八二年)に、次の史料が残されている。

（印文「明聖」）
（黒印）
今度御門跡様、至雑賀被成御下向候処、善敬寺事、背御意構表裏別心、大坂ニ相残候段、言語道断、曲言ニ被思食候。即御勘気之御事候。然者、当門徒衆之儀者、可被召置直参候。憶各得其意、自今以後、坊主之方へ出入之段、堅可被停止候。自然坊主へ於同心之族者、永可被相放御門徒候。所詮向後、御開山善知識之御座所へ致参詣、仏法世間共以、御門主様如御諚、万端可被抽馳走事、肝要候。右之趣、能々可申旨、被仰出候。仍所被挑御印、如件。

（天正八年）
七月廿一日　　　　　　　　　少進法橋
　　　　　　　　　　　　　　　性乗（花押）
　　　　　　　　　　　　　刑部卿法眼
　　　　　　　　　　　　　　　頼廉（花押）

江州中郡
　善敬寺
　　門徒衆惣中

すなわち、御門跡様＝顕如が雑賀に下向されたにも拘わらず、八坂善敬寺が表裏別心を構えて大坂に残ったのは言語道断の仕儀であって、いま「御勘気」＝破門処分が加えられた。しかしながらその配下の門徒衆には、「直参」処遇が与えられることとなったので承知するように。今後は善敬寺のもとへ出入りすることは厳禁である。もしも彼に同心する者がいた場合には、永久に門徒の地位から追放されるであろう。親鸞像と善知識＝顕如のいる雑賀に参詣して馳走に努めることこそが肝要である、と述べられているのである。

この文書の充てられた「善敬寺門徒衆惣中」とは、具体的には「西蓮坊」を指すものと考えられる（「龍谷大学図書館所蔵文書」慶長五年八月、門徒衆連署誓詞の先頭に「西蓮坊」が見えている）。つまり、教如派加担を理由として、興敬寺には折檻、善敬寺には勘気の処分が加えられたので、その残された門徒衆の管掌を、さらにその下位にあった西蓮坊（顕如派）に委ねることとし、その際に彼には直参処遇が許可されたのである。

なおその後の西蓮坊は、まもなくして西遊寺と改号し、さらに寛永六年（一六二九）には准如二男の准悟を住持に迎えて本行寺（西派、神崎郡種村に所在）と改称したとされる（拙稿「教如の籠城戦継続と諸国門徒衆」―拙著『本願寺教如の研究』上、第一部第一章、法藏館、二〇〇四年）。以上のごとき経緯を踏まえるならば、「龍谷大学図書館所蔵文書」は、「旧本行寺文書」、もしくは「旧々西蓮坊文書」と称すべきものである。

(56) 拙稿「家中合体後の本願寺」(拙著『本願寺教如の研究』上、第一部第三章)で述べたごとく、教如は天正十五年八月に草津湯治旅行を行っているが、その途中で彼は近江日野牧に立ち寄っていたものであろう。

(57) 拙稿「下間少進性乗の花押」(拙著『本願寺教如の研究』続、第四部第三章)。

(58) 拙稿「冨永采女正言之の花押」(拙著『本願寺教如の研究』続、第四部第四章第三節)。

(59) 「明性寺文書」。

第二章　石見照善坊照西・法西について

はじめに

石見国邇摩《にま》郡天河内《あまこうち》村（島根県大田市仁摩町天河内五五）に所在する玉蓮山満行寺《まんぎょうじ》（浄土真宗本願寺派＝西派）には、**表1・図1**に整理した二四点の史料をはじめ、多数の近世史料が伝来している[1]。同寺はかつて照善坊と称し、石見の本願寺派門徒のうちでは重要な位置を占める道場であった。一覧に整理した史料のほとんどは天正年間に発せられたもので、その頃の本願寺の動きを示すとともに、それに対応した地方門徒衆の動きもつぶさに知ることができて、極めて貴重な史料である。また慶長十七年～二十年の法西の遺言状も、この頃の寺院の相続のあり方を示す事例として注目しなければならない。

そこで以下では「満行寺文書」を紹介しつつ、石見門徒衆の動向を探り、また本願寺の推移を眺めてみることとしたい。なお各史料の頭部に付した記号は、**表1・図1**の記号と一致しているので、とくに注記を付することはしないでおく。

表1　石見「満行寺文書」一覧

記号	年月日	黒印印文	発給者＝奉者（花押形状）	充所	包紙または端裏のウワ書 充所	包紙または端裏のウワ書 発給者名	内容
A	永禄6・7・4		釈顕如（花押欠ク）				法名　釈法西
B	天正8・正・25	明聖	刑部卿法眼 頼廉（花押）	照林坊下 アマカウチ正善坊・同門徒中	（包紙）御印　照林坊下アマカウチ正善坊・同門徒中	（記載ナシ）	久年御籠城、始有岡・三木、方々御味方中被相果、三月初信長当表可被執詰事必定、為御番、壱人之兵粮、鉄炮壱挺・玉薬以下被用意、在寺之儀、被頼思召、
C	天正8・卯・23		頼龍（ハグルマ型）	照善坊　同宿衆中	（包紙）照善坊同宿衆中	按法　頼龍	為志銀子38匁5分進上、新門主様御勇健、私へ同2匁5分、
D	天正8・卯・24		頼龍（ハグルマ型）	照善坊下　惣中	（包紙）（切断のため不詳）	按察法橋	為集中鉄炮放1人、被差上、御門主様去9日、至雑賀被移御座、信長表裏顕形、新門様被残御跡、堅固可被相踏御覚悟、
E	（天正10？）・霜・29	続	（記載ナシ）	アマカワチ照善坊	（包紙）御印		志銀子2匁
F	天正14・2・15	明聖	刑部卿法眼 頼廉（花押）	サワ浄土寺下　石州アマカワチ正善坊・同門徒中	（包紙）御印　石州アマカワチ正善房・同門徒中	（記載ナシ）	就御作事、畳之面之儀調ニ被遣候処ニ、為志御門跡様へ銀63文め、
G	（天正15？）・8・5		頼廉（花押）	石州雨河内照善坊几下	（包紙）石州雨河内照善坊　几下	刑部卿法印　頼廉	其方事、対照林坊・佐波浄土寺、諸役、殊照林坊御開山様御番等、不被相勤、太不可然、先年以書状雖申越、聊無承引、近年一切不通之仕立、手次之坊主疎遠之儀、入魂肝要、
H	（天正15？）・8・5		照従（マツバ型）	石州雨河内照善坊御宿所	（包紙）石州雨河内照善坊　御宿所	益田少将　照従	被対照林坊・佐波浄土寺、諸役、并照林坊　御開山様御番等、曽以無御勤之由、先年刑部卿法印、以書状雖被申下、終無領解、至于今役儀已下無馳走、近年一切無軽徊、連年之未進、速被遂御算用、已来如先々有御入眼、
I	（天正15？）・8・9		性乗（花押）	石州雨河内照善坊几下	（包紙）石州雨河内照善坊　几下	少進法印　性乗	其方、対照林坊・浄土寺，不馳走、殊諸役以下、曽以不被相調、
J	（天正16？）・3・5	明聖	刑部卿法印 頼廉（花押）	石州銀山ヤスミ法西　門徒中	（包紙）石州銀山ヤスミ法西　門徒中	刑部卿法印　頼廉	御門跡様へ銀子10文め、御所様御堅固

K	(天正16?)・3・5		頼廉(花押)	石州銀山ヤスミ法西 門徒中	(包紙)石州銀山ヤスミ法西 門徒中	刑部卿法印 頼廉	新門様へ為志銀10文め、御印書、私へ同2文め、
L	(天正16?)・3・5		照従 (マツバ型)	石州銀山ヤスミ法西殿 御門徒御中	(端裏)石州銀山ヤスミ法西殿 御門徒御中	益田少将 照従	御所様へ為御志、銀子10文め御進上、刑部卿法印へ同2文め、拙者へ同1文め
M	天正17・卯・2		頼廉(花押)	雨河内正善坊 回鱗	(包紙)雨河内 正善坊 回鱗	刑部卿法印 頼廉	来札之趣、加披見、今般不慮之儀、被成御気遣、無御別義、早速相済、御寺内、已来迄之御為、可然様、自関白様被仰付候、銀2匁到来、
N	(天正18頃?)・8・28		頼廉(花押)	照林坊下照善坊 回報	(包紙)石州雨河内 照善坊 回報	刑部卿法印 頼廉	去夏来札、令披見、去年御参之処ニ、取乱、不令差馳走、銀子5文目上給、照林坊被罷上、於此方仕合能、御礼被申上、西蔵寺専慶相刻之儀、順正如存分被仰付、即只今被差下、其方下西楽寺事、得其意、去年も西楽寺被召候つれ共、先差下候、照林坊演説
O	天正19・6・24	詳定	刑部卿法印頼廉(木版花押)	石州照善坊			新御所様へ御座相変申付而、銀子2文め進上、
P	天正19・6・24		頼廉(花押)	石州照善坊 足下	(包紙)石州照善坊 几下	刑部卿法印 頼廉	御門跡様へ御座相替申付而、銀子3文め、新御所様へ同2文め、私へ両様ニ同2匁、
Q	天正19・6・24		従(マツバ型)	石州照善坊 御返報	(端裏)石州照善坊 御宿所	益田少将 照従	御所様へ御座相替ニ付而銀3匁、新門様へ2匁、刑部卿法印へ同1文目、
R	(天正19?)・10・晦		横田孫作長昌 (花押)	雨河内照善坊 御報	(包紙)雨河内 照善坊 御報	横田孫作 長昌	従正善坊、使被差上け、御状本望、先度ハ永々御在京中、取乱候て、何等之御馳走も不申、銀子之儀、年内ニ上け可給候由候、祝着、
S	(天正19?)・10・晦		村是(花押)	(ナシ)	(端裏)雨河内 照善坊 人々御中	麻野助右衛門尉 村是	正善坊ヨリ使、参候間、一筆啓上、爰許之様子、新門様ハ□之御新造へ、御うつり被成候、銀子年内ニ早々可有御上け之由、近比ニ及候、
T	(天正20?)・卯・10		横孫作 長昌 (花押)	照善坊 御報	(包紙)照善坊 御報	横田孫作 長昌	新門様江銀子3匁、御誓ノ使、御礼申上候刻、慥ニ上ケ申、御煩気之由、無御心元存、御養性専用、拙者へ2匁、委曲正順ニ申含、
U	(慶長元?)・6・7		光昭(帆船型)	主水佑殿			早々御見舞、遅延、本意之外、温泉可為御相当、湯帷三・樽、軽音之験、委細下間少弐法眼
V	慶長17・壬10・12		満行寺老僧 法西	惣御門徒中 参	(端裏)惣御門徒中 参	満行寺 法西	祐西ニ付渡所々村付之事、仁万浦、宅野浦、大屋村、大原村、こも口・くどし村、一人も不相残、祐

	W	X	Y	Z
	慶長17・壬10・12	慶長20・8・7	元和7・5・2	寛文3・7・3
	満行寺老僧 法西	満行寺老僧 法西	川那卩主馬首 □□	冨島頼母季武
	祐西　参	(後欠)(祐西カ)	石州万行寺	石州邇摩郡天川内村　満行寺 同門徒衆中
	(端裏)祐西　参			
	満行寺 法西			
西と一味ニ被成御談合、	旁付渡所々村之事、仁万浦、宅野浦、大屋村、大原村、こも口・くどし村、一人も不残旁へ付渡、了祐と掌を合、勧化之儀、肝要	祐西へ付渡申村之事、……五ケ所、残而弐十五・六ケ村、此寺ニ相付、行西へ付渡申候、	今度帰参之儀、神妙、飛檐、如前々被成御免	裏方之御印判有之状持参、差上、申替木仏寺号之御札、被顕御印判、被成御免候、

図1　石見「満行寺文書」中の花押・印章

B：天正8年（1580）
正月25日
「明聖」

B：天正8年（1580）
正月25日
刑部卿法眼頼廉

C：天正8年（1580）
卯月23日
（按法）頼龍

D：天正8年（1580）
卯月24日
（按察法橋）頼龍

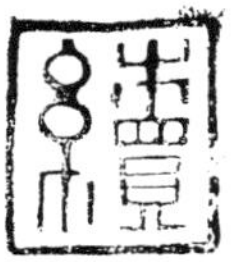

E：天正10年?（1582?）
霜月29日
「続」

F：天正14年（1586）
2月15日
「明聖」

 K：天正16年?（1588?） 3月5日 （刑部卿法印）頼廉	 F：天正14年（1586） 2月15日 刑部卿法眼頼廉
 L：天正16年?（1588?） 3月5日 （益田少将）照従	 G：天正15年?（1587?） 8月5日 （刑部卿法印）頼廉
 M：天正17年（1589） 卯月2日 （刑部卿法印）頼廉	 H：天正15年?（1587?） 8月5日 （益田少将）照従
 N：天正18年頃?（1590?） 8月28日 頼廉	 I：天正15年?（1587?） 8月9日 （少進法印）性乗
 O：天正19年（1591） 6月24日 「詳定」	 J：天正16年?（1588?） 3月5日 「明聖」
 O：天正19年（1591） 6月24日 刑部卿法印頼廉 （木版花押）	 J：天正16年?（1588?） 3月5日 刑部卿法印頼廉 （木版花押）

P：天正19年（1591）
6月24日
（刑部卿法印）頼廉

Q：天正19年（1591）
6月24日
（益田少将）従

R：天正19年?（1591?）
10月晦日
横田孫作長昌

S：天正19年?（1591?）
10月晦日
（麻野助右衛門尉）
村是

T：天正20年?（1592?）
卯月10日
横孫作長昌

U：慶長元年?（1596?）
6月7日
光昭

V：慶長17年（1612）
壬10月12日
法西

W：慶長17年（1612）
壬10月12日
法西

X：慶長20年（1615）
8月7日
法西の花押と印章
（印文「法西」）

Y：元和7年（1621）
5月2日
川那部主馬首□□

Z：寛文3年（1663）
7月3日
冨嶋頼母季武（カ）

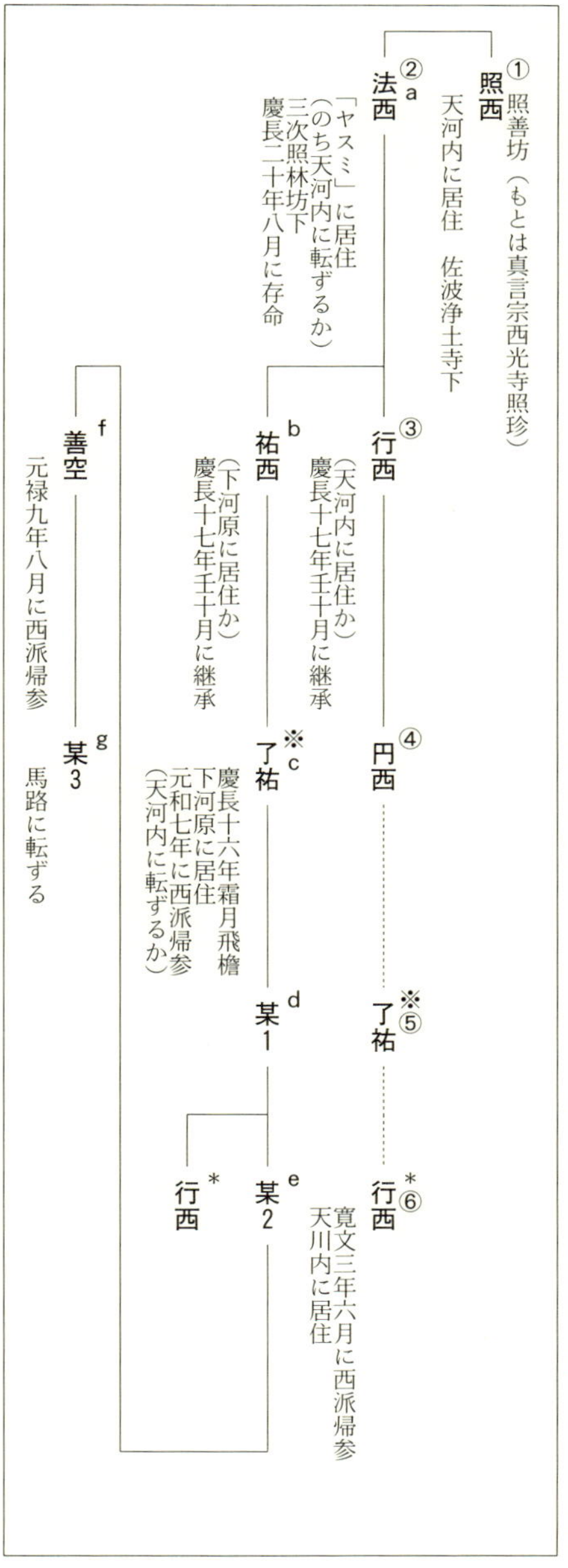

図2　照善坊の系譜（推定）
（数字は天河内系の歴代数、アルファベットは下河原系の歴代数）（※＊は同一人物）

一　照善坊の系譜について

照善坊（満行寺）の系譜について語る「玉蓮山略縁起」[2]によれば、石見大森銀山（邇摩郡佐摩《さま》村に所在）の山吹城を守備した小笠原長秀には子息二人がおり、彼らはのちに戦乱を避けて真言宗玉蓮山西光寺に入り、このうち兄は照珍と称して、やがて西光寺の後継者になったとされる。そして彼は天文十三年（一五四四）に、備後三次照林坊の勧めに従って本願寺証如に帰参し、照善坊照西と改名したという。照西の跡はその弟法西が継承し、さらにそ

図3　照善坊歴代住持一覧

	照西	法西	行西	祐西	円西	了祐	某1	某2	行西	善空	某3
大永5年（一五二五）	○この頃誕生？										
天文13年（一五四四）	○本願寺帰参（20歳？）										
天文18年（一五四九）		○この頃誕生？									
永禄6年（一五六三）		○得度（15歳？）									
元亀2年（一五七一）			○この頃誕生？								
天正3年（一五七五）				○この頃誕生？							
天正8年（一五八〇）		○教如派加担									
天正15年（一五八七）	×死去（63歳？）										
天正16年（一五八八）		○住持職継承？									
天正18年（一五九〇）					○この頃誕生？						
天正20年（一五九二）		○「御煩気」									
文禄3年（一五九四）						○誕生					
慶長16年（一六一一）						○西派帰参（18歳）					
慶長17年（一六一二）		○遺言状	○25～26村継承	○5村継承		○東派帰参（19歳）					
慶長18年（一六一三）							○この頃誕生？				
慶長20年（一六一五）		○再遺言状（67歳？）	○25～26村再継承	○5村再継承							
元和6年（一六二〇）			×この頃死去？		×この頃死去？						
元和7年（一六二一）						○西派帰参？					
寛永9年（一六三二）								○この頃誕生？			
寛永14年（一六三七）									○この頃誕生？		
慶安4年（一六五一）										○この頃誕生？	
寛文3年（一六六三）									○西派帰参		
寛文10年（一六七〇）											○この頃誕生？
元禄9年（一六九六）										○西派帰参	
正徳年間（一七一一～）											○馬路へ移転

の後は、行西―祐西―円西と相続されて、檀徒数は一〇〇〇余人を数えたと記されている（図2参照）。

この略縁起には、照西をはじめとする歴代住持の没年も記されているが、残念ながらその信頼度は必ずしも高くないので、本章では採用しないでおきたい。しかしながら年齢を推測する手掛かりは必要であるから、照西が本願寺証如に帰参したとされる天文十三年（一五四四）を基準にして考えてみると、このとき彼がもし二〇歳であったと仮定できるならば、その誕生は大永五年（一五二五）のことであり、また天正十五年（一五八七）末に死去したときには六三歳であったという想定が得られるであろう。ある程度の誤差を承知のうえで、このように想像しておきたいと思う（図3参照）。

しかしながら、彼に本願寺帰参を勧めたのが三次照林坊だったとの記述は錯誤と考えられ、正しくは佐波《さわ》浄土寺（石見邑智郡石原村佐波に所在）であったとすべきである（後述）。また照西には子供がいなかったと思しく、そのために弟法西が第二代になったものであろう。

この第二代法西に関して略縁起は、永禄六年（一五六三）七月四日の出家と語っているが、これは史料Aに基づいている（第三節参照）。彼がこの時点でもし十五歳だったならば、その誕生は天文十八年（一五四九）と計算でき、最後の遺言状を作成した慶長二十年（一六一五）八月には六七歳であったこととなる。この結果、兄照西とは二十歳余の年齢差があったことが判明するから、もしかすると彼らは父子であったのかもしれないが、いまは略縁起に従って兄弟説を採用しておく。なお法西は、兄とは相違して、三次照林坊の手次によって出家を果たした可能性が高く（後述）、またその居住地も、兄照西が天河内村であったのに対して、法西は佐摩村の「ヤスミ」（「下河原」と同一地点であろう）[3]であったが、兄が死去した後には、彼は天河内村に転じたのではないかと思われる。

次いで略縁起においては、第三代・第四代として行西・祐西の両人が位置づけられているが、しかし次の遺言状

W・Xに依拠するならば、この両人はともに法西の子で、兄弟であったと推測されるから、祐西を第四代とすることは不適切と言わねばならない。さらにまた祐西の子は了祐と称したらしい。時間的な順序は逆となるが、まず史料W・Xについて検討してみよう。

W「（端裏ウワ書）（墨引）
祐西　参　　　　　満行寺
　　　　　　　　　法西」

旁付渡所々村之事

一、仁万浦　　一、宅野浦

一、大屋村　　一、大原村

一、こも口・くどし村　　以上

右之村之御門徒中、一人茂不残、旁へ付渡候条、無緩之様、法義催促候而、一味ニ談合被申、弥御慶可被申候。於其上も、了祐と掌を合、勧化之儀、少茂不背法義様ニ、たしなミ肝要候。為其、御門徒中へも書判を残置候所、如件。

満行寺老僧

慶長拾七壬子（年脱カ）　壬十月十二日　　法西（花押）

祐西　参

X一書申入候。然ハ祐西へ付渡申村之事、仁万・宅野・大屋・大原・こも口、以上此五ケ所也。残而弐十五・六ケ村余有之分ハ、無残り此寺ニ相付、行西へ付渡申候間、各其御心得ニ而、旁々衆ハ、祐西所へ被成御〇《参》寺の可有御談合候。為此、我等存命之内、申届候間、此折帋のことく、向後共ニ可為此分候。則右之通、書置仕候へ共、為御心得之、兼日如此候。恐々謹言。

慶長弐十年　　　　満行寺老僧（黒印）（長方形、印文「法西」）

卯ノ八月七日（黒印）（印文「法西」）　　法西（花押）

（後欠、「祐西」カ）

右の二点の史料は、ともに法西が作成した遺言状であって、前者Ｗは慶長十七年（一六一二）壬十月の執筆、後者Ｘは慶長二十年（一六一五）八月の執筆である。法西になんらかの思うところがあって、二度にわたり遺言状を作成したものであろうが、内容は全く一致しているから、その事情については判然としない。

前者Ｗによると、いま祐西に充てて、仁万浦、宅野浦、大屋村、大原村、こも口・くどし村、以上五ケ村の門徒衆の管掌を委ねることとする。懈怠なく法義を催促し、一味の談合を遂げ、そして了祐と協力して勧化の勤めを果たさねばならない、と述べられている。了祐とは祐西の子（法西の孫）であろう。

次いで後者Ｘにおいても、法西が管掌した門徒衆のうち、仁万・宅野・大屋・大原・こも口、以上の五ケ村については、祐西の管掌に委ねることとする。これに対して残りの二五〜二六ケ村の門徒衆については、この寺（法西のいる満行寺、天河内村所在か）の管掌下に置き、やがては行西に継承させることとする。以上の点について了承して、五ケ村の門徒衆は祐西のもとへ寺参りするように、と述べられているのである（追記の「参」の位置に錯誤がある）。糊付けが離れて第二紙の充所が不明であるが、文言から推測すれば祐西充てであることは疑いない。なお年次は慶長二十年八月七日と記されているが、この年の七月十三日にすでに元和と改元されているから、改元の報がまだ石見には達していなかったのか、さもなければ、旧元号に固執するなんらかの理由が法西にあったのかもしれない。

それはともかくとして、右の遺言状で門徒衆の継承が委ねられている二人のうち、二五〜二六ケ村を管掌すべしとされた行西は長男、五ケ村を管掌することとなった祐西は次男と推測するのが妥当であろう。そこで**図2**の系譜ではそのように表示しておいた。またその居住地は、法西と長男行西とが同住して天河内におり、次男祐西が下河原に居住していたのではないかと考えられる。かくしてこの推測を踏まえるならば、略縁起が行西を第三代、祐西を第四代に位置付けている点は妥当と言えず、満行寺は法西の後、行西・祐西の二系統に分裂したとしなければならないのである。以下でこの二系統を区別する必要がある場合には、彼らの居住地に因んで、天河内系・下河原系という表記を採用することとしよう。

ところで、この二系統の管掌した門徒数についてであるが、遺言状に記載される村落数に着目して比率を算出すれば、五対一であったことが知られる。他方で、現在の天河内満行寺と馬路《まじ》満行寺（下河原満行寺の後身で、正徳年間に下河原から馬路へ移転したとされる）(4)の門徒数は、前者が約一〇〇〇軒、後者が約二〇〇軒とのことであるから、比率で五対一となる。つまり、行西の子孫たる天河内系が現在の天河内満行寺につながり、祐西の子孫たる下河原系が現在の馬路満行寺につながると考えて、まず間違いないのである。(5)

なお、右の遺言状**W**・**X**をはじめとする文書群は、当然のことながら充所たる祐西によって継承されたはずである。つまり現在の天河内「満行寺文書」は、当時は下河原系によって所有されていたのであり、それがある段階で下河原系から天河内系へと移動したものと思われる。後述するように、元和七年五月に祐西の子了祐が、下河原（東派）から天河内満行寺（もとは東派であるが、元和初年に西派に帰属していた）に転じて新住持となるから、おそらくはこの時に了祐が文書群を持参したものであろう（第十一節）。

　さて、前掲の遺言状に登場した了祐に関しては、この直前の慶長十六年（一六一一）霜月に、本願寺に達していたことを示す史料が得られる。

　一、満行寺《了祐》　石見国下原（河脱カ）、同日（慶長十六年霜月晦日）ニ御礼被申上候。根本ハ雨河内炤善坊ト云々。然ヲ、新門様（教如）ニテ満行寺ト改ラレ候。十八歳。慶長十七、三月廿二日、又夕新門様へ走申候。[6]

右の記事は、「西光寺古記」に記された飛檐坊主衆次第の一節であって、慶長十六年霜月晦日に満行寺了祐（十八歳）が、本願寺准如（西派）から飛檐の格式を付与されたと見えている。またこの頃の満行寺は、石見国邇摩郡佐摩村のうち下河原（佐摩村に立地する大森銀山の六谷のうちの一）[7]に所在したとされ、古くには「雨河内炤善坊」と称して、天河内村に所在していた。そして寺号「満行寺」はすでに新門様＝教如から認められていたのであるが[8]、その翌年慶長十七年三月二十三日になって了祐は西派（准如派）を離れ、再び新門様＝教如派（東派）に走ったと述べられているのである。

　了祐はこの時に十八歳であったとされるから、その誕生は文禄三年（一五九四）と計算できる。そして彼は、おそらくこの時に初めて本願寺に達し、准如の御剃刀によって得度を遂げたのであろう。ところが了祐は、翌年三月に「又夕新門様へ走申候」と、再び東派に帰属することとなり、これが彼の一族からの圧力に屈したものであることは明らかである。とすれば、彼の一族（法西・祐西）がこの頃に教如派＝東派に属していたことは確実であり、また教如からの寺号「満行寺」の下付が法西（祖父）に対してであったこと、そしてそれが慶長七年頃の事件であったことも、まず間違いないとしてよいであろう。かくして法西は、この了祐（孫）の得度を契機として、翌慶長十七年壬十月に遺言状Wを執筆する心境となったに違いないと思われる。

なお、了祐の誕生が文禄三年（一五九四）である点を踏まえて、このとき父祐西を二〇歳と仮定すれば、祐西は天正三年（一五七五）誕生となる。さらにその兄行西を五歳年長と仮定すれば、行西は元亀二年（一五七一）誕生だったこととなる。前述したように彼らの父法西の誕生は天文十八年（一五四九）頃であったから、以上の想定で得られた父子間の年齢差は、おおむね妥当なものと言ってよいであろう。

以上によって、正善坊の初代照西、その弟で第二代の法西、法西の子で第三代の行西、その弟の祐西、さらに祐西の子了祐について、概略を明らかにすることができた。これらをまとめると**図2**のようになる。なお行西の子と思しき円西から以後の推移については、第十節で検討することとしたい。

二　照西系文書群と法西系文書群

「満行寺文書」を分析するに当たっては、それが誰に充てられたものなのかを考えることが、まず最初の問題となる。**表1**に整理した「満行寺文書」二四点のうち、A・J・K・Lの四点、および遺言状V・W・Xの三点には、いずれも「法西」の名が登場している。そこでこれら二四点を、すべて法西に関係するもの（法西系文書群）と即断することも、やむを得ないところではある。しかしながら、おそらくこの考え方は間違いであろう。

そもそも寺院・道場の住持が通常の業務を行っている場合、本願寺の発給文書の充所にその住持名が記載されることは必ずしも多くなく、むしろ無記載の場合が一般的である。こうした点を踏まえるならば、史料J・K・Lに「法西」が登場するのは、特別な事情があったからと想定する必要があるであろう。他方で「満行寺文書」には、法西の兄たる照西の名が全く登場しないのであるが、しかし彼の痕跡が皆無と判断することにも、いささかの躊躇を覚えるところである。

こうした観点で、「法西」の登場するJ・K・Lを再検討するならば、もしかしてその直前の段階で、兄照西が死去するという非常の事態が発生していたのではなかろうか。そしてその結果、これに代わって弟法西が住持職を継承し、彼の意思として進上された最初の懇志の請取状が、すなわちJ・K・Lだったと推測すべきなのではあるまいか。

この三点には、法西の住所が「石州銀山ヤスミ」と特記されているから、彼はそれまで大森銀山ヤスミ谷（「下河原」と同一地点を指すか）に道場を構えて、照善坊門徒衆のうちの銀山採掘業に携わる者達を管掌していたのであろう。これに対して兄照西は、おそらくは天河内村に居住して、それ以外の多数の門徒衆を管掌していたことと思われる。その照西がいま突然に死去してしまったため、代わって弟法西が照善坊門徒衆の全体を掌握する地位に就き、本願寺に対して懇志を進上したに相違ないと考えられるのである。以上のごとき推測がもし妥当しているならば、照西が死去した後の史料J以降（ただしUは除く）については、すべて法西系文書群と位置付けてよい。

なおこの法西系文書群のうちでは、史料Nにとくに注目しておかねばならない。すなわちここには「照林坊下照善坊」とあって、照林坊―照善坊という上下関係があったことが知られるからである。しかもこの時点ではすでに照西は死去しており、法西しか存命していないから、照林坊下に位置したのは法西であったと判明するのである。

次に、照西が存命中の史料A～Iについて考えてみよう。これらは果たしてすべて照西に関わるもの（照西系文書群）としてよいのであろうか。

まず最初のA顕如法名状は、法西へ法名を下付したものであるから、法西系文書群に属することは言うまでもない。次いで史料Bでは、「照林坊下」との帰属関係が表記されているから、前述した史料Nと同様に、これも法西系文書群としなければならない。

しかるに、これと異なった所属関係を示すものに史料Ｆがあり、ここには「サワ浄土寺下」との表記が見えている。これはおそらく、兄照西を特定する必要から使用されたものと考えられるので、史料Ｆは照西系文書群に属するとすべきであろう。

ところで、この史料Ｆ（銀六三匁に対する謝意を表明）で、とくにその所属関係（つまり浄土寺下の照西からの懇志である点）を明記する必要があったということは、その裏面の情勢として、これとは異なった門徒衆がいま懇志進上を渋っている事態があると想定しなければなるまい。つまり照林坊下の弟法西を中心とする一派のことである。そして事実その翌年には、諸役納入と番役勤仕を厳命する本願寺の指示書三点（史料Ｇ・Ｈ・Ｉ）が下付されているのである。とするならば、この三点（史料Ｇ・Ｈ・Ｉ）も、照西の立場に立って発せられた照西系文書群としなければならず、その実際の命令対象（つまり懇志納入を渋る反抗的立場の者）は、弟法西であったと推測されるのである。

それでは、天正十年代半ばにこうした反抗的な姿勢を示す一派としては、どのような者達が考えられるであろうか。ここで想起すべきは、天正八年の石山合戦最末期の段階において、教如の唱える籠城戦継続に加担した主戦派（＝教如派）の存在であって、彼らを除いては該当する勢力はあり得ないと思われる。つまり弟法西は、かつて教如派に属して籠城戦継続を支援していたと考えられるのであり、その結果、彼は戦後処理として門主顕如から破門処分を加えられていた可能性があるのである。ところで「満行寺文書」において、どれが教如派から下付されたものかというと、史料Ｃ・Ｄ・Ｅがこれに該当する。つまりこれらは教如派加担を表明したことにより得られたものであって、その実際の充所は弟法西と解されるのである。よって、史料Ｃ・Ｄ・Ｅは法西系文書群に属するものとしなければならないのである。

以上の検討をまとめるならば、照西時代の史料A～Iのうちで、照西系文書群に含まれるものはF・G・H・Iの四点にすぎず、残りのA～Eの五点は法西系文書群に属するということである（法西時代の史料J～Xと合計すれば法西系文書群は一九点、ただしUは除く）。

三　法西の得度

法西に関する史料としては、まずA本願寺顕如法名状を取り上げよう。

A　法名

釈法西

永禄六年七月四日

釈顕如（花押脱）

（図4の二点目）

右は、永禄六年（一五六三）七月四日に顕如が作成した法名状であって、「法西」という法名がいま下付されているのである。彼はこの時点でおそらく十五歳と思われるから、これを基準とすれば天文十八年（一五四九）の誕生と計算され、また遺言状Xを作成した慶長二十年（一六一五）八月の時点では六七歳であったこととなる。兄照西とは二〇歳ほどの年齢差があったこととなるから、彼らはもしかすると父子であった可能性もあるが、いまは略縁起に従って兄弟としておく。

図4に掲げた六点の法名状のうち、二点目がこの史料Aに該当する。他寺の法名状と比較すれば筆跡はいずれも

図4　顕如法名状

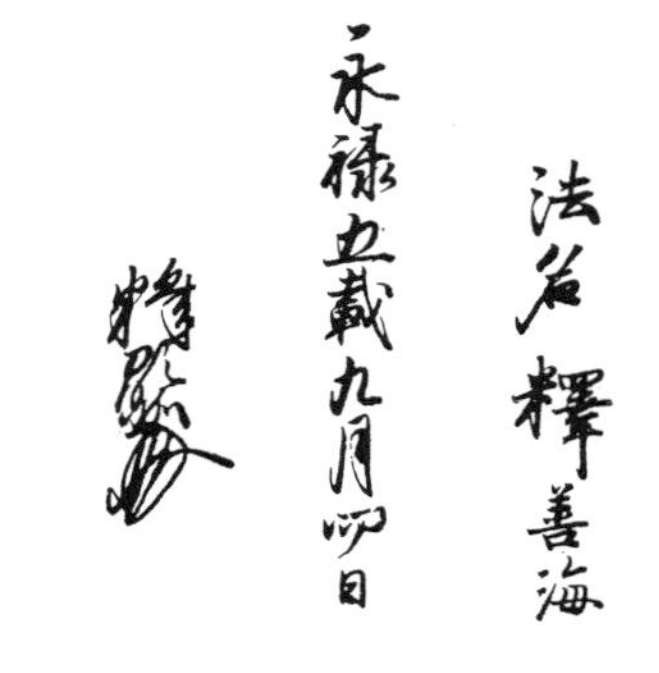
法名
釋善海
永禄五載九月四日

豊後「専想寺文書」

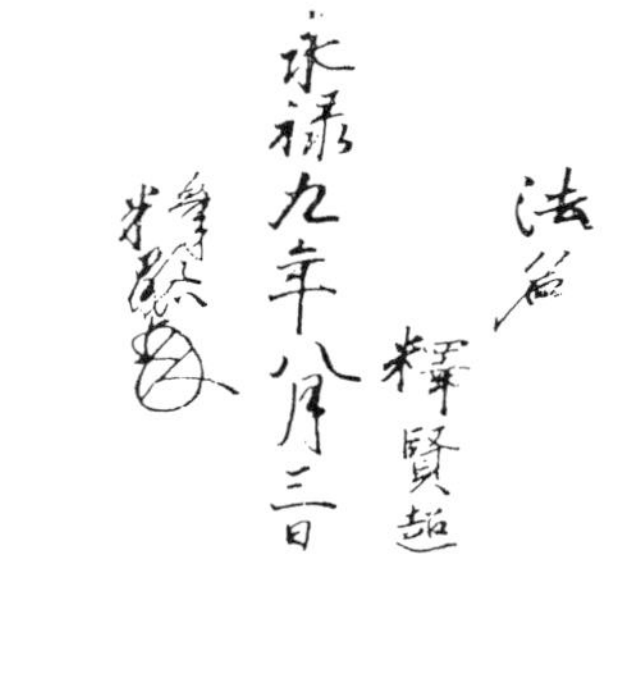
法名
釋賢超
永禄九年八月三日

摂津「教行寺文書」

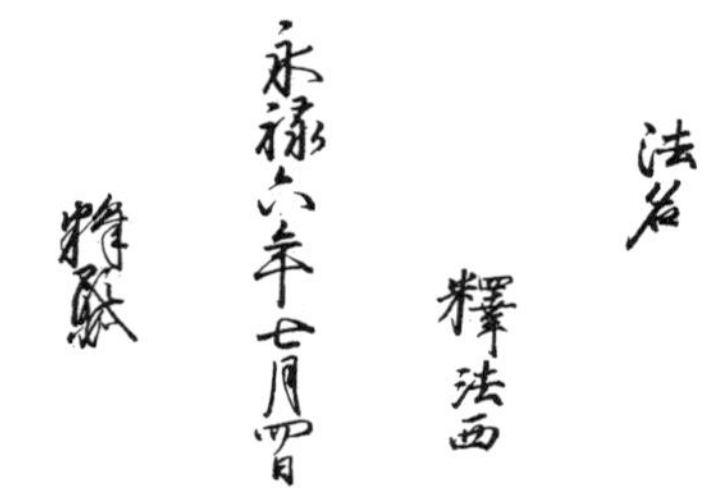
法名
釋法西
永禄六年七月四日

石見「満行寺文書」…史料Ａ

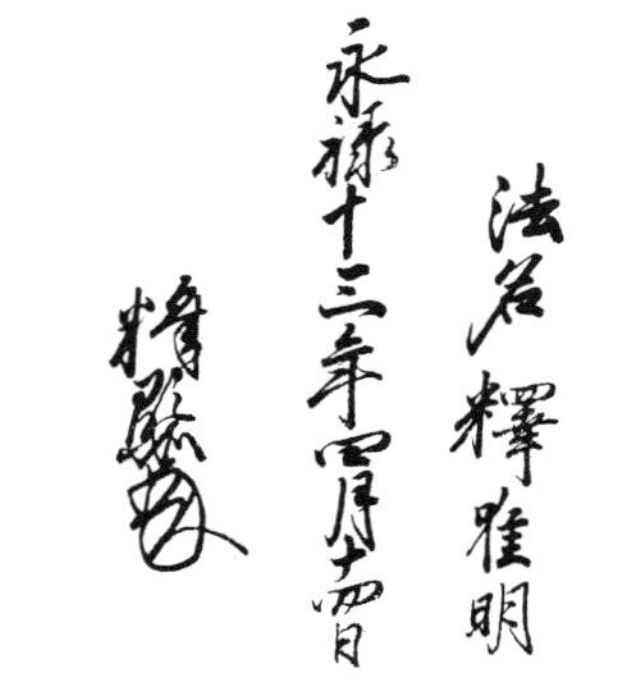
法名
釋雅明
永禄十三年四月十四日

豊後「専想寺文書」

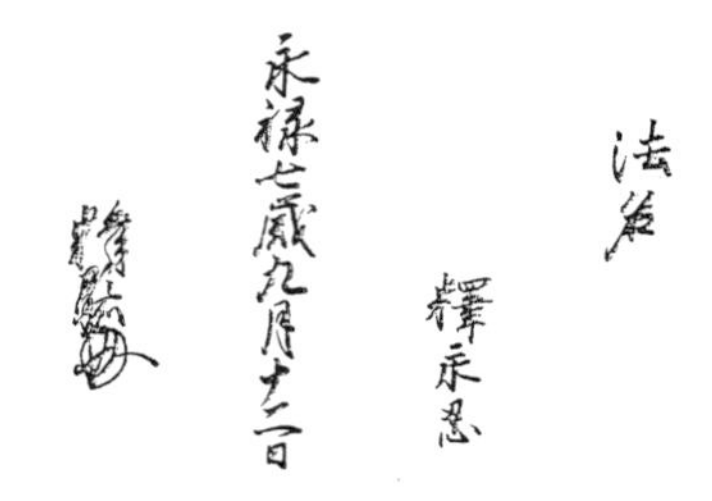
法名
釋永忍
永禄七歳九月十二日

近江「願慶寺文書」

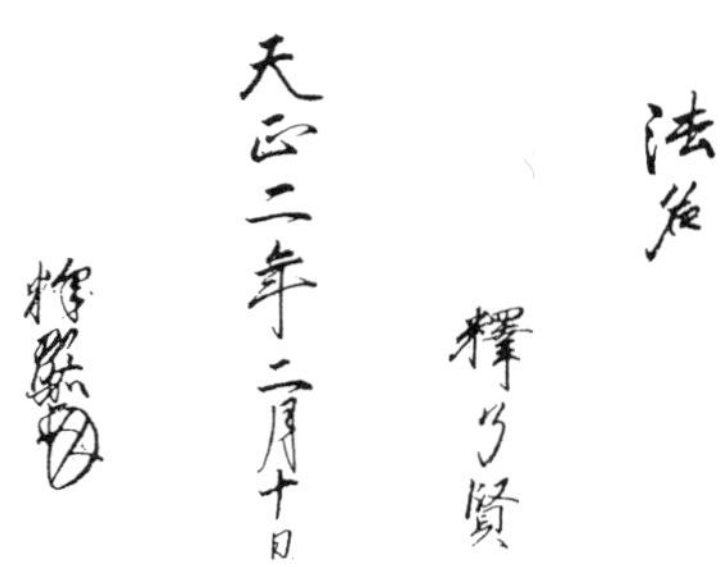
法名
釋乃賢
天正二年二月十日

出羽秋田「浄願寺文書」

全く同じであるから、すべて顕如直筆と断じて差し支えない。けれどもAには、そもそも花押が据えられておらず、またその署名「顕如」の上には不必要な斜線も加筆されている。この二つの問題点はなにゆえに生じたのであろうか。

これらの疑問に妥当な回答を与えるためには、このときの顕如（二一歳）の身に、なんらかの不測の事態（例えば突発的に痙攣が発生したなど）が生じたと想定する以外には、解決が困難なように思われる。そしてその結果、法名状を仕上げることが当分は困難な状況となってしまったために、Aはそのままで下付されることになったのであろう。

では法西は、誰を手次として得度したのであろうか。この点はすでに前節で述べたが、法西系文書群の史料B・Nには「照林坊下」との注記があって、これこそが法西の所属関係を示唆している。つまり法西は、三次照林坊の手次で得度したのである。この点は、兄照西が佐波浄土寺の門徒という位置付けであることとは異なっているから、史料分析に当たって注意を必要とするところである。

さて、略縁起では右の法名状Aに依拠して、照西はその前年永禄五年に死去したと語られているが、この説を採用できないことは前節で述べた通りであって、筆者は照西の死去を天正十五年末と考えている。そしてもしこの推測が妥当ならば、永禄六年に弟法西が得度してから、天正十五年に兄照西が死去するまでは、兄弟両人はともに「照善坊」の道場坊主として活動したことになる。おそらく照西は天河内村に居住し、法西は大森銀山ヤスミ谷（史料J・K・L）に居住したものであろう。

四　石山合戦と法西

かかる状況の中で、やがて本願寺に重大な転機が訪れ、照善坊にもその余波が打ち寄せることとなった。それは織田信長との対立である。

織田信長は永禄十年（一五六七）八月、美濃稲葉山城の斎藤龍興を追放して岐阜に根拠地を移し、次いで翌永禄十一年（一五六八）十月には、越前から移動した足利義昭を伴って上洛を果たし、諸国大名に参勤を命じたのである。けれども大名達はこの指示には従わず、その結果、信長による討伐を受けることとなった。

信長はまず元亀元年（一五七〇）四月、越前朝倉義景を攻撃するために敦賀郡に侵入するが、近江浅井長政が突然に背反したため、朽木谷を経て一旦撤退しなければならなかった。六月に態勢を立て直した信長は、再び出陣して近江姉川で浅井・朝倉軍を敗走させ、さらに八月には摂津に転戦して大坂本願寺に直接攻撃を加える。かくして本願寺顕如は九月十二日、ついに挙兵に踏み切ったのである。

この元亀元年九月からの第一次石山合戦は、元亀三年（一五七二）三月に和睦となる。次いで天正二年（一五七四）四月からの第二次石山合戦は、翌天正三年（一五七五）八月に越前一向一揆が壊滅させられるまで続き、これを契機にして第二次和睦となった。顕如はその後、上杉・毛利氏などとの連携を強化して反信長戦線の再構築を企てるが、やがてこの動きは信長の知るところとなり、天正四年（一五七六）四月に第三次石山合戦に突入する。顕如はこれ以降を「籠城」と呼び、約四年間にわたって大坂本願寺周辺で戦いが展開されたが、所詮は信長軍の敵ではなく、天正八年（一五八〇）閏三月についに和睦に追い込まれて、大坂本願寺から退城することとなったのであ

る。(9)

以上のような顕如による石山合戦に関わって、照善坊には最末期の天正八年正月の顕如御印書Bが残されている。

B「御印(包紙ウワ書)

照林坊下　アマカウチ

正善坊

同門徒中」

(黒印)(印文「明聖」)

急度申下候。先々御所様(顕如)、御堅固御座候間、可被存大慶候。各以懇志、被遂久年御籠城之段、誠以有難被
思食候。然者、始有岡(荒木村重)・三木(別所長治)、方々御味方中、被相果之儀、絶言語候。就其、三月初、信長当表可被執詰事、
必定候。此度之御拘様、御一大事ニ相究候条、為御番壱人之兵粮与、鉄炮壱挺・玉薬以下被用意、在寺之儀、
別而被頼　思食候。聖人・善知識之御座所、自然不慮候てハ、可為後悔候。此節之事ニ候間、御門徒之面々
者、如何様之馳走被申候ても、無余事候。兼而被得其意、今般弥於被竭粉骨者、併　仏法再興与、可為御満足
旨、御意候。以之外火急之儀候条、延引候者、不可被相立御用候間、頓速可被差上事、肝要候。御不如意ニ
付而、諸篇不相調之段、歎敷御事ニ候。因茲、方々へも被仰下候。一廉報謝専用候。此等之通、幾重も相心得
可申下由、被仰出候。委細照林坊可為伝達候。仍所被排　御印、如件。

刑部卿法眼

正月廿五日(天正八年)　頼廉（花押）

照林坊下
アマカウチ
正善坊(法西)

同門徒中

右は、天正八年正月二十五日付けで下間頼廉が奉じ、袖に顕如が「明聖」印を押捺して下付した御印書である。その言うところは、「御所様」＝顕如は御堅固であって、各地門徒衆からの懇志で長期の籠城戦が展開できることにつき、感謝の意向を示しておられる。けれども摂津有岡城の荒木村重（天正七年九月に滅亡）、播磨三木城の別所長治（天正八年正月に敗走）のごとくに、各地の味方は次々と滅ぼされており、言うべき言葉もない。三月初めには必ずや信長は「当表」＝大坂本願寺に出陣してくると思われ、籠城戦は一大事の様相となるから、「御番」＝番衆として門徒一人を派遣され、兵粮と鉄砲一挺・玉薬を所持させて在寺させるようにとの意向である。親鸞聖人（親鸞木像の意）と善知識＝顕如の御座所にもし不慮の事態が生じたならば、必ずや後悔することとなるであろう。門徒衆はいかなる馳走にも努めるべきであって、粉骨を尽くすならば必ず仏法再興となり、門主にも満足していただけるであろう。火急のことであって、もし延引するならば御用には役立たないこととなるから、速やかに派遣されることが肝要である。また軍資金も不如意となっており、必要な資材が調わず嘆かわしい限りである。一段と報謝の勤めを果たされることが専用であって、委細は照林坊から伝達されるであろう、と述べられているのである。

この御印書は、末尾に「委細照林坊可為伝達候」と記されているごとく、この段階で本願寺に滞在していた三次照林坊に託されて、中国地方の門徒衆に伝達されたものである。法西（弟）は前述のごとく、この照林坊の配下に位置付けられていたから、その所属関係に沿って本願寺の指示が下達されているのである。これに対して照西（兄）は佐波浄土寺下であったと推測されるから、おそらく浄土寺を経由して同様の指示書が配布されていたことであろう。

右の御印書を拝受した法西は、そこで直ちに懇志（軍資金）を携えてみずから大坂に上ることとし、また門徒一人に鉄砲一挺・玉薬を所持させて同道させることとしたらしい（二人同道と解される点は史料C・Dに基づく）。けれども、その準備にはかなりの時間が必要であったため、法西らが実際に大坂に達したのは四月下旬のことである。

しかるにその間の大坂本願寺では、顕如と信長との間で和睦交渉が行われていた。三月十七日付けで作成された信長覚書においては、本願寺方を「惣赦免」とするが、七月盆前には大坂を退城すべしと規定されていた。これに対して閏三月五日付けの本願寺の覚書（下間仲之・下間頼龍・下間頼廉の連署）では、表裏（裏切り）の態度は決してとらず、また七月盆前には退城することを、勅使庭田重保・勧修寺晴豊充てに誓約しているのである。こうして和睦が調えられて、顕如とその側近衆は四月九日に舟で大坂本願寺を離脱し、翌十日に紀伊雑賀鷺森に達したのである。

ところがこうした顕如の動きに反して、あくまでも大坂での籠城戦を継続すべしと唱える主戦派が形成されてきていた。その中心にあったのが顕如長男の教如であって、彼は閏三月七日付けで誓詞を捧げるとともに、各地門徒衆に充てては閏三月二十四日から順次、協力要請の檄文を発し始めたのである。

さて、御印書Bに呼応すべく、法西らが石見を発して大坂に達したのは、右のような情勢転換があってまもなくの四月下旬のことであった。法西らは直ちに教如に懇志を進上し、また鉄砲番衆の到着を言上したところ、教如側近たる下間頼龍から次の書状二点が付与されるのである。

C「（包紙ウワ書）
　　按法
照善坊
同宿衆中　　頼龍」
端書無之候。

為志銀子参拾八匁五分進上之間、遂披露候之処、相心得、能々可申下之由、被仰出候。先以新門(教如)主様御勇健、
佛法御繁昌無極候。弥法儀御嗜肝要候。随而私へ同弐匁五分、上給候。遠路不輙候砌、難有存候。猶期後顔之
時候。恐々謹言。

(天正八年)卯月廿三日　　頼龍（花押）(ハグルマ型)

照善坊(照西)

同宿(法西)衆中

D

「(包紙ウワ書)□□□□

□□　　按察法橋

□□」

端書無之候。

今度為集中(カ)、鉄砲放一人、被差上候。即遂披露候処、誠當寺御手前、御大事境節(カ)、御心懸之段、尤大切被思食
候旨、被仰出候。随而旧冬以来、仰被嗳候　叡慮、難黙止故、御門主(顕如)様去九日、至雑賀被移御座候。雖然、
信長表裏顕形間、新門(教如)様被残御跡、堅固可被相踏御覚悟、無二候。併仏法為御再興候。難有被存、弥法儀無油
断被相嗜、猶以可被抽粉骨事、専用候へく候。恐々謹言。

(天正八年)卯月廿四日　　頼龍（花押）(ハグルマ型)

照善坊下

惣中

右のうち前者Cは、天正八年卯月二十三日付けで下間頼龍が発した懇志請取状である。その内容は、いま志として銀子三八匁五分が進上されたので披露したところ、感謝の意向を示しておくようにとのことであった。「新門主様」＝教如は御勇健であり、仏法はますます繁昌している。また私＝頼龍へも銀子二匁五分が届けられ感謝してい

る、と述べられている。充所の「照善坊　同宿衆中」という表記に注目すれば、これは照善坊（＝照西）に同宿する者との意であるから、実質的には法西を指していると解さねばなるまい。また末尾の「猶期後顔之時候」との表現も、近い将来に照西が大坂に参詣に来たとき顔を合わせたいとの意味なので、いま大坂に達したのは法西としてまず間違いないであろう。

続いて後者Dは、翌二十四日付けで同じく頼龍が発した書状であって、こちらは「照善坊下　惣中」に充てられているから、法西に同道してきたもう一人の門徒、つまり鉄砲番衆のことを指しているのであろう。その言うところは、いま「集中」（衆中か）から「鉄砲放」が一人派遣され、この旨を披露したところ、当寺の重大な局面に際して立派な心懸けを示され、感謝しているとのことであった。旧冬（天正七年末）以来、正親町天皇の叡慮として和睦が指示されていたので、「御門主様」＝顕如は去る四月九日に雑賀に転じられた。しかしながら信長が表裏（裏切り）するのは明白であるとして、「新門様」＝教如は大坂に残られて、あくまでもこれを守備される御覚悟である。仏法は必ずや再興されるであろうから、一層粉骨を尽くされることが肝要である、と述べられているのである。

こうして教如は、あくまでも籠城戦を継続するとの意思を示したのであるが、しかし七月になってこの試みもついに立ち行かなくなる。そこで教如は、信長との間で再度の和睦交渉を行い、八月二日に大坂を離れて、舟で紀伊雑賀和歌浦に移動したのであった。かくして教如の籠城戦継続がようやくに終結するに至ったので、法西と鉄砲番衆の二人はまもなくに帰国の途についたことと考えられる。

さて、雑賀和歌浦に転じた教如は、ここに天正八年十月晦日までは留まっていたが、それからまもなくの十一月上旬、秘かにここを離れて諸国秘回の旅に出ることとした。まず紀伊日高郡阿尾浦に転じ、ここに十六日間留まった後、さらに美濃郡上郡気良庄小倉村の八代八右衛門のもとに転ずる。ここに一ケ月ほど留まった彼は、さらに北上して飛騨高山へと達するが、越中の戦況悪化を懸念してここで反転し、越前大野郡石徹白村を経て大野郡穴馬庄半原村に入る。そして天正九年正月を迎えた彼は、さらに二月に大野郡富島村の南専寺に潜入して、以後ここに約一年間滞在することとした。

　ところが天正十年（一五八二）二月になって、教如のもとに信長軍の甲斐出撃の報がもたらされる。そもそも教如の目的地は甲斐であったから（教如の母如春尼の姉がいた）、教如は直ちに越中五箇山に移動し、越中や飛騨の門徒衆に一揆蜂起を命じて、信長軍を牽制するための後方撹乱作戦を展開させたのである。しかしながら三月十一日には早くも武田勝頼が滅ぼされて（頸実検は十四日に伊那谷の浪合で）、一揆蜂起の意義が失われてしまったために、教如は蜂起の中止を指示して三月下旬に飛騨から安芸へと移動し、さらに反転して四月中旬に播磨英賀本徳寺へと潜入する。そしてここで六月二日の本能寺の変報を受けたので、彼は直ちに紀伊雑賀へと戻り、朝廷の斡旋に基づいて六月二十七日に、父顕如との間で家中合体（＝入眼、仲直り）を果たすのである。(10)

本願寺が家中合体したとの報は、直ちに諸国門徒衆へと周知され、各地から懇志を携えて続々と門徒衆が雑賀にやって来ることになった。こうしたなかに、照善坊の派遣した名代の姿もあったのである。

E　志

(黒印)(長方形、印文「続」)　艮(銀)子弐匁　照善坊(法西)
　　　　　　　　　　　　　　　　　　　アマカワチ

(天正十年カ)霜月廿九日

右の御印書Eは、短冊状の小紙片の最上部に黒印（印文「続」）を押捺し、霜月二十九日付けで照善坊からの銀子二匁を受領したと記した請取状であって、一般的には「札御印」と称されるものである。ここに据えられた「続」印は、天正十年六月～翌十一年正月頃に教如によって使用されていたことが知られるから、[11] 右も同様に教如充て懇志の請取状と解され、またその年次は天正十年霜月と推測してまず間違いないであろう。

この史料Eに関して考えるべきは、懇志の受領者が顕如ではなくして、教如である点である。言うまでもなくこの頃の照善坊住持は照西であったが、彼の教如に対する帰属心は必ずしも強くはなく、むしろ門主顕如に従う意向が強かったと思われる。これに対して弟法西は、前述のごとくに教如への帰属心（忠誠心）が極めて強固であったから、右の教如充て懇志は、法西の意向で上納されたものと推測してまず間違いないであろう。とするならば、この時の名代を勤めていたのは法西自身であったと考えねばならないのである。

以上の検討によって、石山合戦の最末期に教如が籠城戦継続を唱えた際には、弟法西がこれに加担していたことが明らかになるとともに、信長滅亡に伴って本願寺の家中合体が実現するや、法西は直ちに雑賀に赴いて、教如充てに祝儀を進上していたことが推測できたのである。

五　本願寺の寺基移転と照西・法西

紀伊雑賀にあった本願寺顕如・教如は、その後天正十一年（一五八三）七月になって和泉貝塚に移動し、さらに天正十三年（一五八五）五月には羽柴秀吉から摂津中島（中之島）渡辺（河崎とも）の寺地を拝領したので、八月三十日にここに移動する。そして直ちに新たな堂舎（中島本願寺と呼ぶべきか）の建立に着手したのである。[12] 諸国門徒衆はこぞって懇志（建築資金）を進上したほか、畳面（畳表）の調達のために教如と奉行藤左衛門が備後に派遣されたので、備後門徒衆は山南光照寺を中心にしてこれに協力している。石見門徒衆も同様にこの事業に協力しており、照善坊に残される懇志請取状は次のものである。

F「(包紙ウワ書)
御印　　石州アマカワチ
　　　　　正善房
　　　　　同門徒中」

(印文「明聖」)
(黒印)

就御作事、畳之面之儀調ニ被遣候処ニ、為志　御門跡様(顕如)へ、銀六十三文め進上之通、具遂披露候。厚志之至、神妙被思召候。先以　御所様、一段御堅固御座候。可心安候。将且安心之一儀、無油断被相嗜、如御掟有信心決定、今度可被遂報土往生事、善知識之御本意、不過之候。弥可被住法儀事、尤肝要候旨、能々相意得可申候由、被仰出候。仍所被排　御印、如件。

刑部卿法眼
　頼廉（花押）

(天正十四年)
二月十五日

サワ
浄土寺下
石州
アマカワチ
正善坊(照西)
同門徒中

右の御印書Fは、天正十四年（一五八六）二月十五日付けで下間頼廉が奉じたもので、袖に「明聖」印を押捺して顕如の意思が示されている。その言うところは、中島本願寺の建設に用いられる畳面（畳表）を調達するため、教如と奉行が派遣されたところ、「御門跡様」＝顕如に充てて銀六三匁が進上された。まことに神妙との意向である。「御所様」＝顕如は御堅固であるから安心されるように。今後も一段と信心を強めて報土往生を遂げられるようにとの意向であった、と述べられているのである。

この請取状では、充所に「サワ浄土寺下」との所属関係が特記されているから、この時点の住持照西が、佐波浄土寺の配下に位置づけられていたことは明らかである。他方、大森銀山ヤスミ谷に居住した法西は、照林坊下に属したと推測されるから、この経路を通じて懇志進上が指示されていたはずであるが、しかし関係の史料は残されていない。その理由は、次の史料G・H・Iの分析によって明らかになるところであるが、実は法西が納入を拒否していたのである。

G
「(包紙ウワ書)
石州　　　　　　　　　刑部卿法印
照善坊
几下　　　　　　　　　頼廉」

端書無之候。

急度令申候。仍其方事、対照林坊・佐波浄土寺、諸役、殊照林坊　御開山様御番等、不被相懃之由、太不可然事候。此儀付、先年以書状雖申越候、聊無承引、其已来、終役儀等無馳走、剰近年一切不通之仕立、言語道断、沙汰之限候。手次之坊主疎遠之儀、　佛法之非本意候。所詮累年之未進等、悉被相立、如前々入魂、肝要候。此上於無同心者、可入　御耳候間、猶可被　仰付候条、少も不可有油断候。恐々謹言。

(天正十五年カ)
八月五日　　　　　　　頼廉（花押）

石州雨河内
照善坊(照西)
几下

H「（包紙ウワ書）
石州雨河内
照善坊
御宿所
益田少将
照従」

（端裏ニ墨引アリ）
已上。

貴所之御事、被対照林坊・佐波浄土寺、諸役、并照林坊　御開山様御番等、曽以無御懃之由候。就其、先年刑卩卿法印、以書状雖被申下候、終無領解、至于今役儀已下無馳走、殊更近年一切無軽徊之由、近比無御届事候。所詮、連年之未進、速被遂御算用、已来如前々有御入眼、万端可被入御精事、尤肝要候。委曲刑卩卿法印、雖被顕書中候、能々相心得可申旨候。猶以於無御承引者、入御耳、可被仰付候。聊不可有御油断候。此御返事、菟角之儀、急度可被示越候。恐々謹言。

（天正十五年カ）
八月五日　照従（花押）（マツバ型）

石州雨河内（照西）
照善坊
御宿所

一連の史料のうち二点だけをまず掲げたが、前者Gは八月五日付けで発せられた下間頼廉書状、後者Hがこれに添えられた同日付けの益田照従副状であって、発給年次は天正十五年（一五八七）ではないかと思われる。

その内容であるが、前者Gによれば、「其方」＝照善坊は、三次照林坊と佐波浄土寺に対して諸役を納めておらず、とりわけ照林坊に安置される「御開山様」＝親鸞像に対して「御番」の勤めを果たしていない由で、もってのほかの事態である。この点について先年、書状（残されていない）によって指示したが、いまだに承引がなく、それ以来一向に役儀を果たさず、とりわけ近年は一切の交渉を絶っており、言語道断の仕儀と言わねばならない。手次の坊主と疎遠になるのは仏法の本意ではないから、累年の未進を完済して、従来のように入魂の態度に復帰することが肝要である。もし今後も同心しようとしないならば、門主顕如の「御耳」に入れて、厳重な処分が下されることとなるであろう、と述べられている。

次いでこれに添えられた照従書状Hでも、「貴所」＝照善坊は、照林坊と浄土寺に対して諸役を果たさず、とりわけ照林坊の親鸞像に対する「御番」を勤めていない由である。この点につき先年、頼廉が書状によって指示を下したが、一向に「領解」（了解）することなく、いまだに役儀の馳走を行わず、近年には一切交渉を持たない態度だとのことである。よって速やかに連年の未進の算用を遂げ、今後は従来のごとくに入眼の態度に転じ、万端に「御精」を入れられることが肝要である。委曲は頼廉が書中（前者Gを指す）に記されたが、なお徹底しておくようにとの指示である。なお、承引がない場合には門主顕如の「御耳」に入れて、厳重な指示が下されることとなるであろうから、油断なきように。もしこの指示に異論があるならば速やかに申し出るべきである、と述べられているのである。

右の二点によって照善坊は、ここしばらくの間、照林坊と浄土寺に対する諸役を納入しておらず、とりわけ照林坊の親鸞像に対する番役勤仕を果たしていないことが知られる。この諸役とは、一般的には照林坊・浄土寺に納入が義務づけられる末寺・門徒衆としての負担を意味するが、この段階においては、中島本願寺を創建するために割り当てられた建築資金を指すと解さねばならず、これを照善坊は納入拒否していたのである。そしてかかる事態がなにゆえに生じたかというと、教如派であった法西が反発を強めて、顕如派である照林坊・浄土寺からの指示に従うことを拒絶していたためと推測すべきであろう。とくに照林坊は、その本来の配下たる法西が番役をも勤仕しない態度をとったことにより、多大なる迷惑を被っていたことは疑いない。そして本来ならば、照善坊住持たる兄照西が、この事態を独力で収拾すべきところであるが、しかし兄弟という関係からは強引な措置に踏み出せず、そのために解決が遅れていたのである。

なお、右の史料Hの充所に見える脇付「御宿所」に注目するならば、これを拝受した照西は、いま中島本願寺の周辺の宿所に滞在していたと解さねばならない。つまり彼は、弟法西が示した諸役と勤番拒否の問題を直接に本願寺奏者衆に訴えて、厳重な指示を仰いでいるのである。そしてその結果、二点の書状G・Hが下付されて、速やかな態度転換が厳命されているのである。

右に続いて、その四日後の八月九日に発せられた下間性乗書状が、次のIである。

I　「（包紙ウワ書）
石州雨河内
照善坊
几下　　　　少進法印
性乗」

急度申越候。仍其方、対照琳（ママ）坊・浄土寺不馳走、殊諸役以下、曽以不被相調、恣之仕合、言語道断、曲事被思召候。若今迄之為躰候者、急度可被　仰付候間、可被得其意候。恐々謹言。

（天正十五年カ）
八月九日　　性乗（花押）

石州
雨河内（照西）
照善坊
几下

これによれば、その方＝照善坊が、照林坊と浄土寺に対して馳走を行わず、諸役以下を一向に果たさないのはほしいままの所行であって、言語道断の曲事だとの意向である。もし今後もこれまでと同様の状態を続けるならば、必ずや厳重な処分が下されるであろう、と述べられているのである。

この書状の眼目は、「言語道断、曲事被　思召候」との一節であって、これこそは門主顕如の意向が示された箇所なのである。つまり前引した書状G・Hで、門主の耳に達するであろうと述べられていた手続きが、単なる恫喝ではなくして実際に行われ、その結果、改善がなければ厳重な処分を加えるとの顕如の意向が、いまIによって伝達されているのである。

以上のようにして、門主顕如の意向が、法西を中心とする教如派門徒衆に示された結果、彼らはその態度を転換して諸役勤仕などを果たすことにしたと思われる。しかしながらその胸中には、強い蟠りが残っていたことは疑いあるまい。

六　照西死去と法西の継承

前節で見たように、照善坊門徒衆は天正十五年八月の時点で、住持たる照西（顕如派）によって再び全体が掌握されたことと考えられるが、しかしこの体制は長くは続かなかった。と言うのは、照西は天正十五年末に死去してしまった可能性があり、これに代わって弟法西が、天正十六年（一五八八）三月に住持として登場するからである。

J　「（包紙ウワ書）御印　　石州銀山ヤスミ
　　　　　　　　　　　　　法西
　　　　　　　　　　　　　　　門徒中」

（印文「明聖」）
（黒印）

御門跡（顕如）様へ為志、銀子拾文め進上之通、具遂披露候。懇志之至、神妙被思召候。先以　御所様、御堅固御座候。可心安候。将且各参会之時者、互信不信致談合、今度可被遂報土往生事、善知識之御本意不如之旨、能々相意得可申之由、被仰出候。仍所被排　御印、如件。
　　　　　　　　　　　　　　　　　刑部卿法印
(天正十六年カ)
三月五日　　　　　　　　　　　　　頼廉（花押）
　石州銀山
　　ヤスミ
　　　法西
　　　　　門徒中

K
(包紙ウワ書)
「石州銀山ヤスミ　　　　刑部卿法印
　　法西
　　　門徒中　　　　　　頼廉」

新門様へ、為志銀拾文め進上、懇申上候。則被成　御印書候。随而私へ同弐文め、給候。寔無冥加候。爰元御無事候。可心安候。猶期後信候。恐々謹言。
(天正十六年カ)
三月五日　　　　　　　　　　頼廉（花押）
　石州銀山
　　ヤスミ
　　　法西
　　　　　門徒中

L
(包紙ウワ書)
「（墨引）
　石州銀山ヤスミ　　　　益田少尉
　　法西
　　　御門徒御中　　　　照従」

御所様へ為御志、銀子拾文め御進上、被遂披露候。随而刑部卿法印へ、同二文め申届候。則御返事被申候。猶能々相心得可申旨候。次拙者へ同壱文め給候。寔以無冥加御事候。先々此方、御堅固御座候。可御心安候。旁期後信候。恐々謹言。

（天正十六年カ）三月五日　　照従（花押）（マツバ型）

石州銀山
ヤスミ
法西殿
御門徒
御中

右に掲げた三点の史料J・K・Lは、日付・内容から考えて同時の発給であることは確実である。まずJは、「御門跡様」＝顕如に充てられた懇志銀子一〇匁の請取状であって、袖には顕如が「明聖」印を押捺している。これに続くべき下間頼廉副状は残されていないが、さらにこれを下達した益田照従副状がLに当たり、ここでは頼廉に対する銀子二匁、拙者＝照従に対する銀子一匁についても謝意が示されている。

次いでKでは、「新門様」＝教如に充てられた銀子一〇匁について、いま御印書が発せられたと述べられ（御印書は遺存しない）、私＝頼廉への銀子二匁についても謝辞が述べられている。本来ならばこれに続いて照従副状も発せられていたはずであるが、あいにくと残されてはいない。

これら三点に関して考えるべき点は、ここに「ヤスミ法西」が登場している理由、およびその発給年次についてである。

まず法西の名が見える理由であるが、これは兄照西が突然に死去し、代わって彼が照善坊住持の地位に就いたことを意味するのではなかろうか。前述したごとくに法西は教如派であったから、本願寺や照林坊・浄土寺の立場からすれば、この住持交代は決して歓迎されるものではなかった。しかしながら兄照西には後継者がなかったと思しく、弟法西が後継住持となることはやむを得ない事態だったのであろう。

そこでこれらの発給年次であるが、まず頼廉の僧位「法印」が手掛かりとなり、その初見たる天正十四年八月を上限として設定できる。[13] もう一つの手掛かりは、Lを発した益田照従（頼廉の手次で「小奏者」と称された）の花押形状「マッバ型」であって、この花押は、天正十年七月〜天正二十年十二月の間で使用されていたことが確認できる（ただしその間の天正十五年六月〜同年七月には「アヒル型」花押を使用したので、これを除く）。[14] よって、この二条件を満足する年次として、天正十五年三月〜天正二十年三月の間に発せられたものと推測してよいのである。しかも署名「照従」が比較的丁寧に書かれている点を踏まえれば、右の期間のなかでも早い時期のものとして差し支えあるまい。

しかるに、この間の教如の動向を考えるならば、右の期間をさらに限定することができる。と言うのは、教如は天正十五年二月〜同年六月の間には、九州の秀吉陣（島津氏攻撃）に下向して陣中見舞いを行っているから、この間は除外することができる。次いで翌々年の天正十七年二月〜三月についても、聚楽第落書事件の犯人が本願寺に隠匿されているとの追及を受けて、本願寺は存亡の危機に直面していたから（後述）、右の二点の発給年次としては相応しくない。さらに天正十八年四月〜五月には、教如と頼廉は同道して、小田原攻撃の秀吉陣を見舞うために関東下向の旅に出ているから、右の二点をその直前のものと想定することにもいささか無理が伴うであろう。そしてさらに天正十九年以降になれば、本願寺は京都移転（同年閏正月に秀吉から寺地寄進を受ける）の準備と、その後の堂舎建立事業に忙殺されることとなるので、こうした情勢に全く触れない右の二点を、天正十九年もしくは二十年のものと考えることは困難としなければならないのである。

以上のように考察するならば、右の二点の発給年次としては天正十六年三月しか妥当しそうにない。つまり照善坊の管掌は、天正十六年三月以降は法西の手に委ねられており、このことから、前年末に兄照西が死去した可能性が示唆されているとすべきなのである。

なお法西の居住地「ヤスミ」とは、佐摩村に立地する大森銀山の六谷の一つ「休谷（ヤスミダニ）」のことであるから、兄照西が天河内村で道場を経営したのに対し、弟法西は大森銀山ヤスミ谷に道場を構えて、それぞれに門徒衆の獲得に努めていたのであろう。

さてその翌年の天正十七年（一五八九）二月になって、本願寺を震撼させる重大事件が発生する。それは、その二年前に完成していた聚楽第の壁に、何者かが「落書」を張り出す事件が起き、これに激怒した秀吉が容疑者一七人を処刑したうえ、さらに厳重な追及を行ったところ、中島本願寺にその余党が潜んでいるとの注進がもたらされたからである。かくして本願寺は、秀吉に対して謀反を企てていると疑われるに至ったために、三月八日になって嫌疑の掛けられた願得寺ほか二人が自害し、その関係者六六人が逮捕・磔刑とされ、さらに彼らが居住していた町二つも焼き払われて、ようやくに落着するに至ったのである。

この事件で本願寺は、存亡の危機に直面していたと言っても過言ではなく、場合によっては廃寺処分もあり得たとしなければならない。諸国門徒衆は息をひそめて推移を見守る以外にはなく、その落着後には、安泰を喜ぶ祝儀が相次いで進上されることとなった。

M　「（包紙ウワ書）
刑部卿法印
頼廉」
雨河内
正善坊
回鱗

為御見舞、来札之趣、具加披見候。則遂披露候。心懸之至、能々相心得可申旨、御意候。今般不慮之儀付而、被成御気遣候へ共、無御別義、早速相済申候。結句、御寺内、已来迄之御為、可然様、自関白様被仰付候間、於様躰者、可御心安候。将且為音問、銀弐匁到来、遙々御懇慮之至、別而令祝着候。猶期後音候。恐々謹言。

頼廉（花押）

（天正十七年）
卯月二日

雨河内
正善坊（法西）
回鱗

右の頼廉書状によれば、御見舞として届けられた書状に披見を加えて披露を行ったところ、謝意が示された。ところで今般、「不慮」の事態が発生し、御気遣いをいただいたが、幸いに別儀なしとされて落着した。御寺内については、今後のために種々の指示（寺内置目を指す）が関白様＝秀吉から下されているので、安心していただきたい。なお懇志銀二匁が届けられ感謝している、と述べられているのである。ここに見える「不慮」というのが、聚楽第落書事件に端を発した謀反嫌疑を意味しているのであって、とくに文言中に「関白様」からの指示があったと記されている点から、この推測はまず間違いない。

なお、この書状の充所に「回鱗」との脇付がある点に注目したい。これは下付された書状を、滞在する宿所で順次拝見（廻し読み）するようにとの意味であるから、いま充所たる法西は、中島本願寺の周辺の宿所に逗留していると想定しなければならない。つまり法西は、本願寺が安堵されるかどうかに強い不安を抱いて、石見から摂津中島に遙々やって来ていたことが知られるのである。

さて次に、年未詳（天正十八年か）の八月二十八日付け頼廉書状Nを、ここで眺めておくこととしよう。

N「（包紙ウワ書）
刑部卿法印
頼廉」

石州雨河内
照善坊
回報

去夏来札、令披見候。如承候、去年御参之処ニ、取乱、不令差馳走候。仍為御音信、銀子五文目弐分、上給候。

寔懇情之至、令祝着候。将且照林坊被罷上、於此方仕合能、御礼被申上候。於時宜者、可御心安候。西蔵寺専慶相刻之儀、順正（マ　マ）如存分被仰付、即只今被差下候。随而其方下西楽寺事、得其意候。去年も西楽寺被召候つれ共、先差下候。聊不可有如在候。猶照林坊可為演説候。恐々謹言。

（天正十八年カ）八月廿八日　　頼廉（花押）

照林坊下　照善坊（法西）　回報

右のNによれば、去る夏の来札を披見した。去年の参詣の際には寺内が混乱していて、十分な馳走を尽くすことができず、まことに失礼いたした。いままた音信として銀子五匁二分が届けられ感謝している。また照林坊も今回はお越しになったが、この方にとっては都合よく、御礼を申し上げたところである。西蔵寺専慶に関することについては、順正の主張の通りに決定が下され、いま帰国するところである。またその方の下である西楽寺に関しては、申し出を了解した。去年も西楽寺を召しつれて来られ、そのときにはそのままに帰国させたが、申し出に異論があるわけではない。なお詳細については、照林坊から演説（口頭による伝達）がなされるであろう、と述べられている。

ここに登場する西蔵寺専慶・順正・西楽寺らは、おそらくは照善坊の門徒衆なのであろう。その彼らに対して法西は、本願寺直参の処遇を許可してほしいとの要望を、いま申し出ているのではなかろうか。あいにくとこの結論がどうなったのか判然としないが、順次に直参処遇が認められていったと推測すべきと思われる。また年次についても未詳であるが、本願寺の比較的平穏な時期であることは間違いないから、天正十八年頃かと推測しておきたい。

なお、照林坊が「演説」するとの文言から、照林坊がいま本願寺に達していることは間違いなく、また脇付「回報」から法西も本願寺に来ていることが確実である。つまり両人はこの時には、同道して参詣に来たということなのである。

七　本願寺の京都移転と法西

聚楽第落書事件で存亡の危機に陥った本願寺は、その後ひたすら秀吉の歓心を買うことに努め、その結果、天正十九年（一五九一）閏正月になって秀吉から、京都西六条で新たな寺地を拝領できることとなった。そこで早速に新堂舎の建立が計画されるが、必要な資材は中島本願寺を解体して運び、それを組み立て直すという方法をとることにした。そして同年八月六日に顕如・教如らは、早くも大坂から京都へと移動するのである。

京都移転という喜ぶべき事態を迎えて、諸国門徒衆は相次いで本願寺に達し、懇志を進上して祝意を言上している。

○（印文「詳定」）（黒印）

新御所様（教如）へ、　御座相変申付而、為御見舞銀子弐文め、進上之趣、遂披露候。心遣之程、神妙被思召候。将且
法儀、無由断可被相嗜事、尤肝要候旨、能々相心得可申之由、御意候。則被顕御印候也。

刑部卿法印
頼廉（木版）（花押）

（天正十九年）六月廿四日
石州
照善坊（法西）

P
「（包紙ウワ書）
石州
照善坊
几下
刑部卿法印
頼廉」

御門跡（顕如）様へ、御座相替申付而、為御見舞銀子三文め、新御所（教如）様へ同弐文め進上之通、具及披露候。心懸之至、神妙被思召候。相意得可申下旨、被仰出候。私へ両様ニ、同二匁到来、令祝着候。先以　上々様、御堅固御座候。可御心安候。此砌之事候間、其元各被申談、別而馳走可被申事、肝要候。猶期後音候。恐々謹言。

（天正十九年）六月廿四日　　頼廉（花押）

石州
照善坊（法西）
足下

Q
「（端裏ウワ書）（墨引）
石州
照善坊
御宿所
益田少将
照従」

御所（顕如）様へ、御座相替ニ付而、銀三匁、新門（教如）様へ二匁、御進上之旨、被遂披露候。仍刑部卿法印へ同壱文目、上給候。寔以くわふん、無冥加御事候。先々此方　公私、御堅固御座候。可御心安候。旁期後音之時候。恐々謹言。

（天正十九年）六月廿四日　　（益田照従）従（花押）（マツバⅡ型）

石州
照善坊（法西）
御返報

照善坊から進上された懇志に関して、おそらくは四点の請取状が下付されていたと考えられるが、あいにくと顕如御印書は紛失しているらしく、それ以外の三点がいま伝来している。年次はいずれも天正十九年六月の発給としてよい。

第一史料Ｏは教如の御印書（「詳定」印、頼廉奉）であって、「新御所様」＝教如に充てて「御座」を変更される見舞いとして銀子二匁が進上され、これを披露したところ神妙との意向が示された、と述べられている。このＯに関しては、頼廉が木版花押を押捺している点に注目しておきたい。

次いで第二史料Ｐの頼廉副状では、「御門跡様」＝顕如への銀子三匁進上、「新御所様」＝教如への銀子二匁進上について、合わせて謝意が伝達されるとともに、「私」＝頼廉へも銀子二匁が届けられたことに礼辞が述べられている。

さらに第三史料Ｑは、この懇志進上を取り次いだ手次（小奏者）益田照従が発した副状で、顕如へ銀三匁、教如へ銀二匁、頼廉へ銀一匁が届けられたことにつき謝意が表されている。通常ならば照従へも懇志が進上されているはずであるから、その文言記入は失念されたのであろう。

なおこのＱに関しては、充所の脇付に「御宿所」と見えている点にも注意を払っておこう。この記載から法西は、いま中島本願寺の近在の宿所に滞在していることが確実なのである。そしておそらく彼は八月五日までここに留まり、顕如らの一行に随伴して京都西六条への移動作業に従事したのではなかろうか。移動は翌六日に無事に終了したので、法西は京都本願寺の新堂舎を一瞥したうえで、ようやくに帰国することとしたのであろう。

天河内村に戻った法西は、それから二ケ月後の同年十月、再び使者を本願寺に派遣したらしい。これに対する返書が、次の二点の史料Ｒ・Ｓである。

R

「（包紙ウワ書）
雨河内
照善坊
御報　　　　横田孫作
長昌」

以上。

従正善坊、使被差上け候付而、御状本望存候。先度ハ永々御在京中、取乱候て、何等之御馳走も不申、迷惑申候。将且艮《(銀)》子之儀、年内ニ上け可給候由候。祝着申候。万其砌、可申入候。恐々謹言。

（天正十九年）
十月晦日

横田孫作
長昌（花押）

雨河内
照善坊《(法西)》
御報

S

「（端裏ウワ書）（墨引）
雨河内
照善坊《(法西)》
人々御中　　　　麻野助右衛門尉
村是」

尚々、早々其方へ御下着之由、目出候。艮《(銀)》之儀、御油断無之、霜月中ニ急度可然存候。以上。

正善坊ヨリ使、参候間、一筆可啓上候。先度ハ御逗留ニ候へ共、何之御馳走も不申、御残多候。其刻ハ御懇之段、承存候。就其、爰許之様子、新門様《(教如)》ハ許《(カ)》之御新造へ、御うつり被成候。別ニ相替事無之候。

一、此方艮《(銀)》子之事、年内ニ早々可有御上け之由、近比ニ及候。無御□人之御上け、専用候。若万一、年内相延候へハ、又来年ハ、八月懸り候間、返々年内、可然存候。恐々謹言。

（天正十九年）
十月晦日　　　　村是（花押）

（充所欠ク）

右の二点のうち前者Rは、十月晦日付けの横田長昌書状であって、年次は天正十九年と推測してまず間違いあるまい。その言うところは、いま正善坊からの使者によって書状が届けられたとしたうえで、先だっては永々と在京されたが、その間になんらの馳走もしてさし上げられず、誠に申し訳ない次第である。銀子については年内に届けられる由で、まことに結構なことと存ずる、と記されている。

次いで後者Sは、その手次と思しき麻野村是の同日付けの副状である。それによれば、いま正善坊からの使者が到着したので、返書を差し上げる。先だって御逗留された際には、なにほどの馳走もしてさし上げられず、残念な思いである。「新門様」＝教如は早くも新築の屋敷に移られ、御無事の様子である。ところで銀子の件であるが、年内には進上されるとのことであったが、早くも十月末日となってしまった。速やかに進上されることが肝要であって、もし延引するとなれば来年八月頃になってしまうに違いない（門徒衆から初穂料などの懇志が納入されるのは、収穫後の八月が一般的であることを前提とした表現であろうか）。よって、若干の無理を押してでも年内に納入していただきたいと述べ、さらに尚々書でも、霜月中には必ず納入していただきたい、としているのである。

ここで督促されている銀子が、京都本願寺の新堂舎建設に用いられる資金であることは言うまでもあるまい。しかしながら、これよりわずかに六年前には、中島本願寺の建立資金が割り当てられており、いままた京都移転の資金上納も命ぜられているのであるから、門徒衆の負担は限界に近かったと言わねばならないであろう。

八　教如の継職準備と法西

さて、その翌年天正二十年（＝文禄元年、一五九二）卯月の発給と思しき史料が、次のT横田長昌書状である。

T 「（包紙ウワ書）
照善坊　　　　横田孫作
　御報　　　　　　長昌」

　尚々、此度御懇之儀共、不及申候。以上。

御状本望存候。新門様（教如）江艮（銀）子三匁進上候。則御誓ノ使、御礼申上候刻、慥ニ上ケ申候。将且御煩気之由候。無御心元存候。不及申候へ共、御養性（生）専用存候。随而拙者へ弐匁、送給候。此度御懇之段、御礼難申尽候。委曲此正順（マヽ）ニ申含候条、不能一二候。恐々謹言。

　　　　　　　　　　　　横孫作
（天正二十年カ）
卯月十日　　　　　　　長昌（花押）
　照善坊
　　御報

　右の卯月十日付けの横田長昌書状Tによると、法西の書状が届けられ本望である。「新門様」＝教如に銀子三匁が届けられ、これは「御誓」の使者が対面して御礼を申し上げられた際に、確かに差し上げた。ところで「御煩気」となって病臥しておられる由、まことに心許なき次第と存ずる。ご養生に努めていただきたい。拙者＝長昌にも銀子二匁が届けられ、感謝の言葉もない。委曲はこの正順（史料Nの「順正」と同一人物か）に申し含めたと述べ、さらに尚々書でも、懇志の進上を感謝していると添え書きしているのである。年次推測の手掛かりが乏しいが、前節引用の史料R・Sに続くものと思われるので、天正二十年（文禄元年）卯月のものではなかろうか。

　この史料Tで注目すべき点は、法西の派遣した使者が「御誓ノ使」と呼ばれ、彼は懇志を進上すると同時に、教如に「御礼」を申し上げていることである。名代が教如拝謁を認められているのは、主人たる法西の身分が直参処遇であることに基づくものと思われ、とくに異とするには及ばない。問題なのは、それが「御誓ノ使」と称されている点であって、これはなにを意味するのであろうか。

ここで想起すべきは、天正二十年（文禄元年）十一月二十四日に顕如が死去するという事実であって、これは右の史料Tのわずかに七ケ月後のことである。とするならば、顕如がこの頃に早くも老衰などで病臥していたと想定することも無理ではなく、これに対応して教如が、その地位継承のための手続きを開始していた可能性も、あながち否定できないように思われる。

そもそも教如は、父顕如とは意見が合わなかった。かつて教如とともに籠城戦の継続に踏み出した主戦派に対して、父顕如は破門処分を加えていたのであるが、信長滅亡によって家中合体（仲直り）が実現した後も、その処分は一向に撤回されることはなかった。特例として帰参が認められる門徒もいたようであるが、その場合には顕如に誓詞を捧げることが不可欠であったから、多くの教如派は逼塞に甘んじなければならなかったのである。そのような顕如が病臥することは、教如にとっては待望の状況転換と言うべく、彼が直ちに教如派（旧主戦派）の破門解除を企てたであろうことは想像に難くない。またそれに伴い、顕如派のみならず全ての門徒衆に対して、帰参誓約の誓詞提出を義務づけたであろうことも、容易に推測できるところである。法西の派遣した「御誓ノ使」とは、おそらくは教如帰参を誓約するための使者であったと考えられるのである。

九　本願寺の推移と法西遺言状

天正二十年（文禄元年、一五九二）十一月二十四日、ついに顕如が死去する（五〇歳）。教如はそこで直ちに襲職の手続きを行うとともに、奏者衆のうちから下間仲孝を解任し、代わりに下間頼龍を復活させて、奏者を三人体制（頼龍・下間頼廉・下間頼亮）とした。また、顕如によって破門されていた各地門徒衆（籠城戦継続に加担した主戦派）についても、その解除を命じたと考えられ、その結果、これまでの住持であった顕如派が相次いで排除されて、教如派が主導権を握ることとなったのである。(15)

かかる事態を迎えて、旧顕如派は直ちに如春尼（顕如妻）を通じて、豊臣秀吉に教如排斥を強く要請することとした。そこで秀吉は、文禄二年閏九月十六日に教如を大坂城に呼び、顕如譲状（偽作）を根拠として彼に退隠を命じ、代わって弟准如を門主にしたのである。けれども、実際に教如が「御裏」に転じたのは翌文禄三年九月二十一日のことであり、その翌月十四日になってようやく准如は「御表」に移ることができたのである。また本願寺内から教如派を排除する動きも容易には進まず、文禄四年（一五九五）八月になって准如が誓詞提出を厳命したことにより、ようやく教如派を一掃できたのである。

こうして本願寺が准如によって統括されることとなった結果、各地の寺院・道場においても教如派が粛清され、代わって准如派（旧顕如派）が管掌する状況に転換していく。例えば、直参とされていた豊前浄喜寺はその地位が剝奪され、旧来通りに安芸仏照寺の下たるべしと命ぜられている。越中では大名前田利長が教如派弾圧に乗り出し、捕縛した新川郡生地村の正宗（この子孫が専念寺）、青木村の新蔵（この子孫が浄慶寺）を死刑に処しているほか、逃走した六人の坊主の道場を破却処分としている。越前穴馬門徒衆に対する措置は、これまでの田野最勝寺専了（教如派）の関与を排除して、近在の野津俣長勝寺（准如派）に帰属すべしと命ずるものであった。こうして各地の教如派は、准如派への服属を強制されていくのであるが、しかし彼らの心境は面従腹背であったと言わねばならないであろう。

しかるに慶長三年（一五九八）正月、准如母たる如春尼が死去し、同年八月には豊臣秀吉も死去してしまう。この結果、本願寺内の准如体制は大きく弛緩したものと推測され、やがて教如は徳川家康に接近してその支援を受け、准如体制からの離脱を果たすこととなるが、その転機としては、関ケ原合戦で家康の覇権が確立したことが重要であったと思われる。

かくして慶長七年（一六〇二）三月になり、家康から教如に対して東六条における新たな寺地が寄進されて、いよいよ東本願寺の伽藍建立が開始される。また教如は、上野国厩橋の妙安寺に伝来した親鸞木像の譲渡を希望していたが、この手続きにも家康は介入して、妙安寺成空に「葵」紋付き紫幕二張りと大判金三〇枚を下付した結果、ついに成空は木像譲渡を了解するに至り、木像は慶長八年正月三日に京着したのである。この時点をもって、教如の一派独立が達成されたと見なして差し支えないであろう。

しかしながら「満行寺文書」には、こうした本願寺の激動を示唆する史料は全く残されていない。わずかに次の史料Uがこの時期に属するものであるが、充所の「主水佑」がいかなる人物であるかも判然としないので、一応ここに紹介するだけに止めておきたい。

U態呈一翰候。早々御見舞可令申候処、遅引、本意之外候。温泉可為御相当、令察候。就其、湯帷三・樽、軽音之験計候。猶御揚之節、旁可申承候。委細者下間少弐（頼賑）法眼、可令申候。恐々謹言。

（慶長元年カ）六月七日　　（准如）光昭（帆掛舟型—中期型）（花押）

主水佑殿

右は六月七日付けで、光昭（准如）から「主水佑」充てに発せられた書状であって、早々に御見舞を申し上げるべきところであったが、遅引してしまったのは本意とするところではない。温泉で養生されることが適切と存ずるので、そのために「湯帷」三枚と樽酒を進上することとする。なお状況については京都へ「御揚」＝登って来られた節にお聞きすることとし、委細は下間少弐頼賑から申すところである、と述べられているのである。

　この年次を推測するには、准如が据えている花押の形状「帆掛舟型—中期型」が有効な手掛かりとなり、この史料は慶長元年（一五九六）六月の発給であった可能性が高いとしてよい[16]。また主水佑とは、石見国ないしはその近隣の中国地方に居住した大名と考えられ、これに充てて准如は右の書状Uを作成して、本願寺に滞在していた照善坊（祐西か、またはその名代）に持参すべしと指示したものであろう。しかしながら照善坊は、この書状をついに本人に届けることはできなかったと思しく、その結果、右はそのまま「満行寺文書」に残ってしまったということなのであろう。

　さて、教如の分立が達成されてから約十年後の慶長十六年（一六一一）十二月、祐西（下河原系）の子了祐（十八歳）が本願寺で得度を遂げるに至った。関連の「西光寺古記」はすでに第一節に引用した通りであって、これを契機にして祖父法西は人生の区切りをつけるため、慶長十七年（一六一二）壬十月に遺言状を作成することとしたのである。遺言状は二点あり、このうち「祐西」充てのものWは、すでに第一節に掲載して検討したから、ここではもう一点の「惣門徒中」充て遺言状Vを紹介しておくこととする。

V「（端裏ウワ書）（墨引）　満行寺
　惣御門徒中　参　　法西」

祐西ニ付渡所々村付之事

一、仁万浦　　一、宅野浦

一、大屋村　　一、大原村
一、こも口・くどし村　以上
右之村之御門徒中、一人茂不相残、祐西と一味ニ被成御談合、法義弥御たしなミ、金剛堅固之信心尓もとつき
被成候事、何より以肝要ニ存候。為其ニ、以遺書残置之所、如件。
満行寺老僧
法西（花押）
慶長拾七壬子（年脱カ）壬十月十二日
惣御門徒中
参

右によれば、仁万浦・宅野浦・大屋村・大原村、こも口・くどし村、以上五ケ村の門徒衆の管掌は、祐西（下河原系）に委ねるところである。よって門徒衆は祐西と一味の談合を遂げ、法義を嗜み、堅固な信心を持つべきである、と述べられているのである。なお、同日付け「祐西」充て遺言状Wにおいても、これと同様の内容が記されており、五ケ村の門徒衆について、了祐（祐西の子）とともに勧化の努力を傾けるようにと述べられていたのである。

こうして法西は遺言状を作成したのであるが、その三年後の慶長二十年（一六一五）八月になって、彼は改めて遺言状X（第一節引用）を作成している。心境になんらかの変化があったための行為とは思われるが、しかし内容は右のVとほぼ同じである。すでに第一節でこのXについても検討を加えたから、ここでは繰り返さないこととする。

十　天河内満行寺のその後

以上によって、表1・図1に整理した「満行寺文書」についての検討は一応終わったのであるが、最後に本節と次節では、その後の満行寺（天河内系・下河原系）がいかなる推移を経て現在に至るのかについて、若干の見通しを叙述しておきたいと思う。

まず天河内系の第三代たる行西についてであるが、彼は遺言状V・W・Xから推測されたように法西の長男と思われ、門徒衆のうちの二五〜二六ケ村を管掌すべしと指示されていた。これが現在の天河内満行寺に続くものと考えられるから、門徒数はすでに約一〇〇〇人（軒）を獲得していたに違いない。そしてそれからまもなくに法西は死去したと思われるが、その時点で後継者の行西は、四五歳前後（慶長二十年）に達していたことであろう。

続いてこの行西の子が円西（第四代）であったと思われ、父の年齢を基準にすれば、天正十八年（一五九〇）頃の誕生だったであろうか。

ところで天河内満行寺は、行西〜円西の時代に東派（教如派）を離れ、西派（准如派）に転じていたのではないかと考えられる。その理由は、後述するように元和七年（一六二一）五月に下河原系（東派）の了祐が、天河内に転じて新住持に就いたと考えられるが、これを指して西派への「帰参」と称されており、すでに天河内満行寺が西派であったことが知られるからである。他方で転派の時期の上限として、法西（教如派）の存命中は不可能としなければならないから、その死去（慶長二十年八月からまもなくか）を待たねばならなかったであろう。よって、天河内満行寺が西派へ転じた時期は、慶長二十年八月〜元和七年五月の間であったと考えられるのである。

しかしながら、この行西～円西時代について検討するに当たっては、「満行寺文書」中に関係史料が全く残されていない点が障害となる。理由は判然としないが、もしかすると元和六年（一六二〇）頃に満行寺は火災で焼失するというような、不幸な事態を想定しなければならないのかもしれない。

このことに加えて、天河内満行寺では元和六年頃に、もう一つの不幸な事態が生じていた可能性がある。それは、行西・円西およびその後継者が、同時に全ていなくなるという事態であって、もしかすると家族全員が焼死したのかもしれない。

このように不幸な事態を想定しなければならない根拠は、「満行寺文書」に次の史料が残されているからである。

Y　無端書之候。

今度帰参之儀、神妙ニ被　思召候。就其、飛檐之義、如前々被成御免候。忝被存、法儀被相嗜、向後　上儀御馳走、肝要候。恐々謹言。

川那卩主馬首

元和七年
五月二日　□□（花押）

石州
万(了祐カ)行寺(17)

右のYは元和七年五月二日付けで、西本願寺坊官と思しき川那部主馬首（実名読めず）が発した書状であって、この度西派へ「帰参」されたことは誠に神妙との意向である。よって「飛檐」の地位が従来通りに許可された。今後も一層、馳走に努められることが肝要である、と述べられているのである。

ここに記された「帰参」という行為は、東派の人物が西派に転属したことを意味しているから、この時点で天河内満行寺に、東派（下河原系）から新住持が迎えられていると解さねばなるまい。しかもこの新住持は、老齢者や幼年者であったとは考えにくく、青壮年の域に達していた者であろう。ところでこの頃の下河原満行寺には、祐西、その子了祐、その孫某1の三人がいたと思われるが、四七歳前後と思しき祐西も、五歳程度と思しき孫某1も、ともに新住持としては不適切と言わねばならない。とすれば、二八歳になっていた了祐こそが、天河内に転じた新住持と推測すべきなのではあるまいか。

この了祐は、かつて慶長十六年霜月に本願寺で得度した際、一旦は西派に帰参するという行動に出ていた（翌年に東派に戻る）。その理由は不明であるが、少なくとも彼には西派帰属の抵抗感はなかったのである。また了祐が転出した後の下河原満行寺には、父祐西が残っているから寺務に支障が生ずることはなく、幼い某1（了祐の子）の速やかな成長を待って、後継住持にすればよいのである。

問題なのは、こうした措置が取られるに至った原因であるが、前述したごとくに、行西も円西もその後継者も、全てが同時に失われるような事態を想定しなければならないように思われる。なぜならば、もし行西や円西が存命であったならば、幼年の継承者（養子）を迎えてその成長を待てばよいのであるが、そうはしていない。逆にもし後継者（円西の子）が存命であったならば、養育に必要な人物（例えば祐西）を迎えればよいのであるが、こうした措置も取られることはなく、二八歳の了祐が求められたのである。とするならば、円西時代の末期に起きたであろう天河内満行寺の火災によって、行西、その子円西、その孫の三人が、同時に焼死してしまうなどの非常事態が起きていた可能性が、否定できないのではないかと思われるのである。

ところで、了祐が天河内の新住持に転じたと推測できるならば、このことによって「満行寺文書」（下河原系の性格を持つ）が現在、天河内系に所蔵されているという疑問点も氷解するであろう。すなわち、了祐がこれを持参して天河内に転じたと考えればよいからである。こうした文書伝来の観点からも、元和七年五月に下河原の了祐が天河内に転じたとの推測は、まことに好都合なのである。

それでは、なぜ了祐は下河原系「満行寺文書」を持参したのであろうか。その理由は、この文書群が新住持たる了祐の正統性を保障する、唯一の「拠り所」だからである。それがたとえ下河原系の文書群であっても、古くからの由緒と血縁的な伝統とを証明する機能は十分に備えている。そこで了祐はこれらを持参し、天河内系の同族としての正統性をもって、新たな門徒衆一〇〇〇人の前に臨んだと考えられるのである。

さて、それからさらに約四〇年経過した寛文三年（一六六三）六月、行西なる満行寺住持が史料上に登場し、彼は西派寂如に帰参して木仏・寺号を下付されていることが知られる。

寂如――
石見国邇摩郡天
川内村満行寺　行西
木仏・寺号
帰参申替シ
（寛文三年）六月廿七日　取次頼母[18]

Z

「（包紙ウワ書）石州邇摩郡天河内村
満行寺　冨嶋頼母」
同門徒衆中
端書無之候。
一筆令申候。然者今度、満行寺被罷登、先年就被致帰参、裏方之御印判有之状、持参候之処、則差上、此度申替木仏寺号之御札、被顕御印判、被成御免候。将又　良如様御真影、赤波村源左衛門寄進ニ付、被望上、遂言上候処、御表御名被染　御筆、御裏御印判ニ而、被成御免候間、重畳難有可被存知候。殊　御筆重而被遊可被下候。其時分、木仏寺号之御札、　良如様御影、并諸状持参、尤候。為其如此候。不宣。

冨島頼母
季武（カ）（花押）（黒印）

寛文三年卯七月三日

石州邇摩郡天川内村
満行寺[19]
同門徒衆中

右に引用した二点の史料のうち、前者は寂如（西派）の下付した木仏裏書の記録「木仏御札中入之留」からの引用であって、寛文三年六月二十七日付けで寂如は、天川内村満行寺の行西に対して寺号・木仏を下付すると見えており、これは「帰参」の褒賞としてのものだと特記されている。

次いで後者Zは、「満行寺文書」に残された同年七月三日付けの冨島季武書状であって、前者の木仏裏書に添えられた副状であることは疑いない。すなわちこの度、満行寺行西が西本願寺に登られて、先年の帰参に伴って不要となった裏方（東派）の御印判のある「状」（木仏裏書のことか）を差し出された。そこでその代わりに、木仏・寺号の御札に寂如の御印判が据えられて下付されることとなった。また良如の御真影については、赤波村源左衛門が満行寺に寄進されることとなっており、その裏書染筆の希望について言上したところ、表には良如の御名が書かれ、その裏には御印判にて裏書が執筆されたので、ありがたく存ぜられるように。なお近いうちに改めて御筆を取られて、裏書を手直しされる予定であるから、そのときには木仏・寺号の御札、良如様御影、および諸状を持参されるように、と述べられているのである。この末尾に見える「御筆重而被遊可被下候」との表現に注目すると、これはこの時に下付された木仏・寺号の御札や絵像裏書が、通常とは相違して簡略化されたものであるから、近い将来に時間のゆとりが生じた際、直筆のものを作成し直すつもりだとの意味である。こうした手続きが取られた理由は、この直前に良如が死去して子寂如が門主となり、門徒衆からの祝儀進上の対応に忙殺されていたため、印判使用によって裏書作成の迅速化を図らねばならなかったからであろう。

右の二史料に関して留意すべきは、ここでも「帰参」の表記が見えている点である。つまり天河内の新住持たる行西は、下河原の出身であり、この直前まで東派に所属していたということなのである。了祐の帰参からすでに約四十年を経ているので、彼はおそらく了祐の孫（そのうちの次男か）に当たるのではあるまいか（二七歳前後と思われる）。その彼が、いま天河内に転じて住持職に就任し、またそれに伴って西派へ帰参しているのであるから、**図2**の系譜にはそのような位置付けで表示しておいた。

このように、天河内満行寺の住持に非常の事態が生じた場合、下河原満行寺（分寺）からその後継者が補充されるという関係は、実は他の多くの寺院でも同様に見られる対応策である。本願寺派の寺院・道場が、血縁関係を基軸として継承される原則に従う限りは、このような手続きは当然のものとしなければならないであろう。

十一　下河原満行寺の西派帰参と馬路移転

最後に、東派に所属していた下河原満行寺が、西派に転じた際の史料を紹介しておくこととしたい。

今度帰参奉願候付、以一札申上候事。

一、木仏寺号御札　年数久々之儀御座候得ハ、誰彼之御筆、不覚不申候。国本罷下リ、重可申上候。

一、御開山様　　御裏　教如様御筆
一、太子七高僧　御裏　同上人御筆
一、教如様　　　御裏　宣如様御筆
一、琢如様　　　御裏　一如様御筆
一、飛檐　御印書
　右之外、何ニ而茂御法物、安置不仕候。
一、門徒　家数弐百軒 人数八百人
右之門徒、私一味仕、帰参奉願候。於裏方、邪儀邪法有之、帰参仕ニ而者無御座候。御本廟難有奉存、帰参奉願候。尤何之望茂無御座候。若偽申上、後日ニ露顕仕候ハヽ、寺法物被召上、其上、何様□曲事ニ可被仰付候。其時、一言御断、申上間敷候。仍捧一札候。以上。

元禄九年子八月廿日　　石州邇摩郡銀山下川原 満行寺 善空（黒印）
平井主水様[20]

右は元禄九年（一六九六）八月二十日付けで、下河原満行寺善空が平井主水（未詳）に提出した言上状である。その言うところは、今度西派に帰参したいと願い出たことにつき、一札をもって言上する。すなわち、下河原満行寺に伝来する法物としては、
①木仏・寺号の御札（年数を経ていて執筆者不明につき、帰国して確認のうえ改めて言上する）
②御開山様＝親鸞の絵像（裏書は教如染筆）

③聖徳太子・七高僧の絵像（裏書は教如染筆）
④教如の絵像（裏書は宣如染筆）
⑤琢如の絵像（裏書は一如染筆）
⑥飛檐処遇承認の御印書

以上が所蔵されている。また門徒数は、家数としては二〇〇軒、人数としては八〇〇人である。この門徒衆は私＝善空に一味して、こぞって帰参を願い出るものである。今回の帰参の行動は、裏方＝東派から邪儀・邪法を企てるためのものでは決してなく、御本廟に対する尊崇の念に基づいて帰参するものである。もしこの行動に偽りが含まれ、後日においてそれが露顕する事態となったならば、下河原満行寺の堂舎や法物が召し上げられることとなっても致し方なく、いかようの処罰も甘んじて受ける覚悟である。よってここに一札を捧げるところである、と述べられているのである。

以上のような手続きのうえで、下河原満行寺は東派から西派へと転属したのである。堂舎に安置された法物類は、当分はそのままに礼拝されたと思われるが、裏書はいずれも東派門主の染筆によるものであるから、機会を得てその変更（裏書の書き直し）が企てられたのではないかと思われる。

そして下河原満行寺は、それから十数年を経た正徳年間（一七一一〜）になり、寺地を移動させて現在地の馬路へ転ずることになったという。(21) 門徒衆の筆頭たる山崎家が強く要請した結果と伝えられ、以来、馬路満行寺と称して現在に至っているのである。

おわりに

これまでの検討で明らかにできた満行寺の歴史について、最後にまとめを行っておきたい。

石見国邇摩郡天河内村に所在する照善坊（のち満行寺と改号、西派）は、小笠原長秀の子照西によって創建されたという。彼はもとは真言宗西光寺に属していたが、天文十三年（一五四四）に佐波浄土寺（石見国邑智郡石原村佐波に所在）の手引きで、本願寺証如に帰参して改宗したらしい。彼の誕生は大永五年（一五二五）頃、死去は天正十五年（一五八七）末だったと推測され（六三歳か）、後継の男子はいなかったようである。

照西の跡を継承する第二代は、その弟法西である。彼の誕生は天文十八年（一五四九）頃と思しく、永禄六年（一五六三）七月四日に本願寺顕如のもとで得度しているが、その手次を行ったのは備後三次照林坊であろう。彼の当初の居住地は、邇摩郡佐摩村のうちの大森銀山ヤスミ谷（下河原とも）であったが（下河原系の第一代）、兄照西の死後には天河内村に転じた可能性が高い（天河内系としては第二代）。彼は慶長十七年閏十月と慶長二十年八月との二度にわたり、遺言状を作成している。その内容は、子息二人のうち兄行西（天河内系の第三代）に二五～二六ケ村の門徒衆の管掌を委ね、弟祐西（下河原系の第二代）には五ケ村の門徒衆を委ねると指示したものである。執筆が二度に及んだ理由は判然としないが、内容に変化が生じているわけではない。なお、この集落数の比率が五対一である点は、天河内満行寺と下河原満行寺（のちに馬路へ移転）の門徒数の比率五対一と一致している。つまり、行西の系統が現在の天河内満行寺につながり、祐西の系統が現在の馬路満行寺につながっているのである。

天河内「満行寺文書」には、中世末～近世初期の文書二四点をはじめとする多数の史料が伝来している。この二四点の文書のうち、一九点は第二代法西に充てられた法西系文書群であるが、初代照西に充てられた照西系文書群も四点（F・G・H・I）含まれているので、分析に当たっては注意が必要である（Uは照善坊とは無関係で偶然の遺存か）。またこれらは、当初は下河原系に継承されていたものであるが、了祐（祐西の子、下河原系の第三代）が天河内満行寺の住持に転ずる際に、これらを持参した可能性がある。

さて、「満行寺文書」中の最古の史料は、永禄六年七月四日付けで法西に充てられた本願寺顕如の法名状であって、筆跡から判断して顕如直筆である。ところがこれを染筆中の顕如には、突然の故障（痙攣など）が発生していたらしく、花押が欠落し、また不必要な斜線の加筆も見られるのである。

天正八年（一五八〇）正月、顕如は照善坊充ての御印書を、三次照林坊に託して伝達させている。その内容は、織田信長が三月初めに大坂本願寺に向けて出陣してくるであろうから、兵粮・鉄砲一挺・玉薬を所持した番衆一人を派遣すべしと命じたものである。そこで法西は四月中旬に、みずからは懇志（軍資金）を携え、同道する門徒一人には鉄砲一挺・玉薬を所持させて、大坂に向けて出発する。そして到着後、直ちに懇志を進上したところ、同月二十三日付けで下間頼龍（この段階では教如奏者）の書状が付与され、また翌二十四日付けでは「惣中」充ての頼龍書状も発せられるのである。

ところでこの間の本願寺では、実は情勢の転換があって、すでに顕如は信長との間で和睦を締結して、四月九日に大坂本願寺を離れて紀伊雑賀鷺森に転じていた。けれどもその子教如は、あくまで籠城戦を継続すべしとして、支援要請の檄文を各地門徒衆に発しはじめていた。この教如による籠城戦継続のただなかに、法西と番衆一人が到着したのであるから、彼らの懇志上納は、教如派加担の意思表明を意味することとなる。つまり法西は、教如派に色分けされるのである。

教如が唱えた籠城戦の継続は、しかし七月になって行き詰まったため、教如は信長との間で和睦の再交渉を行い、八月二日に大坂を離れて紀伊雑賀和歌浦に移動する。かくしてようやく石山合戦が終結したので、法西と鉄砲番衆の二人は帰国の途についたと思われるが、顕如は教如派に対して破門処分を宣言していたから、彼らは当分の逼塞を余儀なくされたことと思われる。

顕如はその後、雑賀に留まって門徒衆の参詣を迎え入れていた。これに対して教如は諸国秘回の旅に出たのであるが、播磨英賀本徳寺に潜伏する間に、天正十年六月二日の信長滅亡の事態となったので、彼は直ちに紀伊雑賀へ戻り、六月二十七日に父顕如との間で家中合体（＝入眠、仲直り）を果たすのである。この結果、諸国門徒衆から相次いで祝儀が進上されることとなり、照善坊からの銀子二匁に対しても、同年霜月二十九日に受領の札御印（黒印が押捺された短冊）が発せられている。ここに押捺された「続」印は教如の使用したものであるから、その懇志は教如充て、また届けた照善坊の名代は法西自身であったと推測される。

さて天正十一年（一五八三）七月になって、顕如・教如両人は紀伊雑賀を離れて和泉貝塚へと移動する。さらに天正十三年五月には羽柴秀吉から摂津中島（中之島）の寺地を拝領するので、八月三十日にここに移動して、新堂舎の建立に着手する。諸国門徒衆は建築資金としての懇志を進上し、また資材の提供も行っている。照善坊からは天正十四年二月に銀子六三匁が進上されているが、この懇志請取状の充所には「サワ浄土寺下」と注記されているから、この段階の住持照西（第一代）は佐波浄土寺の配下に位置づけられていたことが知られる。

ところが弟の法西は、この懇志（建築資金）の上納を拒絶していたらしい。事態の解決に行き詰まった照西は、そこで翌天正十五年（一五八七）に中島本願寺に上って状況を説明したところ、八月五日付けで奏者下間頼廉書状・手次益田照従副状の下付を得ることができた。その内容は、三次照林坊・佐波浄土寺に対する諸役を納め、また照林坊の親鸞像に対する御番勤務（法西が義務を負う）を果たすべしと厳命するものであった。しかもその四日後の八月九日には、門主顕如の意向を伝える下間性乗書状も発せられていて、照林坊・浄土寺に対して諸役などを果たさないのは言語道断であるから、直ちに態度を転換すべしと命ぜられているのである。かくして、法西を中心とする教如派門徒衆は、諸役勤仕の態度に転換したことと考えられる。

ところがそれからまもなくの天正十五年末、照西は死去してしまった可能性があり、天正十六年三月には代わって弟法西が住持として登場する。そして顕如に銀子一〇匁、教如に銀子一〇匁、奏者頼廉に銀子二匁、手次益田照従に銀子一匁を届けている。法西の住持就任は、顕如や照林坊・浄土寺の立場からは好ましくなかったが、照西に後継者がいないために、やむを得ずこうした措置をとったのである。なおこの時点で法西の居住地は、佐摩村のうちの大森銀山「休谷（ヤスミダニ）」であったことが知られるが、やがて彼は天河内に転じて、照善坊門徒衆の全体を掌握したことであろう。

天正十七年（一五八九）二月になって、聚楽第の壁に何者かが落書を張り出す事件が発生する。追及の結果、中島本願寺にその余党が潜んでいるとの注進がもたらされ、本願寺に謀反の疑いが掛けられてしまう。そこで三月八日に嫌疑の掛けられた願得寺ほか二人が自害し、関係者六六人が磔刑となり、また彼らが居住した町二つが焼き払われて、ようやく落着したのである。この間の本願寺は存亡の危機に直面していたと言わねばならず、その落着後には安泰を喜ぶ祝儀（懇志）が相次いで進上されている。照善坊からも同年四月に銀子二匁が届けられているが、これは不安に駆られた法西がみずから中島に達して進上したものであった。

その翌年天正十八年八月にも法西は中島に来たようであって、銀子五匁二分を進上するとともに、彼の門徒と思しき西蔵寺専慶、順正、西楽寺の処遇に関して申し入れを行っている。詳細は判然としないが、おそらくは彼らを本願寺直参の処遇にしてほしいとの要望が行われたのであろう。

さて本願寺はその後、秀吉と円滑な関係を維持することに腐心した結果、天正十九年閏正月になって秀吉から、京都西六条に新たな寺地を拝領する。そこで新堂舎の建立方法としては、中島本願寺を解体してその資材を運ぶこととし、同年八月六日には早くも顕如・教如らは京都に移動してしまうのである。この事態を祝うべく法西は、みずから中島に達して同年六月二十四日に、顕如へ銀子三匁、教如へ銀子二匁、奏者頼廉へ銀子二匁を届けていることが知られる。また彼はその後しばらく宿所に留まったようで、八月五日の顕如らの移動に随伴して京都まで登り（翌六日到着）、西六条の新堂舎を一瞥したうえで、帰国の途についたものと考えられる。

天河内に戻った法西は、それから二ヶ月後の天正十九年十月、再び使者を本願寺に派遣して、遅れている銀子を年内には必ず進上するつもりだとの書状を届けている。これに対する返書においては、十一月中に必ず銀子を進上するようにと念押しされるとともに、教如が早くも新築の屋敷に移動されたと語られているのである。

その翌年天正二十年（＝文禄元年、一五九二）卯月、法西はまた使者（正順）を派遣して、教如に銀子三匁、横田長昌に銀子二匁を届けるとともに、自分は「煩気」で病臥している旨を伝えている。しかるにこの使者は「御誓ノ使」と称されていて、教如帰属を誓約することが目的だったようである。この時点は、顕如が死去する七ヶ月前であるから、もしかすると顕如は早くも身体上の異変によって病臥していた可能性があり、これに対応して後継者の教如は、継承手続きの一つとして帰参誓約の使者派遣を早くも門徒衆に課していたのではあるまいか。

かくして文禄元年十一月二十四日、ついに顕如は死去する（五〇歳）。そこで門主となった教如は、これまで破門処分とされていた主戦派（籠城戦継続に加担した教如派）の復活を命ずるとともに、下間仲孝を解任して下間頼龍を登用し、奏者は三人体制（頼龍・下間頼廉・下間頼亮）とした。

各地の寺院・道場においても教如派が復活し、これまでの旧顕如派は排除されることとなったから、これを阻止すべく旧顕如派は、如春尼（顕如妻）を通じて豊臣秀吉に教如排斥を強く要請した。その結果、教如は文禄二年閏九月十六日に退隠を厳命され、弟准如が代わって門主とされたのである。けれども教如は、翌文禄三年九月二十一日まで「御裏」への移動を渋り、この日ようやく明け渡したので、翌月十四日に准如が「御表」に移ったのである。また本願寺内からの教如派排除も容易には進まず、文禄四年八月になってようやく教如派を一掃することができたのである。

准如が新門主となったことで、各地の寺院・道場でも教如派が排除されていく。本願寺直参の処遇が剝奪されたり、他寺（准如派）への帰属が強制されたりしたと考えられる。越中では教如派の坊主二人が処刑され、逃走した六人の道場に対しては破却処分が加えられていた。

慶長三年（一五九八）正月になって、准如母の如春尼が死去し、また同年八月には豊臣秀吉も死去して、本願寺内における准如体制は大きく弛緩することとなる。そこで教如は徳川家康に積極的に接近し、その支援を受けて准如体制からの離脱を目指すこととした。その転機となったのが関ケ原合戦における家康の勝利であって、この結果を踏まえて家康は、慶長七年三月に教如に東六条の新寺地を寄進したのである。そこで教如は早速、東本願寺の伽藍建立を開始する。また上野国厩橋の妙安寺からは親鸞木像の譲渡を受けることに成功するので、この木像が京着した慶長八年正月をもって、教如の一派独立は達成されたと見なされよう。

この激動の時代における満行寺については、しかしあいにくと関係史料が全く残されていない。けれども法西は慶長二十年（一六一五）まで存命しているから、なんらかの理由でその間の史料が紛失しているのであろう。なおこの間（おそらく慶長七年頃）に、法西は教如から寺号「満行寺」を下付されていたことが知られた。

さて慶長十六年（一六一一）十二月になって、法西の孫に当たる了祐（下河原系の祐西の子、十八歳）が、本願寺准如のもとで得度を遂げて飛檐処遇を付与されている。なぜ彼が准如（西派）のもとで得度したのか理由は不明であるが、その四ケ月後の十七年三月には了祐は再び教如派（東派）に帰属しているので、祖父や父の圧力が加えられて再帰属したと推測されよう。

法西は、この孫了祐の得度を契機にして、慶長十七年閏十月に遺言状を執筆している。その内容は、長男行西（天河内において法西と同住か）には二五〜二六ケ村の門徒衆を管掌させ、次男祐西（下河原居住か、了祐の父）には仁万浦など五ケ村の門徒衆の管掌を委ねる、というものであった。しかるに法西は、慶長二十年八月にもまた遺言状を執筆しているが、その内容は三年前のものと全く同じである。

天河内に居住して二五〜二六ケ村を管掌した行西（天河内系第三代）、およびその子円西（同第四代）については、関係史料が全く残されていないのであるが、この両人が存命した慶長二十年八月〜元和七年五月の間に、天河内系は東派（教如派）から西派（准如派）に転じたのではないかと考えられる。そしてそれからまもなくの元和六年（一六二〇）頃、天河内満行寺は火災によって焼失した可能性が考えられ、しかもその際に行西・円西とその後継者は、火傷などによって死去してしまったのではないかと思われる。

かかる非常の事態を迎えて、その後継者に選ばれたのが、下河原満行寺の住持であった了祐（二八歳）だったと考えられる。突然に天河内の新住持に転任して門徒衆を管掌していくには、壮年期の了祐を除いては適任者がいなかったからであり、他方で残された下河原には父祐西（この時四七歳前後か）と子某1（五歳前後か）が健在であるから、彼が移転しても下河原の経営に支障が生ずることはない。かくして了祐は、元和七年五月に西派に帰参するとともに、天河内に転じて新住持に就いたのである。その際に彼は、その地位の正統性を保障する拠り所として、下河原系に伝来した文書群（つまり現在の「満行寺文書」）を持参した可能性が指摘できそうである。

それから約四十年経過した寛文三年（一六六三）、天河内の住持がまたもや断絶する恐れが生じた。そこで下河原系から、新たな後継者として行西（某1の次男で、了祐の孫か）を迎えることとする。彼はそれまで東派に属していたのであるが、同年七月三日に西派門主の寂如に帰参して木仏・寺号を下付され、また同日付けで冨島季武副状も付与されて、天河内満行寺の新住持となったのである。なおその際に彼は、裏方（東派）から下付されていた「状」（木仏裏書か）を西派に差し出していることが知られた。

最後に、東派に属していた下河原満行寺も、元禄九年（一六九六）八月になって西派に帰参することとなる。このときの住持は善空で、彼が所蔵する法物としては、木仏・寺号の御札（裏書作成者不明）、親鸞絵像（裏書は教如）、聖徳太子・七高僧絵像（裏書は教如）、教如絵像（裏書は宣如）、などがあり、また門徒数は二〇〇軒、八〇〇人であると言上している。そして、それからさらに十数年を経た正徳年間（一七一一〜）に至り、下河原満行寺は寺地を移動させて現在地（馬路）へ転ずることとなったのである。

注

（1）筆者は「満行寺文書」の写真版を本願寺史料研究所で閲覧することができたが、その後、同寺の住持小笠原静之氏（第十八代＝前住）から、全点の御教示を受けることができた。ここに深甚の謝意を表しておきたい。

（2）「玉蓮山略縁起」は二種類あり、旧版は満行寺住持の小笠原浄覚（第十六代）が明治二十九年に、照西三五〇回忌を記念して執筆・出版された。新版は小笠原静之氏が執筆して平成十年に発行された。なお両縁起については小笠原静之氏から御教示を受けた。

（3）「ヤスミ」と「下河原」が同一地点と考えられることについては注（7）参照。

（4）「満行寺」（『島根県の地名』五五九ページ―『日本歴史地名大系』第三三巻、平凡社、一九九五年）の記述による。

（5）石見馬路「満行寺文書」、元禄九年八月二十日、満行寺善空言上状。馬路満行寺は大田市仁摩町馬路町四八七に所在し、史料は住持石水秋香氏から御教示を受けた。

（6）「西光寺古記」五十三、飛檐坊主衆次第（『本願寺史料集成』西光寺古記、同朋舎出版、一九八八年）。なお「慶長拾六歳日次之日記」（『本願寺史料集成』慶長日記、同朋舎出版、一九八〇年）の、慶長十六年十二月晦日条（同書一九七ページ）にも、

　但石見国満行寺了祐、予ニ付テ、為学問越年也。是ハ旧冬朔日《（十二月一日）》ニ、飛檐ニ被成御免候。仍東方ニ着座候。

と記されていて、この時に了祐が本願寺（西派）に滞在していることが知られる。飛檐昇格の日付に一日のずれが生じているが、十一月晦日の内示、翌十二月一日の正式承認と考えれば、特に問題とするには及ぶまい。

（7）「石見銀山跡」（『島根県の地名』五三九ページ―『日本歴史地名大系』第三三巻、平凡社、一九九五年）によると、大森銀山の採掘作業に従事した者達は、佐摩村のうち銀山六谷と称される区域（下河原・休谷・昆布山谷・栃畑谷・大谷・石銀清水谷の六地区）に居住したとされる。下河原と休谷とは隣接しているから、了祐が居住した「下河原」と、史料J・K・Lの法西の居住地「ヤスミ（休谷）」とは、ほぼ同一地点と考えてよいと思われる。

（8）寺号に関して旧「玉蓮山略縁起」では、行西時代に照善坊から満願寺へと改号し、さらに円西時代になって満行寺に改号したと語られているが、これは執筆者小笠原浄覚の史料解釈の誤りが原因と考えられる。本稿では、照善坊から直ちに満行寺へ改号したとの立場で論述することとする。

（9）拙稿「教如の籠城戦継続と諸国門徒衆」（拙著『本願寺教如の研究』上、第一部第一章、法藏館、二〇〇四年）。

（10）拙稿「教如の諸国秘回と本能寺の変」（拙著『本願寺教如の研究』上、第一部第二章）。

（11）近江「長安寺文書」には、「続」印を押捺した札御印が三点あり、いずれも教如充ての懇志の請取状である。

　①（天正十年カ）六月二十五日、懇志請取状（新御所様充て計六件の懇志）

　②（天正十年カ）九月八日、懇志請取状（新御所様充て、苧一クミ）

　③（天正十一年カ）正月二十三日、懇志請取状（新御所様充て、一四〇銭）

（12）拙稿「家中合体後の本願寺」（拙著『本願寺教如の研究』上、第一部第三章）。

（13）金龍静氏「戦国時代の本願寺内衆下間氏」（『名古屋大学文学部研究論集』史学二四、一九七七年。のち『蓮如大系』第三巻、法藏館、一九九六年に収載）。
（14）拙稿「益田少将照従の花押」（拙著『本願寺教如の研究』続、第四部第二章第一節）。
（15）拙稿「教如の継職と退隠」（拙著『本願寺教如の研究』上、第一部第四章）。
（16）拙稿「准如の花押・印章」（拙著『本願寺教如の研究』続、第三部第四章）で示したが、この花押形状は「帆掛舟型（中期型）」に属し、そのうちでも前半期のものと分類されるから、慶長元年六月との推測はまず間違いないであろう。
（17）石見「満行寺文書」。
（18）「木仏御札中入之留」（『本願寺史料集成』木仏之留・御影様之留、同朋舎出版、一九八〇年）。
（19）石見「満行寺文書」。
（20）石見馬路「満行寺文書」（注（5）と同じ）。なお寺伝では、善空は元禄十六年に死去したとのことである。
（21）「銀山町」（『島根県の地名』五四五ページ）。なお馬路満行寺の別伝によれば、移転はさらに遅く、宝暦・明和頃（一七五一〜）のこととの説もある由である（石水秋香氏の御教示による）。

付記　本稿を草するにあたり金龍静氏から御教示を受けている。末尾ながら記して謝意を表しておきたい。

第三章　本願寺の動向と美濃安養寺乗了

第一節　美濃安養寺乗了の動向と親鸞絵伝

はじめに

美濃郡上郡八幡（郡上市八幡町柳町二一七）の安養寺（真宗大谷派＝東派）に所蔵される親鸞絵伝（伝絵とも称する）には、次のような本願寺教如の裏書が見られる。

M

釈教如（花押）
天正九年辛巳三月二日書之
大谷本願寺親鸞聖人伝絵
濃州郡上安養寺常住物也
願主釈乗了(1)

すなわち天正九年（一五八一）三月二日に教如が、安養寺乗了に充てて親鸞絵伝を下付すると記されているのである。

ところがこの時の教如は、実は越前大野郡富島《とびしま》村の南専寺に潜伏中であった。彼は前年天正八年（一五八〇）十一月初旬に紀伊雑賀を出発して諸国秘回の旅に出ており、紀伊日高郡阿尾《あお》浦に十六日間、次いで美濃郡上郡気良《けら》庄小倉村に約一ヶ月間逗留した後、さらに越後経由で甲斐武田勝頼のもとを目指そうとしたのであるが、しかし飛騨高山から先へは進めなくなったため（越中の戦況悪化が原因か）、反転して越前大野郡穴馬庄《あなまのしょう》の半原《はんばら》村に潜んで翌九年春を迎え、さらに大野郡富島村の南専寺に転じて、ここに天正十年（一五八二）二月まで留まることとなるのである。(2)

こうした状況にあった教如が、それではどのようにしてこの絵像を下付することができたのであろうか。そもそも絵像（親鸞絵伝）は教如が携えてきていたものなのであろうか。

幸いなことに、このような問題を考えるための一群の史料が「安養寺文書」(3)には残されており、その分析によって、この絵像と裏書の作成の経緯を明らかにすることができる。また安養寺乗了は、いわゆる「石山合戦」においては顕如支援の姿勢を示すとともに、その最末期に教如が籠城戦の継続を唱えた際には、これに積極的に加担を表明していた。その結果、彼はまもなくに顕如から折檻＝破門処分を加えられることとなるのであるが、このような破門された坊主衆の動向についても、同寺の史料は貴重な示唆を与えてくれるに違いない。

なお、当該の親鸞絵伝とその関連史料については、すでに青木馨氏が検討を加えておられるが、(4)あいにくと教如の動向や関連史料の年次推定が適切でないために、その解釈は不十分と言わざるをえない。そこで本節では、「安養寺文書」各号の年次推測を基にして乗了の動向を追跡するとともに、親鸞絵伝とその裏書がどのようにして安養寺に所蔵されることとなったのかを検討してみたいと思う。

美濃「安養寺文書」中の花押（その1）

A：元亀元年（1576）
9月2日
顕如（花押影）
（第2号）

B：天正4年?（1576?）
2月7日
刑部卿法橋頼廉
（第30号）

C：天正4年?（1576?）
8月26日
頼廉
（第13号）

D：天正7年?（1579?）
正月22日
頼廉
（第27号）

E：天正7年?（1579?）
3月6日
勘左
（河野勘左衛門）
（第47号）

F：天正7年?（1579?）
12月16日
侍法頼純
（第35号）

G：天正8年?（1580?）
正月22日
刑部卿法眼頼廉
（第29号）

H：天正8年?（1580?）
正月22日
益田少将照従
（第38号）

I：天正8年（1580）
壬3月25日
益田少将照従
（第39号）

J：天正8年（1580）
卯月4日
教如
（第11号）

K：天正8年（1580）
8月16日
教如
（第10号）

L：天正8年?（1580?）
極月2日
松尾左近丞昔忠
（第21号）

M：天正9年（1581）
3月2日
教如

N：天正9年（1581）
12月23日
教如

O：天正9年（1581）
12月23日
教如

一　顕如の石山合戦

まず初めに、織田信長と大坂本願寺顕如とが対立したいわゆる「石山合戦」の経緯について概略を述べ、これに安養寺乗了がどう関わったかを眺めておくこととする[5]。

織田信長が美濃稲葉山城の斎藤龍興を追放して根拠地を岐阜に移したのは、永禄十年（一五六七）八月のことであった。この信長を頼って、翌永禄十一年（一五六八）八月に足利義昭が越前から移動して来るので、信長は同年十月に義昭とともに上洛を果たし、諸国大名に対して上洛すべしと命ずる。しかし大名達はこの指示には従わず、その結果、信長によって討伐を受けることとなったのである。

まず信長は、元亀元年（一五七〇）四月に越前朝倉義景を攻撃すべく、敦賀郡に侵入するのであるが、突然に近江浅井長政が背反するに及んで、撤退を余儀なくされていた。そこで信長は態勢を立て直し、六月に近江姉川で浅井・朝倉軍と対戦してこれを敗走させる。次いで八月になって彼は摂津に出陣し、大坂本願寺に直接に攻撃を加えたために、本願寺顕如は九月十二日、ついに挙兵に踏み切ったのである（第一次石山合戦）。

顕如が挙兵する直前の日付を持つ史料が、次の書状Aである。

A
（封紙ウワ書）
「濃州郡上
　　惣門徒中　　　　顕如」

就信長上洛、此方令迷惑候。去々年以来、懸難題申付而、随分成扱、雖応彼方候、無其専、可破却由、慥告来候。此上、不及力候。然者　開山之一流、此時無退転様、各不顧身命、可抽忠節事、難有候。若無沙汰輩者、長不可為門徒候。併馳走頼入候。穴賢。

（元亀元年）
九月二日　　　　顕如（花押影）

濃州郡上
　惣門徒中江(6)

右によれば、信長が去々年＝永禄十一年（一五六八）に上洛して以来、本願寺にとっては迷惑な事態が生じており、それ以来、様々に信長の要求に対応してきたが効果がなく、ついには本願寺を破却すべしとの命令であった。こうなったからにはもはや限界であって、開山親鸞の一流が退転しないよう、門徒衆としては身命を顧みず忠節を尽くすことが肝要である。もし無沙汰の者がいたならば、門徒と認めるわけにはいかない、と述べているのである。

この史料は、花押の形状から判断して写しと解さねばならない。また充所に「惣門徒中江」と表記されている点も、この頃の文書には例がないものであるが、しかし全くの偽文書とするには及ばないであろう。いずれにもせよ、顕如は右のごとき書状を諸国門徒衆に発して、信長との対抗に支援を求めたのであって、その年次は元亀元年九月と推測して間違いあるまい。

本願寺顕如が挙兵したことに呼応して、まず越前朝倉・近江浅井両氏が軍勢を出し、西近江路を長駆して比叡山に立て籠もり、京都を窺う姿勢を示した。その結果、信長は腹背両面に敵を迎えることとなって、最大の危機に陥ったのである。ところが同年十二月の降雪期となるや、朝倉義景がひとり和睦を締結して撤兵していってしまう。雪で退路を断たれる危険を避けるためであったと思われるが、このことによって信長は窮地を逃れることが可能となり、その報復として信長は翌年元亀二年（一五七一）九月に、比叡山を焼き打ちしてしまう。かくして元亀三年三月になって、一旦和睦が締結されることとなったのである（以上が第一次石山合戦）。

天正元年（一五七三）四月、信長は足利義昭を京都から追放し、続いて同年八月には北近江に出陣して浅井・朝倉連合軍と対戦した。敗れた朝倉義景軍は越前大野郡に引き、ここで態勢を立て直そうとするが敵わず、ついに滅ぼされてしまう。次いで信長は直ちに反転し、近江浅井長政にも攻撃を加えて同月末には滅ぼしてしまう。こうして制圧した越前には、朝倉家家臣から寝返った前波長俊（のち桂田）・冨田長繁を置いて支配させることとした。ところがこの越前へ、翌天正二年（一五七四）に加賀から一向一揆勢が南下して「一揆持ち」体制としてしまう。顕如はこの戦況を聞いて同年四月、再び反信長の姿勢を表して第二次石山合戦に踏み込んだのである（天正三年十月まで）。

そこで信長は天正三年（一五七五）五月、まず三河長篠の戦いで武田勝頼軍を破って後顧の憂いを除き、八月に越前へ出陣して一向一揆勢を平定する。越前府中には一揆勢の死体が累々と横たわることになった。こうした戦況を聞いて顕如は強い危機感を抱き、天正三年十月に第二次和睦を結ぶこととしたのである。

和睦が成立してまもなくに発せられたと思しきが、次の下間頼廉書状Bである。

B（包紙ウワ書）
「安養寺　　刑部卿法橋
　　　廻鯉　　　頼廉」

端書無之候。

肇年之嘉作遂候。不可有其期候。仍金子弐朱贈給候。御懇之儀、難申謝候。将且御寺内御堅固ニ、上々様御勇健ニ御座候条、可御心安候。猶慶詞、追々可申宣候。恐々謹言。

（天正四年カ）
二月七日　　　　頼廉（花押）

安養寺
　廻鯉(7)

右によれば、新年を迎えて金子二朱が届けられ感謝している。寺内は堅固に維持されており、上々様＝顕如は御勇健であるから安心されるように、と述べられているのである。これの年次推測には下間頼廉の僧位「法橋」が手掛かりとなるが、彼が「法眼」に昇任したことを示す史料の所見は天正四年（一五七六）三月十四日とされるので、右のBはこれよりも以前のものである。(8)よって右は、天正四年二月の発給なのではなかろうか。なお充所の脇付「廻鯉」が意味する点については、第三項で述べることとする。

さて顕如は、和睦を締結してから各方面としきりと連絡を取り、本願寺の防衛体制を強化しようとしたらしい。そのために信長は翌天正四年四月に和睦を撤回し、再び戦端を開くこととなった（第三次石山合戦、天正八年八月まで）。かくしてこれ以降、顕如は大坂本願寺に籠城を余儀なくされることとなったので、各地門徒衆は信長軍の攻囲網をかいくぐって、物資や懇志を大坂に届けねばならなかった。

C

以上。

今度　上様之御馬、ひきのほされ候刻、其方別而馳走之旨、具令披露候処ニ、神妙ニ被　思食之通、可申下之由、被　仰出候。重而も、か様之御用等可在之条、弥無退屈可被馳走申事、肝要候。此方御堅固之間、可被存心安候。恐々謹言。

（天正四年カ）八月廿六日　頼廉（花押）

白川
安養寺(9)
几下

右の頼廉書状Cによれば、この度「上様」の御馬が牽き上された際に、乗了がとくに馳走に努められた旨を披露したところ、神妙との意向が示された。今後も同様の御用があるであろうから、馳走に努めることが肝要である。この方は御堅固であるから安心されるように、と述べられているのである。年次推測の手掛かりは乏しいが、頼廉花押の形状に注目すれば、前掲史料Bのそれよりは後の発給であろうから、天正四年八月のものと考えておきたい。なお充所に「白川」と記されるごとく、この頃の安養寺は飛騨白川に所在していたらしい。

さて、大坂本願寺における籠城戦（第三次石山合戦）は、天正四年四月から同八年（一五八〇）八月までの四年間に亙って続けられる。その末期の天正七年（一五七九）正月の発給と思しきが、次の頼廉書状である。

D

以上。

御門跡様へ為御音信、銀子六文目、自分并門徒衆ヨリ、金子弐文目進上之通、具遂披露候。遠路不合期之刻、心懸神妙被　思食候。能々相心得可申下之旨、被　仰出候。随而私へ門徒衆ヨリ、銀子四文目贈給候。誠以無冥加事候。先々此方　上々様、御勇健御座候。可御心易候。此表相替儀無之候。将且各参会之時者、相互ニ信不信之有談合、真俗共可被相嗜事、肝要候。安心之被及沙汰事者、自本　善知識御本懐候。広大深遠之御恩徳之程、有難可被存候。唯有増之為躰候てハ、無其所詮事候。弥　法義無由断、可被心懸事、専用候。猶期後音之時候。恐々謹言。

（天正七年カ）正月廿二日　　頼廉（花押）

郡上
安養寺
同門徒衆中[10]

すなわち、御門跡様＝顕如に銀子六匁、また自分（乗了）と門徒衆からの志として金子二匁が進上され、これを披露したところ、神妙の心懸けであるとの意向であった。また私＝頼廉へも門徒衆から銀子四匁が届けられ感謝している。上々様＝顕如は御勇健であるから安心されるように。また大坂には特に変わった事態は生じていない、と述べられているのである。

この懇志請取状にも、年次推測の手掛かりは乏しいのであるが、後引する史料Gが天正八年正月の発給であることは確実であるから、これと同年同月のものとするわけにはいかない。よってその前年天正七年正月のものではないかと思われる。

このように末寺・門徒衆から進上された兵粮・軍資金（懇志）によって、顕如の大坂籠城戦は続けられたのであるが、しかし天正七年九月に荒木村重の摂津有岡城が攻略され、次いで翌八年正月に別所長治の播磨三木城が制圧されたことによって、戦局の帰趨はほぼ決するに至った。そこで顕如は、前年末から提案されていた朝廷の和睦案を受け入れることとし、天正八年四月九日に大坂を離脱して紀伊雑賀鷺森に転ずることとしたのである。

なおここで安養寺の所在地について触れておくと、寺伝では安養寺は戦国期に大榑庄に所在し、やがて郡上郡大島村に転じ、次いで飛騨白川に移り、再び大島村に戻った後、天正末年になって郡上郡八幡に移ったとされる。[11] 先引した史料Aでは「濃州郡上」と見えたから、元亀元年（一五七〇）九月にはすでに大榑庄から郡上郡大島村に移っていたことが知られる。次いで史料Cでは「白川」と見えるので、天正四年（一五七六）八月には飛騨白川に転じていたのである。しかるに天正七年（一五七九）正月の史料Dになると、再び「郡上」と添え書きされていて、大島村に戻っていたことが認められる。このように所蔵文書によって寺伝が正確に跡づけられるから、安養寺の所在地が移動したとの点については信頼してよく、その移動はいずれも乗了時代のことと判明したのである。

二　親鸞絵伝の完成

ところで、「石山合戦」の終了する直前に、安養寺乗了は親鸞絵伝の作成を申し入れていた。「安養寺文書」中から、この絵伝作成について触れた最も早い史料を探すと、天正七年（一五七九）三月発給と思しき次のものを上げることができる。

E…（上略）…

乍恐令啓候。仍此方様、何も何事無御座、御堅固御入候間、御心安おほしめし候へく候。

一、彼一儀、未相調不申候。善教如存知之、宮いつミ介、何も如在ハ無御座候へ共、世上御取乱ニ付而、于今御免之御返事、出不申候。乍去、当霜月ゟまへニハ、調可申由、殿（下間頼純カ）ゟも被仰出候間、御たいくつ御座有間敷候。…（中略）…おそく候て、霜月中ニハ、調可申候と、いつミ・せうしやう（下間性乗カ）なとも被申候間、御心を御尽有ましく候。

一、…（中略）…返々かほとニさせられ候《カ》事候て、今少之御事ニ候。是非六・七月中ニ、たれ成共、御のほせ被成候へく候。其内御免の御返書、出候ハヽ、拙者下可申候。こヽもとも弥御龍《籠》城、万事御めいわく此時極候。…（中略）…

三月六日《天正七年カ》　　　　勘左《河野》

郡上
　乗了様　参（12）

右は、本願寺の侍衆と思しき河野勘左衛門が、三月六日付けで乗了に充てた書状である。花押が据えられていないが、これは全文が勘左衛門の自筆になるために、その押捺が省略されたのではないかと思われる。文言中には「こヽもとも弥御龍《籠》城」と見えていて、顕如の主導による大坂籠城戦の最中のものであることが確実であるから、年次を天正八年閏三月以前と限定してよいであろう。そして次に引用する史料などとの関連から考えれば、右の勘左衛門書状は天正七年三月六日のものと推測するのが妥当と思われる。

その内容は、「此方」＝大坂本願寺において目立った動きはなく、顕如は堅固であるとしたうえで、「彼一儀」（親鸞絵伝の下付を意味する）はいまだに調っておらず、「善教」が存知しているように、取り次ぎの「宮いつミ介」にはなんら如在の儀はないのであるが、しかし世上が混乱しているために、まだ「御免之御返事」は出されていない。けれども霜月以前には調えられるであろうとの予測を「殿」（下間頼純か）もしておられるので、「御たいくつ」には及ばないであろう。…（中略）…遅くとも霜月中には調えられるであろうと「いつミ」・「せうしやう」（下間性乗か）なども仰っておられるので、ご心配はあるまい。…（中略）…かほどに働き掛けをなされるのであるから、いま少しのところと思われる。六・七月中に誰なりとも上らせられるとよいであろう。そのうちに「御免」（絵像下付の許可）の御返書が出されたならば、拙者が下すこととなるであろう。ここもとでは「御龍（籠）城」が続いており、万事がまことに迷惑な事態である、と述べられているのである。

右の史料で問題とされている「彼一儀」というのが、すでに注釈を加えたように、絵像（親鸞絵伝）の作成のことと考えられる。これがまだ天正七年三月の時点では完成していないのである。しかし十一月には完成するであろうとの予測が述べられ、またそれ以前の六・七月中の働き掛けも必要であろうとされているのである。

その予想通りに、天正七年の年末になってついに念願の親鸞絵伝が完成したらしい。そこで名代に絵像を手交するに際して、次の下間頼純書状が添えられたのであろう。

F追而令啓候。貴寺之儀、奉対　新様、別而御馳走、殊今度絵伝之御免之事、一々拙者不罷上候已前ニ、御耳入候て、一段御届無之旨被仰候而、嘆（笑）止千万候。中々刑法（下間頼廉）なとも、取次をも申難之旨候へ共、種々申候而、貴寺より御理候者、御取次候様ニと申成候間、其方次第ニ使者をも御上候て、御申候ハヽ、此時分ニ候。但其方次第ニ候。…（中略）…

一、（第三条）此方　両御所さま御間之事、中々御入魂之事者、永代難義、御極儀候（カ）。…（中略）…

一、（第六条）御分別次第ニ、今春ニ而も、又自余ニ而も、急度御上、可然存候。但　新様ニ而相済候者、又一道尓て候。

一、（第七条）照蓮寺之儀者、此方事成儀候。貴寺之儀、絵伝之儀つきて御気色、惣而拙者一身令迷惑候。御分別専用候。

猶兵へ可申述候。恐々謹言。

（天正七年カ）十二月十六日　　頼純（花押）

安養寺（13）几下

この下間頼純書状は全七条の個条書きになっているが、ここではその一部を引用するに留めた。それによれば、まず冒頭において、安養寺乗了は「新様」＝教如に対して特に馳走に努めておられるほか、このたび絵伝が完成して「御免」＝下付されることになったことを、「私」＝頼純よりも早くに聞き付けられ、一向に届かないと不満を申されるのは、まことに痛みいるところである。しかし裏書については、下間頼廉なども取り次ぐのは困難との見解であるが、貴寺からのたっての要請があれば、私から取り次ぐようにとの了解を得ているので、改めて使者を派遣されて礼銭を納められるとよいであろう、としている。

次いで第三条では、顕如・教如両人の間が入魂となるのは、もはや永代に困難なことであろうと語られ、さらに第六条では、今春（来春＝翌八年春の意か）でも、あるいは都合のつき次第、大坂に上られるのがよいであろう。ただし「新様」＝教如のもとで用件が済めば、それも「一道」（一方法の意か）であろう、と見えている。最後に第七条では、照蓮寺の要請された裏書作成は、この方において手続きが完了したが、貴寺の絵像裏書が遅れていることを拙者＝頼純の責任と仰られても、いささか迷惑なことである、と述べているのである。

右の書状中の絵像と裏書に関する記述に注目すれば、表面の絵像の制作自体についてはすでに完了したもののごとく、右の頼純書状をもってこれが乗了に伝達（名代に手交）されたのであろう。しかしながら、その裏書を顕如が染筆することについては、下間頼廉による取り次ぎでは困難だろうとの観測が伝えられ、頼純からも取り次いでみるので使者を派遣されるか、あるいは今春（翌八年春のことか）にでもに来られるようにと指示されている。けれども他方で、教如の裏書というのも「一道」であると述べられているのは注目すべき点であろう。また第三条で、顕如・教如両人の「入魂」がもはや困難と述べられている点も注目され、この両人の乖離が翌八年閏三月以降においては、和睦退城と籠城継続という相反した行動となって展開するのである。

なお奏者の下間頼純は、天正四年十一月以降、加賀の軍事指揮権を付与されて下国することが多かった人物であるが、右の天正七年十二月の時点では、たまたま大坂本願寺に立ち戻っていたもののようである。その頼純を手次として、いま安養寺乗了（その名代）は絵伝の下付を受けたのであり、また顕如の裏書染筆についても要望していたのである。

三　絵像裏書染筆の要望

前節の下間頼純書状Fによって、天正七年十二月の時点ですでに絵伝は完成し、乗了に下付されていたことが知られた。しかしながら顕如の裏書作成については、一向に実現しそうにはなく、その見通しを伝えたのが翌八年正月と思しき次の二点の書状である。

G　端書無之候。

来翰令披読候。就其、御絵伝、自先年御望之由候様子、同名侍従（頼純）法橋ヨリ、具ニ被申上候。得其意候。即只今一途可申下候へ共、萬方御取乱付而、無其儀候。随分以御透、得御意、自是可申述候。聊不可有如在候。将且金子壱文目、上給候。御懇慶之儀、難申謝候。委細之儀ハ、宮泉・益少（益田少将照従）可為演説候。恐々謹言。

（天正八年カ）正月廿二日　　頼廉（花押）

郡上
安養寺
回章 (14)

H自先年　御絵伝御望之由、侍法以御副状、被仰越候通、具ニ申聞候処、即被遂披露候。只今一途可被申下候へ共、諸方御事繁付而、無其儀候。随分以御透、被得御意、従是可申入之旨候。聊不可有如在之由、委曲刑部卿法眼、以直札被申候へ共、猶能々相心得可申之由候。随而金子壱文目、慥ニ申聞候。御懇慶之至、別而祝着之旨、是又書中ニ被申候。次拙者へ銀子四文目、被懸御意候。尤以無冥加御事候。猶追々可申述候間、不能一二候。恐々謹言。

（天正八年カ）正月廿二日　照従（エビ型）（花押）

郡上
安養寺
御宿所(15)

前者の下間頼廉書状Gによれば、乗了からの来翰を披読したが、絵伝を先年から希望しておられる由、侍従法橋頼純から申し上げ、一応の了承が得られた。直ちに伝達すべきであったが、なにぶんにも取り乱しておられるので、いまだに裏書の作成には及んでいない。催促申し上げて、でき次第、当方よりお伝えする所存である。なお金子一匁の上納については感謝している旨であった。委細は「宮泉」・益田照従から口頭で伝達されるであろう、と述べられている。

続いてこれに添えられた後者の益田照従書状Hでは、絵伝の下付を希望しておられる由が、頼純の副状を添えて申し出られ、頼廉から披露が行われた。その結果、一応の了解が得られたのであるが、諸方あまりに繁多のため、その裏書の作成は実現していない。催促して作成していただく旨、頼廉から伝えられた通りである。なお金子一匁、また拙者＝照従への銀子四匁、まことに感謝する次第である、と見えているのである。

なおここで充所の脇付に注目すると、右の前者Gでは「回章」と記されている。先引した史料Cでは「廻鯉」と表記されていたが、この両者はおそらく同じ意味と思われ、門徒衆中で順次に拝読すべしとの意味が込められているのであろう。ところが、これに添えられた後者Hでは「御宿所」と記されていて、乗了自身がいま大坂本願寺の周辺の宿所に滞在していることが確実なのである。つまり、「回章」（および「廻鯉」）と「御宿所」とは同義の脇付と解さねばならず、その意味するところは、宿所で当該書状を乗了が拝読した後に、同道した門徒衆中で順次にこれを拝読すべしとの意味だったのである。

さて、裏書染筆を希望する安養寺乗了は、その三ケ月後の同八年閏三月にもみずから大坂に上り、懇志を届けて作成を顕如に強く申し入れたらしい。それに対して発せられた益田照従の返書が次のものである。

I
（端裏ウワ書）
「郡上　　　　益田少将
安養寺　　　　□□」
御宿所

猶々御望之儀、聊雖不有由断候、万事御取紛候而、一途無之候。拙者疎意ニ相似、令迷惑候。乍去、法眼無由断様尓、可令催促候。委細宮泉可被相述候。以上。

御番衆之儀付而、先度以　御印書被仰下候。然者、其元従守護方、御門下之詮作（索）、不大方候之故、御番衆之儀、難相調候由、御理申上候。即鉄炮之為御志、銀子十両、被差上候。具被遂披露候。自諸国別而御馳走之儀候。貴寺迄不相調候段、如何之由被申候へ共、達而御理被仰上候間、被聞召分候。乍去、御調法次第ニ、追々可被差上候由候。随分御取成被申事候。将且刑部卿法眼へ同四匁、慥ニ申届候。御懇慮之儀、能々相心得可申入候由候。則以直札被申候。次私へ同二匁、被懸御意候。誠無冥加御事候。猶於様躰者、玄誓御房可為御演説候。恐々謹言。

（天正八年）閏三月廿五日　　　照従（エビ型）（花押）

郡上
安養寺（16）
御宿所

この益田照従書状Ⅰは、本来は下間頼廉の発した書状（懇志請取状）の副状に相当するものであるが、あいにくとそれは遺存していないようである。そこで右の照従書状を見てみると、「御番衆」の徴発が先だって御印書で指示されたが、美濃では守護方（つまり信長方）が門徒の詮索を行っているために、御番衆を調えるのが困難であるとの旨、ならびに鉄炮の志としての銀子十両につき、頼廉が披露を遂げられた。しかしながら諸国の坊主・門徒衆がこぞって馳走されているなかで、貴寺の裏書作成の要望が実現しないと不満を申されても、どうしようもないところであって、一応は申し上げているのであり、了承も得ているのである。なお頼廉への銀四匁、私＝照従への銀二匁については感謝の極みであり、子細は玄誓房が演説（口頭の伝達）されるであろう、と述べている。そして追而書でも、裏書作成を催促しているが、万事に取り紛れていまだに実現してはおらず、拙者の疎意（怠慢）に似ているのは不本意である、と語られているのである。

　このように乗了は、完成して下付された絵伝につき、その裏書を速やかに顕如に染筆してもらうべく、懇志を進上してしきりと催促していたのである。しかしながらこの天正八年閏三月は石山合戦の最末期の段階に当たり、顕如は信長と和睦を締結して四月十日には紀伊雑賀に移動していくのであるから、こうした中で顕如が絵像裏書を染筆する余裕は、実はもはや失われていたとしなければならないのである。なお、充所脇付に「御宿所」と記されている点から、いま乗了自身が大坂に達して懇志を進上していることは確実である。

四　乗了の教如派加担

顕如の和睦開城の方針に対し、これに反対して断固たる籠城継続を主張したのが、その子教如である。彼は各地門徒衆に充てて檄文を発し、さらなる支援を要請するに至ったのである。教如にとってこの和睦開城派の行動は、敵前逃亡に等しいものと映っていたのであろうか。この教如に加担を表明した一家衆としては、摂津教行寺証誓・近江慈敬寺証智（証誓の妹を妻とする）・摂津毫摂寺善秀（教行寺証誓の弟善助を養子とする）がおり、美濃では安養寺乗了や、その弟で養子として転じていた越前田野村の最勝寺専了、飛騨では照蓮寺善了などがいたことが知られる。かくして教如による籠城戦継続は、天正八年三月から約四ケ月間展開されるのであるが、しかし所詮は信長軍の敵ではなく、同年八月になって教如も再度の和睦締結に追い込まれ、大坂本願寺を脱して紀伊雑賀和歌浦に移らざるを得なくなるのである。この教如派の行動は、顕如の門主としての権威を著しく損なうものであったから、彼は教如を義絶とし、また加担門徒衆には破門処分を加えたのである。

そこで安養寺乗了の動向であるが、前節引用の史料Ⅰの脇付「御宿所」に基づいて指摘したように、乗了もみずから大坂本願寺に上ってまず顕如充てに懇志を進上し、閏三月二十五日付けで請取状Ⅰを下付されていた。そしてこれに続いて教如に対しても懇志を進上し、籠城戦継続の試みに加担する意思を表わしていたのである。

J

（包紙ウワ書）
「郡上
安養寺
門徒衆中　　教如」

急度取向候。当寺・信長一和之儀、すて尓相調候。さ候へハ、彼方表裏眼前候。就其、予、当寺可相拘おもひたち候。然者　聖人之号門弟輩者、此度尽粉骨を馳走候ハヽ、仏法再興、聖人江可為報謝候。さてハ安心決定候て、称名念仏無由断、心尓かけらるへく候。猶各たのミ入計候。穴賢。

（天正八年）卯月四日　　　　　　教如（花押）

郡上
安養寺
門徒衆中(17)

右の書状Jこそが、教如の発した籠城戦継続の檄文（いわゆる「思立」御書）であって、卯月四日付けとなっている。それによれば、本願寺と信長との和睦が成立したが、信長が「表裏」＝裏切りすることは眼前の事実であり、予＝教如は本願寺をあくまで守護すべく思い立ったのである。親鸞の門弟を号する者は、籠城継続に粉骨を尽くして馳走すべきであり、そうすれば仏法は再興となり、親鸞への報謝ともなるであろう、と述べられている。ここには懇志請取りの文言が見えないが、こうした書状の下付に際しては礼銭上納が不可欠であったから、乗了の懇志（＝軍資金）進上を疑うには及ぶまい。

こうして教如は、あくまで大坂本願寺を持続すると唱えたのであるが、しかしこの試みも同年七月には行き詰まり、八月二日には大坂から雑賀和歌浦に転じなければならなくなる。そして雑賀に達してからまもなくに教如は、乗了に充てて次の書状を発したのである。

K
（包紙ウワ書）「安養寺　　教如」

去二日、大坂令退出、至雑賀在津候。無念之雖始末候、端城等就令破脚、不及了簡、如此候。就其、今度予一味同心之衆、毛頭気遣有間敷候。御門主之御前も、無別儀可申究候。各被嗜法儀、尚以真俗共馳走、頼入計候。穴賢。

（天正八年）
八月十六日　　　　　　　　　教如（花押）
安養寺(18)

すなわち、八月二日に大坂を退出して雑賀和歌浦に転じたのはまことに無念の始末であるが、端城が破却されるに至ってはやむを得ないところである。「予」＝教如に一味同心した者達は決して気遣いはなく、門主には必ず取り成しを行うであろう、と述べられているのである。

この教如書状に見える「気遣」との文言は、雑賀に転じた教如が父顕如から義絶され、また教如に加担した坊主・門徒衆が折檻＝破門されたという事実を前提にしなければ、適切な理解は困難であろう。安養寺乗了も当然、破門となってしまったのである。

なお前引した史料Ｊの卯月四日から、右のＫの八月十六日まで、乗了は一貫して教如の身辺に仕えていたと考えられ、Ｋを拝受してようやくに彼は帰国することとしたものであろう。

かくして乗了は破門処分とされた結果、彼が石山合戦中から要望していた顕如染筆による裏書下付は、その実現の見通しを完全に絶たれてしまうこととなったのである。

五　裏書染筆と破門解除の要請

天正八年八月に破門された乗了は、しかしその後、手を拱いていたわけでは決してなく、同年十二月に紀伊雑賀の顕如のもとにまた名代を赴かせて、破門解除と絵像裏書の作成を改めて申し出ている。それに対して発せられた松尾昔忠の返答が次の書状であって、見通しは全く暗いものであった。

∟ 尚々、切々御音信、ミやうかなき事候。何様やうたい、河勘左ゟ懇ニ可被申候間、此外不申入候。以上。

御使札得其意候。仍　上々様御堅固ニ御座候条、可御心安候。然者為御音信、鳥目弐十疋送被下候。誠毎度御懇之段、無冥加存候。就其、御望之儀、具勘左被申候。然共、左様之御望之儀者、何方へも相尋候へ共、被成御免候事、不承候。乍去、以御機嫌得　御意、追而御左右可申入候。左候へハ、御門徒衆、未御間然ニ与、馳走不被申候由、承候。従御存分、　御書申調可進之候哉。此様子、勘左可被申候。承候へハ、外聞御迷惑之由ニ付而、其地ニ御勘忍有間敷候由、勘（左脱カ）被申候。爰許之儀、涯分御馳走可申候間、先其辺ニ御勘忍候て、可然候。是非共、御身上之儀、如何様ニも御談合可申候。尚委細之儀、勘左ゟ可被申入候条、不能懇筆候。恐々謹言。

松尾左近丞

昔忠（花押）

極月（天正八年カ）二日

安養寺　御報[19]

右によれば、まず「上々様」顕如が堅固であることと、鳥目二〇疋についての礼辞が述べられたうえで、乗了の裏書拝受の「御望」を河野勘左衛門が申し上げたが、そのような要望は誰に聞いても許可になったという話は聞かない。けれども御機嫌を見計らって申し入れてみたい。ところで門徒衆がいまだに反発して馳走されないとのことであるが、「御書」（教如書状か）を調進すべきであろうか。勘左衛門が言うには、外聞を憚る事態であり、「其地」（寺伝ではこの頃は美濃郡上郡大島村に所在したとされる[19]）では「勘忍」（居住の意か）なさらない方がよいとのことである。けれども、ここもとでは私が懸命に手を尽くすつもりであるから、「其辺」において「勘忍」された方がよいのではないか。なお破門された「御身上」の解除については、詳しく打ち合わせしたい、と述べられているのである。

この返書に語られるように、破門処分を受けた乗了からの裏書拝受の申し出は、実現の見込みはまずなかった。しごく当然と言うべきであろうか。しかも門徒衆の乗了に対する反発が強く、それをかわすことにさえかなりの困難を来しており、場合によっては「其地」（大島村か）に留まることすら危険を伴う可能性があったのである。

しかしながら翻って考えてみるに、破門処分を受けたとはいうものの、そのことで直ちに乗了の生命に危害が加えられるというわけではなかったらしく、また本願寺の坊主・侍衆との接触が直ちに断絶されるというわけでもなかったようである。破門処分の効力が果たしてどの程度のものであったのかは、いま少し事例を収集して検討を加える必要があるように思われる。

六　教如による裏書染筆

ところが翌天正九年になって、乗了にとってはまことに幸運な事態の展開となる。それは雑賀を密かに脱して諸国秘回の旅に出た教如が、天正九年二月以降、近在の越前大野郡富島村南専寺に潜伏することとなったからである。その経緯はすでに本章冒頭で述べた通りであって、乗了にとってはまさに歓喜すべきことであった。

そこで彼は直ちに教如のもとに駆けつけ、懸案であった絵像裏書の作成を、教如に要請することとしたのである。まことに願ってもない状況の推移である。その結果、教如は同九年三月二日付けで、「はじめに」に引用したごとき裏書Mを作成するのである。先引した下間頼純書状Fでは、「但　新様ニ而相済候者、又一道ニ存候」とあり、これを教如が染筆することで済むならばそれも一方法であると解釈したが、まさしくその通りとなったのである。

ところで安養寺には、そのほかにまだ二点、この時期に教如が裏書を作成した絵像が所蔵されており、その裏書は次のごとくである。

N

聖徳太子御影

釈教如（花押）
天正九年辛巳十二月廿三日書之
濃州郡上安養寺常住物也
願主釈乗了(20)

O

七高僧像

釈教如（花押）
天正九年辛巳十二月廿三日書之
濃州郡上安養寺常住物也
願主釈乗了(21)

すなわち、天正九年十二月二十三日付けで、聖徳太子絵像・七高僧絵像の二点に、教如が裏書を認めているのである。あいにくとこの二点の絵像を、乗了がいつどのようにして入手したのかは不明であるが、その裏書を教如が作成したときには、彼は富島南専寺に滞在していたことが確実なのである。

おわりに

「石山合戦」の最中に安養寺乗了が親鸞絵伝の下付を要望していたこと、およびその裏書（天正九年三月二日付け）が教如によって染筆されるに至った経緯について、本節で明らかにできた点は以下の通りである。

織田信長と大坂本願寺顕如とが対立した「石山合戦」は、元亀元年八月に信長が大坂本願寺を直接攻撃したことが契機となり、九月十二日に顕如が挙兵を命じて始まった。「安養寺文書」中には、その直前の九月二日付け顕如書状案が残されていて、永禄十一年の信長の上洛以来、本願寺にとっては迷惑な事態が続いており、ついに本願寺破却が命ぜられたため、抵抗のやむなきに至った。開山親鸞の一流が退転しないよう、門徒衆は身命を顧みずに忠節を尽くすべしと厳命されている。

そこでこの顕如の挙兵に呼応して、越前朝倉・近江浅井両氏は西近江路を長駆して比叡山に立て籠もり、信長を腹背両面から攻撃することとした。しかし同年十二月に朝倉義景がひとり和睦撤兵していったために攻囲網は崩れてしまい、信長は窮地を逃れることができたのである。態勢を立て直した信長は、天正元年八月になってついに朝倉義景を大野郡で滅ぼし、さらに反転して近江浅井長政も滅ぼしてしまう。そして前波長俊（のち桂田）・冨田長繁らに越前支配を委ねるが、翌二年には加賀一向一揆勢が南下したため、越前は「一揆持ち」体制となってしまう。そこで信長は天正三年八月になって再び出兵し、ようやくに越前を確保できたのである。

越前を失ったことで顕如は強い危機感を抱き、一旦和睦を締結して態勢の再構築を計ることとする。かくして天正三年十月から翌四年四月まで、一応の平穏が保たれることとなり、その間の天正四年二月に安養寺乗了は顕如に金子二朱を進上していることが知られた。

和睦が破綻してまもなくの天正四年八月、乗了は顕如に進上される「御馬」の逓送に尽力しており、それを謝する書状では安養寺の所在地が「白川」と表記されていた。さらに天正七年正月にも乗了は、顕如に二件の懇志（銀子六匁・金子二匁）、頼廉へ銀子四匁を届けていることが知られた。けれども、天正七年九月に荒木村重の摂津有岡城が攻略され、翌八年正月に別所長治の播磨三木城が制圧されたことによって、戦局の帰趨がほぼ決したために、顕如は朝廷の和睦案を受け入れて退城することとし、天正八年四月九日に大坂を離れて紀伊雑賀鷺森に転じたのである。

ところで安養寺乗了は、石山合戦の最中に顕如に対して、親鸞絵伝の作成を申し出ていたらしい。天正七年三月に発せられた河野勘左衛門書状では、しかしまだ親鸞絵伝が完成していないとの旨が報ぜられている。これの完成は同年十二月のことであったと思われ、その旨が下間頼純書状によって乗了に伝達され、また絵像は名代に手交されていたらしい。けれども顕如染筆による絵像裏書は、まだこの時点では作成されていなかったのである。

乗了は翌八年正月にはみずから大坂に上り、懇志を進上して裏書染筆を強く要望している。しかし顕如は多忙であるため、その染筆は困難であろうとの見通しが伝えられるばかりであった。

さて天正八年閏三月になって、乗了は再びみずから大坂本願寺に赴き、顕如に銀子十両（鉄炮の志）を進上したことに続いて、教如に充てても懇志を進上して、彼の唱えた籠城戦継続に加担する旨を申し出ていたのである。これに対して教如からは卯月四日付けの檄文が下付されて、信長が和睦を「表裏」することは眼前の事実であるから、教如はあくまで本願寺を維持しようと思い立ったと述べられている。そしてこれ以降、乗了は一貫して教如に随伴したらしく、八月二日には大坂から雑賀和歌浦へと転じ、そして一段落したことを見届けた八月十六日になって、乗了はようやく帰国することにした。そこで教如は乗了充てにもう一点の書状を下付して、一味同心した者達は決して見放したりはしない。また門主に対して必ず取り成しを行うであろうと述べているのである。

こうして乗了は、教如派加担を理由として顕如から破門処分を受け、その結果、彼が石山合戦中から要望していた顕如染筆による絵像裏書の下付は、その実現の見通しを完全に絶たれてしまったのである。それでも乗了は天正八年十二月に名代を紀伊雑賀に派遣して、顕如に対して破門の解除と絵像裏書の染筆を申し出ているが、これに対する返答は否定的なものであった。しかも乗了の身辺（この頃には美濃郡上郡大島村に所在したか）では、門徒衆が反発して馳走しない状態であったことが知られ、破門処分の影響はすこぶる深刻であった。しかしながら、乗了の生命に危害が及ぶことはなかったらしく、また本願寺の坊主・侍衆との接触が断絶されるわけでもなかったらしいことが知られる。

ところで天正八年十一月上旬になって、教如は密かに雑賀和歌浦を離れて諸国秘回の旅に出た。そして十一月下旬には美濃郡上郡気良庄小倉村に達し、次いでさらに北上するが、高山から先へは進めなかったために反転し、越前大野郡穴馬庄の半原村に入って翌九年正月を迎え、まもなくしてさらに大野郡富島村の南専寺に転じて、ここに翌天正十年二月まで滞在することとしたのである。乗了にとってはまことに幸運な事態の推移であって、彼は直ちに手元にあった親鸞絵伝を所持して南専寺に駆け付け、懸案であった裏書作成を教如に要請して、ついに三月二日付けで実現したのである。さらに彼は、それからまもなくに入手した聖徳太子絵像・七高僧絵像も教如のもとに持参し、天正九年十二月二十三日付けで教如染筆の裏書を得ることができたのである。

なお最後に付言しておくと、書状充所の脇付に「御宿所」とある場合には、乗了自身が大坂に達していることを意味し、これと同じ意味で「回章」「廻鯉」などと記されることもあった。この場合には、宿所において当該書状を乗了が拝読した後に、同道した門徒衆中でも順次に拝読するようにとの意味が込められていたようである。

注

（1）美濃「安養寺文書」（北西弘氏『一向一揆の研究』史料篇・裏書集、春秋社、一九八一年）。親鸞絵伝は全四幅あ

り、筆者は住持楠幹夫氏の御配慮により、そのうち第四幅の裏書から花押複写を得てMに掲載することができた。ここに深く感謝の意を表しておきたいと思う。なお楠祐淳氏『安養寺の歴史』（安養寺発行、一九八五年）八〇ページにも写真版が掲載されている。

（2）拙稿「教如の諸国秘回と本能寺の変」（拙著『本願寺教如の研究』上、第一部第二章、法藏館、二〇〇四年）。

（3）美濃「安養寺文書」（『岐阜県史』史料編・古代中世一に収載）。なお岐阜県歴史資料館の写真版により訓読の一部を訂正したものがある。また端裏や奥のウワ書は原則として引用を省略する。

（4）青木馨氏「三河本願寺教団の復興と教如の動向―石山合戦終結をめぐって―」（北西弘先生還暦記念会編『中世仏教と真宗』、吉川弘文館、一九八五年）。

（5）拙稿「越前一向一揆の展開」・「石山合戦と越前一向衆」（拙著『越前一向衆の研究』第五章・第六章、法藏館、一九九九年）。

（6）美濃「安養寺文書」第二号。

（7）美濃「安養寺文書」第三〇号。

（8）金龍静氏「戦国時代の本願寺内衆下間氏」（『名古屋大学文学部研究論集』史学二四、一九七七年）。のち『蓮如大系』第三巻（法藏館、一九九六年）に所収。

（9）美濃「安養寺文書」第一三号。

（10）美濃「安養寺文書」第二七号。

（11）楠祐淳氏『安養寺の歴史』、および「安養寺」（『岐阜県の地名』―『日本歴史地名大系』第二一巻、平凡社、一九八九年）。

（12）美濃「安養寺文書」第四七号。

（13）美濃「安養寺文書」第三五号。

（14）美濃「安養寺文書」第二九号。

（15）美濃「安養寺文書」第三八号。この文書に据えられる益田照従の花押形状「エビ型」については拙稿「益田少将照従の花押」（拙著『本願寺教如の研究』続、第四部第二章第一節）参照。

（16）美濃「安養寺文書」第三九号。

(17) 美濃「安養寺文書」第一一号。
(18) 美濃「安養寺文書」第一〇号。
(19) 美濃「安養寺文書」第二一号。
(20) 美濃「安養寺文書」(注(1)の北西氏『一向一揆の研究』史料篇・裏書集)。
(21) 同右。

第二節　美濃安養寺乗了の破門とその解除

はじめに

石山合戦最末期の天正八年（一五八〇）閏三月、本願寺教如は父顕如の和睦退城の方針に反対し、籠城の断固たる継続を唱えて檄文（いわゆる「思立」御書）を発したのであるが、しかしこの試みも所詮は信長軍には敵わず、同年七月になって教如は再度の和睦に追い込まれ、八月二日に大坂から紀伊雑賀和歌浦へ移動していくこととなった。(1)

この教如の唱えた籠城戦継続に対して、美濃安養寺乗了は積極的に加担を表明し、懇志を届けるなどの活動を行った。その結果、教如が父顕如から義絶されたことに伴い、乗了など主戦派の坊主・門徒衆は破門処分となってしまう。乗了は合戦の最中から、顕如に対して親鸞絵伝の裏書染筆を要望していたが、破門によってそれはとうてい実現不可能となってしまったのである。(2)

ところが、それからまもなくして教如は諸国秘回の旅に出ることとする。紀伊日高郡阿尾浦～美濃郡上郡気良庄小倉村～飛騨高山～越前大野郡穴馬庄半原村と、密かに各地を移動した後、天正九年二月には越前大野郡富島村の南専寺に潜入するのである。そこで乗了は、手元にあった絵像を持参して富島南専寺に駆け付け、教如に対して裏書染筆を要請して、同年三月二日付けでこれが実現したのである（前節参照）。またその後に入手した聖徳太子絵

美濃「安養寺文書」中の花押（その2）

A：天正８年?（1580?）
極月２日
松尾左近丞昔忠
（第21号）

B：天正10年（1582）
８月28日
按察法橋了明
（第22号）

C：天正10年?（1582?）
12月６日
頼廉
（第28号）

D：天正11年（1583）
正月24日
刑部卿法眼頼廉
（第24号）

E：天正11年（1583）
正月24日
益田少将照従
（第37号）

F：天正14年?（1586?）
４月12日
刑部卿法眼頼廉
（第25号）

G：天正19年?（1591?）
７月28日
侍法頼純
（第34号）

H：天正19年?（1591?）
８月３日
松尾左近丞昔忠
（第33号）

I：天正19年（1591）
９月24日
松尾左近丞昔忠
（第32号）

J：天正19年?（1591?）
12月６日
松尾左近丞昔忠
（第31号）

K：文禄元年?（1592?）
正月27日
侍法頼純
（第36号）

L：文禄元年?（1592?）
７月23日
教如
（第12号）

M：文禄２年（1593）
□月26日
刑部卿法印頼廉
（第26号）

像・七高僧絵像の二点についても、同年十二月二十三日付けで教如によって裏書が作成されたのである。

さて、その翌年天正十年（一五八二）二月になって、南専寺の教如のもとへ、信長が甲斐武田勝頼の攻撃のために出陣したとの報がもたらされる。そこで教如は直ちに越中五箇山に転じて、勝頼支援のための一揆蜂起を命ずることとした。この時に発せられたのがいわゆる「大坂拘様」御書であるが、しかし三月十一日には早くも勝頼が滅ぼされてしまったため（頸実検は十四日に浪合で）、教如は蜂起の中止を指示して遙かに安芸某所へと転じ、さらに反転して播磨英賀本徳寺へと潜伏したのである。

そしてまもなくの天正十年六月二日に信長が滅亡すると、教如は六月九日に姫路城で羽柴秀吉と交誼を取り結び、雑賀に戻って六月二十七日に父顕如と家中合体＝入眼（仲直り）を実現したのである。

こうして教如の義絶は解除されたのであるが、しかし主戦派門徒衆に加えた破門処分については、顕如は一向にこれを解除しようとせず、彼の存命中にはついにそれは実現しなかった。乗了など旧主戦派門徒衆は、その解除を求めて幾度となく顕如に働きかけを行うが、効果は乏しかったのである。

そこで本節では、顕如によって破門処分とされた安養寺乗了のその後の動向を追い、彼が行った破門解除の働きかけとこれに対する顕如の姿勢、さらには教如が行った取り成しの状況などについて、前節に引き続き美濃「安養寺文書」(3)によって追究してみたいと思う。

なお、各史料に据えられる花押を一覧にして掲載したので、花押形状の変化を手掛かりにした年次推測には有意義であろうと思われる。

一　乗了の破門処分

安養寺乗了が顕如から破門に処せられたことを示唆する最も早い史料は、天正八年十二月と推測される次のものであろう。

A　尚々、切々御音信、ミやうかなき事候。何様やうたい、河勘左(河野勘左衛門)ゟ懇ニ可被申候間、此外不申入候。以上。

御使札得其意候。仍　上々様御堅固ニ御座候条、可御心安候。然者為御音信、鳥目弐十疋送被下候。誠毎度御懇之段、無冥加存候。就其、御望之儀、具勘左被申候。然共、左様之御望之儀者、何方へも相尋候へ共、被成御免候事、不承候。乍去以御機嫌、得御意、追而御左右可申入候。左候へハ、御門徒衆、未御間然ニ与、馳走不被申候由、承候。従御存分、　御書申調可進之候哉。此様子、勘左可被申候。承候へハ、外聞御迷惑之由ニ付而、其地ニ御勘忍有間敷候由、勘(左脱カ)被申候。爰許之儀、涯分御馳走可申候間、先其辺ニ御勘忍候て、可然候。是非共、御身上之儀、如何様ニも御談合可申候。尚委細之儀、勘左ゟ可被申入候条、不能懇筆候。恐々謹言。

松尾左近丞

(天正八年)極月二日　昔忠（花押）

安養寺　御報(4)

右の松尾昔忠書状Aによると、「上々様」顕如は御堅固であり、鳥目二〇疋の進上を感謝するとしたうえで、乗了の「御望之儀」、すなわち親鸞絵伝の裏書作成の要望については(5)、誰に尋ねても許可になった話しは聞かないが、しかし顕如の御機嫌を伺って申し入れてみるつもりである。ところで安養寺の門徒衆が乗了に反発して馳走しない由を承ったが、必要ならば「御書」を調進するが、いかがであろうか。河野勘左衛門の話しによれば外聞にも迷惑なほどで、「其地」＝美濃郡上郡大島村に留まるべきではないと勘左衛門は申しているが、しかしここもとの儀は私＝昔忠が懸命に馳走するので、そのまま「其辺」で勘忍されるべきであろう。なお「御身上」については談合したい、と記されているのである。

右の書状で注目すべき第一は、「御望之儀」がまだ実現していないと記される点であって、これは天正七年十二月に完成して付与された親鸞絵伝について、顕如の裏書染筆がまだ実現していないことを意味している。そしてこの裏書は結局のところ、教如により天正九年三月二日付けで染筆されて、乗了の願望はようやく達成されたのであるから（前節）、右のAはその直前の天正八年極月の発給と確定できるのである。

注目すべき第二点は、乗了の「御身上」に関して談合したいと記される箇所であって、これが乗了の破門とその解除に関する相談を意味しているのである。その結果、門徒衆は彼に対する馳走を行わなくなり、彼はそのために郡上郡大島村に居住し難くなっているとも述べられているのである。

さて教如は、天正八年十一月上旬から諸国秘回の旅に出るが、天正九年正月は越前大野郡穴馬庄半原村で迎え、さらに翌月には大野郡富島村の南専寺に転じたらしい。かかる事態は乗了にとっては願ってもないことであって、彼は直ちに教如のもとに駆け付け、懸案であった絵像裏書の染筆を教如に申し入れて、天正九年三月二日付けでそれが実現したのである。

翌天正十年二月になって、織田信長軍が武田勝頼攻撃のために出陣する。この報を南専寺で受けた教如は、勝頼支援のために一揆蜂起を命ずることとし、直ちに越中五箇山に転じて、結集した門徒衆に感状として「大坂拘様」

御書を発し始めるのである。けれども三月十一日には早くも勝頼が滅ぼされ（頸実検は三月十四日に浪合で）、一揆蜂起の意味が失われてしまったために、彼は三月末に五箇山を離れて安芸某所へと転じ、さらに反転して播磨英賀本徳寺へと潜入する。そして六月二日の信長滅亡を聞いて、ようやくに紀伊雑賀へ戻ってきたのである。(7)

以上のような秘回の旅に関わって、安養寺乗了も当然に様々な馳走を尽くしたであろうことは疑いないが、しかし史料が残されていないために全く不明である。とくに「安養寺文書」中には、一揆蜂起の感状に相当する「大坂拘様」御書が伝えられておらず、この点から考えれば、乗了は教如の使者として各地大名のもとに赴いていた可能性が指摘できるのかもしれない。

二　家中合体と乗了の侘言

さて、信長滅亡後に雑賀に戻ってきた教如を迎えて、父顕如は朝廷の斡旋を踏まえ、同月二十七日に「御入眼」(8)＝「家中合体」(9)を実現するのであるが、しかし旧主戦派に加えた破門処分については一向にこれを解除しようとせず、彼の存命中にはついにそれは実現しないのである。

家中合体が実現してまもなくの天正十年八月、安養寺乗了は名代を雑賀に派遣して教如充てに懇志を進上した。これに対して発せられた請取状が次のものである。

B「（端裏ウワ書）
安養寺　進之候　　按察法橋
　　　　　　　　　　了明」
端書無之候。

御所様為御音信、金子壱両進上之通、具遂披露候。懇切之段、有難被思食之旨、能々相心得可申由、被仰出候。雖不及申候、弥被住　法儀、真俗共以無由断、可被相嗜事、肝要候。爰元相替事無之、　御所様御勇健之条、可被御心安候。次ニ私へ同八フン、誠無冥加次第、難申謝候。旁期後書候。恐々謹言。

（天正十年）八月廿八日　（下間）了明（花押）

郡上
安養寺　進之候(10)

右を発した下間了明（頼龍）の花押形状については、その変化の詳細な区分が可能となっており(11)、これに基づくならば右のBは天正十年八月のものと推断して差し支えない。その言うところは、御所様＝教如にいま金子一両が進上され、これを披露したところ謝意が示された。ここもとは平穏であり、教如は御勇健であるから安心されるように。なお私＝了明にも金子「八フン」が届けられ感謝している、と述べられているのである。

それから三ケ月後の天正十年の報恩講（十一月二十八日）に合わせて、乗了は門徒の「左五内」を伴って紀伊雑賀に達し、左五内に書状と懇志を持たせて進上させたところ、その返信として次の頼廉書状が下付された。

C

以上

芳墨令披見候。仍報恩講之為志、綿子弐把上給候。毎度御懇之段、難申謝候。将且御侘言之儀、随分御執成雖申上候、不限其方、何も不被成御免候。猶寄（カ）々窺御気嫌、御理可申上候。　新門様、別而被入御精候間、聊非由断候。委曲左五内へ令申候。恐々謹言。

（天正十年カ）十二月六日　頼廉（花押）

郡上
安養寺
回鱗(12)

右の下間頼廉書状Cによれば、乗了書状を披見したとした上で、報恩講の志として綿子二把が届けられ感謝している。ところで破門解除の「御侘言」を取り次いでいるが、乗了に限らず誰もまだ「御免」になった者はいない。これからも追い追い御機嫌を伺って申し上げるつもりである。新門様＝教如も精を入れて破門解除を働きかけておられ、これらの委曲については左五内へ申した、と述べられているのである。

充所の脇付に「回鱗」と記される点を踏まえれば(13)、いま乗了も雑賀鷺森に達して宿所に逗留していることは確実であるが、しかし破門された乗了が鷺森御坊に出入りすることは認められなかったに違いない。そこで乗了は、同道してきた左五内を名代として書状と懇志を託し、これに進上の手続きを行わせたのであろう。これに対して右の請取状Cで頼廉は、脇付に「回鱗」と添記して、宿所で待機する乗了への配慮を示したものと思われる。しかし残念ながら、破門を解除するとの返答は戻っては来なかったのである。

翌年天正十一年（一五八三）の正月にも、乗了は名代を派遣して教如に懇志を上納しており、これに対する請取状として次のものを受領した。

D「(包紙ウワ書)郡上　　刑部卿法眼
安養寺　　頼廉」
几下

新御所様へ、年頭之為御礼、代二百疋進上、懇ニ申上候。則被成下　御印書候。可有頂戴候。随而私へ中折三十帖給候。寔以無冥加事候。先々此方、弥御無事候。可心安候。猶期後音候。恐々謹言。

(天正十一年カ)正月廿四日　　頼廉（花押）

郡上
安養寺（14）
几下

E
猶々、御身上之儀、聊以不存由断候。法眼無如在候通、相心得可申候旨候。不限今御用之儀候ハヽ、可被申越候。疎意有間敷候。委曲河勘左可被申候。以上。
新御所様へ、年頭之為御礼、鳥目二百疋御進上之通、具被遂披露候。随而刑部卿法眼へ中折三十帖、慥申届候。即御返事被申候。猶能々相心得可申候旨候。次ニ拙者へ同二十帖給候。寔以過分、無冥加御事候。先々此方公私、一段御堅固ニ御座候。可御心安候。旁期後音候。恐々謹言。
（天正十一年カ）正月廿四日　照従（花押）
郡上
安養寺（15）
御返報

右の二点は、日付と懇志の額が一致している点から、同時点の発給としなければならない。そのうち前者の下間頼廉書状Dによれば、新御所様＝教如への年頭祝儀二〇〇疋の進上を披露し、いま御印書が下された（これは遺存していない）。また私＝頼廉へも中折三〇帖が届けられ、謝意を表すと述べられている。

次いでこれに添えられた後者の益田照従書状Eでは、教如への二〇〇疋、頼廉への中折三〇帖、拙者＝照従への同二〇帖の進上を感謝するとしたうえで、猶々書において、「御身上之儀」については油断なく申し入れており、頼廉も心得ている旨の返答であったので、これをお伝えしておく。なお御用があれば疎意なく実現に努めるつもりで、委曲は河野勘左衛門が申すであろう、と記されているのである。ここに見える「御身上之儀」というのが、乗了の破門解除の申し入れを意味しているのであって、顕如はそれを一切認めようとはしなかったのである。

なお、右の二点の発給年次を天正十一年と推測する根拠は、後者の益田少将照従の花押形状であって、ここに据えられた「マッバ型―前期型」の花押の形状変化の具合から、天正十一年正月と判断するのが最も妥当なのである。(16)

三　本願寺の移転と乗了

その後の本願寺は、天正十一年（一五八三）七月四日に紀伊雑賀を離れて、和泉貝塚（願泉寺）へ転ずる。次いで天正十三年（一五八五）八月三十日には、羽柴秀吉の指示に基づいて摂津中島（中之島）川崎（天満とも）へ移転し、新たに中島御坊の建立が企てられるのである。次に掲げる頼廉書状Fは、おそらくその半年後、天正十四年四月のものでなかろうか。

F
「(包紙ウワ書)
安養寺
回報　　刑部卿法眼
頼廉」

芳墨令披見候。御所様へ年頭之為御礼、鳥眼百疋進上之旨、遂披露候。遠路心懸、神妙被思召候旨、相意得可申下由、被　仰出候。拙夫へ同三拾疋上給候。芳情之至、令祝着候。先以爰元、御堅固御座候。可御心易候。用事候ハヽ、可被相越候。猶期後音候。恐々謹言。

(天正十四年カ)
四月十二日　　頼廉（花押）
安養寺
回報(17)

右の頼廉書状Fによれば、芳墨を披見したと述べたうえで、御所様＝顕如に年頭の御礼として鳥眼一〇〇疋が進上され、これを披露したところ神妙との意向であった。また拙夫＝頼廉へも鳥眼三〇疋が届けられ感謝している。ここもとは御堅固であるから安心されるように、と述べられている。ここにも脇付「回報」が見えているから、前述したことと同様に、乗了みずからがいま本願寺に達しているのであるが、しかし破門中の身上であるために出入りは認められず、代わって名代に書状と懇志を持たせて進上の手続きを行わせているのである。

この書状の年次推測にも手掛かりは乏しいが、頼廉の僧位が「法印」に昇任するのは天正十四年八月であるから、これ以前のものと限定しなければならない(18)。そしてこの間に乗了自身が本願寺にまでやって来る契機としては、中島御坊が新築される状況を実見する目的以外には考えにくいところである。よってFは、天正十四年四月の発給と推測されるのである。

その後の顕如・教如両人は、秀吉との間に一層緊密な関係を築き上げる努力を傾け、その結果、天正十九年（一五九一）になって京都西六条に新たな寺地を拝領することとなった。そこで、新築されて間もない中島御坊を解体し、その資材を運搬して組み立て直すという方法で、京都本願寺の堂舎建立を推し進めることになる。そして一部が完成したにすぎない八月六日に、彼らは早くも中島から京都に移転してしまうのである。その移転の直前に発せられたものが、次の二点の書状ではないかと思われる。

G

「(包紙ウワ書)
安養寺　　侍法
　御返事　　頼純」

尚々御進退之事、連々中殿なとも、聊も無疎意候様候間、可御心安候。以上。

来書令披見候。仍此方弥御堅固之御事、別而可御心易候。随而為御音信、見事之呉綿弐把、上給候事、遠路不輙候之処、毎度御懇精之至、難申謝候。将且御進退之儀、雖無疎意候、於于今不被成御赤(赦)免候段、迷惑ニ存事候。尤御心中令察候。書中之通、刑法へも令談合候処、来霜月ニハ御子息御上候て、急度御侘言、可然候旨候之条、可有其御心得候。来十三日前ニも、随分可令馳走候。猶追々可申述候。恐々謹言。

（天正十九年カ）七月廿八日　　頼純（花押）

安養寺 御返事(19)

H

返々、御書難有被存、弥御馳走肝要候。此勘左御暇申、罷下候条、其方にて被成御馳走由候ハヽ、御上尤候。時分柄にて候間、左即（早速）御のほせ可然候。かへす〳〵五百疋預り置候間、此方にて御用等候ハヽ、可被仰越候。次ニ左近内殿へ、以別紙可申候へ共、不得寸暇候間、乍恐御心得候て、御申頼申候。委細ノ段ハ、勘左へ申含候条、委ク不申候。

貴札之通令拝見候。仍為御音信　新様江、百めつくりのわた五ワ、進上被成候。即披露申候。殊ニ我等へ弐ワ、被懸御意候。于今不始儀候へ共、無冥加奉存候。就其、彼御書調進之候。即為御礼金子五両上申候。次ニ我等へ五百疋到来候。中々無冥加次第ニ候条、勘左へ種々申候へ者、先々可預り置之由候間、無是非候。委ク勘左可被申候間、不能一二候。恐々謹言。

松尾左近丞

（天正十九年カ）八月三日　　昔忠（花押）

安養寺 御報(20)

右に引用した二点の史料のうち、前者Gを発した下間頼純は顕如の側近、後者Hを発した松尾昔忠は教如の側近を務めた人物である。この二点をほぼ同時点の発給と推測する根拠は、前者の懇志が呉綿二把、後者の懇志が「百めつくりのわた五ワ」および「弐ワ」と、共通した品物であることが理由の第一。次いで脇付に注目すれば、前者では「御返事」、後者でも「御報」とあって、ともに使者によって書状が届けられたことが示されており、齟齬が生ずることがない。これが同時点発給と考える理由の第二である。

そこでその内容であるが、前者の頼純書状Gによれば、呉綿二把の進上に謝意を表すとしたうえで、いまだに「御進退」が赦免になっていない迷惑を察するが、来たる霜月には子息を派遣して侘言されるのが望ましいであろう。また「来十三日前」＝八月十三日以前においても馳走に努められるべきであるとし、さらに尚々書でも、「御進退」については「中殿」も疎意なく申し上げるつもりなので安心しておられるように、と述べられているのである。ここに見られるように、乗了の破門解除を求める詫び言に対して、顕如は一向にこれを聞き入れようとはしなかったのである。

次いで後者の昔忠書状Hでは、新様＝教如への懇志「わた五ワ」、我等＝昔忠への「弐ワ」について礼辞を述べたうえで、教如の「御書」が調進されることに決し、その御礼として金子五両、昔忠への五〇〇疋が到来した。委細は河野勘左衛門へ指示しておいた。なお勘左衛門が速やかに戻られるように馳走に努めていただきたく、また左近内（左五内）殿へもよろしくお伝え頂きたい、と述べられているのである。

問題はその年次であるが、後者Hに据えられた昔忠花押の形状「ハープ型」がまず手掛かりとなる。昔忠は、後引のIにおいては花押形状を「パイプ型」に変化させており、このIは天正十九年九月のものと断言できるから、Hはこれ以前のものとしなければならない。他方でその上限は、「ハープ型」花押の微細な形状変化に基づくならば、天正十五年十月以降のものと推測できそうである[21]。以上によって後者Hは、天正十六年八月～天正十九年八月の間に発せられたものとしてよい。この点に基づき、次にその働き掛けの内容を考えてみると、乗了の破門解除を要望するためには、顕如の機嫌のよい時期を狙って行われていることは間違いないから、京都移転（天正十九年八月六日）の準備で忙しい頃と想定するのが妥当であろう。とすれば、右のHは京都移転の直前、すなわち天正十九年八月三日のものとすべきではあるまいか。そして前者Gは、さらにそれ以前の天正十九年七月二十八日の発給と考えられよう。

なお前者Gの文言中に「来十三日前」とあるが、八月十三日とは証如忌日である。顕如が中島御坊から京都西六条へ転ずるのは、その直前の天正十九年八月六日のことであるが、その理由は、証如年忌を西六条で執行したいと考えてのことと思われ、そのために建物の一部が完成したにすぎない京都本願寺へ、移動を急いだものであろう。しかりとすれば、このGが天正十九年のものである可能性は一層高まると言えそうである。

さて、右の二点の書状を美濃郡上郡で受領した乗了は、それからまもなくの天正十九年九月に、みずから京都本願寺に上ることとした。西六条の新堂舎がどのようになっているのかを実見することが目的であったに相違ない。そして乗了自身は宿所に逗留したままで、名代として勘左衛門を松尾昔忠（教如側近）のもとに赴かせたのである。

I　「（包紙ウワ書）
安養寺　　　　松尾左近尉
　御宿所　　　　昔忠」

尚々御望故、随分馳走可申候。能々勘左と御内談候て、御返事待申候。返々勘左手前之儀、被入御精、一刻もはやくのほられ候やう尓、御馳走頼申候。已上。

態令啓候。仍両　御所様御無事ニ候之条、可御心安候。就中、書物御望之由、勘左被申候間、即得　御意候処、可被成御免之旨候。乍去、今少御取乱ニ候間、重而申上、相調可申候。於様躰者、可御心易候。又二色御望之御内存、勘左委被申候。是又如在有間敷候様子、勘可被申候。将且、来報恩講ニ者、国御上候て、御所様ニ御

侘言、尤可然存候。今度　御座かわり申ニ付而、諸坊主衆為御見廻之、又ハ御侘言ニ、何も上洛之儀ニ候。御油断有間敷候。次ニ勘左衛門尉方、廿日之御暇申請、被罷下候。番料之儀、早速相調候様ニ、御門下中へ被仰渡、延引無之様ニ御馳走肝要候。前々ニ相替、御使・普請已下、昼夜ニよらす、辛労被仕儀ニ候。御門徒中へも、此等之通被仰聞、一廉馳走被申候様ニ御異見、頼入候。於爰元相応之御用尓、聊不可有疎意候。猶勘左可被申候。恐々謹言。

（天正十九年）九月廿四日　昔忠（花押）

安養寺　御宿所（22）

右の九月二十四日付け昔忠書状Ｉは、その内容から天正十九年のものであることが確実である。その言うところは、顕如・教如両人は無事であるとしたうえで、「書物」（前引Ｈに述べられていた教如書状を指す）を要望しておられる由を河野勘左衛門が申し出て、了承の御意が得られたので、やがて作成されることであろう。けれども今は少々「御取乱」の状態であるから、日を改めて準備する所存である（右筆として教如御書を作成するという意か）。「一色」（一点の意か）を望んでおられると勘左衛門から申し出られたが、如在なく取り扱われている旨が伝えられるであろう。なお来るべき報恩講にも美濃からおいでになって、御所様＝顕如に「御侘言」を申し上げられるのがよいであろう。この度は「御座」が変更され、諸坊主衆が見舞いや侘言のために「上洛」しておられるので、遅れをとったりなさらないように。ところで勘左衛門は二十日間の暇を申し請けて下向するが、番料を速やかに調達して戻って来られるよう、門下へ仰せ渡していただきたい。従来と異なって近頃は、御使の職務や普請事業に辛労が重なる状況となっているので、門徒中には馳走に努めるよう指示しておいていただきたいとしている。そしてさらに尚々書でも、お望みの事柄について努力するので、その礼物については勘左衛門と内談すること。また勘左衛門が速やかに帰還できるよう、番料調達や普請の奉加集めに精を入れていただきたい、と述べられているのである。

　この書状中では、本願寺の「御座」が変更となり、諸坊主衆が「上洛」していると述べられるから、このＩが京都移転直後の天正十九年九月の発給であることは疑いない。そしてこのことから、天正十九年の段階に至っても乗了は、まだ破門処分を解除されていなかったことが知られるのである。

四　養教寺との対立

　前引Ｈにおいては、教如の「御書」を調進してほしいとの乗了の要望が言上され、御礼としての金子五両、昔忠への取次料五〇〇疋が進上されていたことが知られた。そしてこれに対する返答はＩにおいて伝えられ、「書物御望之由、勘左被申候間、即得　御意候処、可被成御免之旨候」とて、教如の了解が得られたと述べられていた。しかしながら、本願寺が京都に移転した直後で、教如は「御取乱」の状況にあったから、御書の作成はなかなか実現しなかったのである。

　一旦国元に立ち戻った乗了は、その三ケ月後の同十九年十二月に、今度は子息と門徒「左五内」を伴って再び上洛して来る。そして顕如・教如両人に懇志を進上したのであるが、この時には降雪期が近づいているために帰国を急ぎ、教如側近の松尾昔忠からの書状だけを受領して離洛してしまった。それが次のものである。

Ｊ
　　端書無之候。
貴札拝見仕候。仍　両御所様一談《(段カ)》御無事ニ御座候。可御心安候。然者御身上之儀、従　新門様被入御念、御理

被仰候へ共、さゝなミ何も　無御免候之間、不及是非存候。乍去、御手前之儀、程有間敷候間、可御心安候。将且養教寺間之義、具　新門様へ御理申上候処、一々被聞召分候間、則　御書被成御免候。左五内殿へ一両日逗留候ハゝ、調候て下可申候へ共、雪□□（ヨメズ）路次等悪候間、一刻も御下有度候由、御申候間、我ら預置申分ニ仕候。可御心安候。就中、御子そく之儀、　新様迄申上候。於様躰ニ我ら心得申候。委自勘左、可被申候。次ニ新様へ黄金壱両、同我らへ綿弐百目、被懸御意ニ候。有難奉存候。猶々此方之儀、少も如在有間敷候。重而可申入候。恐々謹言。

（天正十九年カ）十二月六日　　昔忠（花押）

安養寺御房（23）御宿所

右の昔忠書状Ｊによれば、「両御所様」顕如・教如が無事であることがまず記されたうえで、乗了の「御身上」につき教如が申し出られたが、一向に「御免」とはなりそうにない。しかしまもなくに破門解除となるであろう。ところで養教寺との間に生じている係争につき、教如に申し上げたところ、御書の作成に了承が得られた。もし左五内殿が一両日ここに長く逗留するのであれば準備できるが、雪が降ると路次が悪くなるので一刻も早く戻りたいとの申し出であったから、私が預かり置くこととする。「御子そく」のことは新様＝教如に申し上げた（対面したの意か）。その他の子細は勘左衛門から伝えられるであろう。なお教如への黄金一両、私への綿二〇〇目については感謝している、と述べられているのである。

この書状の充所にも脇付「御宿所」が見えているから、乗了自身がいま本願寺に達していることは疑いない。しかし破門の身上であるために出入りが認められず、やむなく彼は宿所に留まって子息と名代「左五内」を遣わし、首尾よく子息は教如との対面を果たしたのであろう。教如に進上された懇志が黄金一両と高額なのは、対面が実現したことについての御礼であるためと考えられる。けれども、養教寺との間に関する御書については、昔忠が執筆して教如が花押を据えるまでには若干の時間を必要とし、もし左五内がひとり残留して御書を待つのであれば、これを調えて手交することができるが、雪が積もる前に急ぎ郡上郡に戻りたいとの意向であったから、次の上洛の機会まで昔忠が預かっておくことにする、というのである。

年次の推測には、「御子そく之儀、新様迄申上候」との文言が手掛かりとなり、これが前引史料Gの「来霜月ニハ御子息御上候て、急度御侘言、可然候」との文言に対応していることは明らかである。よってJは、G（天正十九年七月）の半年後のもの、つまり天正十九年十二月のものであることが確実なのである。

こうして乗了とその子息、および門徒「左五内」の一行は、降雪の前に帰国すべく道を急いだのである。しかるに今回の上洛に当たっては、顕如に充てても下間頼純を通じて懇志を進上していたらしい。しかしこれも請取状発給までに時間を必要としたために、受領せずして帰国してしまったようである。その結果、この一ケ月後の天正二十年（＝文禄元年）正月に乗了が受け取った頼純書状では、二件の懇志進上をまとめた謝意が表記されることとなるのである。

K

「（包紙ウワ書）
安養寺　　　侍法
　御返事　　　頼純」

如来書、旧冬者左五、為名代被差上候通、令披露、種々御赤（赦カ）免之儀、雖申入候、不被成御免候段、可為御難儀候。連々聊不可有疎意候。切々中殿へも令談合、申上候条、可御心安候。随而為御音信、料紙廿帖、被懸御意候。遠路不輙候之処、御懇之儀、誠毎度御芳志之至候。猶期後便、可述謝詞候。恐々謹言。

（文禄元年カ）
正月廿七日　　　　　　頼純（花押）
安養寺
御返事（24）

右の頼純書状Kによると、乗了からの来書に記されているごとく、旧冬には「左五」（左五内）を名代として遣わされて赦免を申し入れられたが、「御免」とならなかったことはまことに御難儀なことである。しかし「中殿」とも談合して申し上げているから、安心しておられるように。なお今回は料紙二〇帖を届けられ、毎度の御芳志に感謝している、と述べられているのである。

ここに述べられる通り、旧冬の上洛の際に顕如への懇志進上を手続きしたのは、名代「左五内」であって、これは乗了が破門の身上であるための措置であったと思われる。しかも彼ら一行は、懇志請取状を受領せずに帰国してしまったために、頼純は礼辞を述べる機会を失ってしまったのである。そこで新年を迎えての懇志進上に当たって、右のKに見える通り、前回の分も合わせて謝意を述べることとしたのである。

さて、前引した昔忠書状Jにおいては、教如御書の調進について了承が得られたが、降雪を避けるために帰国を急ぎたい由で、そのため御書の拝受は次の機会になると述べられていた。その問題の御書というのが次のLであって、以上のごとき経緯を踏まえれば、その年次は文禄元年七月としてまず間違いないであろう。

L（包紙ウワ書）「安養寺　　教如」

従其方、養教寺方へ所預置之門徒ニ付、養教寺有違乱之由、不可然候。自前々所預置之門下ニ付、養教寺出状等、歴然候条、非可有違論之儀候。所詮所預置之門人等、如元可預置歟、但可被返歟之段者、其方可任意候。為其染筆候也。穴賢。

（文禄元年カ）七月廿三日[25]　　教如（花押）
安養寺

右の教如書状Lによれば、その方（安養寺）から養教寺方へ預け置いた門徒に対して、養教寺が違乱を働く事態となったのは不当である。しかし門徒を以前から預け置いていたことに関しては、養教寺の出状も存在していて歴然であるから、異論のあろうはずはない。よって預け置いた門徒を、これまで通りに預け置いておくか、あるいはまた安養寺直属の門徒として返させるかは、その方の任意とする、と述べられているのである。

ここに登場する養教寺とは、かつて厚見郡江口村に所在し、天正十九年に東島村へと転じた養教寺を指すのであろう[26]。江口村は、安養寺が初期に立地した大榑村に近いから、大榑村周辺に居住する安養寺門徒を、養教寺に委ねて管掌させていたものであろう。もしかすると石山合戦に対応しての措置だったのかもしれない。ところが合戦終了の時点で乗了は破門され、これに対して養教寺は処分を受けることがなかったから、門徒は安養寺の配下に復帰することを拒絶したのではあるまいか。おそらくはこうした事態を指して、右のLでは養教寺が違乱を企てたと表現されているのであろう。そこで乗了は、この状況を教如に訴えて右の書状を得たのであるが、ここで注意すべきは、右の書状によって門徒の返還が命ぜられているわけではなく、あくまで乗了の任意に委ねるとされている点である。こうした表現に留まったのは、教如としてはとりあえず乗了の言い分を容認しなければならないものの、しかし他方で乗了が破門の境遇だという点に抵触するわけにもいかないからである。そこで彼は、養教寺の出状（門徒を預かるとの内容か）が存在する点を拠り所として、門徒の帰属先は安養寺の任意に委ねるとの表現に抑えたのである。そして乗了は、この教如書状Lを養教寺や門徒に示して、帰属関係の復活を迫ったに違いないが、しかしおそらく門徒は復帰を拒絶したことと思われる。

五　教如の継職と大仏御法事

さて、文禄元年十一月二十四日になって顕如はついに五〇歳の生涯を終え、その子教如が門主の地位を継承することとなった。彼は当然のことながら、これまで破門処分とされていた旧主戦派に対して、その復活を認めたと思われる。安養寺乗了も破門処分を解除されたうえ、もしかすると枢要の地位が与えられたかもしれない。その反対に、旧顕如派の坊主・門徒衆に対しては、報復的な措置（破門処分や引退の強制など）が加えられた可能性も少なくないと思われる。かくして教団内には、重大な混乱が一気に拡大することとなるのである。

ところで、教如が継職してまもなくの文禄二年九月発給と思しきが、次のMである。

M来簡加披閲候。□《(今カ)》月大仏《(方広寺)》御法事付、名代被差上候旨、具遂披露候。随而為音問、鳥眼五十疋上給候。御懇情之至、難申謝候。先以此方　上々様、御堅固御座候。可御心安候。用事候者、可被□《(相カ)》越候。不可有如在候。猶期後音候。恐々謹言。

□《(九カ)》月廿六日《(文禄二年カ)》　頼廉（花押）《(木版花押)》

安養寺《(27)》

回報

右の頼廉書状Mによれば、乗了からの書状を披閲したとした上で、今月の「大仏御法事」に対して名代を派遣された旨を披露した。また音問として鳥眼五十疋が届けられ感謝している。「上々様」教如は御堅固であるから安心されるように。もし用事があれば申し出ていただきたい、と述べられているのである。

この文言中に見える「大仏御法事」とは、豊臣秀吉の建立した方広寺における法事を意味しているのであろう。方広寺の棟上げが挙行されたのは文禄二年九月二十四日のことであるから[28]、この仏事に乗了は、その名代を参列させたものと考えられる。よって、破損で判然としない右の書状Mの日付は、文禄二年九月二十六日付けと推測される。なお、充所の脇付に「回報」と添書されている点から考えれば、乗了自身もいま在京していると考えねばなるまい。

六　教如の退隠と分立

さて、美濃「安養寺文書」に伝来する当該時期の史料は、前節までに引用したものがすべてであって、これをもって安養寺に関する検討は一応終了したこととなる。けれども乗了の立場からは、慶長七年に東本願寺が分立するまでを見通しておく必要があるから、いま少しの叙述を展開しておきたいと思う。

文禄元年十一月に教如が本願寺門主に就任したことで、乗了などの教如派（旧主戦派）門徒衆は、それまでの破門処分を解除されて復活する。このことは必然的に、それまで主導権を握っていた旧顕如派の粛清をもたらし、彼らの地位・権限が剥奪された可能性がある。そこで旧顕如派は直ちに如春尼（顕如妻で教如母）を通じて、豊臣秀吉に教如排除を要請する。その結果、文禄二年（一五九三）閏九月十七日に教如は、秀吉から退隠を厳命されてしまうのである。代わって門主とされたのは弟准如である。しかしながら教如は、この指示を容易に受け入れようとはせず、「教如上人御伝略抄」[29]によると、実際に彼が「御裏」に転じたのは翌文禄三年九月二十一日、准如が「御表」に移動したのは翌月十四日のことであった。

教如が退隠させられたことに伴い、乗了など教如派は再びその地位を剥奪されたことであろう。そしておそらくは他寺の坊主（旧顕如派＝准如派）へ強制的に帰属させられたに相違ない。例えば豊前浄帰寺（浄喜寺）は、教如から「直参」処遇が認められていたが、准如体制となった結果、再び従来通りに「仏照寺下」に位置付けられていることである。(30)

さて、教如の一派独立に至る経緯は「教如上人御伝略抄」に詳しいが、それによると慶長三年八月十八日の秀吉死去がその重大な転機となっている。教如は徳川家康との交誼形成を目指し、慶長四年秋に伏見向嶋城で家康と会談して、東本願寺の創建に関する約談が成立したとされる。そして慶長五年九月十五日の関ケ原の戦いで家康の覇権が確立したことにより、教如の分立の方針は確定するのである。そこで家康は、慶長七年になって東七条の新寺地を教如に寄進し、また上野国厩橋の妙安寺から親鸞木像を譲り受ける交渉にも家康は介入して、慶長八年正月三日についに親鸞木像は京着したのである。

その間の慶長六年四月頃から、教如はみずからを描いた寿像の下付を開始しているが、(31)この動きは、分立達成を確信した彼の自信の表れに他ならない。つまり東派分立の動きは、慶長五年九月の関ケ原合戦で確定し、翌六年四月頃から実際にその動きが表面化したのである。

こうした教如の動きに対応して、各地で逼塞を余儀なくされていた教如派の坊主・門徒衆は、続々と彼のもとに駆けつけてくることとなり、例えば越前安養寺村の道場坊主「大進」（のちの養徳寺善好）は、慶長六年九月に「御裏へ御走候」(32)とて、教如のもとに馳せ参じていることが知られるのである。

これと同様に安養寺乗了も、慶長六年四月からまもなくの時点で、教如のもとに駆けつけて一派独立の実現を歓迎したことであろうが、残念ながら史料は残されていない。乗了が受けていた破門処分は、教如に帰属することによって、ようやくその実質的効果を失わせることができたとすべきであろう。

おわりに

これまでの検討で明らかにできた点を、最後にまとめておきたい。

天正八年閏三月から八月にかけて展開された、教如による大坂籠城戦の継続に際して、安養寺乗了は積極的に加担を表明して懇志を届けるなどしたため、その終結後に彼は顕如から破門処分を受けることとなってしまった。彼はそれ以前から親鸞絵伝の下付を要望しており、すでに絵像だけは完成して手渡されていたのであるが、顕如による裏書染筆はまだ実現していなかった。しかし破門処分を受けた段階で、顕如による裏書染筆は絶望的となってしまったのである。

乗了の破門処分については、天正八年十二月と思しき松尾昔忠書状でまず確認でき、彼が要望していた親鸞絵伝の裏書染筆は、実現の見込みが全くなくなっていたことが知られた。また郡上郡大島村の門徒衆が乗了に強く反発していたことも知られるのである。

ところが、それからまもなくして教如は諸国秘回の旅に出ることとし、天正八年十一月末には美濃郡上郡気良庄小倉村にやって来る。ここに一ケ月ほど逗留した後、彼はさらに越前大野郡穴馬庄半原村に転じて翌九年正月を迎え、翌二月には大野郡富島村南専寺に移動して、以後ここに約一年間滞在するのである。乗了にとってこの事態は願ってもないことであって、直ちに彼は絵像を持参して富島南専寺に駆け付け、同九年三月二日付けをもって教如による裏書染筆が実現した。また、続いて完成した聖徳太子絵像・七高僧絵像についても、教如のもとへ持参して、同年十二月二十三日付けでその裏書染筆が実現したのである。

さて教如は、翌天正十年二月に信長の甲斐出陣を聞くや、直ちに越中五箇山に転じて後方攪乱のための一揆蜂起を命じたのであるが、しかしまもなくに武田勝頼が滅亡したためにここを離れて安芸某所へ転じ、さらに反転して播磨英賀本徳寺へ潜伏する。この間に教如が発したのが「大坂拘様」御書と仮称する書状で、いわば感状として発せられたものであろうが、しかし「安養寺文書」中にはこれが伝来しない。このことから考えると、乗了はこの頃には他国へ使者として赴いていたのかもしれない。

英賀に潜んだ教如は、六月二日に信長が滅亡したことを聞いて紀伊雑賀に戻り、六月二十七日に父顕如と家中合体＝入眼を実現する。しかしながら主戦派門徒衆に加えられていた破門処分については、顕如は一向にこれを解除しようとはせず、そのために乗了はその後、幾度となく顕如に解除を働きかけねばならなかった。しかし顕如の存命中にはついにそれは実現しないのである。

顕如と教如との入眼が実現したことを聞いた乗了は、天正十年八月に雑賀に名代を派遣して教如に金子一両を進上し、同月二十八日付けの下間了明（頼龍）の書状（懇志請取状）を下付されている。

それから三ケ月後に乗了は門徒の左五内を伴って雑賀に達し、同年の報恩講（十一月二十八日）のための懇志を進上するのであるが、破門の身上である乗了は鷺森御坊への出入りが認められなかったらしく、代理として左五内に書状と懇志を託さねばならなかった。これに対して十二月六日付けで下間頼廉書状（懇志請取状）が付与されているが、その充所の脇付には「回鱗」と記されている。これは、雑賀に来て宿所に逗留する乗了に対して示された配慮と考えられ、そのほかに「廻鯉」「回報」「回章」「御宿所」などの脇付も同様の意味を持つのであろう。

翌年天正十一年の正月にも乗了は名代を派遣し、「新御所様」教如に対して懇志を進上して請取状を得ている。

しかし彼の破門解除については、一向に解決の見込みはなかったのである。

その後本願寺は、天正十一年七月に紀伊雑賀から和泉貝塚へ転じ、さらに天正十三年八月には摂津中島川崎（天満とも）へ移転する。そして直ちに中島御坊の建立が企図されたので、乗了は翌天正十四年四月にみずから中島に赴いて懇志を進上したようである。むろん彼はまだ破門されたままであるから、名代に書状と懇志を託して手続きを行わせなければならなかった。

顕如・教如両人はその後、秀吉との間に一層緊密な関係を築き上げることができ、その結果、天正十九年になって京都西六条に新たな寺地を拝領することとなる。そこで、中島御坊を解体して資材を運搬し、これを組み立てて京都本願寺の堂舎とした。そして同年八月六日には早くも彼らは京都に移転してしまうのである。

乗了はその直前の天正十九年七月下旬に使者を派遣して、顕如・教如両人に懇志を進上するとともに、破門解除をまたもや要望する。しかしその返答は相変わらず暗い見通しばかりであった。けれども教如側近たる松尾昔忠からの返書では、乗了と末寺養教寺との対立に関して、教如御書が下付されることとなった旨が伝えられているから、乗了の使者派遣の目的の半分は達成されたと評してよいであろう。

さて、顕如・教如が京都に移転したことを聞いた乗了は、天正十九年九月にみずから京都本願寺に上ることとした。西六条の新堂舎を実見することが目的であったと思われ、彼は宿所に逗留したままで、名代として勘左衛門を松尾昔忠のもとに赴かせて懇志を進上したのである。そして乗了と養教寺との対立を裁断すべき教如御書に関して、その作成が了承されてはいるが、いまは少々「御取乱」の状態であるため、来るべき報恩講に改めて上洛した際に、これを準備して下付したいと返答されているのである。また新堂舎建立のために、使者が下って奉加を集めていることが知られる点も注目すべきところであろう。

そこで一旦国元に戻った乗了は、三ケ月後の同十九年十二月に子息と左五内を伴って再び上洛して、顕如・教如両人に充てて懇志を進上した。この時にも乗了の破門解除は一向に実現する気配がないのであるが、しかし子息が教如と対面することは実現したらしく、また養教寺との関係を裁断する教如御書の作成についても、了承が得られている旨が伝達されている。けれども彼ら一行は、降雪期が近いことを理由に帰国を急いだため、教如御書の作成とその手交はまたもや延期されることとなってしまった。

他方、彼ら一行が帰国を急いだことが原因となって、顕如に充てられた懇志の請取状も、この時には付与することができない事態となったらしい。そこで奏者頼純は、この時の謝意を次の機会にまとめて表記することとした。その結果、翌天正二十年（文禄元年）正月の懇志請取状においては、二件に関する礼辞がまとめて記載されることとなったのである。

このような経緯を経て、天正二十年（文禄元年）七月になってようやく懸案の教如御書が発給されたのである。その内容は、安養寺乗了から養教寺（江口村に所在か）へ預け置いた門徒に対し、養教寺が違乱を働く事態となったのは不当である。門徒を預かる旨の養教寺の出状が存在するのであるから、異論のあろうはずはない。よって、この門徒をこれまで通りに預け置いておくか、あるいは安養寺直属の門徒として返還させるかは、乗了の任意とすべきである、と述べられているのである。乗了が養教寺に預けた門徒とは、おそらくは大榑村周辺で古い時代に獲得された門徒と考えられ、石山合戦に対応してその管掌が養教寺に委ねられたものかもしれない。しかるに乗了が破門されてしまったからには、門徒が乗了への帰属を拒絶することも十分にあり得るのであって、下付された教如御書はおそらく効力を発揮しなかったのではないかと想像される。

さて天正二十年（文禄元年）十一月二十四日になって、ついに顕如が五〇歳の生涯を閉じ、教如が後継の門主に就任する。彼は当然、これまで破門処分とされていた旧主戦派の復活を認めたと考えられ、乗了の十二年間におよぶ破門もようやくに解除となったのである。そこで乗了は翌文禄二年九月に上洛するとともに、同月二十四日に執行された方広寺大仏殿の棟上げの法要に、名代を派遣していたことが知られるのである。

しかしながら、教如派（旧主戦派）が本願寺での主導権を掌握していたのは文禄二年閏九月までのことであった。と言うのは、旧顕如派が巻き返しを図るべく、如春尼を通じて豊臣秀吉に教如排斥を要請し、その結果、文禄二年閏九月十七日に教如は秀吉から退隠を厳命されてしまうからである。代わって新門主とされたのは弟准如である。けれども教如はこの命令には容易に従おうとせず、翌文禄三年九月二十一日になってようやく「御裏」に転じたので、翌月十四日に准如が「御表」に移ったのである。

教如が退隠させられたことに伴い、乗了など教如派の坊主・門徒衆は、再びその地位を剥奪されたことであろう。そしておそらくは他寺の坊主（旧顕如派＝准如派）へ強制的に帰属させられたと考えられるが、残念ながら史料が得られないために、乗了の動静については不明としなければならない。

再び隠居の境遇に追いやられた教如であったが、慶長三年八月の秀吉死去で情勢は大きく転換し、教如は徳川家康に接近して復活の機会を求めた。そして慶長四年秋に伏見向嶋城で家康との交誼形成に成功し、慶長五年九月の関ケ原合戦で家康が覇権を確立したことにより、教如の分立の方針も確定したのである。家康は慶長七年に東七条の寺地を教如に寄進し、また上野国厩橋の妙安寺の親鸞木像を譲り受ける交渉にも家康が介入して、慶長八年正月三日についに木像は上洛したのである。

この間の情勢として特に注目すべきは、慶長六年四月頃から教如がみずからを描いた寿像の下付を開始している事実である。このことは、昇運に乗ったとの自信に基づいた行為と考えられるから、この時点をもって東本願寺は実質的に分立したと評してよいであろう。越前安養寺村の道場坊主「大進」が「御裏」に走ったのは、この直後の慶長六年八月のことと推測され、同様に乗了も、この慶長六年後半には教如帰属の姿勢を鮮明にしていたことと考えられるのである。

注

（1）本願寺史料研究所編『本願寺史』第二巻第一章（浄土真宗本願寺派宗務所、一九六八年）、柏原祐泉氏「本願寺教団の東西分立―教如教団の形成について―」（『大谷大学研究年報』第一八号、一九六五年）、拙稿「教如の籠城戦継続と諸国門徒衆」（拙著『本願寺教如の研究』上、第一部第一章、法藏館、二〇〇四年）。

（2）拙稿「美濃安養寺乗了の動向と親鸞絵伝」（前節）。

（3）美濃「安養寺文書」（『岐阜県史』史料編・古代中世一）。封紙・端裏などのウワ書は原則として引用を省略する。また訓読の一部を岐阜県歴史資料館の写真版で訂正したものがある。

（4）美濃「安養寺文書」第二一号。

（5）この「御望之儀」が絵像裏書の染筆を意味することについては前節参照。

（6）楠祐淳氏『安養寺の歴史』（安養寺発行、一九八五年）、および「安養寺」（『岐阜県の地名』―『日本歴史地名大系』第二一巻、平凡社、一九八九年）に語られる寺伝を踏まえるならば、戦国期の安養寺はまず大榑庄に所在し、次いで元亀元年には郡上郡大島村に転じており、天正四年には飛騨白川に移転していたらしい。しかし天正七年正月には早くも大島村に戻っており、そして天正末年になって郡上郡八幡に転じたもののようである（前節）。

（7）拙稿「教如の諸国秘回と本能寺の変」（拙著『本願寺教如の研究』上、第一部第二章）。

（8）「宇野主水日記」天正十年十月十六日条。

（9）越後「本誓寺文書」第五巻第一号、（天正十年）十月二十二日、教如書状（『新潟県史』資料編四・中世二、通算二一八九号）。

（10）美濃「安養寺文書」第二二号。

(11) 拙稿「教如の諸国秘回と本能寺の変」。同「下間按察使頼龍（了明）の花押」（拙著『本願寺教如の研究』続、第五部第一章）。
(12) 美濃「安養寺文書」第二八号。
(13) 「回鱗」の解釈については前節参照。
(14) 美濃「安養寺文書」第二四号。
(15) 美濃「安養寺文書」第三七号。
(16) 拙稿「益田少将照従の花押」（拙著『本願寺教如の研究』続、第四部第二章第一節）。
(17) 美濃「安養寺文書」第二五号。
(18) 金龍静氏「戦国時代の本願寺内衆下間氏」（『名古屋大学文学部研究論集』史学二四、一九七七年。のち『蓮如大系』第三巻に所収、法藏館、一九九六年）。
(19) 美濃「安養寺文書」第三四号。
(20) 美濃「安養寺文書」第三三号。
(21) 拙稿「松尾左近昔忠の花押」（拙著『本願寺教如の研究』続、第五部第四章）。
(22) 美濃「安養寺文書」第三二号。
(23) 美濃「安養寺文書」第三一号。
(24) 美濃「安養寺文書」第三六号。
(25) 美濃「安養寺文書」第一二号。
(26) 「江口村」「東島村」（『岐阜県の地名』―『日本歴史地名大系』第二一巻、平凡社、一九八九年）。
(27) 美濃「安養寺文書」第二六号。
(28) 『多聞院日記』（『増補続史料大成』第三九巻）、文禄二年九月二十四日条に、「一、京ノ大仏、棟上在之云々。」と記される通りである。
(29) 「教如上人御伝略抄」（『真宗史料集成』第七巻・伝記系図）。なお拙稿「教如の継職と退隠」（拙著『本願寺教如の研究』上、第一部第四章）。
(30) 「教如上人消息」雑第二一号、（文禄三年カ）八月十九日、教如書状（『真宗史料集成』第六巻・各派門主消息）。

なお拙稿「教如の継職と退隠」では、この書状の年次を文禄四年と推測したが、これを撤回して文禄三年のものではないかとしておきたい。

(31)　北西弘氏『一向一揆の研究』史料篇・裏書集（春秋社、一九八一年）による。拙稿「雑賀以後の本願寺と越前一向衆」（拙著『越前一向衆の研究』第七章第一節）。

(32)　越前「専応寺文書」第四四号（『福井県史』資料編六・中近世四）。拙稿「専応寺への寺号免許と木仏下付」（拙著『越前一向衆の研究』第七章第三節、法藏館、一九九九年）。

第四章　越後本誓寺超賢・賢乗について

はじめに

拙稿「教如の諸国秘回と本能寺の変」[1]において筆者は、教如が天正八年（一五八〇）十一月～同十年六月に行った諸国秘回の旅に関して検討を加え、この旅程の一部に越後本誓寺超賢が随行していたことを明らかにすることができた。この超賢は「石山合戦」時代には、大坂本願寺へ懇志を進上して籠城戦に協力していたほか、彼やその後継者賢乗は、顕如・教如らが上杉景勝と交渉するに当たって、それぞれの音信を持参する役割を果たしていたことも確認できたのである。

そこで本章では立場を換えて、本誓寺超賢・賢乗の視点に立ち、彼ら門徒衆が本願寺の動向、とりわけ教如の行動に、どのように対応していたのかという点を解明してみたいと思う。なお、新潟県立文書館に架蔵される「本誓寺文書」[2]の写真版から、花押・印章の箇所を複写して**一覧**にまとめておいたので、今後再検討を加える際には、これを手掛かりとすることができるであろう（ただし史料Aの花押複写は未入手）。

ところで本誓寺は、古くには下総磯部勝願寺の末寺たる「磯部六ケ寺」のうちの一寺であったが[3]、その末寺の地位を離れて本願寺直参となったのは、越後国頸城郡高田に転じたとされる永禄元年（一五五八）頃のことだったのではなかろうか。また「本誓寺由緒鑑」(4)によると、高田における所在地は春日山の東里五村のうちの「左内村」とされており、ここにもしかすると小字「笠原」が存在したのではあるまいか。本誓寺の山号「笠原山」が地名に由来することはほぼ確実であるものの、これがどこに該当するのかは判然としておらず(5)、筆者はいまこのように推測するものである。なお左内村はその後、上杉景勝に代わって入部した堀秀治（慶長三年転封）が福島城を建設する際、その敷地内に含まれることとなったため、本誓寺は高田両人町（本誓寺町とも）へ移転を余儀なくされたと語られている。当然この建設に伴って、小字名「笠原」が消滅してしまった可能性を指摘しなければならないであろう。そして本誓寺はその後、さらに元寺町へ転じ、寛政八年（一七九六）には新寺町（現在地の上越市寺町三丁目）へと移転するのである。

越後「本誓寺文書」の花押・印章（出羽「宇津江文書」を含む）

	A：天正4年?（1576） 6月5日 顕如 （花押複写未入手） （通算2193号）
	B：天正4年?（1576?） 7月10日 「明聖」 （通算2198号）
	B：天正4年?（1576?） 7月10日 頼廉 （通算2198号）
	C：天正8年?（1580?） 6月26日 「詳定」 （金龍写真版）
	C：天正8年?（1580?） 6月26日 按察法橋頼龍 （金龍写真版）
	D：天正8年?（1580?） 8月20日 頼廉 （通算2204号）

	K：天正10年?（1582?） 8月11日 照従 （上杉博物館「宇津江文書」、4486号）		E：天正８年?（1580?） ８月20日 顕如 （通算2191号）
	L：天正10年（1582） 10月13日 「詳定」 （金龍写真版）		F：天正８年（1580） ９月６日 （上杉景勝朱印） （通算2185号）
	L：天正10年（1582） 10月13日 按察法橋了明 （金龍写真版）		G：天正９年（1581） ２月22日 教如 （金龍写真版）
	M：天正10年（1582） 10月23日 「明聖」 （文書館写真版）		H：天正10年（1582） ５月２日 （上杉景勝朱印） （通算2184号）
	M：天正10年（1582） 10月23日 刑部卿法眼頼廉 （文書館写真版）		I：天正10年?（1582?） ８月５日 教如 （通算2196号）
	N：天正10年（1582） 10月22日 光寿（教如） （通算2189号）		J：天正10年?（1582?） ８月11日 下間刑部卿法眼 頼廉 （上杉博物館「宇津江文書」、4485号）

O：天正10年（1582）
10月22日
頼廉
（通算2192号）

P：天正10年（1582）
10月22日
光寿
（通算2190号）

Q：天正10年（1582）
10月22日
頼廉
（文書館写真版）

R：天正11年（1583）
7月23日
教如
（通算2195号）

S：天正19年（1591）
6月23日
教如
（通算2194号）

T：慶長元年（1596）
7月11日
頼龍
（文書館写真版）

U：慶長2年（1597）
卯月29日
下間按察法橋頼龍
（通算2200号）

V：慶長2年（1597）
卯月29日
頼龍
（文書館写真版）

W：慶長8年?（1603?）
6月20日
栗津右近嘉□
（文書館写真版）

一　顕如の大坂籠城と本誓寺超賢

天正三年（一五七五）八月に越前一向一揆が織田信長軍によって制圧されたため、本願寺顕如は一旦、信長と和議を締結することとした。和議は同年十月に成立し、その後、顕如は上杉・毛利氏らとの提携を一層強めて、信長に対抗する姿勢を固めようとしたのである。その結果、翌四年（一五七六）四月には早くも和議が破棄され、顕如は大坂本願寺に籠城を余儀なくされることとなる（これ以降が第三次石山合戦＝籠城戦）。

かかる情勢の展開を見て、諸国門徒衆は相次いで本願寺に懇志（軍資金）を進上し、籠城戦の支援を行うこととするのであるが、本誓寺超賢からも同様に名代が派遣されて懇志が届けられており、これに対して発せられたのが次の請取状Aである。

A就籠城之儀、黄金二百目到来、懇志尤難有、悦入候。是併法義たしなむゆへと、本望候。弥仏法之一儀、無油断細々被談合、信心決定候て、真実報土の往生をとけられ候ハんする事、肝要候。此通各へ、能々可被申伝候也。あなかしこ〳〵。

（天正四年カ）六月五日　　顕如（花押）

（超賢）本誓寺

同門徒中(6)

右は六月五日付けで本誓寺・同門徒中充てに発せられた顕如書状であって、籠城戦の支援のために黄金二〇〇目（匁）が届けられ感謝している。こうした姿勢は法義を嗜むゆえと解され、本望である。一層油断なく談合を行って信心を決定し、真実の報土往生を遂げることが肝要で、この旨を各門徒に申し伝えてほしい、と述べられているのである。年次について推測の手掛かりが得られないが、黄金二〇〇匁という巨額の懇志が上納されている点から考えて、籠城戦に突入した初期段階のものと思われ、おそらくは天正四年六月のものであろう。なお本誓寺の所在地は、永禄元年に移転してからこの頃までは、越後高田左内村（このうちに「笠原」があったか）だったと思われる。

右のAを越後で受け取った超賢は、そこで門徒衆からさらなる懇志を募り、再び顕如のもとへ届けることとした。

B

（印文「明聖」）
（黒印）

就御籠城、運送之品、無滞令着候。毎事忠節之儀、御感不浅候。扨者浚（カ）二斗、本心被成候由、一段之御計　思召候。将且坊主中ゟ進上候者、其元被指置、上不及候旨、又々被　仰出候。恐々謹言。

（天正四年カ）
七月十日　　頼廉（花押）

井上（7）
本誓寺

右のBは、七月十日付けで下間頼廉が奉じた顕如御印書（印文「明聖」）であって、年次は先引史料の約一ヶ月後、つまり天正四年七月のものではないかと思われる。その内容は、籠城戦を支援すべく運送された品物が滞りなく到着し、毎事の忠節について感激しておられる。また「浚」（サラシと読んで白米を意味するか）も二斗届けられ、一段の配慮と理解しておられる。なお坊主中からの進上物はそこもとに留め置き、上納するには及ばないとの意向であった、と述べられているのである。

この充所には「井上」とあって、この頃の所在地が「井上」であったことが判明するが、これは信濃国上高井郡井上村（須坂市内）のことであろう。この「井上」は、天正十年十月の史料M（第五節引用）まで登場し、慶長二年（一五九七）卯月の史料U（第八節引用）では「カサハラ」と見えて、笠原へ戻っていることが知られる。前述したようにこの笠原とは、越後「左内村」の小字名と推測すべきであるから、古くに「磯部六ケ寺」の一つとして下総磯部村に立地した本誓寺は、永禄元年に越後左内村（小字「笠原」か）に転じ、次いで天正四年〜十年には信濃「井上」に所在し、慶長二年には越後「笠原」に戻るという経過があるのである。

二　教如派への加担と顕如の音信

信長に対抗して展開された顕如の大坂籠城戦であったが、上杉・毛利氏による支援は思うに任せず、本願寺は次第に孤立の様相を呈していった。とりわけ天正七年（一五七九）九月に荒木村重の摂津有岡城が陥落し、続いて翌八年正月には播磨三木城の別所長治が滅ぼされたことで、戦局の帰趨はほぼ決したのである。そこで顕如は、前年十二月から勧告されていた朝廷の和睦案を受け入れて、天正八年（一五八〇）閏三月についに和睦締結に踏み切り、四月九日に大坂本願寺から紀伊雑賀鷺森に転ずることとした。

ところがその嫡子教如は、この顕如の和睦退城に断固反対の姿勢を示し、あくまで籠城戦を継続すべしと諸国門徒衆に檄文を発して、一層の支援を要請するに至ったのである。そこで超賢はこの教如の動きに呼応して名代を派遣し、懇志を進上して次のごとき請取状を受領している。

C　（印文「詳定」）（黒印）

進上

黄金　拾匁

已上

御代替之為御祝儀、右之通令披露候処、遠路不輙候境(カ)節、早々懇志之段、尤難有被　思食候由、被仰出候。就其、此方之儀者、当御門主様御勇健、并御備近日御堅固、弥増仏法御繁昌之御事候。於時宜者、可御心安候。無油断法儀御嗜有、猶以此節、被竭馳走候者、併　御一宗可為相続候。随而私へ同弐匁、上給候。是又無冥加存候。尚期御参詣之時候。恐々謹言。

按察法橋

（天正八年）六月廿六日　　頼龍（花押）（ハグルマ型）

本誓寺　進之候(8)

右の御印書Cを奉じているのは、この頃から教如の側近として活動し始める下間頼龍であって、その花押形状が「ハグルマ型」である点を踏まえれば、これの年次が天正八年六月であることは間違いない(9)。その言うところは、顕如から教如への「御代替」の祝儀として黄金一〇匁が進上され、これを披露したところ感謝の意向が示された。「当御門主様」＝教如は御勇健で、防備は一層堅固であって、仏法はますます繁昌となっている。また私＝頼龍へも黄金二匁が届けられ感謝している、と述べられているのである。

この懇志請取状で注目されるのは、本願寺門主が顕如から教如へ代替わりしたと記され、教如を指して当御門主様と呼んでいる点であろう。つまり教如は、父顕如の和睦退城を隠居と見なしているのであって、諸国門徒衆のさらなる糾合のためには、かかる表現を用いることもやむを得なかったと言わねばなるまい。しかしながら、教如のこうした試みも所詮は信長軍の敵ではなく、七月二十四日になって彼も再度の和睦締結に追い込まれ、八月二日に大坂を退出して翌三日に雑賀和歌浦に到着したのであった。

さて、前引の懇志請取状Cを名代が持ち帰ってまもなくの八月、超賢は再び懇志を届けさせるために名代を雑賀へ派遣したらしい。これに対して顕如は、次のような書状を届けるようにと名代に託したのである（懇志請取状も発せられていたであろうが伝存しない）。

D態致啓達候。仍従門跡為御音信、御小袖三・煎茶瓶五対、進献被申候。則被顕直札候。早々可被申入之処、莵角被執紛、無音之式、被失本意候。将且貴国当門下之族、別而被加御憐愍之段、外聞満足被申候。弥万端御入魂、畏可被存候。此等之旨、能々相心得、可申入由候。右之通、可然様御執成、所仰候。恐惶謹言。

（天正八年カ）八月廿日　頼廉（下間）（花押）

直江山城守殿（兼続）(10)

E態令啓候。仍太刀一腰・馬一疋・縮三端、進之候。表祝詞計候。向後別而可申通候条、万端御入魂、可為欣悦候。将且貴国門下之輩、連々宜様御取成、本懐候。於時宜者、下間刑部卿法眼可申展候間、不能巨細候。穴賢。

（天正八年カ）八月廿日　光佐（顕如）（花押）

須田相模守殿（満親）(11)

右の二点はともに八月二十日付けであるから同時点の発給と思われ、年次は天正八年であろう。そのうち前者Dは、顕如側近の下間頼廉から直江兼続（上杉景勝の側近）に充てられたもの、後者Eは顕如から須田満親（越中魚津城に在番）に充てられたものである。Dの文言中には、景勝充ての「直札」＝顕如書状が発せられたと見えているから、Dはその副状に相当するものであるが、「直札」自体は景勝に届けられたらしく、いま「本誓寺文書」中には残されていない。このことは逆に言うならば、「本誓寺文書」に残されるD・Eはその当時、充所たる直江兼続・須田満親に届けられることはなく、所期の目的はついに達せられなかったということである。

その内容であるが、前者Dによれば、門跡＝顕如から音信として兼続に小袖・煎茶瓶が進献され、また景勝充ての直札も発せられた。早々に挨拶すべきところであったが、万事に取り紛れて遅れてしまったのは、決して本意とするところではない。貴国＝越後の本願寺門下について、特別に憐愍を加えていただける由で、満足とのことであった。また万端について入魂していただけるのは畏れ多いとの意向であった、と述べられている。

次いで後者Eでは、顕如から須田満親に充てて太刀・馬・縮（チヂミ）[12]を進上し、祝詞を表わすところである。今後も万端につき入魂していただける由で、誠に欣悦の思いである。「貴国」＝越中の門下についてよろしく取り成していただける由で、本懐これに過ぎるものはない。なお時宜については下間頼廉が申すであろう、と述べられているのである（ただし頼廉副状は遺存しない）。

こうして、①超賢充て懇志請取状（遺存しない）、②上杉景勝充て顕如書状（遺存しない）、③直江兼続充て下間頼廉副状D、④須田満親充て顕如書状E、⑤須田満親充て頼廉副状（遺存しない）、以上の五点を所持して、名代は八月下旬に帰国したと考えられる。そこでこれらを受領した超賢は、このうち②景勝充て顕如書状を早速に届けたところ、景勝からは次の過書を付与されたのである。

F彼飛脚壱人上下、諸役所并人留、無相違可通者也。仍如件。
　天正八年
　九月六日　（朱印）（上杉景勝、朱印ハ月日ノ上ニ捺サレテイル）
　　所々領主中[13]

この過書Fによれば、「飛脚」一人が上下するので、越後国内の諸役所（＝関所）および「人留」において、相違なく通過させること、と述べられている。この史料に関して考えるべきは、なぜこの時点でこうした過書を必要としたのかという点であろう。その理由は、これからまもなくに超賢自身が越後を発って紀伊雑賀へ赴く予定となっていたからであって、[14]飛脚一人とは超賢を指しているのである。そしてその結果、直江兼続充て書状Dと須田満親充て書状Eとを、超賢はついに届けることができず、これらはそのまま本誓寺に残ることとなってしまったのである。

三　教如の諸国秘回と超賢

過書Fを使用して超賢は、天正八年九月中旬には雑賀に達していたと思われる。そして教如に近侍して十一月上旬までここに留まったところ、教如が諸国秘回の旅に出る事態となった。そこで超賢はこの一行に随伴することとしたのであるが、彼のほかに越後浄興寺の遣わした名代も同行することとなったらしい。

雑賀和歌浦を出発した教如とその一行は、まず紀伊日高郡阿尾浦に転ずるが、十一月二十日頃になって阿尾浦を離れ、和歌浦~大和を経て美濃船橋願誓寺に入り、さらに美濃郡上郡気良庄小倉村の八代八右衛門のもとへ潜入する。次いで十二月下旬になって、飛騨~越後を経て甲斐武田勝頼のもとへ赴こうとしたが、高山から先へは進めなかったために反転し（戦況が緊迫していたか）、越前大野郡穴馬庄半原村に達して翌天正九年（一五八一）正月を迎える。そしてさらに二月上旬に大野郡富島村の南専寺へと移動して、ここでようやく旅装を解いたのである。教如はこの富島南専寺に翌年天正十年二月まで逗留することとなった。[15]

このような教如の秘回の旅に、超賢が随行していたほか、同じく越後の浄興寺名代も同道していたらしい。こうした越後門徒衆の行動を示唆するものが次の史料である。

態染筆候。去年退城之刻、はる〳〵と音信、まことに悦入候。猶按察法橋《下間了明》可申候。穴賢〳〵。

二月《天正九年》十五日　　教如（花押）

浄興寺御房[16]

G態染筆候。仍此表、不慮之仕合出来候付而、在国之儀も気遣候間、先令退出候。然者弥馳走儀、此節候条、各申談、真俗共以肝煎之段、憑入候。猶寺内織部佑可申候。穴賢〳〵。

二月《天正九年》廿二日　　教如（花押）

越後
坊主衆中
同門徒中[17]

右の二点の史料は、前者が「浄興寺文書」の二月十五日付け教如書状、後者Gが「本誓寺文書」の二月二十二日付け教如書状である。年次はともに、その文言によって天正九年と断定することができる。またここに据えられる教如花押の形状変化に依拠しても、このように推定して間違いない[18]。

前者によれば、「去年」＝天正八年に大坂本願寺を退城した際、遙々と音信を寄越したことを感謝しており、子細は按察法橋＝下間了明（頼龍）が申すであろう、と述べられている。大坂退城（天正八年八月）のことを去年と述べているから、これが天正九年二月のものであることは間違いないが、問題とすべきは、なぜこれが退城から六ケ月も経った時点で発せられているのかという理由であろう。こうした疑問に対する唯一の回答は、退城の段階で音信を持参した浄興寺名代が、そのまま雑賀の教如のもとに留まり、またその後の秘回の旅にも随行していたからと想定する以外には術はあるまい。そしていま教如が無事に冨島南専寺に潜入したことを見届けて、浄興寺名代はようやく帰国することと決したので、教如はこれまでの彼の忠節を褒賞するために、この二月十五日付け書状を付与したのである（出発は翌十六日か）。

後者Gにおいても、これとほぼ同様の経過を想定することができよう。すなわち、「此表」＝紀伊雑賀和歌浦において不慮の事態が危惧されたので、まずもって退出することとした。馳走に努めるべきはこの節であるから、各人が申し談じて肝を入れてくれるよう憑むところで、子細は寺内織部佑が申すであろう、と述べられている。雑賀離脱に関する記述があるから、この年次が天正九年二月であることは疑いなく、また充所の「越後坊主衆中・同門徒中」との表記により、超賢自身がこれを富島南専寺で拝受していることも間違いないとしてよい（その出発は翌二十三日か）。とすれば超賢も浄興寺名代と同様、雑賀和歌浦で教如に懇志を進上して以来、一貫して教如の身辺警固に従い、秘回の旅にも随伴していたと考えられよう。そして南専寺潜伏を見届けてようやく帰国することとしたので、教如は右の書状Gを付与して、その忠節を褒賞したのである。

このように浄興寺名代と超賢とは、天正八年から翌九年二月にかけて、よく似た動きを見せているのであるが、しかし両人は同道して雑賀に達していたわけではない。前述したように超賢は、天正八年九月中旬には雑賀に達していたが、これに対して浄興寺名代は、天正八年九月二十六日付けの顕如書状を下付されているごとくに、その前日二十五日に雑賀に達していたのである。つまり天正八年段階では、浄興寺名代と超賢とは約十日間の時間的なズレを伴って、別個に行動していたことが知られるのである。

ところで、後者Gの末尾に「寺内織部佑可申候」と述べられている点に注目しよう。こうした文言がある場合、通常は寺内織部佑が副状を発することを意味するが、この場合はそうではなくして、織部佑が超賢とともに越後に下向し、直接に門徒衆に謝意や指示を伝えることを意味しているようである。(20)

そもそも織部佑は、天正八年六月に教如の指示によって井上善五郎とともに越中へ下向し、一向一揆勢の指揮を行っていた人物であるから、[21]教如の信頼できる側近の侍衆であった。その彼が、籠城戦継続の終了にともなって再び教如のもと（雑賀和歌浦）に戻り、次いで秘回の旅にも随伴して富島南専寺に達していたのである。そしていま超賢の帰国に同道して越後に下ることとされたのであるから、彼の使命が重要な意義を帯びていたことは疑いなく、おそらくそれは上杉景勝に教如書状（教如第一信）を届けることだったのであろう。さらに、これに対応して作成される景勝の返信（日付は天正九年三月上旬となるであろう）が、織部佑に託されて富島南専寺に届けられることとなったであろう点も、また確実としなければなるまい。なお、後掲の史料Nによって判明するが、この景勝返信には「以神文、可令下国」[22]と、神文を伴った景勝の下国勧誘が記されているのである。

四　本願寺の家中合体と教如第二信

さて、越前に潜伏して比較的平穏な日々を送っていた教如のもとへ、その翌年天正十年（一五八二）二月になって、織田信長軍が甲斐武田勝頼攻撃に出陣したとの報がもたらされる。そこで教如は直ちに越中五箇山に転じ、一向一揆に蜂起を命じて信長軍の後方攪乱を図ることとした。しかし残念ながら、勝頼は三月十一日には早くも滅ぼされてしまい（頸実検は十四日に伊那谷浪合において）、一揆蜂起の意味が失われてしまう。そこで教如は三月下旬に五箇山を離れて安芸へと移動し、さらに反転して播磨英賀本徳寺へ潜入したのである。

その間の超賢の動きであるが、彼はあいにくと教如に随行するわけにはいかなかった。なぜならば、上杉景勝の軍事行動に協力するよう命ぜられていたからである。

H今般越中表、不斗令出馬之条、分国中之諸坊主共、被馳集、急度走廻、肝要候也。

天正十年
五月二日　　　　景勝（上杉）（朱印）

本誓寺[23]

右の景勝朱印状Ｈによると、天正十年五月二日付けで景勝は超賢に対して、越中出馬に随行すべしと命じているのである。すでに信長は甲斐から安土に帰城していたので（四月下旬）、右の景勝の越中出馬は、柴田勝家勢が北進することに対抗して行われたものであろう。

さて、英賀本徳寺に潜伏した教如のもとへ、やがて信長が本能寺の変（六月二日）で倒されたとの報がもたらされる。そこで教如は、撤退してきた羽柴秀吉と九日に姫路城で面謁し、次いで紀伊雑賀に立ち戻って、同月二十七日に父顕如との間で家中合体（入眼＝仲直り）を実現した。

こうした経緯を越後で聞いた本誓寺超賢は、そこで直ちに名代を派遣して懇志を届けることとするが、それに対する教如書状が次のＩであろう。

Ｉ態染筆候。仍於其国、毎事忠切（節）之儀、無比類次第候。猶向後之儀、万々馳走之段、専要候。随而霜台へ音信、
幷添愚書候。宜取成之儀、所希候。就中、於往生浄土之安心者、弥陀如来の御誓をたのミ、報土往生の信心治
定の上尓ハ、仏恩報尽の称名、懈怠なきやう尓、心尓懸申さるへく候。誠あたなる人間尓て候。相構〱、油
断あるましく候也。あなかしこ〱。

（天正十年カ）
八月五日　　　　教如（花押）

本誓寺[24]

この八月五日付け教如書状Ｉの年次は、彼の花押の形状変化から、天正十年のものと推測してまず間違いない。[25]

その言うところは、「其国」＝越後において超賢は毎事に忠節を尽くしており、比類なき働きである。今後も一層馳走に努めていただきたい。またいま霜台＝上杉景勝に充てて「音信」が発せられ、これに「愚書」＝教如書状を添えるので、よろしく取り成してほしい、と述べられているのである。充所には「本誓寺」と記されるから、超賢はいま越後に留まっており、代理の名代（おそらくはその子賢乗）が派遣されて懇志を届けたものと推測される。この文言中で問題とすべきは、景勝充ての「音信」が誰のものかという点であるが、教如の「愚書」よりも上位に位置し、かつ彼が尊称「御」を付することなく呼称できる書状としては、父顕如のもの以外には考えられまい。そしてそれに合わせて、みずからも景勝充て書状を作成して本誓寺名代に託することとしたのであって、これが教如第二信に相当しているのである。

　ところで、出羽「宇津江文書」には現在、次の二点の史料が残されているが、これこそはこの時の景勝充て教如第二信に添えられた副状なのではあるまいか。

（封紙ウワ書）
「直江山城守殿　　下間刑部卿法眼
　　御宿所　　　　　頼廉」

自新門跡、被啓一翰候。其已来、軈而可被申候処、被取紛遅滞、寔ニ背本意候。先年景勝御懇切之至、別而満足被申候。只今御音信、被申入候。自今以後、弥預御入魂候様、宜御執成、被頼存候。仍豹皮二枚、毛氈二枚、鉄炮弐挺、被推進之候。得其意、能々可申由候。就中、当門下之族、万事御馳走、被頼入候。将且為自分一腰・一疋、顕祝詞計候。旁期後音之節候。恐々謹言。

（天正十年カ）八月十一日　　頼廉（花押）

直江山城守殿（兼続）（26）
　御宿所

K雖未申通候、致啓上候。仍景勝様対当寺、連々御懇意之段、外聞満足被申候。就其、唯今御音信、被申入候。可然様御執成、奉頼之由候。委細下間刑部卿法眼、以懸札被申候。随而房鍬三具、進覧之候。表御祝義計候。於上辺、自然御用之儀、御座候者、可被仰付候。聊不可存疎略候。猶本誓寺可為演説候。恐惶謹言。

（天正十年カ）八月十一日　（益田）照従（マツバ型―前期型）（花押）

（兼続）直江山城守殿　人々御中[27]

右の二点は、前者Jが教如書状に伴った直江兼続充て下間頼廉副状、後者Kがその手次たる益田照従の副状である。これらが天正十年八月のものである点は、後者の益田照従の花押形状「マツバ型―前期型」から判明するところであって[28]、彼がこの形状の花押を使用し始めてから、まださほどの時間が経過していない段階のものと判断して差し支えない。

その内容であるが、前者Jによれば、いま新門跡＝教如から書簡が認められたが、それ以来（家中合体の天正十年六月以来の意か）、諸事に取り紛れて音信が遅れていたことは本意とするところではない。また「先年」には景勝が懇切の態度を示され（天正九年三月上旬に寺内織部佑が持ち帰った景勝返信を指すか）、満足と感じておられる。ただいまは御音信が発せられたので、今後も御入魂にあずかるよう執り成していただきたく、合わせて豹皮二枚・毛氈二枚・鉄炮二挺も進呈された。さらに当門下の門徒衆に対しては、万事にわたる馳走を頼むところである。さらに自分＝頼廉としても、太刀一腰と銭一疋を贈って祝詞を表したい、と述べられているのである。充所は直江兼続の「御宿所」と見えているから、兼続はいま信濃などに転戦中であったのかもしれない。

続いて後者Kの益田照従副状によれば、初めて音信を差し上げるが、景勝様は当寺＝本願寺に対して御懇意の態度で、教如としては満足との意向である。また教如から景勝充てに御音信が発せられ、その執り成しを頼みたいとのことであって、委細は下間頼廉の副状によって伝えられた。そこで房鍬三具を進呈して御祝儀と致したい。もし上辺（上方）において御用の儀があるならば申し付けていただきたく、決して疎略にはしない所存である。なお本誓寺から演説＝口頭伝達されるであろう、と述べられているのである。なおこの後者Kの末尾に見える「猶本誓寺可為演説候」との文言は、超賢の名代をその子賢乗が務めていたことによって記載された表現とすべきであろう。

以上のごとくにして、教如は天正十年八月五日付けで本誓寺超賢充ての書状Iを名代（その子賢乗か）に手交するとともに、八月十一日付けの景勝充て顕如書状・教如書状（教如第二信）、および同日付け頼廉副状J・照従副状Kを名代に託して、越後へ届けさせることとしたのである。

なお、J・Kがいま「宇津江文書」[29]に残されている点を踏まえるならば、この二点はついに直江兼続に達することはなかったとしなければなるまい。その理由はおそらく、彼が他国へ出陣していたためであろう。

五　超賢の死去と賢乗継承

こうして教如からの八月五日付け書状Iによって忠節を褒賞された超賢であったが、しかし彼はそれからまもなくして体調に変化を来し、ついに死去してしまったようである。そこでその後継者たる賢乗は、父の法要を終えてまもなくにみずから本願寺（雑賀）にまで達し、こうした経緯を報告して懇志を進上したところ、顕如・教如の両人から次のような御印書を下付されるのである。

L
（黒印）（印文「詳定」）

超賢事、連々　上儀、無二之忠節人候つる処ニ、今度往生之段、千万不便ニ被　思食候。諸篇之御用ニ付而、

且者被闕御事候。然者其方、向後之儀、万端不相替超賢、当門様之御事被抽馳走、　仏法世間共以、如　御掟
可被相働事、誠可為報謝候。聊不可有由断候。此等之通、能々相心得、可申下由、被仰出候。仍所被挑（ママ）　御印、
如件。

按察法橋

（天正十年）十月十三日　了明（花押）

（賢乗）(30)本誓寺

（印文「明聖」）（黒印）

M

御門跡様へ超賢為遺物、脇指一腰国俊、目貫二トヽメハヽキ金、進上之趣、具ニ遂披露候。連々奉対　上儀、被抽
忠節儀候間、一段不便被　思召候。能々相心得可申之旨、被　仰出候。雖不及申候、於其元　御所様之御儀、
門徒衆被申談、万端馳走可被申事、専用候。将且　法儀無由断、可被相嗜事、肝心候。右之通　御意候。仍所
被排（ママ）　御印、如件。

刑部卿法眼

（天正十年）十月廿三日　頼廉（花押）

井上（賢乗）(31)本誓寺

前者Lによれば、超賢は「無二」の忠節を尽くした者であったが、今度往生したことは誠に不便（不憫）との意向である。諸編の御用に欠漏する点が少なくないであろう。その方＝賢乗としては今後、超賢と変わることなく当門様＝教如に対して馳走に努め、仏法・世間ともに尽力するようにとの仰せで、このために御印が据えられた、と述べられている。

後者Mでは、御門跡様＝顕如に対して超賢からの「遺物」として、脇指一腰（銘は国俊）・目貫三点が進上され、披露を行った。変わらざる忠節の態度に対して、不便（不憫）との意向であった。今後も門徒衆と申し談じて、万端につき馳走に努めねばならず、そのために御印が据えられた、と述べられるのである。

問題とすべきはこの二点の年次であるが、天正十年十月のものと断言して差し支えない。その根拠は、前者Lを奉じた下間了明の署名「了明」の使用期間と、彼の花押の形状変化であって、別稿で示したごとくに天正十年十月のものと断定しうるのである。(32)

かくして超賢は、天正十年秋頃（八月上旬か）に死去していたことが知られ、後継者賢乗はその法要が終了してまもなくに、懇志と超賢遺物とを持参して本願寺（雑賀）に達していたのである。充所には「本誓寺」とだけ記されているから、その名代が本願寺に達しているように思われようが、しかし今回はそうではなく、賢乗自身が本願寺に来ていると推測しなければならない。その根拠は、これと同じ頃に発せられた史料Q（十月二十二日付け、次節に引用）の充所が、「越後国坊主衆中・同惣御門徒衆中」となっているからである。

なお、右引の史料の日付に注目すると、賢乗は超賢死去の報をまず教如に言上して、十月十三日付けで御印書L（詳定印、下間了明奉）が発せられている。次いで顕如に対してはこれを十日後に言上し、十月二十三日付けで御印書M（明聖印、下間頼廉奉）が下付されているのであるが、こうした順序をとった点にこそ、賢乗の教如・顕如に対する帰属心の強弱が示唆されていると解すべきであろう。また後者Mによって、天正十年十月の時点でも、本誓寺の所在地は「井上」であったと判明することに留意しておきたい。

六　景勝への教如第三信

ところで、Mが発せられた十月二十三日に、おそらく超賢はこれを拝受して直ちに雑賀を出立し、帰国の途に就いたことと思われる。そこで教如はその前日に次のような書状（教如第三信）を準備し、彼に託して届けさせることとしたのである。

N両度之芳翰、殊更以神文、可令下国之由、本懐不過之候。其以前、既雖発足候、路次不輙、途中宁(佇カ)候之処、天下不慮出来候。然者為　叡慮、家中合体之儀、被仰出候。満足之至候。先々貴国、属御存分段、大慶此事候。今般馳走之儀、門下之族へ申下候。弥向後万端憑存候。仍豹皮三枚、表軽音候。委曲下間刑部法眼可申宣候。恐々謹言。

　　十月廿二日(天正十年)　　　　光寿（花押）

　上杉弾正少弼(景勝)殿(33)

O被対新門主、両度之尊書并口上之趣、可遂披露候。種々御懇慶之儀、難被謝尽之通、委曲雖被顕直札候、不事足(ママ)候条、多重得其意、可申伸旨候。去夏既雖下国候、路次不合期付而、途中被蟄居候処ニ、天下不慮出来候。然者、為　禁裏被仰出、当寺一味候間、不可被成御気遣候。此等之趣、早々可被申理候之処ニ、万方被取乱遅怠、被背本意候。先々貴国被任賢意之段、大慶此一事候。今度別而可令馳走之由、門徒中へ被申出候。定不可有如在候。弥万端尽未来御入魂、可被喜入之旨候。仍豹皮三枚、被表御音問迄候。旁宜様ニ御取成、所希候。恐々謹言。

（天正十年）十月廿二日　頼廉（花押）
直江与六（兼続）殿（34）
御宿所

P霜台種々深切之儀、更難亡（忘）却候。併御取成故候。去春既雖下国候、路次一向不通付而、途中蟄居候処、天下不慮出来候。然者、為　禁裏被仰出、家中入眼候。本望之至候。先々当国属御勝手之段、珍重々々。今般別而可令馳走旨、門下輩へ申下候。向後弥万端御入魂候様、頼入候。仍段子三端、雖左（此カ）少式候、表祝詞斗候。委曲下間刑部卿法眼可申候。恐々謹言。

（天正十年）十月廿二日　光寿（花押）

上条殿（35）

Q態令申候。御門跡様・新御所様御間之儀、去夏被成御入眼候。其趣先度申下候間、定各満足可被申候。弥仏法世間共以、御繁昌之御事候。有難可被存候。仍新門様ヨリ、其国御屋形へ、只今被成御音信候。此方、別而御入魂之御事候間、被得其意、向後大守之儀、万端可被抽馳走事、肝要候旨、能々相心得可申下之由、被仰出候。聊不可有如在候。先々此方弥御無事、上々様一段御堅固御座候。可心安候。猶期後音候。恐々謹言。
（天正十年）十月廿二日　頼廉（花押）
越後国
坊主衆中
同惣御門徒衆中（36）

右に引用した四点の史料はすべて十月二十二日付けで、文言中では天下不慮＝信長滅亡（天正十年六月）について語られているから、年次が天正十年十月であることは確実である。第一のNは上杉景勝充て教如書状（教如第三信）、次いで第二のOは、これに添えられた直江兼続充ての下間頼廉副状である。第三のPは上条氏充て教如書状であって、上条氏の地位と格式に基づいて教如はわざわざ別状を認めたのである。さらに第四のQは越後国坊主衆中・惣御門徒衆中に充てられた下間頼廉書状であるが、これは本誓寺賢乗がみずから本願寺（雑賀）に達して拝受していたために記された充所であって、実質的には賢乗が充所と解さねばならない。

第一のNの言うところは、景勝から両度の芳翰が届けられ、とりわけ神文を添えて下国の勧誘があったことは、本懐これに過ぎるものはない。その書状を披見する以前に、すでに雑賀和歌浦を発足していたが、路次は容易ではなく途中で遅れていたところ、「天下不慮」すなわち信長滅亡の事態が起こった。その結果、叡慮として家中合体が命ぜられるに至り、まことに満足すべき経緯である。貴国は御存分に属しておられる由、大慶のことと存ずる。門下に対しては馳走に努めるよう申し下しておいた。今後も万端について憑むところであり、豹皮三枚を進呈して音信とするところである。なお委曲は下間頼廉が申すであろう、と述べられている。

ここに語られる神文を伴った下国勧誘というのは、前引史料Gに関連して既に述べた通り、天正九年三月上旬に寺内織部佑が富島南専寺の教如のもとに持参したと思しき、景勝返信のことを指しているのであろう。しかしこの段階では教如は、越後まで下向することはしなかったのである。

続いてNに添えられたのが、直江兼続充ての頼廉副状Oであって、その内容は、新門主＝教如に対して景勝から両度の尊書が届けられ、また口上による伝言についても披露を行った。懇切なる態度に対して感謝の述べようもないとの教如直札が発せられたが、まだ充分ではないので、謝意を重ねて申し述べておくようにとの意向であった。ところで教如は去る夏にはすでに下国していたのであるが、路次は容易ではなく途中で蟄居していたところ、天下不慮の事態となったのである。そこで禁裏から指示が発せられ、本願寺は「一味」＝合体するに至ったので、御気遣いは無用である。これらの推移を早々に伝達すべきであったが、万端について取り乱していて遅怠してしまった。けれどもこれは決して本意とするところではない。貴国は景勝の存分通りとなっている由で、誠に大慶と存ずる。門徒中へは馳走に努めるよう仰せられたので、如在の事態は生じないであろう。万端について今後も入魂していただける由で、喜ばしいことだとの意向であった。音問として景勝には豹皮三枚が送られたので、よろしく取り成していただきたい、と述べられているのである。

次いで第三のPは、景勝の家臣たる上条氏に充てられたものである。それによれば、霜台＝景勝から種々の深切（親切）なる意思が示されて忘れがたきところであり、これも上条氏の取り成しによるものである。去る春にすでに下国していたが、路次が一向に不通であったため、途中で蟄居していたところ、天下不慮＝信長滅亡の事件が発生した。そこで禁裏から指示が下されて家中入眼となったが、まことに本望の至りである。越後では景勝の御勝手に属している由で、珍重と存ずる。門下衆には馳走に努めるように申し下しておいた。なお段子（緞子）三端を送って祝詞としたい。委曲は下間頼廉が申すであろう、と述べられているのである。

さらに第四のQでは、越後国坊主衆中・惣御門徒衆中に充てて、御門跡様＝顕如と、新御所様＝教如との間は、去る夏（天正十年六月二十七日）に入眼となり、この経過については先だって申し下した通りである（前引Ｉに添えられた副状―遺存しない―の内容を指すのであろう）。ところで新門様＝教如より、越後の御屋形＝景勝に充てて、いま御音信が発せられた。この方＝本願寺としては、大守＝景勝に対して入魂の意向であるので、門徒衆もこれに倣って景勝に馳走に努めることが肝要とのことである、と述べられているのである。

以上のごとき書状を、帰国する本誓寺賢乗は託されたのであるが、ここで翻って考えねばならないのは、Ｎ・Ｏ・Ｐの三点がいま「本誓寺文書」に遺存している理由である。つまりこれらの書状は残念ながら、景勝・直江兼続や上条氏には到達しなかったのである。

こうした事態が発生する原因として、まず第一には、賢乗が重病に陥るなど重大な異変が生じた可能性を想定しなければなるまい。これに対して第二の可能性としては、充所たる景勝・兼続・上条氏らが、他国へ出陣するなどしていた結果、賢乗は書状を手渡せなかったという想定もありうるであろう。そしてその回答は、次に引用する史料Rから判明するが、景勝らがこの頃に越後にはいなかったという、第二の想定が妥当しているのである。

七　本願寺の寺基移転

天正十年六月二十七日に顕如と教如との入眼＝仲直りが実現して以後、門徒衆は懇志を雑賀に届けることとなるが、彼らが雑賀に留まったのは天正十一年（一五八三）七月までで、この月四日に両人は和泉貝塚に転ずることとした。このことを語る史料が次のRである。

R去四日至泉州貝塚、門主渡御之事候。予同前之儀候。仍爰許武家之輩、無異儀候。各可心安令存候也。抑霜台へ先度、雖及音問候、于今遅怠之由、非本意事候。然者、只今又申遣候之間、宜様可被取成事、肝要候。就中、面々安心決定之事、弥陀如来、今度の後生たすけ給へと、一度奉頼之時、即摂取不捨の御誓尓て、永捨られたてまつらぬ御勧を、領解せしむる上尓てハ、仏恩報尽の称名を、常たしなミ申さるへく候。わつかなる人間尓て候。後生程の一大事ハ、有間敷候。穴賢〱。

（天正十一年）七月廿三日　教如（花押）

越後坊主衆

同門徒衆中(37)

右の教如書状Rによれば、去る七月四日に泉州貝塚に門主＝顕如は渡御され、予＝教如も同様に移動した。「武家」＝羽柴秀吉の意向としては異儀はなく、安心していてよいであろう。ところで霜台＝景勝に対して先だって音問に及んだが、いまだに遅怠している由で、この事態は全く本意ではない。そこでいま改めて書状（教如第四信）を発したので、よろしく取り成していただきたいと述べられ、最後に法語が記されているのである。

この文言中では、まず「霜台へ先度雖及音問候、于今遅怠之由」と記されている点に注目しよう。おそらくこの音問とは、前引した天正十年十月二十二日付け教如書状N（教如第三信）を指していると考えられ、今回の景勝充て教如書状は、これに続く教如第四信に相当するのであろう。そしてもしそうであるならば、文中に「于今遅怠」と記されているように、N（教如第三信）がまだ景勝に届いていない点を教如は承知していたとしなければならない。つまり、教如書状が景勝のもとへ到達していない原因は、賢乗の側の不手際ではなくして、景勝の側にあったと判明するのであって、例えば景勝が他国へ出陣するなど緊急の事態があったために、賢乗はついに書状N（教如第三信）を手渡すことができなかったのである。

またいまひとつ留意すべき点として、充所が「越後坊主衆中・同門徒衆中」と記されていることも指摘しておきたい。これと同様の充所は先引史料Gにおいて見られ、そこでは本誓寺超賢自身が教如の秘回の旅に随伴していたことが指摘できたのであるが、それと同じく今回も、本誓寺賢乗は貝塚移転の教如に随行していたと推測でき、その結果、こうした充所表記になったとすべきなのである。

さて、本願寺はその後、天正十三年（一五八五）八月三十日に摂津中島川崎（天満とも）へ移動する。そしてさらに同十九年（一五九一）八月五日には、秀吉から拝領した京都西六条の寺地に移転することとなるが、この京都移転に関する史料として、「本誓寺文書」には次の教如書状が残されている。

S京都普請為志、黄金二両二朱到来候。はる〳〵懇志の程、有難候。抑信心の一儀といふハ、な尓のやうもなく、雑行雑修をすてゝ、一心尓弥陀をたのミ、其上尓ハ命のあらんほとハ、仏恩報尽の称名念仏、油断なく心尓かけらるへき事、肝要尓て候。此旨惣中へ可被申伝候。穴賢〳〵。

（天正十九年）六月廿三日　　教如（花押）

本誓寺下
越後
下郡惣中[38]

右のSによれば、六月二十三日付けで教如から越後下郡惣中に充てて、「京都」本願寺の普請の志として届けられた黄金二両二朱につき感謝している、と述べられているのである。ここでは「京都」と記されているから、教如はまだこの時点では京都に移転しておらず、中島に留まっていてこの文書を発しているとしなければならない。しかりとすれば、その年次は天正十九年である。また懇志の額が黄金「二両二朱」と表記される点も注目され、秀吉政権の鋳造した天正小判が広く越後にも普及していたことを看取すべきであろう。なお京都本願寺を建立することについては、中島の堂舎を解体し、その資材を運搬して組み立てることとしたらしい。そのために比較的短期間で堂舎の一部が完成するに至ったので、早くも天正十九年八月六日に顕如・教如らは、中島から京都へと移動することにしたのであった。

八　賢乗への飛檐待遇免許

その翌年天正二十年（文禄元年、一五九二）十一月二十四日になって、顕如（五〇歳）はついに死去し、教如が新門跡としてその遺跡を継承することとなった。教如はそこで、それまで顕如から加えられていた旧主戦派（天正八年の教如の籠城戦継続に加担し、その結果、顕如から破門された坊主・門徒衆）に対する破門処分を、解除することとしたのである。

しかしながらこの措置は、必然的に旧顕如派への粛清を伴ったから、教団内には重大な混乱が一気に拡大することとなる。そこで旧顕如派は急ぎ如春尼（顕如妻で教如母）を通じて、事態の経緯を秀吉に言上して教如排斥を強く要請することとしたのである。その結果、文禄二年（一五九三）閏九月十七日に教如は秀吉から退隠を厳命されることとなり、代わって弟准如（顕如三男）が門跡とされたのである。けれども教如はこの決定に容易に従おうとはせず、翌文禄三年九月二十一日になってようやく「御裏」に転じたので、翌月十四日に准如が「御表」に移動したのであった。

教如の退隠に伴って、復活したばかりの旧主戦派（教如派）は、再びもとの地位に戻されることとなった。例えば住持の地位に復活した者は、再びそれを剥奪されて隠居とされたであろう。あるいは直参待遇を付与された者は、それを否定されて旧来通りの下寺に位置付けられたことと思われる。教如派にとっては屈辱の処分と言わねばならないが、本願寺の末寺たる地位を保全するためには、当面の面従腹背もやむをえないところであった。

「御裏」に逼塞を余儀なくされた教如は、しかしながらそれ以後も絵像裏書の染筆などを中止することはなかったらしく、多数の事例がいま知られている。つまり秀吉政権下の本願寺内は、表面的には准如によって統括されているものの、内部には教如帰属を変更しない者が潜在していたのであり、准如派・教如派の二派は到底一体化できない状況になってしまっていたのである。

本誓寺賢乗の場合も、表面的には准如帰属の姿勢を示すこととしたであろうが、しかし本心はあくまでも教如派であるから、穏密裡に教如のもとへ参じて、帰属の意思が変わらないことを表明していたに違いない。こうした賢乗の姿勢に対して、教如は下間頼龍に命じて次の書状を発給せしめ、彼に「飛檐」（ヒエン）の待遇を付与する旨、内諾を与えることとした。

T
端書無之候。
御所様へ飛檐之為御礼、金子壱枚進上之通、具遂披露候処、懇志之至、神妙被　思食候旨、被　仰出候。随而
私へ同壱両、上給候。是又□申時候。猶期御参上節候。恐々謹言。
頼龍（花押）（マリモ楕円型）
（慶長元年）七月十一日
本誓寺（39）床下

すなわち、御所様＝教如に対して、「飛檐」処遇の内諾が与えられた御礼として金子一枚（十両）が進上され、これを披露したところ、懇志のほど神妙との意向であった。また私＝頼龍に対しても金子一両が届けられ感謝に堪えない、と述べられているのである。この飛檐とは、本願寺の堂舎において飛檐の間への出座を認められた地位を意味し、平座の待遇よりは一段上位の格式とされるものである。なおこの書状Tの年次を慶長元年七月と推測する根拠は、頼龍の花押形状が「マリモ楕円型」である点に基づいており、この形状は慶長元年閏七月以前のものと限

定して差し支えないのである。(40)

こうして飛檐処遇の内諾を与えられた賢乗は、翌慶長二年卯月になって正式に飛檐処遇が認められたのである。

U　　無端書之候。

態申越候。仍御飛檐へ出座望事、申上候之処ニ、其例雖無之儀候、其方年来、別而被抽忠節候故、被成　御免候旨、被　仰出候。有難被存、弥向後真俗共、御馳走可被申事、肝要候。仍如件。

下間按察法橋

頼龍（花押）（マリモ平行型）

慶長弐

卯月廿九日

カサハラ

本誓寺（賢乗）床下(41)

V　　委曲御使者へ申渡候。以上。

重而令啓候。仍黄金参両、上給候。毎々御懇之段、忝存候。御望共相調、御満足察申候。随（而脱カ）織色壱端、令進入之候。御音信之跡斗候。猶期御上洛之節候。恐々謹言。

（慶長二年）

卯月廿九日　　頼龍（花押）（マリモ平行型）

本誓寺御坊床下(42)

右のうち前者Uによれば、飛檐への出座を賢乗が望んでいる旨を言上したところ、こうした例はないのであるが、その方は年来忠節を尽くしてこられたので、御免とされることになった。ありがたく存ぜられ、今後も一層馳走に努められることが肝要である、と述べられている。付年号が記されている点から、これが慶長二年（一五九七）のものであることは確実であるが、こうした付年号が記された史料は、本願寺の発給文書においてはかなり珍しいものと言わねばならない。また本誓寺の所在地も、ここには「カサハラ」と記されているので、天正四年〜同十年に居住した信濃井上村から、慶長二年には笠原（越後左内村か）に戻っていたことが知られるのである。

続いて同日付けの後者Vはその副状であって、黄金三両が届けられ、毎度の懇志に感謝している。希望が実現されて御満足のことと推察いたすところである。また拙者には織色一端が届けられて感謝していると述べられ、さらに尚々書では委曲を使者に伝えた、とされているのである。

九　教如分立と御影堂建立

さて、教如派門徒衆が面従腹背に甘んじて新門主准如に帰属する状況は、秀吉の存命中には変わることがなかったであろう。けれども慶長三年（一五九八）八月に秀吉が死去したことで、情勢は大きく転換したと思われる。「教如上人御伝略抄」によれば、

慶長四年秋ノ比、教如上人、伏見向島ノ城ニ於テ、家康公ニ御面談アリ。即東本願寺御創建ノ御約談マシ〳〵キ。(43)

とあって、慶長四年（一五九九）秋に教如は家康と伏見向島城において面談し、東本願寺の創建が約諾されたと語られている。そして翌慶長五年（一六〇〇）六月に、家康が会津上杉景勝の攻撃のために出陣すると、教如はその陣中見舞いのために七月に出京し、下野国小山において見舞い言上を行っているのである。

このように交誼形成に努力した結果、関ケ原合戦の翌年の慶長六年（一六〇一）八月十六日に、家康から教如に対して「本願寺再住ノ台命アリ」(44)とて、本願寺再住の指示があったとされる。しかしながら教如はこれを断り、

諸国ノ末寺門徒等、勝手次第、嫡流前住教如上人へ帰参アルベシ[45]。

との了承を家康から取り付けたとされている。つまり教如は、もはや宗門全体をみずからに帰属させることは困難と理解しており、坊主・門徒衆の自発的意思に従った分立の方針を家康に承認させたのである。

かくして慶長七年（一六〇二）三月になり、教如は家康から東六条における新たな寺地を拝領したので、ここにまず阿弥陀堂を建立することとなり、やがてこれが完成したので、同八年（一六〇三）九月十日に御遷仏供養を執行している（これ以前の建築日程については判然としない）[46]。さらに御影堂についても、慶長八年五月七日から旧建築物を取り壊して整地作業に着手し、翌九年四月十四日から石築工事（基礎工事）を開始し、同年六月十四日には柱立の儀が挙行され、同年九月十六日になってついに完成したので、御遷仏供養を執行しているのである。

こうしたなかで教如は、各地門徒衆に充てて奉加の進上を広く要請しており、「本誓寺文書」中にも次のごとき史料が残されている。

W

端書無之候。

態令申候。今度　御座相替付而、　御影堂被成御建立候。然者其許、時分柄各可為雑左（ママ）候へ共、此節之事候間、一紙半銭ニよらす、報謝之義、頼　思食候。爰元切々之事候へハ、萬御不如意ニ付而、御堂御作事難調候間、急度馳走可被申事、専用候。為其被成御書候。可有頂戴候。猶川那卩安芸守・誓源寺可被申候。恐々謹言。

粟津右近

嘉□（袋型）（花押）

（慶長八年カ）六月廿日

越後

惣坊主衆中

同門徒衆中[47]

右の粟津右近（実名未詳）書状Wによれば、今度教如が「御座」を替えられることに伴い、御影堂を建立されることとなった。まことに負担が増えて造作なこととは存ずるが、一紙半銭であろうとも協力を求めるところである。ここもとではよろず不如意のため、御堂作事の準備が調わない状況なので、馳走に努めていただきたく、そのために御書が下された。なお子細は川那部安芸守・誓源寺から伝えられるであろう、と述べられている。年次は慶長八年としてまず間違いないであろう。充所が「越後惣坊主衆中・同門徒衆中」となっている点から、これを拝受したのは、上洛していた本誓寺賢乗自身であったと推測される。また川那部安芸守・誓源寺の両人とは、奉加を求めるべく越後に下向する予定の資金調達担当者だったのであろう。

おわりに

本章の検討で明らかにできた越後本誓寺超賢・賢乗の動向について、最後にまとめを行っておきたい。

本誓寺は、下総磯部勝願寺の末寺たる「磯部六ケ寺」の一つとして成立した。永禄元年に越後高田に転じたとされ、この頃に本願寺直参になった可能性がある。高田における所在地は春日山東方の「左内村」と伝えられ、おそらくこのうちの小字「笠原」に立地して山号「笠原山」を称したものであろう。本誓寺はその後、天正四年七月〜同十年十月には信濃「井上」村に所在し、慶長二年卯月には「カサハラ」に戻っているが、堀秀治の越後入部（慶長三年）と福島城建設に伴って、高田両人町（本誓寺町とも）への移転を余儀なくされる。次いでさらに元寺町へ移った後、寛政八年に新寺町（上越市寺町三丁目）へ移動して現在に至っているのである。

さて天正四年四月になって、本願寺顕如と織田信長との和睦は破棄され、顕如は大坂本願寺に籠城を余儀なくされることとなった（第三次石山合戦＝籠城戦）。諸国門徒衆はそこで懇志を進上して支援を行うのであるが、本誓寺超賢も同四年六月に黄金二〇〇匁を届けている。彼はさらに同年七月にも、門徒衆から懇志を募って顕如のもとへ届けさせている（この頃に信濃井上村に転じたらしい）。

こうして展開された顕如の大坂籠城戦も、しかし天正七年九月に摂津有岡城（荒木村重）が陥落し、翌八年正月には播磨三木城（別所長治）が滅亡したことで、ついに継続が困難となる。そこで顕如は朝廷の和睦案を受け入れて、天正八年四月に紀伊雑賀鷺森へ転ずることとした。

ところがこれに反し、その子教如は断固たる籠城戦継続を唱えて、諸国門徒衆にさらなる支援を要請するに至ったのである。超賢も名代を派遣して黄金一〇匁を届けさせることとし、六月二十八日付けで懇志請取状（下間頼龍奉の御印書）を受領している。この御印書では、本願寺門主が顕如から教如へ代替わりしたと記されていて、教如は父顕如の退城を隠居とみなしていたらしい。けれども、この教如の試みも信長軍には敵わず、彼はやがて再度の和睦に追い込まれて、八月二日に雑賀和歌浦へ脱することとなるのである。

超賢は八月に、また顕如充ての懇志を名代に届けさせているが、これに対して八月二十日付けで、①超賢充て懇志請取状（遺存しない）、②上杉景勝充て顕如書状（遺存しない）、③直江兼続充て下間頼廉副状、④須田満親充て顕如書状、⑤須田満親充て頼廉副状（遺存しない）、以上の五点が付与されたらしい。帰国した名代からこれらを受け取った超賢は、そこでこのうち②は直ちに届けるが、③・④はそのままで放置したらしい。その結果、これらはいま「本誓寺文書」に伝存することとなるのであるが、その理由は、まもなくに超賢自身が雑賀に向けて出発する予定だったからであって、そのために彼は九月六日付けの過書を景勝から付与されていることが知られた。

九月中旬に雑賀に達した超賢は、十一月上旬までここに留まったところ、教如が諸国秘回の旅に出発することとなったので、彼はこれに随伴することとした。たまたま越後浄興寺の名代も雑賀に逗留していたから、これも同道することとなった。雑賀和歌浦を離れた教如一行は、まず紀伊日高郡阿尾浦に転じて十一月下旬までここに留まり、次いで大和～美濃船橋願誓寺を経て、美濃郡上郡気良庄小倉村の八代八右衛門のもとへと潜入する。さらに十二月下旬に飛騨高山へと北上したが、ここから先へは進めなかったため（戦況悪化が理由か）、反転して越前大野郡穴馬庄半原村に入って翌天正九年正月を迎え、さらに二月中旬には大野郡富島村の南専寺へと潜入したのである。

教如が富島南専寺に移ったことを見届けて、超賢は一旦帰国することとした。そこで教如は二月二十二日付けで書状を作成し、それまでの超賢の忠節を褒賞するのである（出発はその翌日か）。また教如は寺内織部佑に命じて、超賢に同道して越後に下向させたらしく、同日付けで発せられた景勝充ての教如書状（教如第一信）は、この織部佑が持参したものと考えられる。これに対して景勝は当然、返信を作成したであろうから、その日付は天正九年三月上旬となり、またその内容は、神文を添えて越後に下国するよう勧めるものであった。そしてこの景勝返信を再び織部佑が所持して、富島南専寺にまで持ち来たったのであろう。

さて、天正十年二月になって南専寺の教如のもとへ、織田信長軍の甲斐出陣が知らされる。教如はそこで直ちに越中五箇山へ転じ、一向一揆に蜂起を命じて信長軍の後方攪乱を図ることとした。けれども、勝頼は三月十一日に早くも滅ぼされて（頸実検は十四日に浪合で）、一揆蜂起の意味が失われてしまったため、教如は直ちにここを離れて安芸某所へ転じ、次いで反転して播磨英賀本徳寺へ潜入したのである。しかしながら超賢はこの教如に随行することはできず、上杉景勝の越中出陣に同道していたようである。この景勝軍の行動は、北進してきた柴田勝家勢などの動きに対応したものだったと考えられる。

英賀本徳寺に秘かに潜入した教如のもとへ、やがて本能寺の変報がもたらされた。そこで彼は紀伊雑賀に立ち戻り、同月二十七日に父顕如と家中合体＝入眼を果たす。この報に接した超賢は、そこで直ちに名代（子賢乗か）を派遣して懇志を届けたところ、八月五日付けで教如書状が付与される。その内容は、越後における超賢の忠節は比類なきもので、今後も馳走に努めていただきたい。いま上杉景勝に充てて顕如書状が発せられ、これに教如も書状（教如第二信に当たる、八月十一日付け）を添えたので取り次いでいただきたい、というものであった。なお、これに添えられた坊官副状に該当するものが、出羽「宇津江文書」に伝存する八月十一日付け下間頼廉書状（直江兼続充て）・益田照従副状（同人充て）なのであろう。

ところが、名代がこれらを持ち帰ってまもなくに、超賢は死去してしまったらしい。そこで後継者賢乗は、父の法要を終えてまもなくにみずから本願寺に上り、これまでの経緯を報告して遺物を進上した。これに対して十月十三日付けで教如御印書（下間了明奉）、十月二十三日付けで顕如御印書（下間頼廉奉）が付与されており、いずれも超賢の死去を不憫だと述べている（なおこの頃も本誓寺は信濃井上村に立地していた）。

また賢乗は、帰国する前日の二十二日付けで、上杉景勝充て教如書状（教如第三信）、直江兼続充て下間頼廉副状、上条氏充て教如書状を託されているが、しかし景勝・兼続・上条氏らはこの頃、他国へ出陣していたらしく、ついにこれらは届けられることはなかった。また越後国坊主衆中・同惣御門徒衆中充ての頼廉書状は、実質的には賢乗充てであって、景勝に対して馳走を尽くすようにと指示されている。

さて顕如・教如両人は、天正十一年七月になって和泉貝塚に転ずることとなった。この移動の一行に賢乗が随行していたことが知られ、また彼が帰国するに当たっては、景勝充ての教如書状（教如第四信）が託されていることが知られた。

天正十三年八月になって、本願寺はさらに摂津中島川崎へ移動し、続いて同十九年八月には京都西六条へと移転する。この京都移転の直前の六月に、賢乗は普請の資金として黄金二両二朱を進上していることが知られた。

その翌年の文禄元年十一月二十四日、ついに顕如が死去する（五〇歳）。門主の地位に就いた教如は、そこでそれまで破門になっていた旧主戦派の処分を解除することとした。その結果、教団内には重大な混乱が一気に拡大することとなってしまう。旧顕如派はそこでこの事態を阻止すべく、如春尼を通じて秀吉に教如排斥を強く要請する。かくして文禄二年閏九月十七日、教如は秀吉から退隠を厳命されることとなり、弟准如が新門主となったのである。

かかる情勢の転換に従って、賢乗も表面的には准如帰属を表明したであろう。しかし本心はあくまでも教如派であったから、やがて教如はこうした賢乗の姿勢を褒賞すべく、飛檐の待遇を付与することとした。その内諾は慶長元年七月に与えられ、翌二年卯月に正式に飛檐処遇とされているのである。なおこの時点で本誓寺は、越後高田「カサハラ」（左内村か）に戻っていることが知られるが、その翌年慶長三年に堀秀治が越後に入部して福島城の建設を開始したことに伴い、本誓寺は高田両人町へと移転するよう要請されたのである。

さて、この年慶長三年八月に秀吉が死去したことで、教如を取り巻く情勢は大きく転換する。教如は翌四年秋に徳川家康との交誼形成に成功したとされ、さらに慶長五年に家康が上杉景勝攻撃に出陣した際には、教如は陣中見舞いのために下野国小山まで下向している。こうした努力の結果、慶長七年三月に家康から東六条の新寺地を与えられた教如は、まず阿弥陀堂を建立している（翌慶長八年九月に完成か）。さらに御影堂についても、慶長九年四月に着工して、同年九月には早くも御遷仏供養を執行しているのである。

こうしたなかで「本誓寺文書」には、奉加を要請する慶長八年六月の栗津右近書状が遺存しており、教如の「御座」替えに伴って御影堂が建立されることとなったので、一紙半銭なりとも協力を求めたいと述べられているのである。

注

（1）拙稿「教如の諸国秘回と本能寺の変」（拙著『本願寺教如の研究』上、第一部第二章、法藏館、二〇〇四年）。

（2）越後「本誓寺文書」は『新潟県史』資料編四・中世二に収載されているが、全点ではないので、新潟県立文書館に架蔵される同寺文書写真版からいくつかを補った。なお引用に当たって訓みの一部を訂正したものがあるが、これを一々注記することは差し控えておく。そのほか金龍静氏からも、収集された写真版の御教示を受けているので、ここに謝意を表しておきたいと思う。なお当寺文書は早くに、井上鋭夫氏『一向一揆の研究』（吉川弘文館、一九六八年）の史料篇において紹介されているが、しかし氏は、編纂物「本誓寺由緒鑑」を基軸にして翻刻されたために、正本に対して「疑ウベシ」との疑念を呈される錯誤をいくつか犯しておられる。また年次の推測もほとんど達成できていない。そこで筆者は、写真版によって花押形状を確認したのであるが、その結果、兵粮進上に関する「覚」は信頼できないものの（文言にも不自然な点が少なくない）、それ以外の本願寺発給の文書は、ほぼ全点を正本として採用できることが認められた。

（3）磯部勝願寺とその末寺については拙稿「下総磯部勝願寺とその末寺衆」（本書第二部第六章）参照。

（4）「本誓寺由緒鑑」（井上氏『一向一揆の研究』史料篇）。

（5）本誓寺の所在地について、「本誓寺由緒鑑」と、これに依拠して執筆された「本誓寺」（『新潟県の地名』二三一ページ―『日本歴史地名大系』第一五巻、平凡社、一九八六年）では、「信州笠原（現長野県伊那市）に転じ井上本誓寺と号した」と述べられていて、「笠原」を信濃国上伊那郡美篶笠原村に比定し、井上はそのうちの小字名と解している。しかし上伊那郡に移転したのでは越後との関係が希薄にならざるを得ず、ここに所在地を比定することは筆者には誤りと思われる。おそらくこの井上とは、信濃国上高井郡井上村を指すのであろう。実は「本誓寺由緒鑑」の異筆追記（井上氏『一向一揆の研究』史料篇七〇五ページ）には、「信州高井郡井ノ上ニ罷在」との記述があるので、同史料の執筆者は「井上」の位置を正しく理解していなかったものの、後世の追記者は「井上」の位置を正しく認識していたことが知られる。なお井上村の近隣たる小山村には、「磯部六ケ寺」の一つ普願寺がいま立地しているから、こうした関係で本誓寺が井上村に所在することは決して不自然ではない。

（6）越後「本誓寺文書」第一四巻第一号（『新潟県史』資料編四・中世二、通算二一九三号、以下では通算番号のみを記載する）。本史料の写真版が見当たらないために、花押複写は未入手である。

(7) 「本誓寺文書」第二三巻第一号（通算二一九八号）。
(8) 「本誓寺文書」（井上氏『一向一揆の研究』史料篇七一七ページ、日付に誤読あり、『新潟県史』資料編四には不掲載）。本文書の写真版は金龍静氏からの御教示による。
(9) 拙稿「下間按察使頼龍の花押」（拙者『本願寺教如の研究』続、第五部第一章）。
(10) 「本誓寺文書」第一巻（通算二二〇四号）。
(11) 「本誓寺文書」第五巻第三号（通算二一九一号）。
(12) 井上氏『一向一揆の研究』史料篇では、本史料に「縮（チヂミ）」が登場する点に基づき、本史料は元禄頃の偽書かと述べられているが、この判断は早計であって、花押形状からはなんら問題とすべき点はない。
(13) 「本誓寺文書」第一巻第二号（通算二一八五号）。
(14) 拙稿「教如の諸国秘回と本能寺の変」では、超賢が雑賀で天正八年八月二十日付け顕如書状（史料E）を受領した後、翌九年二月まで一貫して教如の近辺に伺候していたと考えたが（その第二節の注14）、これは過書Fを失念していたために生じた誤りである。よって、本文に述べるごとくに、史料Eは名代によって越後に届けられ、それを見て超賢は雑賀に上って教如に近侍することとしたのであり、それは天正八年九月中旬以降のことであったと訂正しなければならない。
(15) 拙稿「教如の諸国秘回と本能寺の変」。
(16) 越後「浄興寺文書」第三号（『新潟県史』資料編四・中世二、通算二一三三号）。
(17) 「本誓寺文書」（井上氏『一向一揆の研究』史料篇）。なお本文書の写真版は金龍氏から御教示を受けた。
(18) 拙稿「教如の諸国秘回と本能寺の変」。
(19) 「浄興寺文書」第二号（通算二一三二号）。
(20) 後者Gに見える「寺内織部佑」がその後、越後に下向していた点を踏まえるならば、前者（「浄興寺文書」）に登場する下間按察了明も同様に、浄興寺名代に随伴して越後に下向した可能性が指摘できるのではあるまいか。
(21) 寺内織部佑の活動を示す史料の第一としては、越中「勝興寺文書」天正八年六月九日、教如書状（土井了宗・金龍教英氏編『越中真宗史料』七三四ページ—『越中資料集成』別巻一、桂書房、一九九七年）があり、「当国《越中》・加州之事、近年余無正体、猥ニ付而、国之様体為可聞届、寺内織部佑・井上善五郎をさし下候」と述べられている。

続いて同年七月十二日付けの惣中連署状には次のように見えていて、寺内織部佑・井上善五郎両人が越中一向一揆勢の中核的地位にあったことが知られる。

（包紙ウワ書）
「寺織
井善
御陣所　　　惣中　参」

端書無之候。

態令申候。

一、当御門跡様御堅固、御寺内御無事御座候。可被心安候。

一、御両人下国已来、至今日、是非之儀、無御注進候。千万無御心元之由候。各も不審存候。世上風説ハ、下着之刻ヨリ、少相静様、其沙汰候。各重而被成　御書、慈明寺被下候。仏法之一儀迄候間、不日御堂にて、御文をよみ可被申事、肝要旨、被仰出候。可被得其意候。

一、当国抱様、一大事儀候条、即越中河田豊前守方へ、可有入魂事、肝要候。猶慈明寺可被演説候。恐々謹言。

（天正八年）七月十二日

井上法　花押
笑入二　花押
端明入　花押
井雲法　道珍花押
海老法　頼　花押
横修　重恒花押

寺織
井善
御陣所

右の惣中連署状は龍谷大学図書館所蔵「顕如上人文書纂」なる史料集に収載される文書で、金龍静氏の研究報告「顕如上人文書纂について」（真宗史研究会、二〇〇七年五月十九日、同朋大学仏教文化研究所主催）によって知り得た。金龍氏の見解によれば、当史料を収集・筆写されたのは上原芳太郎氏とのことである。

そしてもう一点上げるべきは、次の天正十年三月十九日付け上杉景勝書状であって、ここでは寺内織部佑（織部法橋）は景勝の使者を勤めていることが知られる。

先達両使到来、具及回報候キ。仍到其国（越中）端、可令出馬之処、信州・関東表、無拠有子細、延引候。然者来五日時分者、必魚津表可打着候。縦海上不成我侭、順風次第ニ候共、十日比ニ者、可令着馬候。被得其意、始中終走廻、此時候。猶寺内織部法橋・水越左馬助、可有口上候。恐々謹言。

（天正十年）三月十九日　　景勝（花押）
（充所切断、「江口式部丞殿」カ）

（越後「江口文書」第十一号—『新潟県史』資料編・中世補遺二、通算四五一八号—『新潟県史研究』第二〇号、一四ページ、一九八六年）。

(22)「本誓寺文書」第五巻第一号（通算二一八九号）。
(23)「本誓寺文書」第一巻第一号（通算二一八四号）。
(24)「本誓寺文書」第一四巻第四号（通算二一九六号）。
(25)拙稿「教如の花押」（拙著『本願寺教如の研究』続、本書第三部第二章）。
(26)米沢市立上杉博物館所蔵「宇津江文書」第九号（『新潟県史』資料編・中世補遺二、通算四四八五号—『新潟県史研究』第二〇号、五ページ、一九八六年）。
(27)「宇津江文書」第一〇号（通算四四八六号）。
(28)拙稿「益田少将照従の花押」（拙著『本願寺教如の研究』続、本書第四部第二章第一節）。
(29)「宇津江文書」に史料J・Kが伝存している点を踏まえるならば、このときの使者は本誓寺名代（おそらくは子賢乗）と、これに同道する宇津江氏（もしくはその菩提寺たる東源寺）が勤めていたのであろう。
(30)「本誓寺文書」（写真版は金龍静氏の御教示による）。
(31)「本誓寺文書」（新潟県立文書館の写真版）。
(32)拙稿「教如の諸国秘回と本能寺の変」の図2参照。
(33)「本誓寺文書」第五巻第一号（通算二一八九号）。

(34)「本誓寺文書」第五巻第四号（通算二一九二号）。
(35)「本誓寺文書」第五巻第二号（通算二一九〇号）。
(36)「本誓寺文書」（新潟県立文書館の写真版）。
(37)「本誓寺文書」第一四巻第三号（通算二一九五号）。
(38)「本誓寺文書」第一四巻第二号（通算二一九四号）。
(39)「本誓寺文書」（新潟県立文書館の写真版）。
(40) 拙稿「下間按察使頼龍の花押」。
(41)「本誓寺文書」第二三巻第五号（通算二二〇〇号）。
(42)「本誓寺文書」（新潟県立文書館の写真版）。
(43)「教如上人御伝略抄」（『真宗史料集成』第七巻・伝記系図）。
(44)「大谷嫡流実記」（『真宗史料集成』第七巻・伝記系図）。
(45)「大谷嫡流実記」。
(46)「重要日記抜書」（真宗典籍刊行会編『続真宗大系』第十六巻、国書刊行会、一九七六年再版）。
(47)「本誓寺文書」（新潟県立文書館の写真版）。

第五章　越後本覚坊存敬・存教について

はじめに

越後本覚坊の由来を語る「本覚坊系図由緒」(1)によれば、同坊は越前和田本覚寺から派生したとされ、「本覚坊文書」(2)中に登場する青木善左衛門尉・青木惣左衛門尉（宗左衛門尉）（表1の**44**・**45**・**46**番、以下ではすべて表中の番号を用いる）の両人は、本来は越前朝倉氏の家臣であったと述べられている。けれども同由緒の成立はかなり新しく、その内容を全面的に信頼するわけにはいかない。例えば第十一世以降の住持は存敬―存玖―存教となっているが、これは所蔵文書中に登場する坊主名から復元された系譜と考えられ、残念ながら信を置くことができないのである。天正〜慶長期における同坊住持の系譜は、おそらくは上掲の図のようであったと想定すべきであろう。

越後本覚坊の系譜（推定）

┌**存敬**（教如派）――**存教**（教如派）――**存久**（教如派）
└**存教**（顕如派）――**存玖**（顕如派）

「本覚坊文書」中に残された懇志請取状の発給年次については、**表1**に整理したものがその検討結果である。またこれに伴って**図1**には花押複写を一覧にまとめておいた。この際に前提とすべきことは、同坊が現在、真宗大谷派（東派）に属しているという点である。このことは換言すれば、ある時点の住持が東派（＝教如派）に属して同坊伝来の文書を全て掌握し、それを彼の子孫が継承して今に至ったということである。そしてこうした事態を招きうる機会は、ただ一度、文禄元年（一五九二）十一月～翌二年閏九月の教如体制下においてでしかなく、その時点の住持は存敬であった（33・34）。つまり「本覚坊文書」は存敬（教如派＝東派）、およびその子と思しき存教（教如派）を基軸として解釈することにより、初めて全体の性格が明瞭に理解できるのである。

存敬とその子存教は、しかしながらその後まもなくに成立する准如体制（文禄二年閏九月以降）のもとにおいては、准如派帰属を甘受しなければならなかった（35・36・39・40・41・42・43・44・45・46・53・54）。けれども彼らは本来は教如派であるから、これと並行して教如にも懇志を上納しており（37・38・47・48・49・50・51・52）、さらに慶長二年（一五九七）六月には存教は教如から「顕如絵像」の下付を受けているのである(3)。そして教如の分立が達成された慶長七年以降になると、さらに住持としては存久が登場するようになるから（63・64・65）、存教の跡は存久によって継承されたものであろう。かくして教如派（東派）の住持として、存敬―存教―存久という系譜が明らかになるのである。

なお存敬は、遡って天正八年（一五八〇）以前にも住持として活動していたと思しく、石山合戦の最中の懇志請取状にその名が見えている（1・2）。

ところが一方、これらと同名もしくは類似名の住持が、天正十年代（厳密に言えば天正八年閏三月～天正二十年十一月）の文書にも登場しているために、その解釈には著しい混乱が生ずるのである。すなわち、存敬の弟と思しき「存教」（6・7）、およびその子「存玖」（25・29・30）である。

そもそも天正十年代の本願寺においては、教如派（天正八年段階の籠城継続派＝主戦派）の門徒衆は、門主顕如によって破門処分を加えられて逼塞を余儀なくされていたから、その頃に活動している本覚坊の存教・存玖両人は、顕如派（のちの准如派＝西派）の立場であったと判断してよい。途中で存教から存玖へ交代しているが、これは本願寺の体制転換などに伴うものではないので、存教の死去によるものと想定すべきである。しかるにこの顕如派の存教・存玖両人の名は、前述した教如派の存教・存久と同名もしくは類似名であるために、文書の解釈に著しい困難が生じてしまうのである。ただしその当時において、存教（顕如派）と存教（教如派＝東派）、および存玖（顕如派）と存久（教如派＝東派）とが、同時に生存していた可能性は少ないから、同名異人の存在を想定することには支障は生じない。以下で区別する必要がある場合には、存教（顕如派）・存玖（顕如派）、存教（教如派＝東派）・存久（教如派＝東派）などと表記することとしよう。

以上に述べたことを存敬を中心にして整理しておくと、天正初年の顕如時代前半の本覚坊住持は存敬であった。しかも彼は、教如が唱えた天正八年閏三月～八月の籠城戦継続にも加担したのである。しかしまもなくにこの試みが破綻した結果、存敬は顕如から破門処分を加えられ、この状態は天正二十年（文禄元年）十一月まで続く。彼に代わって本覚坊の管掌を委ねられたのは、顕如派の存教（存敬の弟か）とその子存玖であった。ところが天正二十年（文禄元年）十一月に顕如が死去して教如が継職したことに伴い、逼塞していた存敬が復活し、彼は存玖（存敬の甥に当たるか）から本覚坊住持の地位を奪い取るとともに、伝来の文書も全て掌握したのである。その後まもなくして豊臣秀吉が、教如の退隠と准如の門主就任とを命ずることとなるが、しかし本覚坊においては存敬と後継者存教（東派）がその地位を守り続けたらしく、やがて存教は教如帰属の姿勢を次第に明確にして絵像下付を受け、慶長七年（一六〇二）以降の教如分立においては、彼らは直ちに東派帰属を表明したのである。

以上が本覚坊の系譜に関する見通しであって、これを踏まえて本稿では同坊文書の編年整理を行ってみることとするが[4]、実は『新潟県史』資料編に収載されなかった史料がまだ大量に残されており、そのうちには同時代の重要なものが何点か見られるので、それもここにまとめて整理・検討することとしたい。なお史料引用に際しては、注記を付する煩雑さを避けるために、その頭部に**表1**の整理番号をまず表示し、末尾に『新潟県史』資料編四・中世二の通算番号を記すか、または写真版からの引用であるかを明記するにとどめておきたいと思う。なお懸紙・包紙や長大な充所については適宜省略したほか、訓みの一部を訂正したものがある。

表1　越後「本覚坊文書」一覧

	年月日	黒印印文	差出書	充所	懇志の内容	通算番号
1	天正7頃・6・28	(前欠)	法眼頼廉(花2)	越後下ノタ村・十三日講中　取次存敬	(前欠)	二一四一
2	天正7頃・6・28	明聖	法眼頼廉(花2)	越後クヒキノ郡在々尼入志衆中　取次存敬	御門跡様黄金二文め、	二一四二
3	・6・20	明聖	法眼頼廉(花1)	[　]イチノヱ村ほか(後欠)	御門跡様黄金三分、遠路、	二一四〇
4	天正11・7・13		照従(マツバI型)	[　]ノタ村ほか三村御宿所	御所様金子三分、刑部卿法眼一朱、拙者一フン　四日貝塚移座	二一四四
5	天正14・7・9		少将照従(マツバI型)	越後[　]野田村惣御中	御所様八月御年忌金子一文め一朱、刑部卿法眼一〇疋、拙者五〇銭	二一四三
6	天正15・6・22	明聖	法印頼廉(花2)	本覚坊門徒中　取次存教	御門跡様御本腹黄金三文目、	二一六三
7	天正15・6・22		少将照従(アヒル型)	[　]御門徒衆御中　取次存教	御所様御本腹金子三文め、刑部卿法印二〇疋、拙者一〇疋	二一六四
8	天正15?・6・22	明聖	法印頼廉(花2)	越後　惣寄衆・女はう衆　講中	御門跡様黄金四文目、	二一六二
9	・正・7		法印頼廉　判	越後府内村ほか二村其外在々	御所様五〇疋、私一〇疋、	二一四六
10	・2・晦		法印頼廉　判	越後フナイほか三村在々惣中	御門跡様六〇疋、	二一四七

11	・4・4	御印	法印	府内ほか九村在々惣中	御門跡様六〇疋	二二五一
12	・4・4		法印頼廉	府内ほか四村各々惣中	御所様六〇疋、私一〇疋、	二二五二
13	・卯・4		従	府内ほか三村在々惣中	御所様六〇疋、刑部卿法印一〇疋、拙者五〇せん	二二五三
14	・5・26		法印頼廉　判	越後府内ほか四村　在々里々中	御門跡様月次五〇疋、遠路、	二二五五
15	・5・26		法印頼廉　判	越後府内ほか四村　在々里々中	御所様月次五〇疋、私一〇疋、	二二五六
16	・5・26		少将照従	越後春日ほか四村　在々里々御宿所	御所様月次五〇疋、刑部卿法印一〇疋、拙者五〇銭	二二五七
17	・6・26		法印頼廉　判	越後府内ほか六村在々御中	御所様五〇疋、私一〇疋、	二二六五
18	・6・27		少将照従	越後府内ほか六村在々惣中	御所様五〇疋、刑部卿法印一〇疋、拙者五〇銭	二二六六
19	・6・27		法印　判	越後府内ほか四村在々所々	御所様御左右講七疋、	二二六七
20	・10・27		法印性乗　判	越後府内ほか一〇村在々講衆中	(前欠)	二二七七
21	・10・27		性乗	越後府内講衆中	御所様五〇疋、わたくし一〇疋	二二七八
22	・極・9		法印頼廉　判	越後府内ほか二村惣中	新御所様六〇疋、	二二六八
23	天正19?・卯・28	明聖	法印頼廉(花2)	越後フナイほか一一村	御影堂・阿弥陀堂黄金□文め二朱、講銭一文め二朱	二二五四
24	天正19?・6・14	明聖	法印頼廉(花2)	[　]ノタ村ほか六村	御門跡様普請黄金一文め二朱、	二二六〇
25	天正19?・6・14		少将　従(マツバⅡ型)	[　]ノタムラほか七村　存玖取次	御所様金子一匁二朱、刑部卿法印一〇疋、拙者五〇文	二二六一
26	文禄元?・3・29	明聖	法印頼廉(花3)	越後府内・春日　在々里々惣中	御門跡様火事見廻黄金二文め一朱、遠路	二二四八

27	文禄元?・3・29		法印頼廉(花4)	越後府内・春日　在々里々惣中	御所様火事見廻黄金二匁一朱、私一朱	二一四九
28	文禄元?・3・29		少将　従(マツバⅡ型)	越後府内・春日　在々里々惣各御中	御所様金子二匁一朱、刑部卿法印一朱、拙者一〇疋	二一五〇
29	文禄元?・6・13	明聖	法印頼廉(花3)	[　]越後ワウムラ十三日講中ほか　取次存玖	御門跡様金二匁一朱、	二一五八
30	文禄元?・6・14		少将　従(マツバⅡ型)	越後ヲウ村十三日講ほか三講　取次存玖	御所様二文目一朱、刑部卿法印一〇疋、拙者五〇文、普請なかは	二一五九
31	文禄元・12・17	詳定	法印頼廉(花2)	イナ村ほか一一村	顕如様御往生銀一四文め、講銭三匁	二一六九
32	文禄元・12・17		頼廉(花2)	イナ村ほか一一村	顕如様御往生銀一四文め、三文めかうせん、私二文め	二一七〇
33	文禄2・6・7	詳定	法印頼廉(花3)	イナ村ほか一三村・越後在々惣門徒中取次存敬	御門跡様御代替銀子二〇目	二一七一
34	文禄2・6・7	詳定	法印頼廉(花3)	十月講中、イケヘ村ほか九村　取次存敬	御門跡様銀子一五文目・同五文目	二一七二
35	文禄3・7・6	明聖	(不記載)	越後クヒキノ郡一三村　存教取次	御所様銀子一六文目　(日付上部明聖印)	写真版
36	文禄3・7・6		野木加右衛門尉賑重(花)	越後惣中在々　存教取次	御開山様御年忌銀一六匁、少弐法橋一匁、私五分	写真版
37	文禄3?・7・18		教如(花)	越後所々講衆中	志黄金五文目	写真版
38	文禄3?・7・19		頼龍(マリモ加点型)	越後国頸城郡津有之郷池辺村十日講ほか七講	志金子、御書、私金一匁	写真版
39	文禄4?・3・23	明聖	(不記載)	越後講中一一村　取次存教	(文言不記載)　(日付上部明聖印)	写真版
40	文禄4?・3・23		野木加右衛門尉賑重(花)	越後御講中　存教房取次	御所様銀子七匁、御印書、少二法橋一匁、私五分	写真版
41	文禄4?・6・28	明聖	(不記載)	越後府内ほか一八村、英盛取次	御所様月次銀□　(日付上部明聖印)	写真版
42	文禄4?・6・28		少弐法橋頼賑(ヒバチ型)	越後府内ほか一七村、英盛取次、十五日女房ほか七講、存教取次	御所様月次□四匁、私一匁、	写真版

43	慶長元？・6・24	明聖	法印性乗(花)	[　]越後頸城六ケ村十三日講中 存教取次	御所様金子二匁、遠路、「有増之躰」	二一七三
44	慶長元？・6・24	明聖	法印性乗(花)	越後ノタ存教・青木善左衛門尉・宗左衛門尉	御所様金子一匁、遠路、「有増之躰」	二一七四
45	慶長元？・6・24		法印性乗(花)	越後野田村存教・青木善左衛門尉・惣左衛門尉	御所様黄金一匁、私一〇疋、	二一七五
46	慶長元？・6・24		冨永言之(花)	存教・青木善左衛門尉・惣左衛門尉	具披露、法印一〇〇文、拙者五〇文、	二一七六
47	慶長2？・2・朔	詳定	法橋頼龍(マリモ平行型)	越後府内ほか一三村其外在々尼入中	御所様月次銀子四匁	写真版
48	慶長2？・2・朔		頼龍(マリモ平行型)	越後十二村尼入中	月次志、御印書、私一〇疋	写真版
49	慶長2・2・7		横田正次(花)	重尊坊	音信布切一、夏中ニハ必々御参待中	二一八二
50	慶長2？・6・26		頼龍(マリモ平行型)	越後頸城郡津有之郷　十村講中	志、御印書、私銀二匁	写真版
51	慶長2？・6・26		龍也(ヒサゴ型木版)	越後頸城之郡津有之郷十村御講衆中	志、書状、私銀子一匁、	写真版
52	慶長2？・6・26		龍也(ヒサゴ型木版)	[　]津有之郷十村御講衆中	志、書状、私銀子一匁、	写真版
53	慶長2？・7・9	明聖	(不記載)	府内ほか二〇村、越後惣講中	御所様銀三匁　(日付上部明聖印)	写真版
54	慶長2？・7・9		少弐法橋頼賑(ヒバチ型)	府内ほか二〇村　惣講中	御所様銀三匁、御印書、私代一〇疋、	写真版
55	慶長3・正・24		横田正次(花)	本覚坊	当月一六日ニ北ノかミ様御往生、御おもて様御とりミたし、御国替	二一八〇
56	慶長3・2・6		下間頼龍(マリモ平行型)	本覚坊	其元国替旁不如意	二一八一
57	・7・25		法橋頼龍	越後府内ほか一九村　其外在々尼入	月次御左右講銀子三匁、	写真版
58	・卯・21		龍也(モップ型初期)	九村廿四日講御中	志、書状、私銀一匁、	写真版

59	慶長7?・2・5		忠政(シーソー型)	本覚坊几下	了明往生銀一文目、音信銀子一匁、子息ニ申候	写真版
60	慶長7?・2・5		龍也(モップ型中期)	本覚坊御返報	御状拝見、新発意上洛、被懸御目	写真版
61	慶長9?・2・1		頼龍(シーソー型)	越後本覚坊床下	往生志、御印書、私銀一匁	写真版
62	慶長9?・2・朔	詳定	法印頼龍(シーソー型)	トノメ村六日講中ほか九講中	銀子四〇匁講銭、五匁御児様、五匁歳末、五匁年頭祝儀、五匁御書	写真版
63	慶長9?・2・1		頼龍(シーソー型)	トノメ村六日講中ほか九講中	祝儀・志、御印書、私銀五匁、	写真版
64	慶長10?・2・朔	詳定	法印頼龍(シーソー型)	越後くひき郡廿四日講中ほか九講中 取次存久	講銭二一匁、寄中志一一匁、志三匁、	写真版
65	慶長10?・2・朔		頼龍(シーソー型)	越後くひき郡在々講中 取次存久	志、御印書、私銀五匁、	写真版
66	慶長10?・2・1		龍也(ヒサゴ型木版)	越後くひき郡在々御講中 取次存久房	志、書状、私銀五匁、	写真版
67	・2・7		法印頼龍(シーソー型)	廿四日講惣村	御所様講銭銀子二〇匁、志一〇匁、	写真版
68	・2・7		法印頼龍(シーソー型)	惣村廿四日講ほか三講	志、御印書、私銀子五匁	写真版
69	・2・9		龍也(モップ型後期)	十ケ村御講衆中	志、書状、拙者銀子二匁	写真版
70	・6・16	詳定	法印頼龍(シーソー型)	廿四日講中ほか	御所様銀子三〇匁	写真版
71	・6・16		法印頼龍(シーソー型)	越後頸城郡津有之郷一〇村講中	志、御印書、私銀子三匁、	写真版
72	・6・16		龍也(モップ型後期)	十一講惣御中	志、拙者銀子二匁	写真版
73	・6・24	詳定	法印頼龍(シーソー型)	下野田村廿一日講ほか八講 取次本覚	御所様銀子四五匁、	写真版
74	・6・24		法印頼龍(シーソー型)	下野田村廿一日講ほか八講 本覚取次	志、私銀七匁、	写真版

75	・6・24		龍也（モップ型後期）	十村御講中　本覚坊取次	志、書状、私銀四匁、	写真版
76	・6・4	詳定	横田河内重忠（花）	廿四日講中ほか四講中	御所様銀子五〇匁	写真版
77	・6・4		横田河内重忠（花）	廿四日講中ほか四講中　取次［　］	御門跡様志、御印書、私銀子五匁、	写真版
78	・10・6	詳定	松尾左近三以（花）	越州頸城郡［　］	御門跡様銀子二五匁、	写真版
79	神無月・6		松尾左近三以（花）	越後国頸城郡［　］	御門跡様銀子二五匁、御印書、私一両（ママ）	写真版
80	神無月・6		井田兵左衛門尉信次（花）	越後十三日御講中	志、御印書、拙者銀子二匁、	写真版
81	・8・24		井田兵左衛門　信次（花）	越後廿八日講中	志、御印書、拙者銀一匁五分	写真版
82	・6・23		松尾左近　以（花）	越後クヒキ郡惣拾三講衆	志、御印書、私銀子三匁、	写真版
83	・6・23		岡沢久左衛門尉　□□（花）	越後クヒキ郡惣十三日講衆中	志、御返事、私銀子二匁、	写真版
84	・7・2		安田九兵衛　次□（花）	越後頸城郡津有郷下野田村	志、書状、拙者銀二匁、	写真版
85	元和3〜9・9・5	詳定	粟津大進法印元辰（後傾型）	トノメ村六日講中　廿四日講中	御門跡様□一五匁	写真版
86	元和3〜9・9・5		粟津大進法印元辰（後傾型）	とのめ村六日講御中　廿四日講御中	志、御印書、私二匁、	写真版
87	元和3〜9・9・5		美栗喜右衛門尉信氏（花）	とのめ村六日講中・廿四日講中	志、書状、拙者銀一匁、	写真版
88	・9・4		美栗喜右衛門尉信氏（花）	越後切原村廿八日講中ほか三講中　本誓寺殿下本覚坊取次	志、書状、拙者銀一匁、	写真版
89	・正・2		（欠）	府内ほか一三村　其外尼入惣中	御所様月次御左右講青銅五〇疋、	写真版

出典：越後「本覚坊文書」（『新潟県史』資料編4・中世2）。通算番号とは同書内の一連番号。「写真版」とは新潟県立文書館の写真版。

図1　越後「本覚坊文書」中の花押・印章

 7：天正15年（1587） 6月22日 益田少将照従 （第2164号）	 2：天正7年?（1579?） 6月28日 「明聖」 （第2142号）
 23：天正19年?（1591?） 卯月28日 「明聖」 （第2154号）	 2：天正7年?（1579?） 6月28日 刑部卿法眼頼廉 （第2142号）
 23：天正19年?（1591?） 卯月28日 刑部卿法印頼廉 （木版花押） （第2154号）	 4：天正11年（1583） 7月13日 照従 （第2144号）
 24：天正19年?（1591?） 6月14日 「明聖」 （第2160号）	 5：天正14年（1586） 7月9日 照従 （第2143号）
 24：天正19年?（1591?） 6月14日 刑部卿法印頼廉 （第2160号） （木版花押）	 6：天正15年（1587） 6月22日 「明聖」 （第2163号）
 25：天正19年?（1591?） 6月14日 益田少将　従 （第2161号）	 6：天正15年（1587） 6月22日 刑部卿法印頼廉 （第2163号） （木版花押）

26：文禄元年?（1592?）
３月29日
「明聖」
（第2148号）

26：文禄元年?（1592?）
３月29日
刑部卿法印頼廉
（木版花押）
（第2148号）

27：文禄元年?（1592?）
３月29日
刑部卿法印頼廉
（第2149号）

28：文禄元年?（1592?）
３月29日
益田少将　従
（第2150号）

29：文禄元年?（1592?）
６月13日
「明聖」
（第2158号）

29：文禄元年?（1592?）
６月13日
刑部卿法印頼廉
（木版花押）
（第2158号）

30：文禄元年?（1592?）
６月14日
従
（第2159号）

31：文禄元年（1592）
12月17日
「詳定」
（第2169号）

31：文禄元年（1592）
12月17日
刑部卿法印頼廉
（木版花押）
（第2169号）

32：文禄元年（1592）
12月17日
頼廉
（第2170号）

33：文禄２年（1593）
６月７日
「詳定」
（第2171号）

33：文禄２年（1593）
６月７日
刑部卿法印頼廉
（木版花押）
（第2171号）

 39：文禄4年?（1595?） 3月23日 「明聖」 （写真版）	 34：文禄2年（1593） 6月7日 「詳定」 （第2172号）
 40：文禄4年?（1595?） 3月23日 野木加右衛門尉賑重 （写真版）	 34：文禄2年（1593） 6月7日 刑部卿法印頼廉 （第2172号） （木版花押）
 41：文禄4年?（1595?） 6月28日 「明聖」 （写真版）	 35：文禄3年（1594） 7月6日 「明聖」 （写真版）
 42：文禄4年?（1595?） 6月28日 少弐法橋頼賑 （写真版）	 36：文禄3年（1594） 7月6日 野木加右衛門尉 賑重（写真版）
 44：慶長元年?（1596?） 6月24日 「明聖」 （第2174号）	 37：文禄3年?（1594?） 7月18日 教如 （写真版）
 44：慶長元年?（1596?） 6月24日 少進法印性乗 （第2174号）	 38：文禄3年?（1594?） 7月19日 頼龍 （写真版）

45：慶長元年?（1596?）
6月24日
少進法印性乗
（第2175号）

46：慶長元年?（1596?）
6月24日
富永采女正言之
（第2176号）

47：慶長2年?（1597?）
2月朔日
「詳定」
（写真版）

47：慶長2年?（1597?）
2月朔日
按察法橋頼龍
（写真版）

48：慶長2年?（1597?）
2月朔日
頼龍
（写真版）

49：慶長2年（1597）
2月7日
横伊豆正次
（第2182号）

50：慶長2年?（1597?）
6月26日
頼龍
（写真版）

51：慶長2年?（1597?）
6月26日
榎本新右衛門尉龍也
（写真版）

慶長2年（1597）
6月28日
教如
（第2183号）

53：慶長2年?（1597?）
7月9日
「明聖」
（写真版）

55：慶長3年（1598）
正月24日
横伊豆正次
（第2180号）

56：慶長3年（1598）
2月6日
按法頼龍
（第2181号）

59：慶長7年?（1602?）
2月5日
忠政
（写真版）

60：慶長7年?（1602?）
2月5日
榎本新右衛門尉龍也
（写真版）

61：慶長9年?（1604?）
2月朔日
按察法印頼龍
（写真版）

62：慶長9年?（1604?）
2月朔日
「詳定」
（写真版）

62：慶長9年?（1604?）
2月朔日
按察法印頼龍
（写真版）

63：慶長9年?（1604?）
2月1日
頼龍
（写真版）

64：慶長10年?（1605?）
2月朔日
「詳定」
（写真版）

64：慶長10年?（1605?）
2月朔日
按察法印頼龍
（写真版）

65：慶長10年?（1605?）
2月朔日
頼龍
（写真版）

66：慶長10年?（1605?）
2月1日
龍也
（写真版）

一　合戦終結と存敬の破門

「本覚坊文書」の年次推測で有力な手掛かりとなるのが、下間頼廉の僧位である。すなわち彼は天正四年（一五七六）二月までは「法橋」にあり、同四年三月に「法眼」に昇任し、さらに天正十四年（一五八六）八月某日からは「法印」となっているのである。(5) そこでまずこの変化に基づいて文書を整理してみると、法橋時代のものは「本覚坊文書」には見当たらず、法眼時代（天正四年三月〜同十四年七月）のものが三点（**1**・**2**・**3**）残されている。そのうちの一点を次に引用してみよう。

2　（印文「明聖」）（黒印）

御門跡様へ黄金弐文め、御進上候趣、具遂披露候。厚志之至、神妙被思召候。将且各参会時者、相互信不信之被談合、如　御掟有安心決定、今度可被遂報土往生事、善知識之御本意、不如之候。広大之御恩徳、忝可被存候。縦如何様之報謝被申候ても、於不信者、不可有其詮候旨、能々相心得可申候由、被仰出候。仍所被挑（ママ）　御印、如件。

（天正七年カ）六月廿八日　　刑部卿法眼
　　　　　　　　　　　　　頼廉（木版）（花押）

越後クヒキノ郡
在々尼入志衆中
　存敬取次

（通算二一四二号）

右によれば、御門跡様＝顕如にいま黄金二匁が進上され、披露を行ったところ神妙との意何が示されたと述べられ、袖には顕如が黒印（印文「明聖」）を押捺している。

　この文書で頼廉は「法眼」と署名しているから、天正四年三月〜天正十四年七月の間の発給とまず限定できる。次に取次「存敬」に注目すると、彼は天正十年代には全く文書に登場しなくなるが、文禄元年十一月〜翌二年閏九月の教如時代に至って再びその名が出現している（33・34）。このことから彼は教如派であったことが判明し、もしかすると天正八年に彼は顕如から破門処分を受けたのではあるまいか。そしてその結果、彼は天正十年代には逼塞を余儀なくされて、史料上に登場しなくなるのではなかろうか。ただし教如派（主戦派）の形成以前にはこうした区別は存在せず、全ての門徒衆が顕如の主導によって織田信長軍と対抗していた。右引の2でも袖に「明聖」印が据えられているから、その懇志は顕如充てであったことが認められる。かくして2は、上限を天正四年三月（頼廉の法眼初見）、下限を天正八年閏三月（教如派への破門処分）と設定でき、この結果、天正四年六月〜同七年六月の発給と推測できるのであるが、これ以上の分析は困難である。ここでは一応、天正七年頃のものとしておきたい。もうひとつの1の年次も同様としてよいが、3については後欠のため判然としない。

　さて、顕如と信長の対立による石山合戦が天正八年（一五八〇）閏三月に終結し、顕如は四月九日に大坂を離れて翌十日に紀伊雑賀に達した。ところがこの顕如の方針に反対して、断固たる籠城継続を唱えたのがその子教如であって、彼は諸国門徒衆に檄文を発して更なる支援を要請したのである。しかしながらこの試みも所詮は信長軍の敵ではなく、同年七月に教如も再度の和睦締結に追い込まれ、八月二日に大坂を退去して雑賀和歌浦に転ずる。迎えた父顕如は教如を義絶に処し、また加担した主戦派門徒衆には破門の処分を加えたのである(6)。

　本覚坊存敬も、この教如派に加担して籠城支援の懇志上納などを行っていたと思われるが、あいにくそれを証明する史料は遺存しない。わずかに文禄期の教如時代になって存敬が復活し、教如へ懇志を届けていること（33・

34）、文禄三年と思しき七月十八日付け教如書状37が伝えられていること（第六節に引用）、そして慶長二年六月二十八日付けで教如から、その子と思しき存教（教如派）に顕如絵像が下付されていること、これらの点によって、存敬とその子存教の教如派加担を推測するしか方法はないのである。本来ならば籠城継続を呼びかけた教如書状が所蔵されていて当然なのであるが、あいにくと残されていない。もしかすると存敬は、教如派加担によって信長勢から厳しく追及を受けたのかもしれず、あるいはまた破門処分を加えられたことで他国への潜伏を余儀なくされたのかもしれず、こうした混乱のなかで彼は文書類を紛失したのであろう。いずれにもせよ、天正八年閏三月～八月の教如派による籠城戦継続に関する史料が、「本覚坊文書」には全く伝えられていないのである。

さて、教如派（主戦派）加担と思しき存敬が破門されたことにより、代わって本覚坊の管掌を委ねられるのは、その弟と考えられる存教（顕如派）、およびその後継者存玖である。存教はもちろん顕如派であるから、天正八年八月から天正二十年（文禄元年）十一月にかけての「本覚坊文書」は、すべて顕如派から発せられたものである（ただし22だけは例外で、その懇志は新御所様＝教如充てである）。

教如はそれからまもなくの天正八年末、甲斐武田氏のもとを目指して秘回の旅に出るが、飛騨高山から先へは進めなくなったので反転し、越前大野郡穴馬庄の半原村に入って翌九年正月を迎え、さらに大野郡富島村の南専寺に潜入して、ここに約一年間留まることとした。各地の門徒衆はこの教如の動きを知って、秘かに南専寺に達して懇志を届け、また絵像裏書の染筆を申し出ている。ところが天正十年（一五八二）二月になって、信長軍の甲斐出陣の報がもたらされる。そこで教如は直ちに越中五箇山に転じて一向一揆に蜂起を命じ、進軍を牽制するための後方攪乱作戦を展開させることとした。けれども三月十一日には早くも勝頼が滅ぼされてしまったので（頸実検は十四日に伊那谷の浪合で）、教如は直ちに蜂起の中止を指示して越中を離れ、まず安芸某所に転じ、さらに反転して播磨英賀本徳寺に潜伏するのである。そしてここで天正十年六月二日の本能寺の変を聞いたので、彼は姫路城に赴いて羽柴秀吉との間に交誼を結び、次いで雑賀に立ち戻って、六月二十七日に父顕如との間で入眼（仲直り）を実現したのであった。(8) しかしながら、顕如が旧主戦派門徒衆に加えた破門処分はその後も一向に解除とはならず、顕如存命中にはついにそれは実現しなかったのである。

二　顕如体制の推移と存教（顕如派）

入眼した顕如・教如両人は、天正十一年（一五八三）七月になって雑賀を離れ、和泉貝塚に転ずることとした。

4 御所様へ金子三分御進上之通、具被遂披露候。随而刑部卿法眼へ同一朱、慥申届候。即御返事被申候。猶能々相心得可申旨候。次拙者へ同一フン給候。寔以過分、無冥加御事候。将且去四日ニ、和泉貝塚へ　御座をうつされ候。就其、御普請ニ御失（カ）塚者参候間、いまた御普請不相調候。各被申談、御馳走肝要候。いさゝか御油断あるへからす候。旁期後音之時候。恐々謹言。

（天正十一年）七月十三日　　照従（益田）（花押）

「（切取）」
ノタ村
イケヘ村
イチノヘ村
エンタウ村
御宿所

（通算二一四四号）

右の益田照従書状4によれば、顕如への金子三分、下間頼廉への同一朱、拙者＝照従への同一分について感謝するとしたうえで、去る七月四日に和泉貝塚へ御座を移されたが、普請の準備はまだ調っていないので一層の馳走を求めたい、と述べられている。この年次が天正十一年七月であることは確実である。

本願寺はその後、新たに秀吉から拝領した摂津中島（中之島）川崎の寺地へ、天正十三年八月三十日に移動することとなる。そして直ちに新堂舎の建立が企てられるが、あいにくと「本覚坊文書」にはこれに関わる史料が残されていない。

その翌年天正十四年（一五八六）の証如年忌に関連しては、次の書状が注目される。

5御所様へ八月御年忌之御志、金子壱文め壱朱御進上之通、具被遂披露候。随而刑部卿法眼へ代十疋、慥申届候。則御返書被申候。猶能々相心得可申旨候。次拙者へ五十銭給候。寔以過分、無冥加御事候。先々此方　公私御無事候。可御心安候。旁期後信候。恐々謹言。

（天正十四年）七月九日　（益田）照従（花押）

越後（切取）□□野田村惣御中

（通算二一四三号）

右の照従書状5によれば、顕如に「八月御年忌」の志として金子一匁一朱が進上され、また頼廉への銭一〇疋、拙者＝照従への五〇銭についても謝意を表すと述べられている。この年次を推測する手掛かりは「八月御年忌」であるが、本願寺歴代の門主で八月に死去しているのは証如だけであって、天文二十三年（一五五四）八月十三日が命日である（三九歳）。そしてその三三回忌というのが天正十四年に相当していたから、右の照従書状5は天正十

四年七月のものとしてまず誤りあるまい。（9）

なお右の史料でいま一つ注目すべきは、下間頼廉の僧位がまだ「法眼」であった点である。しかるに彼はその翌月八月某日には「法印」になっているから、（10）頼廉の法印昇任は天正十四年七月九日～同年八月某日の間であったと限定できるのである。（11）

ところで、天正十四年十一月になって顕如は病の床に臥し、翌十五年五月頃までの約半年間、煩いが続いたらしい。（12）門徒衆は大いに気遣ったことと思われるが、それが回復した後は次々と祝儀が届けられることになった。

6

（黒印）（印文「明聖」）

御門跡様就被成御本腹（復）、為御祝儀黄金三文め、進上之通遂披露候。遙々心懸、神妙被思召候。先以　御所様、
弥御快気之御事候。可心安候。将且各参会之時者、互信不信被談合、今度可被遂報土往生事、尤肝要之旨、
能々相心得可申之由、被仰出候。仍所被挑（ママ）　御印、如件。

　　　　刑部卿法印

六月廿二日（天正十五年）　　頼廉（花押）（本版）

　覚
本坊
　ゝ　門徒中

　　取次存教

（通算二一六三号）

7

御所様御本腹（復）之為御祝儀、金子三文め御進上之趣、被遂披露候。随而刑部卿法印へ、代二十疋申届候。則御返事被申候。猶能々相心得、可申旨候。次拙者へ十疋給候。過分無冥加御事候。先々此方　公私、御無事御座候。
可御心安候。旁期後信候。恐々謹言。

（天正十五年）六月廿二日　　　　　　（益田）照従（花押）

「（切取）」御門徒衆御中

取次存教御房

（通算二一六四号）

右の二点の書状のうち、前者6は頼廉が奉じた御印書、後者7はその手次益田照従が発した副状で、内容は顕如の本復に対する祝儀黄金三匁、頼廉への銭二〇疋、拙者＝照従への一〇疋について謝意が表されている。本来は前者の御印書に続いて頼廉副状が添えられていたはずであるが、あいにくと遺存していない。日付はともに天正十五年六月二十二日であって、末尾に存教（顕如派）の名が取次として記載されていて、懇志の取りまとめ役が存教であったことが知られるのである。

三　本願寺の京都移転と存玖（顕如派）

天正十九年（一五九一）閏正月五日、豊臣秀吉は顕如に対して京都西六条における新たな寺地を与える。直ちに移転の準備が行われて、八月五日に顕如は大坂を離れ、翌六日に京都に達した。また堂舎の建立については、中島御坊の建物を解体して移築することとしたようである。

「本覚坊文書」において京都移転に関わるものを探すと、まず次の二点がこれに関連する懇志請取状であろう。

24

（印文「明聖」）（黒印）

御門跡様へ御普請之為志、黄金壱文め二朱進上之趣、具遂披露候。心懸之至、神妙被　思召候。先以　御所様、

御堅固御座候。可心安候。将且各参会之時者、相互信不信被談合、如御掟有安心決定、今度可被遂報土往生事、
尤肝要之旨、能々可申下由、被　仰出候。仍所被挑（ママ）御印、如件。

刑部卿法印

頼廉（花押）（木版）

（天正十九年カ）六月十四日

…（充所省略）…

（通算二一六〇号）

25御所様へ金子壱匁二朱、御進上之旨被遂披露候。仍刑部卿法印へ代十疋、たしか尓申届候。即御返事被申候。
猶能々相心得、可申入之旨候。次拙者へ五十文上給候。寔過分無冥加御事候。先々此方　上々様、御堅固ニ御
座候。可御心安候。旁期後音時候。恐々謹言。

（天正十九年カ）六月十四日　従（益田照従）（花押）

…（充所省略）…

存玖御取次

（通算二一六一号）

右の二点のうち、前者24は頼廉の奉じた御印書、後者25はその手次益田照従の添えた副状である。内容は、顕如に充てて普請の志として黄金一匁二朱、頼廉へは銭一〇疋、照従へは五〇文が進上され、感謝していると述べたものである。日付はともに六月十四日で、その発給年次が天正十九年である点については、益田照従の花押「マツバⅡ型」の形状、およびその署名「従」の崩し方が根拠となっている。(13) そしてここで注目すべきは、後者25において存玖が取次として見えている点である。このことから、父と思しき存教は天正十五年六月（先引6・7）から程なくして死去したものと考えられ、これに代わって存玖（顕如派）が本覚坊を継承したのであろう。

なお表1の懇志請取状一覧には記載しなかったが、「本覚坊文書」中には京都移転に関連する次のごとき史料も

ある。

「顕如様《(包紙ウワ書)》、京都へ御入り被遊候ニ付、
　太閤様と御懇意ノ段ヲ御知セノ御状　壱通」

(前欠)くハしく披露申され候へ□、御ゐんヲなされ候。かたしけなくそんし□され、よく〳〵御ちやうたいあるへく候。
一、うへ〳〵さま、いよ〳〵御けんなりけに御さ候。ます〳〵ふッほう御はんしやうに御さ候まゝ、御心やすく《かる》へく候。
一、先日　太閤様《(ママ)》、大坂より御いとまこいとして、大坂まて御くたりなされ候へハ、大閤様《(ママ)》一たん御きけん、なか〳〵申はかり御さなく候つる。いよい《(衍カ)》〳〵ふッほう御はんしやうの、御すいりやうたるへく候。
一、明後日廿九日ニ、　関白様《(秀次)》、　新御所さま御《(へ脱カ)》成候御事候。これも自余へハ、御成候ハねとも、此はうの御事候まゝ、御かやの遊ニも、御出候御事候。めてたき御事候。御きつかい候ましく候。なを相かわる御事候ハゝ、かさねて申候へく候。次法印へ同十疋、申聞候。我等かたへも十疋、くわふんみやうかなくそんし候。
恐々謹言。
十月《(天正十九年)》廿七日　　乗宣
…(充所省略)…
(通算二一七九号)

右の書状の包紙には、顕如が京都へ転ずるに際して、太閤秀吉との間が円滑である旨を「乗宣」から報じたものとの注記が見えている。そしてその内容は、御印書を忝なく頂戴すべしとしたうえで、顕如が壮健であること、また大坂を離れることとなったので太閤秀吉に暇乞いの拝謁を行ったところ、太閤は御機嫌であったこと、さらに来

る十月二十九日に関白秀次が教如のもとに来る予定となっていることなどが述べられ、最後に「法印」（未詳）への銭一〇疋、乗宣への同一〇疋について謝意を表しているのである。

いまひとつ京都移転に関連すると思しきが、次の**23**である。

23

（黒印）（印文「明聖」）

御影堂・阿弥陀堂へ為志、黄金□（壱カ）文め二朱之事、并為講銭同壱文め弐朱、進上之趣遂披露候。懇志之至、神妙被思召候。将且各参会之時者、相互信不信被談合、如御掟有安心決定、今度可被遂報土往生事、善知識之御本意不過之旨、能々相心得可申候由、被仰出候。仍所被挑（ママ）御印、如件。

刑部卿法印

（天正十九年カ）卯月廿八日　　頼廉（花押）（木版）

……（充所省略）……

（通算二一五四号）

右によれば、御影堂・阿弥陀堂に対する志として黄金一匁二朱、講銭として一匁二朱が進上され、披露を行ったところ神妙との意向であったと記されている。袖の「明聖」印により、懇志上納先が顕如もしくは准如であることは疑いないが、准如時代の文書は「本覚坊文書」には、**表1**に示されるごとくに一二点（**35**・**36**・**39**・**40**・**41**・**42**・**43**・**44**・**45**・**46**・**53**・**54**）しかなく、しかもそれらには下間仲孝（性乗）と下間頼賑とが関与していて、頼廉の発したものは見られない。よって右引の**23**は顕如時代（文禄元年十一月まで）のものと限定してよく、その結果この**23**は、天正十九年卯月のものと想定するのが最も無難と思われるのである。

その翌年文禄元年（天正二十年、一五九二）三月になって、作事の続く京都本願寺において、台所の一部を焼くという失火事件が起きた。

26（黒印）（印文「明聖」）

御門跡様へ火事為御見廻、黄金二文め壱朱但イナカメ進上之旨、具遂披露候。遠路心懸之程、有難被思食候。将且切々各参会之時者、相互ニ信不信被談合、如　御掟有安心決定、今度可被遂報土往生事、善知識之御本意、不可過之候。誠広太深遠之御恩徳之程、忝可被存候。縦如何様之報謝被申候ても、於不信者不可有其詮候。弥法儀無由断可被相嗜事、自何以肝用之旨、能々相心得可申由、被仰出候。則所被挑（ママ）御印、如件。

刑部卿法印

（文禄元年カ）三月廿九日　頼廉（木版）（花押）

越後府内春日

在々里々惣中

（通算二一四八号）

27御所様へ火事之為見廻、黄金弐匁壱朱但田舎目、懇ニ申上候。則被成下　御印書候。可有頂戴候。随而私へ同壱朱給候。誠無冥加事候。先々今度之御火事之儀、御台所之端少尓て候間、可御心易候。尚期後音之時候。恐々謹言。

（文禄元年カ）三月廿九日　頼廉（花押）

越後府内春日在々里々惣中

（通算二一四九号）

28御所様へ金子二匁壱朱、御進上之旨被遂披露候。随而刑部卿法印へ同壱朱、たしか尓申届候。即御返事被申候。尚能々相心得、可申入之旨候。次拙者へ代十疋給候。寔以くわふん、無冥加御事候。先々此方　公私、御堅固御座候。可御心安候。旁期後音之時候。恐々謹言、

三月廿九日（文禄元年カ）　　　　従（益田照従）（花押）

越後
府内・春日
在々里々
惣各御中

（通算二一五〇号）

右の三点は、**26**が三月二十九日付け御印書、**27**がこれに添えられた頼廉副状、そして**28**が手次益田照従副状であって、顕如への黄金二匁一朱、頼廉への同一朱、照従への銭一〇疋について謝意が表わされている。注目すべきは**26**・**27**の文言中に失火事件があったと語られている点で、とりわけ**27**では「今度之御火事之儀、御台所之端少尓て候」とて、台所の一部を焼失したと述べられている。問題はその年次であるが、第三史料**28**を奉じた照従の花押形状が「マツバⅡ型」に属し、しかも署名「従」が著しく崩れている点を踏まえると、文禄元年（天正二十年）のものと推測するのが最も妥当なのである。[14]

続いて次の二点も文禄元年（天正二十年）のものであろう。

29　（黒印）（印文「明聖」）

御門跡様へ金弐匁一朱進上之旨、具遂披露候。懇志至、神妙ニ被　思召候。先以　御所様、御堅固ニ御座候。可心安候。将且各参会之時者、相互ニ信不信被談合、如　御諚有安心決定、今度可被遂報土往生事、尤肝用之旨、能々相心得可申由、被仰出候。仍所被挑（ママ）御印、如件。

刑部卿法印
六月十三日（文禄元年カ）　　頼廉（花押）（木版）

…（充所省略）…

存玖取次

（通算二一五八号）

30　尚々、此方之儀、御ふしんなかはにて候。このたひの事ニ候間、其元御門徒衆被申談、可有御馳走事、尤
存事候。

御所様へ金子二文目一朱御進上之旨、被遂披露候。仍刑部卿法印へ代十疋、たしか尓申届候。即御返事被申候。

猶能々相心得、可申入之旨候。次拙者へ五十文、寔くわふん無冥加御事候。先々此方上々様、御堅固御座候。

可御心安候。旁期後音之時候。恐々謹言。

（文禄元年カ）六月十四日　　従（益田照従）（花押）

存玖御取次
…（充所省略）…

（通算二一五九号）


右の二点の年次推測も、その根拠は後者30の益田照従の署名と花押形状であって、文禄元年（天正二十年）のものと考えてまず誤りあるまい。その内容は、存玖（顕如派）の取次によって進上された顕如への金二匁一朱、頼廉への銭一〇疋、拙者＝照従への五〇文について謝意を表したものである。本来は前者29の御印書に添えてまず頼廉副状が発せられ、さらに続いて後者の照従書状30が発せられる手続きであったはずであるが、あいにくと頼廉副状は残されていない。ここで注目すべきは、後者の尚々書に「御ふしんなかはにて候」と見えるところで、この表現から京都本願寺の作事が着々と進捗している状況を窺うことが可能であろう。

四　教如継職と存敬（教如派）の復活

文禄元年（天正二十年、一五九二）十一月二十四日になってついに顕如が死去し（五〇歳）、教如がその跡を嗣

ぐ。この報せは直ちに各地の門徒衆のもとに達し、本覚坊からも懇志が上納されて、次のような請取状が発せられている。

31 （黒印）（印文「詳定」）

顕如様御往生之為志、銀十四文め、為講銭同三匁、進上之旨、具遂披露候。心懸之程有難被思召候。将又各参会之時者、相互ニ信不信之被談合、如　御掟有安心決定、今度可被遂報土往生事、自何以肝用之旨、能々相心得可申由、被仰出候。仍所被挑（ママ）　御印、如件。

刑部卿法印

（文禄元年）十二月十七日　　頼廉（花押）（木版）

…（充所省略）…

（通算二一六九号）

32 顕如様御往生之為志、銀十四文め、同三文めかうせん、進上之旨、懇ニ申上候。則被成下　御印書候。可有頂戴候。随而私へ二文め給候。寔以無冥加事候。尚期後音之時候。恐々謹言。

（文禄元年）十二月十七日　　頼廉（花押）（木版）

…（充所省略）…

（通算二一七〇号）

右の二点は、文禄元年十二月十七日に発せられた教如御印書とその副状で、顕如往生に伴う志としての銀一四匁、講銭としての銀三匁、そして頼廉への銀二匁につき、礼辞を述べたものである。顕如の死去から二十三日後の日付となっているので（十一月は大の月）、おそらくはその報を得た本覚坊が急ぎ名代を派遣して懇志を届け、右の請取状を得たものであろう。取次を行った住持名が不詳なのは残念であるが、存玖（顕如派）がまだそのまま在職していたと考えるのが無理が少ないであろう。

しかるにその半年後の文禄二年（一五九三）六月の懇志請取状二点になると、存敬の名が取次として登場するのである。

33

（黒印）（印文「詳定」）

御門跡様へ、御代替之為御礼、銀子廿目進上之通、遂披露候。懇志之至、神妙被思食候。将且安心之一儀、無油断被相嗜、今度可被遂報土往生事、何自以肝要之旨、能々相心得可申下由、被仰出候。仍所被顕　御印、如件。

六月七日（文禄二年）　　刑部卿法印
頼廉（花押）（木版）

…（充所省略）…

取次存敬

（通算二一七一号）

34

（黒印）（印文「詳定」）

御門跡様へ銀子拾五文目、同五文め尼入志、何も進上之通、遂披露候。はる〳〵懇志之至、神妙被　思食候。将且安心之一儀、無由断被相嗜、今度可被遂報土往生事、何自以肝要之旨、能々相心得可申由、被　仰出候。仍所被顕御印、如件。

六月七日（文禄二年）　　刑部卿法印
頼廉（花押）（木版）

…（充所省略）…

取次存敬

（通算二一七二号）

右の二点の御印書には「詳定」印が据えられているから、文中の「御門跡様」が教如を指すことは疑いなく、ともに文禄二年六月七日の発給とすべきである。その内容は、前者33では教如へ「御代替」の祝儀として届けられた銀二〇匁について謝意を表し、また後者34では教如への懇志一五匁、および尼入からの五匁について礼辞を述べている。そして注目すべきは末尾の「取次存敬」であって、それまで一〇年以上にわたって逼塞を余儀なくされていた存敬（教如派）が、教如の門主就任とともについに復活したことが知られるのである。当然これまでの坊主存玖（顕如派）は、その地位から追い落とされたと考えられ、それと同時に所蔵の文書類もすべて存敬に奪い取られていたことであろう。そしてこうした実力行使が可能となったのは、存敬が伯父、存玖が甥という関係であったからに相違あるまい。

五　准如の門主就任と存教（教如派）の登場

教如の継職に伴って、存玖のごとき顕如派が追放され、代わりに存敬のような旧主戦派（籠城継続派＝教如派）が復活したことで、教団内には重大な混乱が引き起こされたに違いない。そこで旧顕如派はこの事態を食い止めるべく、急ぎ如春尼（顕如妻で教如母）を通じて豊臣秀吉に、教如排斥を強く要請したのである。その際に彼らは、顕如譲状（天正十五年十二月六日付けで准如に本願寺留守職を譲渡するとの内容）を偽作して秀吉に提出していた。

かかる訴訟を受けた秀吉は、文禄二年（一五九三）閏九月十六日に教如とその側近を大坂城に召し寄せて、教如が「十年家をもち、十年めに理門（准如）江可被相渡事」との、いわば折衷案を提案する。こうした点から考えると、秀吉は旧顕如派による譲状偽作を知っていた可能性が高いと思われる。そして教如はこれを聞いて情勢の不利なことを悟り、直ちに了解する旨を返答したのであったが、しかし側近らは譲状に不審ありとして強く反発したため、これが裏目に出て秀吉が怒り出し、「ゆつり状にまかせ、理門へすくに可被遣候」との決定が下されたのである[15]。かくして准如に充てて豊臣秀次から文禄二年十月十三日に、また秀吉からは同月十六日に、それぞれ安堵状が発せられることとなるのであるが[16]、しかし教如はそれから約一年間、屋敷を明け渡そうとはせず、文禄三年（一五九四）九月二十一日に至ってようやく「御裏」に転じ、代わって准如が十月十四日に「御表」へ移動したのであった。

以上のごとき経緯で准如が門主に就いたため、彼は坊官・侍衆や一家衆坊主に対して、まず帰属の誓詞を提出させることとした。当然、一般の坊主・門徒衆にも誓詞提出が義務付けられたと思われるが、しかし住持職に復帰していた本覚坊存敬（教如派）にとっては、准如派への帰属を誓約することは屈辱的と感ぜられたに相違なく、これを機会にして彼は引退することとし、代わって子存教（教如派）が住持となったらしい（存敬の死去は慶長六年の末頃か―第七節で検討）。

存教の住持就任を最初に確認できる史料は、文禄三年七月の次のものである。

35 御所様へ為志、銀子拾六匁進上、神妙被思食候。随而安心之一儀、無由断被相嗜、今度之可被遂報土往生事、肝要之旨、被仰出候也。

（文禄三年）七月六日　（黒印）（印文「明聖」）

…（充所村名省略）…

惣衆中

存教取次　　（写真版）

36 以上。

御開山様御年忌之為志、銀子拾六匁御進上之通、被遂披露候。則被成　御印書候。御頂戴御尤候。随而少弐法橋へ同壱匁、慥申聞候。能々相心得可申旨候。次私へ同五分給候。無冥加御事候。何も不斗御参、奉待候。猶期後音候。恐々謹言。

（文禄三年）
七月六日　　　　　　　　野木加右衛門尉
　　　　　　　　　　　　　　賑重（花押）

越後
　惣中
　　在々
　　　存教取次

（写真版）

右の二点の史料は『新潟県史』資料編には収載されておらず、新潟県立文書館の写真版によって掲載している。これらは発給日と懇志の額が一致していることから同時点のものと考えてよく、35の日付の上方の「明聖」印によって、准如充て懇志の請取状であることは明らかである。また36を発した野木賑重は下間頼賑の手次であって、本来は御印書35に続いて下間頼賑副状が発せられていたはずであるが、あいにくと残されてはいない。内容は、准如への銀一六匁、頼賑への銀一匁、手次野木賑重への銀五分につき謝意を表したもので、36の文言中に「御開山様御年忌」と記されている点から、文禄三年（一五九四）の発給と判明する。すなわち「大谷本願寺通紀」巻第三によれば、

第十二宗主　准如
…（中略）…（文禄）三年、修宗祖三百三十三年忌。[17]

とあって、親鸞三三三年忌が文禄三年に挙行されていることが知られ、これに対応した懇志上納であったと考えら

れるからである。

そこでいま注目すべきは、充所末尾に「存教取次」と見えて、存敬の後継者と思しき存教が登場している点である。彼も父存敬と同じく教如派であったと思われ、事実、慶長二年六月に願主「釈存教」に充てて教如から顕如絵像が下付されているから（通算二一八三号―後引）、この点はまず間違いないであろう。けれども天正十年代の存教（顕如派）とたまたま同名であるために、住持歴代の理解には大きな混乱を来す恐れがあるのであって、この両人を決して混同してはならないのである。

かくのごとくにして存教（教如派）は、文禄三年七月から本覚坊の経営を引き継ぐこととなったのであるが、しかし本願寺においては教如が排除されて准如体制が形成されつつあった段階であるから、彼が坊主としての地位を維持・存続させるためには、当面は面従腹背とでもいうべき姿勢に甘んじなければならなかった。つまり、屈辱的ながらも准如派に対して誓詞を捧げ、また懇志を上納するということであり、その最初のものが右掲した35・36の懇志請取状なのであろう。

その翌年文禄四年（一五九五）の発給と思しき、准如派からの懇志請取状は二組ある。

39 （黒印）（印文「明聖」）　三月廿三日（文禄四年カ）

越後講中

…（十一村名省略）…

取次存教

40 「（端裏ウワ書）

野木加右衛門尉

（写真版）

ゐちこ
存教房　　　賑重」
取次
御所様へ為志、銀子七匁進上之通、具被遂披露候之処、即被成　御印書候。各御頂戴尤候。随而少二法橋へ同壱匁、是又慥申聞候。次私へ同五分、被懸御意候。誠以冥加之無之奉存候。右之分、能々相心得可申入旨候。恐々謹言。

野木加右衛門尉

（文禄四年カ）三月廿三日　　　賑重（花押）

越後御講中

（写真版）

まず一組が右の**39**・**40**である。**39**においては日付と村名と「取次存教」の文字とが記され、その上部に「明聖」印が据えられただけであるが、これは本来の御印書の本文がすべて省略された形式と考えるべきであって、いわゆる札御印に類似したものと解されよう。これに続いて下間頼賑副状も発せられていたはずであるが、紛失しているらしい。そして手次野木賑重の書状**40**が添えられている。内容は、准如への銀七匁、頼賑への銀一匁、野木賑重への銀五分について礼辞を述べたものである。年次推定の根拠は野木賑重の花押形状であって(18)、文禄四年〜五年のものと判断されるが、次に引用する**41**・**42**、および**43**〜**46**との関連で、文禄四年のものではないかとしておきたい。

そして注目すべき取次として、ここにもやはり存教（教如派）の名が登場しているのである。

もう一組が次の**41**・**42**である。

41御所様江月次之為志、銀子□　□進上、神妙被思食候。随而安心之一儀、無油断被相嗜、今度可被遂報土往生事、肝要之旨被　仰出候也。

（印文「明聖」）（黒印）　（文禄四年カ）六月廿八日

…（十九村名省略）…

英盛取次　（写真版）

42 ［　］様江月次之為［　　］四匁進上、［　］具遂披露候。［　］御印書候間、頂戴尤候。連々如御掟、仏法世間共、可被相嗜事肝要之旨、能々可申由、御意候。次私へ壱匁贈［　］。無冥加事候。恐々謹言。

少弐法橋

（文禄四年カ）六月廿八日　頼賑（花押）

…（十二村名省略）…

英盛取次

…（八講名省略）…

存教取次　（写真版）

右の二点も准如御印書と頼賑副状であって、准如への四匁、頼賑への一匁につき謝意を表している。注目すべきは充所の取次名で、前者41では十九村の取次として英盛が登場し、後者42では英盛と存教とが記されている。あいにくと英盛がどのような人物かは全く未詳である。

以上のごとくにして存教（教如派）は、本覚坊の住持たる地位を維持すべく、准如派への懇志上納に努めるのであるが、翌年慶長元年（一五九六）になってその地位が脅かされる事態が生じたらしい。それはおそらく存玖（存教の甥か、旧顕如派＝准如派）が、地位復活と門徒管掌権の回復を目指して准如派に訴え出たためであろう。存教はそこで直ちに対策を講じなければならなかったが、彼一人の力量では余りにも困難な事柄と思われたために、門徒の青木善左衛門尉・青木宗左衛門尉（惣左衛門尉とも）という二人の武士に取り成し（口添え）を要請し、彼らと同道して本願寺に上って地位安堵を得ようとしたのである。

44
（黒印）（印文「明聖」）

御所様為志、金子一匁イトメヌキ、進上之通、具令披露候処、遠路可為造作、懇情之至、先以神妙被　思召候。就中、連々如　御掟、信心決定有、今度之可遂報土往生事、善知識之御本懐、不可過之候。唯有増之躰迄尓てハ、無所詮事（ママ）候。誠広大之御慈悲を、難有被存、安心決定之上ニハ、称（名脱カ）念仏無油断、可被相嗜事肝要候。仍所被排（ママ）　御印、如件。

少進法印

（慶長元年カ）六月廿四日　　性乗（花押）

越後ノタ
存教
青木ノ内
善左衛門尉
宗左衛門尉

（通算二一七四号）

45
御所様為志、黄金一匁イトメヌキ、進上之通、具令披露候処ニ、則被成　御印書候。各忝被存候而、可有頂戴候。此方　上々様、一段御勇健御座候。別而難有可被存候。次私へ鳥目十疋、上給候。懇志之程、無冥加候。恐々謹言。

（慶長元年カ）六月廿四日　　性乗（花押）

越後野田村
存教御房
青木内
善左衛門尉
惣左衛門尉
まいる

（通算二一七五号）

46御進上之通、具披露被申候処、別而御感不斜旨候。此方不相替、弥御堅固ニ御座候間、万々難有可御心安候。随而法印へ代百文、申聞候處処(衍カ)、即一札を以被申候へ共、尚我等ゟ能々可申入旨候。次拙者式へ同五十文、被懸御意候。御懇之至、過分無冥加存候。恐々謹言。

(慶長元年カ)六月廿四日　　言之(冨永采女正)（花押）

存教御房
青木内
善左衛門尉殿
惣左衛門尉殿
参御宿所

（通算二一七六号）

右に引用した三点の史料44・45・46は、懇志の額や日付・充所が一致している点から、同時に発せられたものと考えられる。その内容は、准如への黄金一匁、性乗への鳥目一〇疋、冨永言之への五〇文について礼辞を述べたものである（このほかに同日付け43では十三日講中から金子二匁が上納されている―引用省略）。問題とすべきは、充所に存教（教如派）のほか青木善左衛門尉・宗左衛門尉（惣左衛門尉）の名が見えている点であって、その理由は前述のごとくに教如派の存教がその地位を脅かされ、もしかすると存玖（准如派）に取って代わられる可能性があったためであろう。そこで彼は青木両氏に本願寺への同道と取り成し（口添え）を求め、その結果このような充所の記載となったものに相違ない。青木両氏が同道していたことは、46の充所脇付に「参御宿所」と付記されている点から確実である。存教にとって父存敬がすでに隠退していたことは、むしろ幸いとも言うべき状況であった。こうして青木両氏の取り成しを受けることで、存教はようやくに住持としての地位保全を果たすことができたのである。なお、これらの発給が慶長元年と推測される根拠は、副状46を発している手次冨永言之の花押形状であって、この年以外のものとは考えにくいところである。(19)

さて存教は、その翌年慶長二年にも同様に准如派へ懇志を上納している。

53御所様江為志、銀子三匁進上、神妙被　思召候。将《(ママ)》又安心之一儀被相嗜、今度可被遂報土往生事、肝要之旨被仰出候者也。

(印文「明聖」)
(黒印)　七月九日(慶長二年カ)

越後
物講中

…(二十一村名省略)…

(写真版)

54御所様江為志、銀三匁進上之通、遂披露候処、則被成　御印書候。頂戴尤候。連々如　御諚、仏法世間共、可被相嗜事肝要之旨、能々可申下　御意候。次私へ代十疋給候。無冥加事候。尚期後音候。恐々謹言。

少弐法橋

七月九日(慶長二年カ)　頼賑(花押)

物講中

…(二十一村名省略)…

(写真版)

右の二点53・54は、准如への銀三匁、私＝頼賑への銭一〇疋の上納に対する請取状である。年次は必ずしも明白ではないが、これを奉じた頼賑花押の形状からは、これらを慶長二年と推測することに支障はなさそうである。(20)

以上のごとくに教如派たる存教は、慶長二年七月までは准如派帰属の姿勢を維持し続けていたのであるが、しかし右引の史料53・54を最後にして、彼は准如派への懇志上納を行わなくなったらしく、准如派からの懇志請取状が見られなくなってしまう。つまり慶長二年七月からまもなくして、存教の准如派に対する姿勢は大きく転換したのであって、その契機はおそらく慶長三年（一五九八）八月十八日の秀吉死去であったに相違あるまい。

六　教如への懇志上納と絵像下付

前節においては、教如派たる存教が准如の登場以降、准如に懇志を上納してその地位保全に苦心していたことを述べたが、それではこのことによって彼が直ちに教如への懇志上納を中止したかというと、実はそうではなかったらしい。つまり存教はいわば面従腹背の態度であって、これ以後も教如への懇志上納を怠ることなく行い、その結果「本覚坊文書」には連年の請取状が遺存しているのである。おそらくこの行為は隠密裡に行われたものであろう。

教如が御裏に移動する文禄三年（一五九四）九月の、その直前の発給と思しきが次の二点の史料である。

37 （端裏ウワ書）「越後所々講衆中　　教如」

為志黄金五文目到来候。まこと尓遙々遠路のところ尓、懇志のいたり、別而ありかたくおほえ候。抑一流安心の趣者、な尓のわつらひもなく雑行雑修をすてゝ、一心一向尓弥陀如来後生たすけたまへと、憑申人々ニハ、かならす〳〵浄土に往生すへき事、ゆめ〳〵疑あるへからす候。如此信心決定候うへ尓ハ、行住坐臥尓念仏申へく候。これをすなハち仏恩報謝の念仏なりと心得られ候て、油断なく申され候へく候。このとほり細々に各談合候て、よく〳〵そのたしなミ肝要たるへき由、懇に惣中へ披露あるへく候也。あなかしこ〳〵。

（文禄三年カ）七月十八日　　教如（花押）

越後所々

講衆中

（写真版）

38為志金子進上之通、具遂披露候処、則被成　御書候。謹而可有頂戴候。誠遠路各懇志之段、相心得可申下由、被仰出候。於安心之一儀、御書中被仰顕之、弥法儀無由断、切々有参会、如　御掟可被相嗜事、尤専用候。随而私へ金壱匁上給候。是又無冥加存事候。猶御参之時可申候。恐々謹言。

（文禄三年カ）七月十九日　　頼龍（花押）（マリモ内点型）

越後国頸城郡津有之郷
…（七講名省略）…

（写真版）

右の二点のうち、前者37の教如書状では金五匁の上納について謝意が表わされ、続いて後者38の頼龍書状では、その金子と、私＝頼龍への金一匁について、礼辞が述べられている。

この二点の年次を推測する手掛かりは、後者38に据えられた頼龍花押の形状「マリモ内点型」であって、その使用時期は天正十三年頃から慶長元年後七月までの間と限定することができる[21]。他方で、上納された懇志が金子五匁という高額である点から考えれば、かなり重要な仏事に際してのものと推測すべきであって、おそらくは文禄三年十一月に厳修される親鸞三三三年忌に対するものだったのであろう。第五節引用の史料35・36においては、存教は准如派に対して銀子一六匁などを進上していたことが知られたが、右の37・38はそれから十二日後の日付であるから、おそらく存教はこの段階で両派（准如派・教如派）にともに懇志を上納していたものと考えられる。しかしその額の多寡によって、彼がいずれの派を重視していたかは明白と言わねばならない。

それとともに、教如が「御裏」移動を文禄三年九月まで渋っていた理由もほぼ推測がつくのであって、彼はこの年の親鸞三三三年忌を本願寺の堂舎において執行したかったのであろう。しかしこの希望を実現することはできず、准如の依頼に基づいた秀吉政権からの圧力に屈して、その直前の九月に彼は御裏移動を余儀なくされたというのが実態だったと考えられるのである。

さて、本覚坊には慶長二年（一五九七）六月二十八日付けで教如から下付された顕如絵像が伝来しており、その願主として存教の名が記されている。この絵像の制作にかなりの日数を必要としたであろうことは疑いないから、その申請は遅くとも前年の慶長元年中、もしかするとさらにそれ以前であったと思われる。そして慶長二年二月になってその絵像は完成したもののごとく、この月に上洛した使者に次の懇志請取状が手交されるとともに、教如染筆の裏書が数ヶ月後に完成するので再度上洛するようにとの指示が伝えられるのである。

47

（黒印）（印文「詳定」）

御所様へ月次之為志、銀子四匁進上之通、具遂披露候処、遠路懇志之至、神妙被　思食候旨、被仰出候。然者
連々如聴聞、安心決定之上ニハ、仏恩報謝之称名念仏、被□被相嗜、今度報土往生可被遂事、尤肝要候旨
御意候。仍所被排　御印候也。

（慶長二年カ）
二月朔日　　頼龍（花押）（マリモ平行型）

越後
…（十四村名省略）…
其外在々
尼入中

（写真版）

48

月次之為志進上候通、具被遂披露処、則被成下　御印書候。有難被存、可有頂戴候。随而私へ代拾疋上給候。
御懇志之段、令満足候。先以此方御無事候儀候間、可心安事候。猶期後音之時候。恐々謹言。

（慶長二年カ）
二月朔日　　頼龍（花押）（マリモ平行型）

越後
十二村
尼入中

（写真版）

49　尚々、こゝもと御用之事、可承之候。以上。

御状之ことく、当春之御慶、目出存候。仍為御音信、布切一被懸御意候。御懇之段、難申謝存候。夏中ニハ必々御参、待申候。先以　上々様、御無事之御事候間、可御心安候。猶御用之儀候ハヽ、承候へく候。恐々謹言。

（慶長二年カ）二月七日　　　　（横田）正次（花押）

重尊房
御返報

（通算二一八二号）

右の三点はおそらく同時点での発給であろう。47・48では教如への銀四匁、私＝頼龍への銭一〇疋の進上について謝意が示されているのであるが、問題なのは手次と思しき横田正次の発した49である。それによれば、重尊房（存教の実名であろうか）から進上された新春の祝儀たる「布切一」（越後縮一反か）について謝意を表すとともに、「夏中ニハ必々御参」あるべしと、次回の上洛日時を指定しているのである。これこそが、教如染筆による絵像裏書の完成予定期日だったと想定すべきであって、その年次は『新潟県史』資料編の解説通りに、慶長二年のものとしなければなるまい。前二者と49との日付がやや離れているが、前二者は使者が懇志を上納してまもなくに発せられたもの、これに対して49は、数日の滞在後に使者が越後へ下向することとなった時点で発せられたものと解するならば、とくに疑問視するには及ばないであろう。

かくしてその指示に従って存教が、慶長二年六月下旬に上洛したところ、次のごとき裏書を伴って顕如絵像が下付されたのである。

大谷本願寺釈教如（花押）

慶長二丁酉年六月廿八日
笠原本誓寺門徒越後国
顕如上人真影
頸城郡津在□（郷）下野□（田村）□
本覚坊常住物也
願主釈存教
（通算二一八三号）

すなわち、笠原本誓寺の門徒たる本覚坊存教に対して、いま教如から顕如絵像を下付すると記されているのである。

この絵像裏書に基づくならば、本覚坊は笠原本誓寺の門徒であったことが明白なのであるが、実は「本覚坊文書」中には、こうした上下関係を明示する史料がほとんど残されていない。しかしながら伝存する文書を子細に点検すると、ほとんど全ての文書に充所を一部切り取った痕跡が見られるとのことであるから、その切り取り箇所には本来、「笠原本誓寺下」などという表記があったのであろう。

なお、右の裏書を伴った顕如絵像を拝受する際にも、その直前に存教は教如に懇志を上納していたと思しく、その請取状が次の二点であろう。

50
端書無之候。
為志進上之通、具遂披露候処、則被成下　御印書候。有難被存、可有頂戴候。随而私へ銀弐匁上給候。懇志之段、令満足候。先以此方、御堅固之御儀候間、可心安候。猶期後音之時候。恐々謹言。
（慶長二年カ）六月廿六日　　頼龍（花押）（マリモ平行型）

越後頸城郡
津有之郷
十村
講中

51御志進上之通、具被遂披露、以書状被申候へ共、尚拙者相心得、可申入之由候。次私へ銀子壱匁、被懸御意候。　（写真版）

御懇志之段、無冥加存事候。何も御参之時、万々可申入候。恐々謹言。

（慶長二年カ）六月廿六日　（榎本）龍也（ヒサゴ型）（花押）

越後頸城之郡
津有之郷
十村
御講衆中　（写真版）

すなわち、教如への懇志（その額は不明であるが、頼龍への志二匁の五倍程度と仮定すると一〇匁であったか）について謝意が表されており、前者50は御印書（遺存していない）に添えられた頼龍副状、後者51は手次榎本龍也の副状である（同日付けのもう一点の榎本龍也副状52は引用省略）。年次推測の手掛かりは乏しいが、前引した絵像裏書の六月二十八日という日付に近接している点から考えて、右の50・51が慶長二年のものである可能性は高いと思われる。なお存教はこの時、准如派に対しても懇志を上納していたと推測され、それに対して発せられたものが第五節引用の史料53・54（七月九日付け）だったのであろう。

七　如春尼死去と存久（教如派）の登場

さて、その翌年の慶長三年（一五九八）正月には、存教がみずから上洛して教如へ懇志を届けたのであるが、この時には偶然にも如春尼（教如・准如の母）の死去という事態に遭遇してしまった。

55

尚々、此方之儀、少も相替事無之候。可御心安候。尚重而可申入候。以上。

新春之御慶、目出存候。去年永々御在京、何事も御馳走不申、御勝(カ)手存候。仍　御所様、御繁昌之御儀候間、可御心安候。随而当月十六日ニ、北ノかミ(如春尼)様御往生なされ候。扨々　御おもて様、御とりミたし、無申斗候。其付、御国替候由候。千万〳〵無御心元存候。いか〻と於此方ニ、機遣申事候。次ニ御くちあい候て、被遣候御文のかけ□□□□か、即御申候て、ちかき便宜ニ、のほり申候やうニ、御馳走頼入申候。猶追々可申入候。恐々謹言。

(慶長三年)正月廿四日　(横田)正次（花押）

本覚坊
御宿所

（通算二一八〇号）

56

端書無之候。

為音信銀壱匁、上給候。遠路懇志之段、難申謝候。随而在々従講中、御志進上之通、具遂披露候。其元国替、旁不如意之刻、如此之仕合、一段有難被　思召候旨、相心得可申下候由、被　仰出候。併其方才覚故ニ候。以来尚以馳走、専用候。猶横伊ゟ、委可被申越候。恐々謹言。

(慶長三年)二月六日　(下間)頼龍（花押）(マリモ平行型)

本覚坊
几下

（通算二一八一号）

右に引用した二点の書状は、本来は後者の頼龍書状56が先に発せられ、それに添えて前者の横田正次書状55が認められるべきものであるが、今回は如春尼死去の直後という混乱状態が原因となって、発給手続きが逆になったのである。この点を踏まえて文書作成の手順を考えてみると、もともと両者の本文はすべて正次が書いたのであろう。通常ならば日付と署名「頼龍」も正次が書いたはずであり、これに頼龍が花押を据えて正次に手渡し、さらに正次の副状が添えられて下付される手続きだったと思われる。しかるに今回は、如春尼死去という非常の事態が起き、頼龍に花押を書く余裕が見つからなかったのであろう。そこで正次はとりあえず自分の副状を先に交付してしまい、頼龍書状については花押が据えられ次第に日付を入れて交付するという、変則的手続きとしたのではあるまいか。なお、この時に存教が上洛していたと推測する根拠は、前者55の充所脇付に「御宿所」と添書されている点である。

そこで内容に注目すると、後者の頼龍書状56では、存教から銀一匁が届けられたが、越後では上杉氏が会津へ「国替」するために不如意の事態となっている由で、誠に感謝に堪えないと述べられている。次いで前者の正次書状55では、去年は長期間に亙って（顕如絵像を受領するため）在京されたが、十分に馳走できず心苦しく思っている。ところで当月十六日に「北ノかミ様」如春尼が往生され、「御おもて様」准如は随分と取り乱しておられた。越後では上杉氏の「御国替」がなされるとかで、心もとない限りとお察しいたす、と記されているのである。その年次が慶長三年であることは、如春尼の死去、および上杉氏の会津転封という両事件が語られる点から明らかであろう。

教如はその後も「御裏」で逼塞の状態が続いたが、慶長三年（一五九八）八月に秀吉が死去したため、情勢は大きく転換することとなる。翌慶長四年（一五九九）秋になって、教如は伏見向島城にあった徳川家康と密かに交誼を結ぶことに成功したとされ(22)、慶長五年（一六〇〇）九月の関ヶ原合戦で家康の覇権が確立したことに伴って、教如の一派独立の方針は確定したのである。その結果、慶長七年（一六〇二）三月に教如は家康から東六条で新たな寺地を拝領し、直ちに東本願寺の建立に着手する。さらに翌慶長八年正月三日には家康の斡旋で、上野国厩橋の妙安寺に伝来した親鸞木像（親鸞直作との伝承があった）を迎えて本山としての格式が調い、ついに独立が達成されたのである。

しかるに本覚坊では、慶長六年の末頃に先代たる存敬（教如派）がついに死去し、その子存教が名実ともに後継者となったようである。

59　尚以為御音信、銀子壱匁上給候。満足申事候。尚子息ニ申候。以上。

了明往生ニ付、銀壱文目上給候。懇志別而令満足候。随而御所様御勇健、并仏法御繁昌事候間、難有可被存候。何様御参詣刻、可申候。恐々謹言。

（慶長七年カ）二月五日　　忠政（花押）（シーソー型）

本覚坊
几下

（写真版）

60　（端裏切封ウワ書）「（墨引）

本覚坊
御返報　　榎本新右衛門尉
龍也」

御状之通拝見申候。委申聞候処、誠御懇之儀、満足被申候。則以書状被申候へ共、尚相心得候而、能々可申入候由候。爰元弥御繁昌御事候間、可御心安候。随而御新発意御上洛之事候。則被懸御目候由、御意被下候間、別而難有可被思食候。何様ふと御上洛、奉待申計ニ候。爰元取紛候て、ふさた申事候。内府様別而　上様へ、御懇ニ被成候間、於様子ハ可御心安候。追々御□□可申候。恐々謹言。

（慶長七年カ）二月五日　　（榎本）龍也（花押）（ヒサゴ型）

本覚坊
御返報

（写真版）

前者59は下間忠政（頼龍）書状で、「了明」の往生に関わる懇志銀一匁と、忠政（頼龍）への銀一匁について謝意が表わされるとともに、子細は「子息」から伝えられると述べられている。次いで後者60はこれに添えられた手次榎本龍也の副状で、「新発意」が上洛して教如に拝謁したことが記されるとともに、「内府様」＝徳川家康が教如に懇意を示している旨が特筆されている点に留意しなければならない。

まず問題は年次であるが、前者を奉じた下間頼龍の署名「忠政」に注目すると、[23] 彼がこの署名を使用した初見文書は慶長五年八月のものである。他方でその下限に関しては、慶長八年二月朔日の文書で「忠正」と改字していることが知られるから、以上の条件によって右の59は、慶長六年二月または同七年二月のものと限定することができる。またここに据えられた花押形状「シーソー型」（その所見は慶長五年八月〜慶長十一年三月）に依拠しても、この年次推測に支障が生ずることはない。次に、文言中で「内府様」家康の動静が語られている点に注目すると、教如が家康から京都東六条の新たな寺地を寄付されるのは慶長七年三月のことであり、もし右がその直前の発給とするならば、家康の態度が文書中に特記されることは当然のことと言わねばなるまい。かくして以上のごとき理由により、右の二点は慶長七年二月のものと考えられるのである。

この推測がもし妥当であるならば、右の史料の直前の慶長六年末頃に、本覚坊においては「了明」なる人物が死去したことが知られるのであって、おそらくこれが存敬に当たるのであろう（了明とは存敬の実名か）。そしてその後継住持の名代として、さらにその子息＝新発意（了明の孫）がいま教如のもとに達し、本覚坊の相続安堵を求めているのである。後継住持が「存教」に該当し、またこれの名代として上洛した子息＝新発意が「存久」（64・

65・66に登場）であることは、もはや言うまでもあるまい。

なお、上洛した子息＝新発意「存久」についてさらに推測を重ねるならば、彼はもしかするとこの時初めて上洛したのではあるまいか。そして教如に拝謁して一連の経緯を言上するとともに、教如の御剃刀を受けて得度を遂げ、法名「存久」を下付されたのではなかろうか。と言うのは、後引する史料61においてまたもや「往生」（存教の死去か）が語られ、次いで史料64・65・66には早くも存久が登場しているからである。そしてもしこのような推移を想定することが可能ならば、慶長七年の段階における存久の年齢は一五歳程度、その父存教は三五歳程度、祖父たる存敬の享年は五五歳程度であったと言うことができるであろう。

さて、教如の一派独立の動きに立ち戻ると、慶長七年三月に東六条で新たな寺地を付与された教如は、直ちに堂舎建立に着手したことであろう。またその権威と格式を荘厳するために、彼は上野国厩橋の妙安寺に伝来した親鸞木像を譲渡するよう強く要請していたのであるが、これも家康の介在によって慶長八年正月についに実現し、ここにようやく本山としての体裁が備わったのである。そこで本覚坊からも当然、教如充てに祝儀を届けねばならないのであるが、なぜか「本覚坊文書」には慶長八年二月頃と推測すべき史料が見当たらない。

「本覚坊文書」を整理した**表1**を通覧すれば直ちに判明するように、同文書には二月の日付を持つ懇志請取状（下間頼龍発給）が多数残されているから、慶長八年二月にも同様に懇志が進上されて請取状が発せられていたと想定することは、むしろ自然である。しかるにこの頃の下間頼龍は、改名して「忠正」との署名を行っていたことが知られ、しかもこれを使用したのはごく短期間のことであった。よって、この署名の記された請取状が遺存していたならば、慶長八年二月にも本覚坊からは懇志が届けられていたと認められるのであるが、これが見当たらないのである。

こうした文書伝存の状況を説明するためには、単に紛失したと考えるだけでは不十分と思われ、なんらかの特別な事態が生じていたために、そもそも懇志が進上されていなかったと想定すべきなのではあるまいか。そこでこうした観点で文書を再検討してみると、本覚坊の住持が「往生」したと語る、次のごとき史料があることに気づくのである。もしかするとこれは、存教が早くも死去したことを意味するのではあるまいか。

61為往生之志進上之通、具遂披露候処、則被成下　御印書候。有難被存、可有頂戴候。随而私へ銀壱匁上給候。
懇志之段、難申尽候。先以此方、御無事儀候間、可心安候。猶期後信之時候。恐々謹言。

（慶長九年カ）二月一日　頼龍（花押）（シーソー型）

越後
本覚坊
床下

（写真版）

右の頼龍書状61によれば、「往生」の志が進上されて披露を行ったところ、御印書が下付された（遺存しない）。私＝頼龍へも銀一匁が届けられ感謝している、と述べられている。前述のごとくに慶長八年初頭と推測すべき下間「忠正」発給の懇志請取状が見当たらない点から、この時点には本覚坊からの懇志が進上されていなかったとすべきであって、おそらくは存教に非常の事態が生じていて、懇志を進上するどころではなかったのであろう。そして存教が死去した後、その後継者たる存久は翌年慶長九年二月に、存教の「往生」の志を教如に進上し、その請取状として右の61が発せられたということだったのであろう。

かくして本覚坊では慶長七年後半～慶長八年前半に、存教から存久へと世代交代したと考えられるが、他方でその門徒衆にとっては、教如分立の祝儀進上が遅延するのは望ましいことではないから、右の存教往生の懇志と同時に、分立の祝儀も上納されていた可能性が高い。その請取状が次のものであろう。

62
（黒印）（印文「詳定」）
進上
銀子四拾匁　講銭
同五匁　御児様へ
同五匁　歳末
同五匁　年頭祝義
同五匁　御書前御礼

右進上之通、具遂披露候処、遠路懇志之至、神妙被　思食候旨、被　仰出候。然者連々如聴聞、安心決定之上にハ、仏恩報謝之称名念仏、無由断可被相嗜事、自何以肝要候旨　御意候。仍所被排　御印候也。

按察法印
頼龍（花押）（シーソー型）

（慶長九年カ）二月朔日
トノメ村
六日講中

…（九村講名省略）…　（写真版）

63
端書無之候。

祝儀并志進上之通、具遂披露候処、則被成下　御印書候。有難被存、可有頂戴候。随而私へ銀五匁上給候。懇志之段、令満足候。先以此方御無事儀候間、可心安候。先以此方、弥御繁昌之御事候間、可心安候。猶期後音之時候。恐々謹言。

（慶長九年カ）二月一日
頼龍（花押）（シーソー型）

トノメ村
六日講中
……（九村講名省略）……　　（写真版）

右の62・63の二点は、頼龍が奉じた御印書とその副状であって、講銭として銀四〇匁、「御児様」観如（ただし慶長十六年十一月死去）への銀五匁、歳末祝儀としての銀五匁、年頭祝儀としての銀五匁、御書御礼としての銀五匁が進上され、さらに頼龍にも銀五匁が届けられて、それぞれの礼辞が述べられているのである。

この二点に記されるごとき多彩な内容の懇志請取状は、他の「本覚坊文書」には例がない。つまりこの時点の門徒衆には、教如に懇志を進上できるという大いなる喜びが溢れていたのであって、これこそが分立成就の祝儀に該当するものと考えられ、その年次は、慶長九年二月と推測すべきであろう。

さらにその翌年慶長十年にも、次のような三件の懇志が届けられているが、ここに初めて住持名「存久」が登場するのである。

64　（黒印）（印文「詳定」）

進上
銀弐拾壱匁　講銭
同拾壱匁　寄中志
同参匁　志

右進上候通、具遂披露候処、遠路懇志之至、神妙被　思食候旨、被　仰出候。然者、連々如聴聞候、安心決定上尓ハ、仏恩報謝之称名念仏心懸、可被相嗜、（事脱カ）自何以肝要候旨、御意候。仍所被排御印也。

按察法印

（慶長十年カ）二月朔日　　頼龍（花押）（シーソー型）

越後くひき郡
……（十講名省略）……
　　存久
　　取次

（写真版）

65

端書無之候。

為志進上之通、具遂披露候処、則被成下　御印書候。有難被存、可有頂戴候。随而私へ銀五匁上給候。懇志之段、令満足候。先以此方御無事候間、可心安候。猶期後音之時候。恐々謹言。

（慶長十年カ）二月朔日　　頼龍（花押）（シーソー型）

越後くひき郡
在々
　講中
取次
　存久

（写真版）

66御志進上之通、申聞事候処、被遂披露候。則以書状、被申入候御事候。次ニ私へ銀参匁、被懸御意候。御懇志之段、無冥加存候。何も御参之時、旁御礼可申入候。恐々謹言。

（慶長十年カ）二月一日　　（榎本）龍也（花押）（ヒサゴ型）

越後くひき郡
在々
　御講中
取次
　存久房

（写真版）

右の64・65・66の三点では、講銭として銀二一匁、寄中の志として銀一一匁、さらに存久からの志三匁が教如に進上されて礼辞が述べられ、また頼龍への銀五匁、手次榎本龍也への銀三匁についても謝意が示されているのである。この三点の年次推測についても手掛かりは乏しいが、存教一周忌の法要の翌年、つまり慶長十年のものではないかとしておきたい。そして注目すべきは、ここに初めて取次として「存久」の名が登場しているのであって、ようやくに一人前の住持として活動できるようになった彼の姿をここに確認することができるのである。

おわりに

本章の検討で明らかにできた点を、最後にまとめておきたい。

越後本覚坊は越前和田本覚寺からの派生と伝えられ、「本覚坊文書」中に登場する青木善左衛門尉・青木宗左衛門尉（惣左衛門尉）は、もとは越前朝倉氏の家臣であったとされる。

天正初年の本覚坊住持は存敬で、彼は顕如の主導した織田信長との間の石山合戦に、懇志上納という形で協力していた。しかし顕如は天正八年閏三月に至って、抵抗を諦めて和睦に踏み切ることと決し、四月九日に大坂を離れて翌十日に紀伊雑賀に達したのである。ところがその嫡子教如は、この方針に反対して断固たる籠城継続を唱え、諸国門徒衆に檄文を発してさらなる支援を要請した。けれども所詮信長軍の敵ではなく、同年七月にはついに教如も和睦締結に追い込まれ、八月二日に雑賀に転じたのである。迎えた顕如はそこで彼を義絶とし、また加担の門徒衆には破門処分を加えた。この結果、本覚坊存敬も追われて他国流浪を余儀なくされた可能性があり、所持していた石山合戦関係の文書類はほとんど紛失したらしい。

存敬に代わって本覚坊を管掌することとなったのは、その弟と思しき存教（顕如派）である。しかし彼はそれからまもなくして死去したらしく、その子存玖（顕如派）によって遺跡が継承されている。かくして天正八年八月から天正二十年（文禄元年）十一月までの「本覚坊文書」は、ほぼ全てが顕如派から拝受したものである。

なお教如は、その後天正八年末から天正十年六月にかけて諸国秘回の旅に出るが、本覚坊にはこれに関わる史料は残されていない。住持たる存教・存玖父子が顕如派であってみれば、当然のことではある。そして天正十年六月に信長が滅ぼされた結果、ようやく教如は雑賀に立ち戻り、父顕如との間で入眼＝仲直りを実現したのである。

さて天正十一年七月になって、顕如・教如両人は和泉貝塚に転ずることとなり、これを祝って本覚坊からは懇志が届けられている。次いで本願寺は天正十三年八月に摂津中島（中之島）川崎へ移転し、その翌年天正十四年八月の証如三三年忌に際しては、本覚坊からも「八月御年忌」のための懇志が上納されていた。なおこの年忌関連の文書により、下間頼廉の僧位が法眼から法印へ昇任したのは、天正十四年七月九日～同年八月某日の間であったことが判明した。

次いで天正十四年十一月頃から顕如は病床に臥したらしく、翌十五年五月頃になってようやくに回復する。門徒衆はそこで相次いで祝儀を届けており、本覚坊存教（顕如派）も六月に金三匁を進上していることが知られた。なお存教は、それからまもなくして死去したようである。

天正十九年閏正月五日になって、顕如は豊臣秀吉から京都西六条で新たな寺地を拝領する。直ちに堂舎建立の手筈が取られるが、資材は中島御坊のものを利用することとなり、解体・輸送して再建されたようである。そして顕如は同年八月六日に早くもここに転じたのである。本覚坊からも普請の志が進上されているが、この時点で住持は存教から存玖（顕如派）に交替していることが知られた。

その翌年天正二十年（文禄元年）三月になって、作事の続く京都本願寺において、台所の一部を焼くという失火事件が起きたようであるが、幸いに大事には至らなかった。さらに同年六月には「御ふしんなかはにて候」とて、作事が着々と進捗している様子が存玖に伝えられている。

天正二十年（文禄元年）十一月二十四日になって、ついに顕如が死去（五〇歳）して、教如がその跡を嗣ぐ。本覚坊からも直ちに懇志が上納されて、同年十二月十七日付けで請取状が発せられているが、この時までの住持は存玖（顕如派）であったと思われる。

ところがその半年後の文禄二年（一五九三）六月の懇志請取状には、取次として存敬（旧主戦派＝教如派）の名が登場している。これは教如へ「御代替」の祝儀を届けたことに対する請取状であるが、それまで逼塞に甘んじていた存敬が、教如の門主就任を契機にして復活を果たし、本覚坊の経営権や文書類をすべて存玖から奪い取っていたのであろう。存玖はおそらく存敬の甥に当たったと思われるから、かかる地位剥奪の実力行使に対しても強く抵抗することは困難であったに違いない。

本覚坊で見られたと同様に、顕如派を追放して教如派が復活するという混乱の事態は、おそらく各地の寺院・道場でも生じていたことであろう。そこでこれを食い止めるべく、旧顕如派は急ぎ如春尼（顕如妻で教如母）を通じて、秀吉に対して教如排斥を強く求めたのである。この結果、教如は文禄二年閏九月十六日についに退隠を命ぜられ、代わって弟准如（顕如三男）が門主に就くこととなった。けれども教如は容易に屋敷を明け渡そうとはせず、その一年後の文禄三年九月二十一日にようやく「御裏」に転じたので、代わって准如が十月十四日に「御表」へ移動したのである。

門主となった准如は、坊官・侍衆や一家衆坊主に対して、まず帰属誓約の誓詞提出を命じている。本覚坊など一般の坊主・門徒衆にもやがてその義務が課せられたと考えられるが、かかる手続きを存敬（教如派）は屈辱と感じたに相違なく、彼は引退してその子存教（教如派、天正十年代の顕如派の存教とは同名異人）に寺務を委ねることとした。跡を継いだ存教は、しかし当面の面従腹背はやむを得ないところであって、准如派帰属の誓詞を提出するなどして、ようやく住持の地位を維持できたと考えられる。そして彼は准如派への懇志上納に努め、文禄三年七月には親鸞三三三年忌のための懇志を進上しており、さらに翌文禄四年には三月・六月に二度の懇志進上を行っている。

ところが文禄五年（慶長元年）に、この存教（教如派）には重大な危機が訪れる。それは、かつて父存敬（教如派）によって追放された存玖（准如派、存教からは従兄弟に当たるか）が、その地位を回復すべく准如派に提訴したからである。残念ながら存教には、この事態に独力で対抗することは困難であったために、門徒の青木善左衛門尉・青木宗左衛門尉（惣左衛門尉）という二人の武士の支援（口添え）を受けて、その地位保全を図ることとした。彼らは同年六月、同道して本願寺に達して懇志を上納するとともに、青木両人からは安堵要請の口添えがあって、ようやくに存教はその地位を保全できたのである。なお存教は、その翌年慶長二年七月にも准如派に懇志を上納しているが、しかしこれを最後にして、准如派に対する懇志上納は中止してしまったと考えられる。

一方で存教は、教如に対してはそれ以後も、途切れることなく懇志上納を行っていたことが知られ、おそらくそれは隠密裡の行為だったのであろう。例えば文禄三年七月には教如に金五匁、側近下間頼龍に金一匁を上納しているが、これは同年執行の親鸞三三三年忌に向けたものと推測される。そして教如が「御裏」移動を渋っていた理由も、おそらくこの親鸞三三三年忌を本願寺の堂舎で厳修したいと考えたからであろうが、しかしこれは実現には至らず、同年九月に御裏移動を余儀なくされている。その背景には、准如の意向で発動された秀吉政権からの圧力を想定しなければなるまい。

さて慶長二年六月になって存教（教如派）は、あらかじめ申請していた顕如絵像の下付を受けることとなった。

絵像自体は同年二月にすでに完成していて、横田正次の書状によってそれが通知されていた。そこで存教は礼銭を用意して上洛し、六月二十八日付け教如染筆の絵像裏書を添えて下付されたのである。なおその裏書の記述によれば、この段階で本覚坊は笠原本誓寺の門徒と位置付けられていたことが知られた。「本覚坊文書」中には、充所の一部が切り取られた文書が多数見られるが、その箇所にはおそらく「笠原本誓寺下」と記入されていたのであろう。しかし絵像裏書の一部を切り取ることは不可能なので、これはそのままの姿を現在に伝えることとなったのである。

慶長三年正月にも存教（教如派）は懇志を教如へ届けるが、たまたま如春尼（教如・准如の母）の死去という事態に遭遇した結果、懇志請取状の下付手続きがやや変則的となっていることが知られた。またその文言では、如春尼の死去によって「御おもて様」＝准如が取り乱している様子が語られるとともに、越後上杉氏に会津への国替が命ぜられたことにより、本覚坊にも様々な影響が及んでいることが窺えた。

慶長三年八月になってついに秀吉が死去し、教如を取りまく情勢は大きく転換する。教如は翌慶長四年秋に、伏見向島城の徳川家康と交誼を結んだとされ、その家康の覇権が慶長五年九月の関ケ原合戦で確立したことによって、いよいよ教如の一派独立が実現の方向に歩み始めたのである。慶長七年三月には教如は家康から東六条の寺地を拝領し、ここに直ちに東本願寺の建立が始まった。さらに翌慶長八年正月三日には上野厩橋妙安寺から親鸞木像が迎えられて（家康の斡旋が奏功）、ようやくに本山としての格式も調ったのである。

しかるに本覚坊では、慶長六年の末頃に隠居していた存敬が死去したらしい。そこで存教はこれを機会に慶長七年二月、子息＝新発意の「存久」（存敬からは孫に当たる）を上洛させて教如に拝謁し、得度を遂げて法名下付を受けさせたもののようである。

ところがそれからまもなくの慶長七年後半〜同八年前半に、存教が早くも死去する事態となってしまったらしい。

その結果、得度して一年足らずの存久が急遽、寺務を継承することとなったのである。そしてこうした非常の事態となったために、本覚坊からの慶長八年の懇志進上は行われなかったと考えられ、存教一周忌が終わった後の慶長九年二月になって、ようやく存久は父存教の「往生」の志を届けたのである。

他方で門徒衆からはこの時点で、教如分立を祝う祝儀が上納されたと考えられるのであって、講銭銀四〇匁、「御児様」観如への銀五匁、歳末祝儀としての銀五匁、年頭祝儀としての銀五匁、御書御礼としての銀五匁、これらが一挙に届けられているのが、この祝儀に該当するのであろう。また頼龍へも銀五匁が進上されていた。続いてさらにその翌年慶長十年二月にも、講銭銀二一匁、寄中の志銀十一匁、存久からの志三匁のほか、頼龍への銀五匁、手次榎本龍也への銀三匁が進上されているが、この時の懇志請取状に初めて「存久」の名が取次として記載されているのである。

注

（1）新潟県立文書館の「本覚坊文書」写真版による。
（2）「本覚坊文書」（『新潟県史』資料編四・中世二）。
（3）「本覚坊文書」第二四号（『新潟県史』資料編四・中世二、通算二一八三号）。
（4）「本覚坊文書」に関する先行研究としては、立教大学日本史実習中世班・泊清尚氏「中世末、本願寺懇志請取状の研究試案—越後頸城郡本覚坊文書について—」（『新潟県史研究』第一〇号、一九八一年）、泊清尚氏「本願寺懇志請取状の基礎的考察—印判状の分析を中心として—」（『仏教史学研究』第二七巻第一号、一九八四年）がある。また本願寺史の概説としては本願寺史料研究所編『本願寺史』第一巻第一章（浄土真宗本願寺派宗務所、一九六八年）、谷下一夢氏「顕如上人伝」（『増補真宗史の諸研究』、同朋舎、一九七七年）、柏原祐泉氏「本願寺教団の東西分裂—教如教団の形成について—」（『大谷大学研究年報』第一八号、一九六五年）、千葉乗隆・北西弘氏編『本願寺文書』（柏書房、一九七六年）などを参考にしている。

（5）　金龍静氏「戦国時代の本願寺内衆下間氏」（『名古屋大学文学部研究論集』史学二四、一九七七年）。のち『蓮如大系』第三巻（法藏館、一九九六年）に収載。拙稿「下間刑部卿頼廉の花押」（拙著『本願寺教如の研究』続、第四部第一章）。
（6）　柏原氏「本願寺教団の東西分裂—教如教団の形成について—」、拙稿「教如の籠城戦継続と諸国門徒衆」（拙著『本願寺教如の研究』上、第一部第一章）。
（7）　「本覚坊文書」第二四号（通算二一八三号）。
（8）　拙稿「教如の諸国秘回と本能寺の変」拙著『本願寺教如の研究』上、第一部第二章、法藏館、一九九九年）。
（9）　「宇野主水日記」天正十四年八月条（『真宗史料集成』第三巻・一向一揆）。
（10）　金龍氏「戦国時代の本願寺内衆下間氏」。
（11）　拙稿「下間刑部卿頼廉の花押」。
（12）　「宇野主水日記」天正十四年十一月条。拙稿「家中合体後の本願寺」（拙著『本願寺教如の研究』上、第一部第三章）。
（13）　拙稿「益田少将照従の花押」（拙著『本願寺教如の研究』続、第四部第二章第一節）。
（14）　拙稿「益田少将照従の花押」。
（15）　「駒井日記」文禄二年閏九月十六日条（『改定史籍集覧』第二五冊、近藤活版所、一九〇二年）。
（16）　「西本願寺文書」（千葉乗隆・北西弘氏編『本願寺文書』第六四・六五号、柏書房、一九七六年）。
（17）　「大谷本願寺通紀」巻第三—歴世宗主伝第三（『真宗史料集成』第八巻・寺誌遺跡）。
（18）　拙稿「下間少弐頼賑の花押」（拙著『本願寺教如の研究』続、第四部第六章）。
（19）　拙稿「仲孝手次衆の花押」（拙著『本願寺教如の研究』続、第四部第四章）。
（20）　拙稿「下間少弐頼賑の花押」。
（21）　拙稿「下間按察使頼龍の花押」（拙著『本願寺教如の研究』続、第五部第一章）。
（22）　「教如上人御伝略抄」（『真宗史料集成』第七巻・伝記系図）。
（23）　拙稿「下間按察使頼龍の花押」。
（24）　拙稿「下間按察使頼龍の花押」。

第六章　下総磯部勝願寺とその末寺衆

はじめに

下総国猿島《さしま》郡磯部《いそべ》村に所在する勝願寺には、天正年間に本願寺から発せられた文書が一〇点（記号Ａ～Ｊ）残されており、すでにそれらは『本願寺教団史料―関東編』(1)に掲載されている。しかしながら、それらの発給年次が未詳であったために分析が困難で、その結果、勝願寺の動向や本願寺の情勢は一向に明らかにできなかったのである。けれどもいま幸いに筆者は、これらの年次推測の手掛かりを得ることができたので、その根拠を示しつつ、勝願寺の歴史をここでまとめてみたいと思う。

一　勝願寺の成立と歴代住持

勝願寺の成立について語る史料としては、まず『西光寺古記』四十八の「親鸞聖人御弟子等次第」を上げなければならない。それによれば、

善性　下総国磯部称（ママ）願寺
├ 智光
└ 明性　信州長沼浄興寺　―　善海　……　会津浄光寺　五代目周観(2)

とあって、親鸞の弟子たる善性によって称願寺（勝願寺）は創建されたと見えている。また彼の後継者としては智光・明性の両人がおり、このうち明性は信濃長沼浄興寺（現在は越後高田に転じている）を創建し、さらにその子孫の周観の時代には、会津浄光寺が創建されたと記されている。

ところが「勝願寺文書」に残される「勝願寺歴代系図（仮称）(3)」によると、住持歴代は、

①善性―②明性―③智光―④順性―⑤善忠―⑥慶順―
⑦善祐―⑧善賢―⑨善順―⑩善栄―⑪超賢―⑫善慶―
⑬善祐―⑭善珍―⑮善忠―⑯善応…（下略）…

と継承されたと述べられるから、明性・智光の兄弟は長幼順に関わりなく（得度順によるか）、第二代・第三代の住持を勤めたものであることが判る。そして第二代明性（弟）は、兄智光に勝願寺第三代を譲与した後、みずからは信濃長沼に転じて浄興寺を創建したものと思われる。なお初代の善性について寺伝では、信濃高井郡井上庄の武士井上氏の出身とされ、延応元年（一二三九）に五七歳で死去した人物と述べられている(4)。

勝願寺の由緒を語ったもう一つの史料としては「本願寺表裏問答」が注目され、その一節に次のように語られている。

同ク勝願寺ト云ハ、故聖人ノ御直弟数百人ノ内、五六輩ノ上衆、善性比丘ノ血脈ナリ。六代目ノ次男周観ト謂シガ、浄興寺ヲ開基ス。コレハ直参ナルニ、御裏ニ帰シテ、教如上人ノ聟トナラル。カノ周観、会津ニ隠居セ

シム。コレヲ浄光寺ト号ス。コレハ聖人ヲハナレ奉ラス、内陣ノ座列ナリ。カノ善性比丘ハ、鎌倉三代将軍ノ家老、井上越後守ト云人ナリ。故ニ聖人ノ御勧化ニヨッテ、真宗ニ帰シ奉リ、次男ヲ御弟子ニナシタテマツリ、井上ノ家老六人ノ次男ヲ、善性ノ御弟子トナシ、信越両国ヲナシナメテ、御門徒トナシ、カノ六人ニアヅケヲキ、其身ハ関東ノ磯部ニ住ス。[5]

これによれば、勝願寺は親鸞の直弟数百人のうちでも、第五位ないし第六位の上衆に位置づけられる善性が創建し、その血脈に継承されている。「六代目ノ次男」（次男明性の系統の六代目との意味か）たる周観が浄興寺を創建し（寺号拝領を意味するか）、本願寺に対して「直参」の地位にあったが、のちに「御裏」＝教如派に帰属し、教

下総磯部勝願寺の系図（推定）

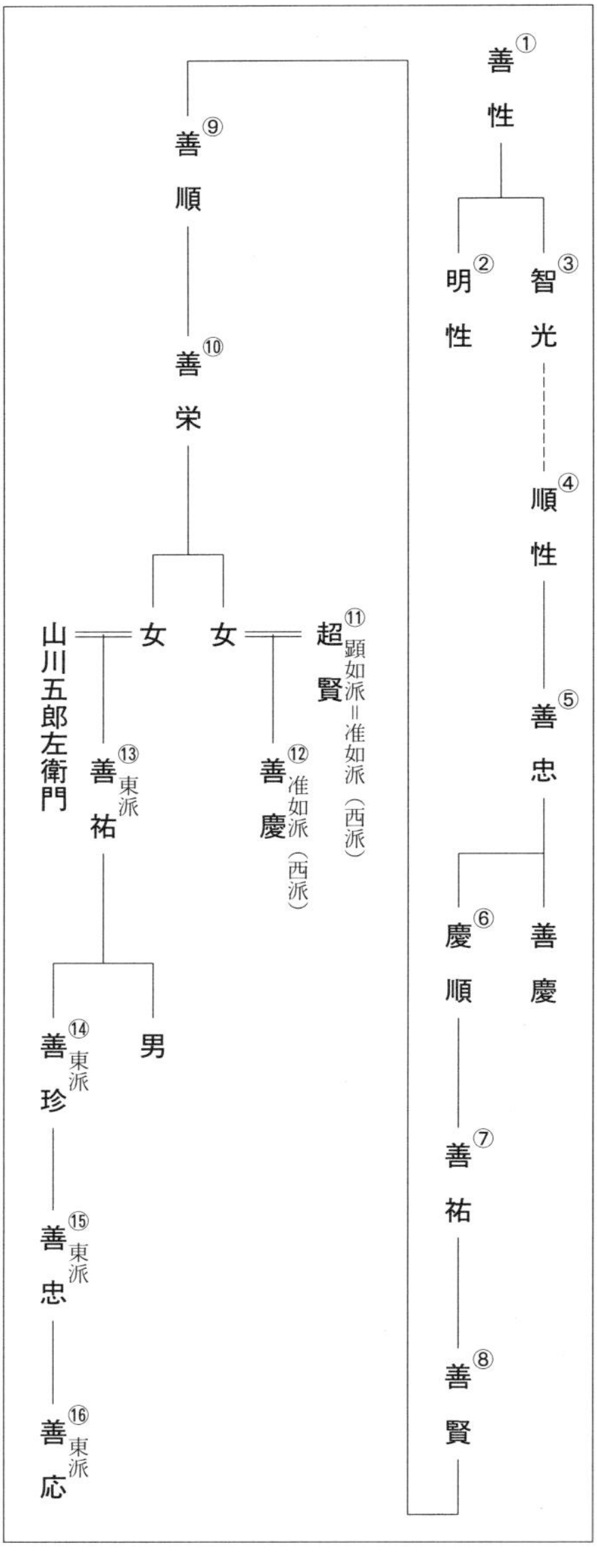

下総磯部「勝願寺文書」中の花押・印章

A：天正９年（1581）
９月13日
「明聖」

A：天正９年（1581）
９月13日
刑部卿法眼頼廉

B：天正10年（1582）
７月19日
頼廉

C：天正10年（1582）
７月19日
刑部卿法眼頼廉

D：天正10年（1582）
７月19日
益田少将照従

E：天正10年（1582）
９月16日
了明

F：天正10年（1582）
９月24日
教如

G：天正15年（1587）
７月９日
頼廉

H：天正15年（1587）
７月12日
刑部卿法眼頼廉

I：天正17年（1589）
５月４日
「詳定」

I：天正17年（1589）
５月４日
刑部卿法印頼廉

J：天正17年（1589）
５月４日
頼廉

如の娘を迎えてその聟となられた。周観はその後、会津に隠居して浄光寺と号するが、浄光寺は顕如・准如派（西派）を離れず、内陣衆の座列とされた。ところで善性は、鎌倉三代将軍の家老たる井上越後守という人物で、親鸞の御勧化によって真宗に帰し、その次男を弟子として出家させた（これが明性を指すか）。また井上越後守の家老六人もそれぞれ次男を善性の弟子となし、信越両国で門徒を獲得したので、善性はこれらの門徒は六人に預け置き、自身は下総磯部に住することとしたのである、と語られている。この記事では、勝願寺の末寺に位置づけられる磯部六ケ寺が、井上家の家来の出身であったとされる点に留意しておきたい。

さて、智光の跡を承けて勝願寺第四代となる順性に関しては、「勝願寺歴代系図」によれば、鳥栖《とりのす》無量寿寺から入寺した人物で、勝願寺の中興者と位置づけられている。つまり第三代智光には、後継となるべき男子が得られなかったということであり、智光と順性の間において勝願寺は、廃絶に等しい状況がしばらく続いていた可能性があるのである。その結果、これを復興した第四代順性の功績を顕彰すべく、現在は「鷲高山順性院勝願寺」と称して、彼の名を院号に織り込んでいるのであろう。また順性絵像も伝来しているが、あいにくとその裏書は残されていない。

順性の子と思しき第五代善忠については、次の史料がその法名状であろう。

法名釈善忠　文安二年八月十一日　本願寺存如　判(6)

右は、浄興寺の分寺たる浄光寺（会津若松）の記録に残されたものであるが、文安二年（一四四五）八月十一日に本願寺存如から「善忠」なる法名が下付されていて、おそらくこれは勝願寺第五代善忠に対するものであろう。この善忠の名は、年未詳九月二十九日付けの存如書状にも登場しており、

磯部善忠御房上洛候間、便宜可然候間、一筆事伝申候。(7)

と語られている。すなわち善忠は、磯部と京都山科本願寺との間を頻繁に往復していたことが知られるのである。

しかるに、それから間もなくと思しき年未詳五月四日付け、「周観之御房」充て存如書状によると、

　磯部の善慶御房往生、只今聞候。返々あハれに候[8]。

と見えて、磯部勝願寺の「善慶」なる住持が死去したと述べられている。この史料から善慶と周観とが同時代人であったことが知られるが、それはともかくとして、いま問題とすべきは、善慶が前述の「勝願寺歴代系図」には登場しない点である。おそらくこの善慶とは第五代善忠の長子で、父善忠に先立って死去してしまったために、やむなく彼の弟たる慶順を第六代に据えたのではあるまいか。つまりこの頃の勝願寺の系譜は、

第五代 善忠 ┬ 善慶
　　　　　　└ 第六代 慶順

と継承されたのではないかと考えられるのである。

この第六代慶順については、残念ながら関連史料が得られず、詳細は不明である。

その次の第七代善祐は、おそらく慶順の子であろう。善祐に関わる史料としては、本願寺蓮如と実如から下付された、次のような三点の絵像裏書がある。

　　　　本願寺釈蓮如（花押）
　　文明十六歳甲辰二月十日
大谷本願寺親鸞聖人
　下総国下河邊庄
郡山郷礒邊勝願寺

願主釈善祐

「（別紙）斯　御影、依及古損、所奉修複也。
右裏書者、任釈善順悕望、押留焉。
天文十七季戊申五月十日
釈証如（花押）」(9)

まず第一点がこの親鸞絵像裏書であって、文明十六年（一四八四）二月十日付けで本願寺蓮如から礒辺勝願寺善祐に充てて、親鸞絵像が下付されているのである。またこの絵像はその後、天文十七年（一五四八）五月に証如のもとで修復が行われることとなるが、その際に古い蓮如裏書は善順（第九代）の希望に従い、そのままに残されたと別紙に記されている。

本願寺釈蓮如（花押）
明応三年甲寅十月廿九日
下総国下河辺庄郡山郷
磯部村勝願寺常住物也。
願主釈善祐(10)
善忠真影

次いで第二点が、右の明応三年（一四九四）十月二十九日付け善忠絵像裏書であって、本願寺蓮如から善祐に充てて、勝願寺の先々代たる善忠の絵像を下付すると記されている。この善忠絵像の下付を申請した善祐（第七代）の心情としては、善忠（第五代）から父慶順（第六代）への継承がいかにも不安定と思えたのであろう。そこで本願寺門主の裏書のある絵像を下付されて、その継承が本願寺の承認を得ているとの体裁を整えようとしたのではないかと考えられる。

大谷本願寺釈実如（花押）

文亀三年癸亥七月十五日書之。

下総国下河辺庄

郡山郷磯部村

勝願寺常住物也。

願主釈善祐(11)

蓮如上人真影

続いて善祐の拝受した第三点が、文亀三年（一五〇三）七月十五日付けで本願寺実如から下付された、右の蓮如絵像およびその裏書である。蓮如の死去は明応八年（一四九九）三月のことであるから、これを聞いた善祐は直ちに実如に絵像の下付を申請したものと思われ、四年後にそれがようやく実現したということであろう。

この善祐の後継者が第八代善賢である。これに関わる史料としては、年未詳八月八日付けで「善賢法橋御坊」充てに発せられた某（古河公方か）書状案があり、

長々被立当寺ニ於御馬候之処、懇走廻候之条、感悦に候。謹言。(12)

と述べられている。すなわち、勝願寺に長期にわたって滞在した某（古河公方か）が、出立に当たって善賢の馳走に謝意を表しているのである。あいにくと案文であるために、発給者や年次を特定することは困難であるが、次掲する天文十七年（一五四八）五月の史料に次代善順が登場しているから、右の某書状がこれ以前のものであることは確実としてよい。

そこでその第九代善順に関してであるが、彼に関しては二点の史料が得られた。

「（端裏書）御影　磯部勝願寺安置也　修複之時、加翰分、天文十七　五　十」

斯御影、依及古損、所奉修複也。

右裏書者、任釈善順悕望、押留焉。

天文十七季戊申五月十日

釈証如　判

此御影者、下総国磯辺勝願寺善祐ニ、被免之者也。蓮如之時也。然旧損之間、奉修複（ママ）、加筆訖。当坊主法名者、先年剃髪之時、被号善祐云々。先々法名不知之、付之者也。祖父同名者、不可然之間、只今改善順也。(13)

まず一点目が「龍谷大学図書館所蔵文書」中の右の裏書写であって、一見して明らかなように、前述した親鸞絵像を天文十七年（一五四八）に修復した際の、証如の裏書写と追記である。この絵像は文明十六年（一四八四）二月に蓮如から第七代善祐に下付されて以来、約六十年が経過して、埃煤による変色や破損が生じたために、善順（第九代）はその御煤出しと再表装の修復作業を本願寺に要請し、それがようやく完了して証如から下付されたのである。

その言うところは、天文十七年五月十日付けで本願寺証如から勝願寺善順に充てて、「御影」（親鸞絵像）を下付すると述べ、さらにこれに際して証如は、第九代善順から当初のその法名「善祐」が、祖父（第七代）と同名であることを指摘されたために、改めて「善順」充てに下付するとの文言を記した、と追記されているのである。

かかる史料が西本願寺（龍谷大学図書館）に残されている点から考えるならば、本願寺門主は絵像とその裏書を下付するに当たり、文言などの全てを手許に記録していたことが判明する。それとともに、門主が法名を下付するに際しては、当該寺院の歴代住持が用いる通字を聞いたうえで、これに適当な好字を組み合わせて、法名として下付していたものであろう。けれども「善祐」の場合には、先々代と偶然に同名となってしまい、世代があまりにも接近していて混乱を生ずる恐れがあったため、敢えて改名を要望したものと思われる。そこで証如はこの申し入れを受けて、改めて新法名「善順」の下付に及んだのであるが、もしかすると証如はこれをみずからの不手際として、法名下付に伴う礼銭の再上納を免除したのではあるまいか。

善順時代の下付と思われるもう一点の絵像裏書が、次のものである。

（証如上人御影）

本願寺釈証如[14]（花押）

勝願寺

これも本願寺証如から下付された絵像裏書であるが、表面には証如自身が描かれている寿像である。あいにくと年次や願主の箇所は破損しているようであるが、証如が死去する天文二十三年（一五五四）八月以前の下付であることは疑いないから、その願主はおそらく第九代善順であろう。

続いて第十代善栄およびそれ以降に関しては、「礒辺勝願寺系図略詞」と題された次の史料が参考になる。

当山古書附云。

礒辺勝願寺系図略詞

抑、当勝願寺精舎之儀者、陸奥守義家将軍、号源八幡太郎孫子ト、井上九郎満盛ノ嫡孫乎、僧明性御房、後勝願寺号開基。

一、従明性御房六代目住持、号善祐、息男二人在之。第一、善賢御房。寺務始而、被任権律師法橋ニ。第二、堀江与四郎。後民部大輔家政、法名号明祐。

一、七（八カ）代目善賢、孫僧善栄。是信越両国ニ、親有旦方。其上、十一（十二カ）世善慶、有息男、□於当寺、女子有二人。

依善栄、退出当寺、居住信州。此所、悉有口伝。

一、当寺ニ、善栄御房女子、有二人。一人ハ山川家ニ結縁ヲ、其子男子故、遂出家、当山成住持。法名善祐。然ニ、当寺十四代以来、経年送日、不断勤行。然共、彼善栄、離当寺、居信州。

一、善栄孫善祐ハ、結城春知ノ三男、山川五郎左衛門息男也。其善祐ニ、二人有息男。嫡男、自坊相続之処、无其望、住居寺内。故ニ以次男、為住持。法名善珍是也。為後代□之、後住善応ニ、令授与者也。

時寛文九己酉季四月　日　　釈善忠(15)

右は「勝願寺過去帳」の末尾に筆写された史料であって、天正～慶長期の住持歴代について注目すべき記述が見られる。作成は寛文九年（一六六九）、執筆者は第十五代善忠、充先は後住たる善応である。ただしここに記された歴代数は、「勝願寺歴代系図」の数え方とは異なって明性を初代と見なしているが、しかし本稿では混乱を避けるために、「勝願寺歴代系図」の数え方を採用しておきたいと思う。

そこでその内容であるが、勝願寺は源義家の子孫井上九郎満盛の嫡孫たる、僧明性が開基となって創建された寺院である。明性から六代目の住持善祐（第七代）には男子が二人おり、長子の善賢（第八代）は権律師法橋に任ぜられて寺務に携わった。次子の堀江与四郎はのちに民部大輔家政と称し、法名は明祐と号した。善賢の孫として生まれたのが善栄（第十代）であって、信越両国に多くの門徒を得た。さらに第十二代善慶には男子が生まれた（この箇所やや不分明）。なお善栄は当寺を退出して、信州に居住することとなった。この善栄は女子二人を儲けたが、そのうち一人（妹か）は山川家と縁を結び、やがて男子が誕生したので、彼は出家して勝願寺の住持となった。その法名は善祐（第十三代）である。善栄の孫に当たる善祐は、結城春知の三男である山川五郎左衛門の息男として出生した。この善祐には二人の男子が誕生し、このうち嫡男に勝願寺を相続させようとしたが、彼にはその希望がなかったので、寺内に居住させておくこととし、次男を勝願寺の住持とした。法名を善珍（第十四代）と称した。そしてその子が善忠（当該史料の執筆者、第十五代）であって、以上の経緯を記録して後住の善応（第十六代）に授与するものである、と語られているのである。

この「礒辺勝願寺系図略詞」には、第九代善順や第十一代超賢が登場しない。とくに超賢については、顕如派（＝准如派、のちの西派）に属して末寺衆六ケ寺と対立することがあったから、意図的に消去された疑いさえ持たれる。それはともかくとして、この「礒辺勝願寺系図略詞」の記事から判明すること、および「勝願寺歴代系図」によって知られた歴代住持、そしてこれまでの検討で明らかにできた系譜上の関係を合わせて表示するならば、前掲したような系図にまとめることができるのである。

なお、次節以下の検討の前提としていま少し寺伝を眺めておくと、天正年間の住持は第十代善栄（善英とも）であって、彼は顕如に属して「石山合戦」に参戦したと語られている。また、勝願寺は現在は東派（真宗大谷派）に属しているが、これは元和九年（一六二三）二月に第十三代善祐が、東派門主宣如から木仏下付を受けて以降の帰属関係であって、それ以前（つまり第十一代超賢―第十二代善慶）は、西派（浄土真宗本願寺派、顕如派＝准如派）に属していたとのことである。

二　大坂籠城戦の展開と終結

大坂本願寺顕如と織田信長とが対立した「石山合戦」は、天正四年（一五七六）四月から籠城戦になるが、しかし天正七年（一五七九）九月には荒木村重の摂津有岡城が信長軍によって攻略され、翌八年（一五八〇）正月には別所長治の播磨三木城も信長軍に制圧されたことで、戦局の帰趨はほぼ決するに至った。そこで顕如は、朝廷から勧告されていた和睦案を受け入れることとし、天正八年三月についに開城して紀伊雑賀鷺森に転じたのである[16]。

ところがその子教如は、この父顕如の和睦開城の方針に反対して断固たる籠城継続を主張し、各地門徒衆に檄文を発してさらなる籠城支援を要請することとした。教如の目にはこの和睦開城派の行動は、敵前逃亡に等しいものと映っていたのであろう。この教如に加担を表明した一家衆としては、摂津教行寺証誓・近江慈敬寺証智（証誓の妹を妻とする）・摂津毫摂寺善秀（教行寺証誓の弟善助を婿養子とする）がおり、各地の坊主衆・門徒衆のうちにも、これに同調して懇志を進上するなどの行動に踏み出す者が少なくなかった。かくして教如と主戦派門徒衆による籠城戦継続は、天正八年三月から約六ヶ月間展開されることとなるのであるが、しかし所詮は信長軍に敵するものではなく、同年八月になって教如も再度の和睦締結に追い込まれ、大坂本願寺を脱して紀伊雑賀和歌浦に移らざるを得なくなったのである[17]。

雑賀で彼を迎えた父顕如は、門主としての権威が著しく損ねられたこともあって、教如を義絶とし、また加担門徒衆に対しては「折檻」＝破門の処分を加えた。

「石山合戦」が完全に終結したことを下総磯部村で聞いた勝願寺第十代善栄は、そこでまず名代を派遣して顕如に懇志を進上することとした。これに対して発せられたのが、次の下間頼廉の奉じた御印書である。

A

(黒印)(印文「明聖」)

御門跡様へ、為御音信被差上使者、則金子壱両進上之通、具ニ遂披露候。遼遠不輙候処、懇情之儀、有難被思食候。仍而大坂御退出之儀、御難艱至極ニ雖被思召候、数年御籠城、御拘様依難相続、不慮出来候へハ、此度御一流可為御破滅儀、歎被　思召、既ニ去年四月十日至紀州雑賀、御開山尊像被守参、御所様無御恙被成御下向候。然処ニ、御代被譲参之由、新門様ヨリ国々へ被仰触之由候。世上御家督・仏法御相続之義、更不被及其御沙汰候。縦如何様之儀、被仰遣候共、聊不可有承引候。所詮、御開山・善知識之御座所へ、自今以後参詣被申、諸事可被抽馳走事、併可為報謝候。先々　御所様、一段御勇健御座候。諸国御門徒衆、参上不大方、弥　御法流御繁昌之儀候。可被存心安候。然者、信越坊主衆・同惣門徒衆、当国へ被移　御座已後、終ニ不罷上、万無馳走之儀、言語道断曲言之義ニ候。幸至其元被罷越由候。右之始末、其方門徒衆へも急度被申付、早々可有参上事、肝要候。自然於無同心族者、不可為御門徒之験候。其上此方ヨリ、堅可被仰付候。重々不相届段、不及是非候。将且安心之一儀、如　御諚被改信不信、今度可被遂報土往生事、善知識之御本意、不可過之候。寔広大深遠之御恩徳之程、忝可被存候。名聞迄之於心中者、不可有其詮候。猶以　法儀、無油断可被相嗜事、肝心ニ候。右之趣、能々相心得可申候旨、被　仰出候。仍所被排　御印、如件。

刑部卿法眼

（天正九年）
九月十三日　　頼廉（花押）

磯ﾂ
勝願寺(18)

右の御印書Aは、その内容から考えて天正九年（一五八一）九月のものであることが確実で、袖に押捺された「明聖」印により、顕如の意思に基づくものであることが示されている。その言うところは、御門跡様＝顕如に対して使者を派遣され、金子一両が進上されたことを披露したところ、遼遠の地からの懇情であるとして謝意が表された。大坂本願寺を退出することは到底できないことと顕如は考えておられたが、数年に亙る籠城戦も継続しがたくなり、もし不慮の事態が生じたならば一流破滅になってしまうと歎かれて、去年（天正八年）四月十日に紀州雑賀へ、御開山尊像とともに無事に下向された。ところが新門様＝教如は「御代」を譲られたとして、さらなる籠城継続を呼び掛けられるに至った。しかしながら家督継承も仏法相続も、一切その沙汰には及んでいないのであって、いかなる指示が下されようとも、決して承引してはならない。御開山尊像と善知識＝顕如のおられる御座所（雑賀）へ今後も参詣されて、諸事の馳走に努められることこそが報謝の態度である。御所様＝顕如は一段と御勇健で、諸国門徒衆はこぞって参上しておられ、ますます法流繁盛の様子である。ところで「信越」地方の坊主衆・惣門徒衆は、当国＝紀伊へ移動されて以後、一向に参詣されないのは言語道断との意向である。幸いに勝願寺名代が来られたので、右の状況を門徒衆へ厳重に指示されて、早々に参上するように努めることが肝要で、もし同心しない者がいたならば、御門徒の内に含むわけにはいかない。なお法儀については油断なく嗜まれることが肝要で、そのために御印が押捺された、と述べられているのである。

右の文言中で注目すべきは、顕如が天正八年四月に雑賀へ移動してから翌九年九月に至るまで、信越門徒衆が一向に顕如のもとへ参上しないと叱責されている点である。その理由としては、次の二つが指摘できるであろう。

まず第一には、善栄が本願寺顕如の動向に、やや距離を置いて眺めていた節が感ぜられることであって、これは善栄が寺務に忙殺されていたと換言してもよいかもしれない。と言うのは、寺伝によれば信濃水内郡南条《みなみじょう》村の勝願寺が創建されたのは、この善栄時代の天正九年のこととされているからである(19)。そしておそらく善栄は、新たな南条村勝願寺の寺務を、娘の婿として迎えた超賢（のちに磯部第十一代を兼務する）に委ねたものであろう。このように善栄にとって天正八年〜九年は、一方で娘の婚姻問題を処理し、他方で新寺院の経営を軌道に乗せるというように、多忙な日々が続いたために、紀伊雑賀の本願寺顕如のもとへ名代を派遣することが、しばらく困難であった可能性があるのである。

善栄の身辺に関してこのような事態が想定される一方で、いまひとつ考えねばならないことは、次項で述べるごとくに、教如が越前大野郡富島村の南専寺に潜伏（天正九年正月〜翌十年二月にかけて）していたという事実である。勝願寺末寺衆がこぞって教如派であったと伝えられることに加え、善栄自身も教如帰依の心情が強かったと思われるから、かれら信越の坊主衆・門徒衆は、紀伊雑賀の顕如のもとではなくして、越前南専寺の教如のもとへ駆け付けていた可能性も指摘できるのである。

三　教如の諸国秘回

さてその教如の動きであるが、彼は天正八年八月に大坂本願寺から雑賀和歌浦に転じて以降、同年十一月初旬までは確かにここに逼塞していた。ところがそれからまもなくして彼は密かにここを離れ、諸国秘回の旅に出たのである。

彼はまず紀伊日高郡阿尾浦に転じて十六日間逗留する。しかし周囲が騒がしくなったため、ここを離れて大和経由で美濃願誓寺に達し、さらにその門徒たる八代八右衛門の案内で、美濃郡上《ぐじょう》郡気良《けら》庄小倉村に潜伏することとした。約一ケ月間ここに滞在した教如は、その後さらに北上して越後を目指すこととするが、飛騨高山から北では戦乱に巻き込まれる恐れがあったらしく、ここで反転して越前石徹白《いとしろ》を過ぎ、越前大野郡穴馬《あなま》庄半原《はんばら》村に達して翌九年正月を迎える。そしてさらに大野郡富島《とびしま》村南専寺に移動して、ここに翌十年二月までの約一年間滞在することとしたのである(20)。

その間の教如は、門徒衆の要望に従って多数の絵像裏書や名号を認めており、美濃・尾張など近隣地域の寺院に現在もこれらが残されている。また教如の警固を勤めるために随行した門徒衆としては、越後本誓寺超賢（もとは磯部勝願寺の末寺)、越後浄興寺(磯部勝願寺初代善性の次男たる明性の創建)の名代、あるいは若狭証明寺などが知られる。なお教如が富島南専寺に滞在することとなった理由は、その住持賢宗の娘が教如の世話を行うに適任であったためと推測され、その結果、やがて教如とその娘との間には男子「宮内卿」が誕生することとなり、彼は長じて後に大野町法蓮寺の住持となるのである。

しかるに天正十年(一五八二)二月になって、織田信長軍が甲斐武田勝頼を攻撃するために出陣したとの報が、富島南専寺に潜伏中の教如のもとに到達する。そもそも教如の最終目的地は甲斐であったから、この信長軍の行動は何としても阻止しなければならない。そこで教如は直ちに越中五箇山に移動し、次いで飛騨白川の善徳寺(現在は越中城端に所在)に移って、越中一向衆などに一揆蜂起を命ずることとした。信長軍の後方を攪乱して、その進撃を阻止するためである。そしてこの時に教如が発した突撃命令書(のちに感状に性格変化)が、いわゆる「大坂拘様」御書なのであるが、文言からは必ずしもこのような内容とは解釈できず、そのためにこの理解が著しく困難となっている。しかしながら、こうした教如の試みにも拘わらず、三月十一日には早くも勝頼が倒されてしまったため、教如はやむなく蜂起の中止を命じてここを離れ、遙かに安芸へと転ずる。そしてさらに反転して播磨英賀《あが》本徳寺(現在は姫路市亀山に移転)へ潜入したのである。

四　家中合体と勝願寺善栄の祝儀進上

こうして播磨本徳寺に潜伏した教如のもとへ、まもなくの六月二日に信長が滅亡したとの報がもたらされる。各地に展開した信長軍にもこの報は伝えられるが、そのなかで備中高松城を攻囲していた羽柴秀吉が直ちに撤退の行動に踏み出し、六月九日に本拠地姫路に戻って態勢を立直し、続いて兵を山崎に進めて、六月十三日には早くも明智光秀軍を打ち破ったのである。

なお「大谷嫡流実記」(21)によると、秀吉は姫路城に戻った六月九日夜に、ここに教如を招いて面謁談話し、交誼を深めたと記されている。そして家臣の木下半助に命じて、彼を雑賀まで警固させたのであった。

雑賀に戻った教如は、朝廷の斡旋を受けて六月二十七日に父顕如と家中合体＝仲直りする。けれども顕如は、かつて教如に呼応した主戦派門徒衆の破門処分については、一向にこれを解除しようとはせず、存命中にはついにそれは実現しないのである（顕如は一〇年後の文禄元年＝一五九二に死去、五〇歳）。教如としても、いずれ父が死去することは間違いないから、破門解除を急ごうとはせず、時期の到来を待つことにしたものと思われる。

顕如と教如との入眼が実現したことを踏まえて、各地門徒衆は紀伊雑賀にまで続々と参詣し、懇志を進上して祝意を表すこととなった。そうしたなかに勝願寺善栄が派遣した名代達もおり、彼らが受領して持ち帰った書状が次のものである。

B御所様へ為御音信、金子三両進上、懇中上候。委細被成　御印書候。可有頂戴候。随而私へ同壱両給候。寔以無冥加事候。猶期後音候。恐々謹言。

(天正十年)七月十九日　　　　頼廉（花押）

磯ﾞ勝願寺(22)几下

C

「（包紙ウワ書）
勝願寺門徒
勝□寺下　普願寺□
西厳寺下　願生寺下
惣中　　　刑部卿法眼
　　　　　　頼廉」

新門様へ、被成下御書為御礼、金子五両進上之通、懇申上候。則被顕　御印書候。可有頂戴候。随而私へ、同壱両給候。寔以無冥加事候。猶期後音候。恐々謹言。

（天正十年）
七月十九日　　　　頼廉（花押）

磯门
勝願寺門徒
普願寺下
勝善寺下
願生寺下
西厳寺下
惣中

(23)

D

「（包紙ウワ書）
磯门
勝願寺惣御門徒衆中　御宿所　　益田少将
　　　　　　　　　　　　　　照従」

新御門主様へ、被成下　御書候為御礼、金子五両御進上之通、具被遂披露候。随而刑部卿法眼へ金壱両、慥申届候。委細御返事被申候。猶能々相心得可申旨候。次拙者へ同壱文目給候。寔以過分、無冥加御事候。先々此方　公私、御堅固御座候。可御心安候。旁期後音候。恐々謹言。

（天正十年）
七月十九日　　　　照従（花押）（マツバI型）

イソヘ
勝願寺御門徒
普願寺下
勝善寺下
願生寺下
西厳寺下
惣御中
御宿所(24)

右の三点の史料は、いずれも七月十九日付けとなっているから、同時点の発給とすべきである。そしてその年次は、Dを発した益田照従の花押形状「マツバⅠ型」が根拠となって、天正十年七月のものと推断することが可能である。(25) なおBの文言中には「被成　御印書候」と見えていて、顕如の御印書（「明聖」印）が発せられていたらしい。またCの文言中にも「則被顕　御印書候」とあって、教如の御印書（「詳定」印）も発せられていたことが知られるが、しかしあいにくと両御印書は現存していないようである。

そこでその内容であるが、まずBによれば、勝願寺善栄から御所様＝顕如に充てて金子三両が進上され、これを披露していま御印書が下された。また私＝頼廉にも金子一両が届けられ感謝している、と述べられている。

次いでCは、新門様＝教如に届けられた懇志の請取状であって、勝願寺門徒たる普願寺・勝善寺・願生寺・西厳寺から、教如充てに金子五両が進上されて御印書が下された。また私＝頼廉へも金子一両が届けられ感謝している、と述べられている。

そしてこのCに添えられた副状が、次の益田照従書状Dであって、それによれば、新御門主様＝教如に対して、御書の御礼として金子五両が進上されたので披露した。また頼廉へも金一両が届けられて返書Cが下された。さらに拙者＝照従にも金一匁が届けられ感謝している、と述べられているのである。

なおこのDの充所に「御宿所」との脇付けが記されている点に注目するならば、これは充所の普願寺・勝善寺・

願生寺・西厳寺四ケ寺の住持自身が、いま雑賀の顕如・教如のもとに達して、その近隣の宿坊に滞在していることを意味しているに相違あるまい。つまり四ケ寺の住持は、勝願寺善栄の名代として顕如充て懇志を進上した後、みずからの懇志は教如充てに進上したということなのであろう。

いま一つ留意すべき点は、このC・Dが一組として発せられていることである。このことは、普願寺・勝善寺・願生寺・西厳寺からの懇志が、益田照従の手次を経なければ、教如に取り次がれることはなかったことを意味しており、手次照従充ての懇志が余分に必要だったのである。これに対して勝願寺善栄からの顕如充て懇志は、益田照従の手次を必要とはせず、頼廉から直ちに顕如へと取り成されたと考えられ、その結果、照従充て懇志は不要だったのであろう。つまり、Bに伴うべき手次益田照従の副状は、紛失したのではなくして、本来発せられていなかったと考えられるのであり、こうした手続き面の差異こそが、「直参」と「非直参」との区別なのではなかろうか。

ところで、ここで勝願寺の末寺衆について考えてみよう。「慶長十六年坊主衆聞書」によると、

> 一、同国ニテ磯辺勝願寺下ノ六ケ寺ト云ハ、
> 勝善寺《西クボ》・普願寺《大イワ》・西厳寺・願生寺・勝善寺《中俣《ナカマタ》》・本誓寺《笠原》也。然ニ今、本誓寺ハ新門跡様へ参候て、院家ニナリ申シ候由也。(26)

と記されていて、西久保勝善寺・大岩普願寺・長沼西厳寺・平出願生寺・中俣勝善寺・笠原本誓寺の六ケ寺があったとされる。そして右の史料C・Dには、このうちの四ケ寺が登場しているのであって、ここに見えないのは中俣勝善寺と笠原本誓寺の二ケ寺であろう。

中俣勝善寺と笠原本誓寺とが史料C・Dの充所に登場しない理由は、次のように考えられる。まず中俣勝善寺に

ついては、住持顕順（了順とも）が天正四年（一五七六）二月に摂津花熊城で戦死してしまっており、しかもまだその後継住持が獲得できていなかったためである（顕順には娘がおり、これに浄興寺から婿として教了が迎えられるのは慶長九年＝一六〇四の正月のこととされる）[27]。

いま一つの笠原本誓寺の場合は、第十代超賢時代（勝願寺第十一代超賢とは別人）の永禄元年（一五五八）に、信濃から越後高田へ移転したとされ、また彼は天正年間には、本願寺顕如・教如と上杉景勝との仲介役を務めたほか、教如の富島南専寺潜入にも彼は随伴していたことが知られる[28]。つまり本誓寺はかなり早い段階で、勝願寺末寺の地位を離脱していたと考えられ、そのために右のC・Dには本誓寺が登場しないのであろう。

この勝願寺末寺衆六ケ寺の動向については、「本願寺表裏問答」の次の一節にも注目しなければならない。すなわち、

彼六箇寺、当時皆御裏ニ帰ス。三老本誓寺モ、教如上人ノ聟トナレリ[29]。

と記されて、末寺衆六ケ寺はこぞって「御裏」＝教如派であったとされるのである。また本誓寺は勝願寺末寺のうちの「三老」、つまり第三位の地位にあり、後に教如の娘を後継者の妻に迎えたとも見えているのである。

そこで次に、末寺衆六ケ寺がこぞって教如派（のちの東派）に属したとされる点を考えてみると、この帰属関係を主導したのは大岩普願寺慶恵の意向によるものと考えられ、その根拠として「普願寺歴代之記」の次の記事を指摘することができる。

十三世　賢教　賢祐ノ嫡、童名国千代丸、一名慶恵。

…（中略）…天正六戊寅年、慶恵ノ代、信濃ヨリ越後国蒲原郡槙町ニ一宇ヲ建立シテ、大岩普願寺ト号ス。天正八庚辰年ニ造立成就シ畢ヌ。今ノ妙光寺是ナリ。同寺境内ニ古墳存在ス。

慶恵六男三女。
一男　浄恵　　二女　中俣勝善寺　　三男　願恵　塩崎康楽寺
四男　海恵　平出願正寺　　五女　笠原本誓寺
六男　真恵　松本極楽寺　　七男　早世　　八女　早世
九男　順恵　槇妙光寺祖
釈慶恵　慶長八癸卯年八月三日、時年六拾歳、示寂。(30)

大岩普願寺のそもそもの由来は、信性の弟子賢阿房（俗名業田次良義遠）が武蔵国秩父郡大岩村に建立した堂舎に始まり、第三代賢正時代に覚如から寺号普願寺を付与され、第四代賢善時代には信濃日滝村に転じたとされる。そして右の記事によれば、第十三代慶恵（別名賢教、天文十三年＝一五四四誕生、慶長八年＝一六〇三死去、六〇歳）は六男三女を儲けたのであるが、このうち第一子の浄恵が普願寺を継承し、第二子の女は中俣勝善寺に嫁ぎ（これが戦死した顕順の妻であろう）、第三子の願恵は塩崎康楽寺に入寺し（婿養子としてか）、第四子の海恵は平出願正寺（願生寺）に入寺し、第五子の女は笠原本誓寺に嫁ぎ、第六子の真恵は松本極楽寺に入寺し、第七子・第八子は早世したが、第九子の順恵は越後槇町の妙光寺の祖となった、と語られているのである。

この記事から明らかなように、勝願寺末寺衆たる六ケ寺のうち四ケ寺（普願寺・勝善寺・願生寺・本誓寺）にまで、普願寺の男女が入寺（婿または嫁として）しているのであるから、その影響力は絶大と言うべきであろう。つまり末寺衆がこぞって教如派に属したことは、普願寺慶恵の意向が強く反映したものと言わねばならないのである（ただし皮肉なことに普願寺は次代の浄恵時代＝慶長年間に西派に転じてしまう）。

そしてこのような勝願寺末寺衆のうち、普願寺・勝善寺・願生寺・西厳寺の四ケ寺が、いま史料C・Dによって教如に懇志を進上しているのであり、しかも彼らは勝願寺名代の立場も兼ねて、紀伊雑賀に達して宿所に滞在しているのである。もしかすると彼らはこの時初めて、教如に拝謁がかなったのではあるまいか。

五　善栄の死去と後継住持超賢

こうして天正十年七月に、勝願寺善栄からの懇志三両は顕如に届けられ、末寺の普願寺・勝善寺・願生寺・西厳寺からの懇志五両は教如に届けられたので、その使者たちが戻ってきてまもなくの同年九月に、今度は勝願寺善栄みずからが紀伊雑賀に赴いて教如に拝謁しようと企てた。ところが彼は下総を出発してまもなくに病を得てしまい、ついには死去してしまったもののごとくである。

E

追而令申候。被奉望候御書、早速被成、御下向候様ニ、随分御取成可申上候。為其、御使一人留置候。何も不可有由断候。返々御煩無心元候。能々御養性、専用候。以上。

来簡之趣、殊為志黄金壱両進上之通、具令披露候。厚情之段、有難被　思食之旨、能々相心得可申由、被　仰出候。信州迄被罷上候へとも、被煩出、無上洛之旨をも申上候。旁以御心懸之段、不及是非候。雖不及申候、法儀弥無由断、可被相嗜事、肝要候。次ニ私へ同壱分、誠無冥加次第候。先々爰元、相替事無之候間、可被御心安候。恐々謹言。

（天正十年）九月十六日　了明（花押）（マリモ楕円型）

イソヘ
勝願寺
御返事
(31)

F
（包紙ウワ書）
「勝願寺　教如」

遠路音信、金子一両到来候。誠懇志之ほと悦入候。猶按察法橋可申候。穴賢〱。

（天正十年）
九月廿四日(32)　教如（花押）

勝願寺

右のうち前者Eは、天正十年九月十六日付けで下間了明（頼龍）が発した書状である。その年次が天正十年であることは、ここに据えられた了明花押の形状「マリモ楕円型」(33)を推測の根拠としており、この形状は天正十年九月～翌天正十一年二月の間にだけ使用されたものと判明している。この了明書状Eは、本来は後者の教如書状Fに添えて下付される副状であるから、Fよりも後の日付となっているべきであるが、しかしこの場合は教如になんらかの事情があって発給手続きが遅れたために、先に了明書状Eを下付してしまったものである。

その言うところは、勝願寺善栄からの来簡の趣旨と、教如充ての懇志金一両について披露を行ったところ、厚情のほど感謝しているとの意向であった。善栄は信州まで上ってきていた由であるが、「煩」＝病気となったために上洛を諦められた旨を言上した。また私へも金一分が届けられ感謝していると述べたうえで、さらに猶々書では、教如書状の発給を望んでおられる由であるが、まだ実現していないので、早々に下付されるよう取り成しを行う所存であり、そのために使者を一人だけ留め置いた。「煩」となられたことは誠に心もとない次第で、充分に養生されることが肝要である、と述べられているのである。

こうして、了明書状Eを携えた使者が先に帰国してまもなくの九月二十四日になって、望んでいた後者の教如書状Fがようやくに調えられたので、残留していた使者はこれを所持して帰国の途についたのである。その内容は、遠路のところを音信として金子一両が到来し、誠に懇志の至りと感謝している。なお子細は按察法橋＝了明（頼龍）が申すであろう、と記されているのである。
以上のごとき発給手続きが判明したことを踏まえるならば、両者の本来の作成手順は次のようであったと推測できる。すなわち、教如書状Ｆ（右筆が執筆したと思われる）と了明副状Ｅ（本人執筆か右筆執筆かは不明）とは通常は同時に執筆され、教如がその書状に花押を据えた時点で日付が加えられ、続いて了明も花押を据えた段階で日付を加えて、両者をまとめて下付したのであろう。しかるに今回の場合は教如の加判が遅れていたために、了明が先に副状に花押を据えて日付を入れ、猶々書で事情を説明した上で、これを帰国する使者に付与してしまったのである。そして二十四日になってようやく教如が書状に加判するに及んだため、その日付も記入して、残留していた使者にこれを手交したものと考えられるのである。

なお右に述べたごとく、善栄みずからが教如拝謁のために出国した点から考えると、彼自身も心情面では教如へ帰依する意向が強かったと思われる。しかしながら彼は、不幸にして旅程の途中で「煩」＝病気となって帰国を余儀なくされ、そしてついに回復することなく死去してしまったもののようである。

このように死去したと考える根拠は、後に引用する史料Ｈ（天正十五年七月のものか）で、勝願寺とその末寺衆とが対立的状況（非「入魂」）に陥っている事実を指摘すべきであって、かかる事態を整合的に解釈するには、善栄死去による住持交替という状況を前提とする以外に、妥当な方法がないように思われるからである。なお善栄の享年は四〇歳前後であったとするのが無理が少ないであろう。

善栄の突然の死去により、その後継住持をどうするかが問題となるが、「勝願寺歴代系図」によれば、第十一代には超賢が就いたとされている。この法名には歴代住持の通字「善」が見られないから、血縁の繋がらない（または遠い）人物であったとしなければならず、おそらくは善栄の娘の婿となっていた人物であろう。そして超賢はたぶん、天正九年に創建された信濃南条村勝願寺を管掌することになっていたのであろう。かくして、信濃南条村勝願寺に入寺した超賢は、そのわずか一年後の天正十年九月からは、磯部勝願寺第十一代をも兼務することになったと考えられるのである。彼の年齢は、結婚してまもなくの二〇歳前後であったと思われる。

六　本願寺の寺基移転と顕如病臥

さて本願寺はその後、天正十一年（一五八三）七月四日に雑賀を離れて和泉貝塚に移動し、さらに天正十三年（一五八五）八月三十日には、秀吉から拝領した摂津中之島川崎の寺地に移転することとなった。そこで顕如は諸国門徒衆から懇志や資材を募り、中之島御坊の建立を企てたのである。

ところが天正十四年（一五八六）十一月になって、顕如は病を得て床に伏せる事態となったらしい。「宇野主水日記」天正十四年十一月条を見てみると、

一、御門跡様痢病、御煩ニヨッテ、十一月廿三日、通仙院下向。十日斗逗留。無一験上洛。其後、関白殿ヨリ被仰付、祐庵二七日御薬調進。又一鷗御薬。月泊ヨリ又道三。正月又上池院。(34)

とあって、「痢病」に対して試みられた薬石投与もなかなかその効果が現れず、この状態は約半年間続くこととなるのである。そして天正十五年五月頃になって、ようやくに顕如の病状は回復したのであった。(35)

顕如の回復が諸国に報ぜられるや、各地の門徒衆は祝儀を携えて、続々と中之島御坊に参集することとなるが、そうしたなかに勝願寺超賢（信濃南条村勝願寺住持と磯部第十一代とを兼務）自身の姿も見られた。

G　猶々、上辺用事候者、可被示越候。聊不可有如在候。

芳札令披見候。　御門跡様就被成御本腹（復）、為御祝義、黄金弐文め進上之通、具遂披露候。遠路心懸、神妙被思召候。能々相心得可申下旨、被仰出候。先々御所様、弥御快気之御事候。可被心安候。其付而、私へ鳥眼百疋給候。寔以無冥加候。爰元御堅固、増々仏法世間共以、御繁昌之事候。猶期後音候。恐々謹言。

（天正十五年）七月九日　　頼廉（花押）

磯门
　勝願寺
　　回報[36]

右のGは、天正十五年七月九日に下間頼廉が発した書状である。それによれば、勝願寺からの芳札を披見した。御門跡様＝顕如が御本復となられ、その祝儀として黄金二匁が進上された旨を披露した。遠路のところを届けられ、心懸けのほど誠に神妙との意向であった。御所様は一段と御快気に向かっておられ、安心されるように。また私＝頼廉へも鳥眼一〇〇疋が届けられ感謝していると述べたうえで、さらに猶々書では、「上辺」＝中之島において用事があれば仰っていただきたい。決して如在の扱いはしないであろう、としているのである。

　この書状で注意すべきは、その充所に「回報」との脇付が添記されている点であって、これは超賢自身がいま門徒衆とともに宿所に滞在しており、その一同中において当該書状を回覧すべしとの意味を持った脇付なのである[37]。

七　超賢と末寺衆との対立

　それではなにゆえに超賢は中之島本願寺に来ていたのかというと、その三日後に発せられる次の条々書Hを拝受することが目的であったと思われる。

H
一、(第一条)其国御一流之次第、連々如御諚被相嗜、仏法心懸第一之事。
一、(第二条)対守護・地頭、毛頭無疎略、并神社・仏閣、不可疎事。
一、(第三条)御本尊・御名号、為私致沽却之儀、言語道断、沙汰之限之事。
一、(第四条)背手次之坊主、如先規有来候、御影様御番等、不相調由事。
一、(第五条)勝願寺・康楽寺・浄光寺、并末寺衆、入魂候て、向後　上儀、万端可有馳走事。
右之趣、互有談合、御法流猥無之様ニ心懸、簡用候。以上。

刑部卿法印
(天正十五年)七月十二日　頼廉（花押）
勝願寺
康楽寺
浄光寺　床下(38)

右の条々書Hの内容は次の通りである。


第一条……それぞれの国において本願寺に帰依する門徒衆は、「御諚」のごとくに仏法を心懸けられることが第一である。

第二条……守護・地頭に対しては疎略の意を構えず、また神社・仏閣も軽んじてはならない。

第三条……御本尊・御名号を勝手に沽却することは言語道断の事態であって、断じてあってはならないことである。

第四条……手次の坊主衆の指示に反して、先規通りの「御影様御番」（本願寺に上番して警固に当たること）を勤めない事態は、あってはならないことである。

第五条……勝願寺・康楽寺・浄光寺と、その末寺衆とは入魂（円滑な関係を維持）して、上儀＝本願寺に対して万端の馳走を勤めねばならない。

以上のごとき条々書において、とくに注目すべきは第四条・第五条であろう。この両条からは、この段階の下総～信濃の門徒衆のうちに、勝願寺・康楽寺・浄光寺に対して反発の念を抱く末寺衆がいた事実を読み取ることが可能であって、その結果、勝願寺などの手次坊主衆の指示を無視して、「御影様御番」を勤めない末寺衆が出現していたことが知られるのである。

それでは勝願寺・康楽寺・浄光寺と対立した末寺衆とは、どのような立場のものだったのであろうか。これを考えるために、まず三ケ寺の状況について検討してみよう。

磯部勝願寺においては、第十代善栄の突然の死去により、その娘婿たる超賢が、信濃南条村勝願寺と磯部第十一代とを兼務する体制になっていた。彼は顕如派（のちの准如派＝西派）であり、しかも結婚してまもない青年僧であったと思われる。その後身に当たるのが越後瑞泉寺（信濃南条村勝願寺が越後に移転し、さらに寺号を変更する）であって、瑞泉寺は現在も西派に属している。この点は、現在の磯部勝願寺が東派に属することとは異なっているから注意しなければならない（第十三代善祐が転派）。

次いで第二の康楽寺は、信濃塩崎村に現在も所在する寺院で、一貫して顕如派―准如派（西派）に帰属していたと考えられ、これが准如から飛檐処遇を付与されるのは慶長九年八月のことである(39)。右の史料の天正十五年においても、康楽寺は顕如派であったと思われる。

そして第三の浄光寺とは、善性の次男明性の子孫たる周観が、信濃井上村に創建したとされる寺院で、後に越後へ、さらに会津若松へと移転することとなるが、現在の所属が西派である点から考えれば、天正十五年の時点においても顕如派であったとしてまず間違いあるまい。

以上のように、天正十五年段階の勝願寺・康楽寺・浄光寺はいずれも顕如派（のちの西派）に属していたのであるから、これらと対立した末寺衆というのは、教如派（主戦派、のちの東派）を除いては考えにくい。とくに勝願寺末寺衆たる「磯部六ヶ寺」（西久保勝善寺・大岩普願寺・長沼西厳寺・平出願生寺・中俣勝善寺・笠原本誓寺）は、いずれもこの段階では教如派であったから（ただし中俣勝善寺は後継住持をまだ獲得できておらず、また笠原本誓寺は既に末寺の地位を離脱していたと思われる）、兼務の形で磯部第十一代を務めることとなった青年僧の超賢に対しては、とりわけ強い反発がぶつけられたに相違ない。超賢がもし血縁の繋がる人物であったならば、従来の由緒と伝統に基づいた本末関係を踏まえて、教如派末寺衆を統制することも困難ではなかったであろうが、娘婿としての立場においては、それは到底不可能なことであったと言わねばならないであろう。

かくして超賢にとっては、本願寺顕如の威光に頼ってこの事態を乗り切るという方策しか残されていなかったのであり、右の条々書Hが下付されたことで、ようやくに彼は末寺衆に対する統制力を回復できたと考えられるのである。

八　聚楽第落書事件と本願寺

さて天正十七年（一五八九）二月になって、本願寺を震撼させる重大事件が発生する。それは、豊臣秀吉が建設した聚楽第（天正十五年完成）の壁に何者かが「落書」を張り出したために、激怒した秀吉が容疑者十七名を捕らえて処刑し、さらに関与した者を追及したところ、本願寺に潜んでいると判明するに至ったからである。その結果、本願寺には謀反の企てありと疑われて、さらなる追及を受けることとなったのであるが、まもなくに嫌疑の懸けられた願得寺ほか二名が自害し、その関係者六六名が新たに磔刑とされ、さらに彼らの居住した二町が焼き打ち処分となって、三月八日にようやく落着となったのである。(40)

こうした事件の顚末を聞いた勝願寺超賢は、そこで落着の報を得て直ちに名代を派遣し、中之島本願寺の顕如・教如に懇志を進上するとともに、本願寺が安泰であったことの祝意を言上した。それに対して発せられたのが次の史料Ｉ・Ｊである。

Ｉ　(黒印)(印文「詳定」)

新御所様へ為御見舞、鳥眼壱貫文進上之趣、遂披露候。遙々心遣之程、神妙被思召候。先以　上々様、御堅固御座候。可心安候。将且安心之一儀、無由断可被相嗜事、尤肝要之旨、相心得可申之由、御意候。則被顕御印候也。

刑部卿法印
頼廉（花押）

(天正十七年)五月四日

信州磯辺
勝願寺(41)

Ｊ御門跡様へ為御見舞、黄金壱文め、新御所様へ鳥目百疋進上之趣、遂披露候。遠路心懸、神妙被思召候。相心得可申下旨、被仰出候。随而私へ両様ニ三十疋、上給候。無冥加事候。先々今度不慮之儀付而、被成御気遣候へ共、無別儀、早速相済申候。結句御寺内御為、已後迄可然様被仰付候。関白様へ明日、節供之為御祝儀、御使者ニ拙者罷越候処、於淀御城懸御目、被懸御詞、御懇意事候。弥御深甚御入魂之儀候。可御心安候。猶期後音候。恐々謹言。

（天正十七年）五月四日　　　　　頼廉（花押）

磯辺
　勝願寺　几下(42)

右の二点の史料のうち、前者Ｉは新御所様＝教如に進上された鳥眼一貫文に関して、心遣いのほど神妙との意向を伝えたもので、袖の「詳定」印によって教如の意思であることが示されている。その充所が「信州磯辺勝願寺」と記載されている点から考えて、この時期の下総勝願寺の住持を、信濃南条村勝願寺の超賢が兼務していたことは、まず間違いないと断言できる。なお、前者の御印書Ｉの文言には年次推測の手掛かりがないが、後者Ｊと同日付けである点から、Ｉ・Ｊは同時発給であることが確実で、しかも後者Ｊは、次に述べるごとくに天正十七年五月のものと判明するので、前者Ｉも天正十七年五月のものと推測して差し支えないのである。

そこでその後者Ｊであるが、その言うところは、御門跡様＝顕如に黄金一匁、新御所様＝教如に鳥目一〇〇疋（一貫文）が進上されたので披露を遂げた。さらに私＝頼廉にも二件の取次の謝礼として三〇疋が届けられ感謝している。ところでこの度の「不慮」の事件に関して気遣いを示されたが、別儀なく落着し、さらに今後の御寺内のためとして指示が下された。関白様へはその明くる日（三月三日であろう）に、桃の「節供」の御祝儀を進上すべく拙者＝頼廉が使者として赴き、淀城において御目に懸かったところ、御言葉を懸けていただき、御懇意の様子だったので安心していただきたい、と述べられているのである。周知のごとくに、この頃の淀殿は、「棄」君＝鶴松（天正十七年五月二十七日誕生、同十九年八月五日死去）の出産を間近に控えていたから(43)、秀吉も淀城に滞在していたのであろう。そこで頼廉は淀城に参上し、桃の節句の祝儀を進上して、事件落着の御礼言上を行ったものと思われる。

以上に述べたように、後者Jの文言中の「不慮」というのが、聚楽第落書事件とそれ以降の一連の経緯を意味しているのであって、超賢はその落着の報に接して直ちに名代を派遣し、顕如・教如に懇志を進上したのである。

さて、現在「勝願寺文書」として残される本願寺発給文書は、以上に掲載した十点がすべてであるから、これをもって一応の分析は終了したこととなる。しかしながら超賢（顕如派＝准如派、西派）の兼務した磯部勝願寺が、その後なにゆえに東派（教如派）に転ずることとなるのかという点については、本願寺が東西に分裂するまでの変遷を追ってみなければ、その理由は明らかにならないであろう。そこで慶長年間までの推移を概略述べて、転派の原因を探ってみたいと思う。

九　本願寺の京都移転と教如の継職・退隠

聚楽第落書事件の嫌疑を一応晴らすことができた顕如と教如は、その後こうした事件に巻き込まれないよう、秀吉との間に円滑な関係を築き上げる努力を傾けなければならなかった。例えば天正十八年（一五九〇）に秀吉が小田原北条氏の攻撃のために出陣した際には、教如が遙々と小田原にまで下向して陣中見舞いを行っていることが知られる。その時に発せられたのが次の粟津右近書状であるが、ここに勝願寺末寺衆が登場しているので一瞥しておきたい。

新御所様、御陣為御見舞、御下向之儀、色々ニ申候付而、態御使者、并金弐匁進上之通、申上之処ニ、遠路早々御心懸之段、一入神妙被思召候由、能々相心得可申下之通、御意候。然者十四日之晩、小田原表へ被成御

下向、関白様へ御案内被仰上候之処ニ、一段御感尓て、即明日十五日朝、御茶被参、御懇之儀、大方ならぬ御仕合尓て候。中〳〵書中ニ難申分候。早々還御なさるへく候へ共、昨今両日、雨降申候故、此表ニ御逗留尓て候。早明日十八日ニ、御上洛之儀共候。重而御使者被差越段、御無用候。就中、上様一段御勇健之御事候。是又可御心易候。尚爰元之様子、委細御使者へ申渡候条、不能詳候。将又私へ同壱匁贈給候。無冥加次第候。恐々謹言。

栗津右近

(天正十八年)
五月十七日　嘉□（花押）

康楽寺
普願寺
正覚寺
西厳寺
勝善寺《クホ》
向源寺
長命寺
願正寺
勝善寺
本誓寺《クラシナ》
浄興寺

返々、遠路早々御《貴報》心懸之段、大方ならぬ　御感し尓て候。懇ニ相心得可申下候。返々爰元之様子、御使者へ申候。以上。(44)

これを発した粟津右近は、いま教如に随伴して小田原にまで達しているのであり、また康楽寺など十一ケ寺を代表する使者を務めたのは、これを所蔵する信濃西厳寺（その名代か）だったと思われる。その言うところは、教如が陣中見舞いのために下向されたのに対し、使者をもって金二匁を進上されたのでこれを言上したところ、遠路のところ誠に神妙との意向が示された。教如は五月十四日晩に小田原表へ下向され、関白秀吉にお見舞いを申し上げられたところ、秀吉はいたく感激されて、翌十五日朝に教如に茶を立てられ、懇情を交わされた。教如は早々に帰還されるつもりであったが、ここ両日は雨が降っているために逗留しておられる。しかし明日十八日には出発される予定であるから、もはや使者を寄越されるには及ばない。なお私＝粟津右近へも金一匁を届けられ感謝している、と述べられているのである。

そこで充所に注目すると、勝願寺末寺衆のうちの五ケ寺、すなわち大岩普願寺・長沼西厳寺・クホ（西久保）勝善寺・平出願正寺（願生寺）・中俣勝善寺がここには記載されている。またクラシナ（倉科）本誓寺（その後生仁へ、さらに松代へ転ずる）も、笠原本誓寺（すでに越後高田に転じていた）から別れた分寺と思われるから、要するにこの時の懇志は、信濃国内の勝願寺末寺衆が中心となって集約され上納されたものだったのである。なおここには浄興寺も登場しているから、同寺がまだ信濃に所在していたことも確かとしてよいであろう。(45)

このように教如が陣中見舞いを行って秀吉の歓心を得た結果、秀吉は翌天正十九年（一五九一）になって、本願寺に京都西六条の新たな寺地を与えることとした。そこで顕如は直ちに新たな堂舎の建設に着手するが、期間短縮のために彼は中之島御坊の建物を解体して運搬させることとしたらしい。しかもその一部が完成したにすぎない天正十九年八月六日の時点で、早くもここに移動してしまったのであった。普請事業は当然その後も継続され、翌年に至って半ばに達したと語る史料が残されているほか、失火事件すら起きていたようである。(46)

天正二十年（文禄元年、一五九二）十一月二十四日になって、ついに顕如が五〇歳で死去する。後継者は当然教如であって、彼は直ちに懸案とされていた旧主戦派（天正八年段階で籠城戦継続に加担した門徒衆）の破門解除を指示したもののごとくである。その結果、隠居の境遇に甘んじていた教如派が一斉に立ち上がり、これまで主導的地位にあった顕如派の坊主・門徒衆に迫害を加えて、その地位を奪い取ってしまったのである。

下総磯部にあっても同様の事態が展開していたと考えられ、第十一代超賢から抑圧的に統制を受けていた末寺衆は、直ちに超賢の管掌を排除しようと行動したことであろう。つまり末寺衆は結束して、磯部勝願寺の実質的支配権を掌握した可能性があるのである。

諸国の寺院・道場で教如派が相次いで復活を果たし、その主導的権限を奪回していく事態となったために、旧顕如派はこれを阻止すべく、如春尼（顕如妻で教如母）を通じて秀吉に教如排斥を要請することとした。秀吉はこの頃、文禄の役の指揮のために肥前名護屋に出陣していたが、その帰路に有馬温泉に立ち寄ったので、如春尼がここを訪れて秀吉に教如排除を申し入れたのである。

そこで秀吉は文禄二年（一五九三）閏九月十六日に教如を大坂城に呼び出し、彼のこれまでの行動について非難を加えると共に、偽作された顕如譲状を拠り所として、教如に退隠を命じたのである。同行した側近衆は、もちろん譲状に関する疑問点を指摘して抵抗したが、彼らの態度はむしろ逆効果をもたらしたにすぎず、秀吉は当初の提案に付属していた条件をも取り消して、即刻の隠居を厳命したのであった。

かかる決定が下されたその翌月に、次の頼廉奉の御印書（ただし御印押捺を欠く）が発せられている。

此方《（黒印脱カ）》之儀ニ付、為御見舞、以連名被申上候通、遂披露候。遠路神妙ニ被思召《（ママ）》。御家督之儀者、顕如様御譲書有之旨被仰、従　大閤《（ママ）》様、理廣院《（准如）》様江御相続可有旨、被仰出候。仍為御祝、各方願之通有之候ハヽ、達　御上聞、御吟味之上、御取上可有之旨、仰如件。

刑部卿

頼廉（花押）

十月《（文禄二年）》廿一日

信州　本誓寺

越後　康楽寺

勝願寺

浄光寺

信刕　普願寺(47)

この史料は信濃「本誓寺文書」に残されるもので、書止文言が「仰如件」とある点から考えれば、御印書として準備されたものと思われる。しかしながら新門主の准如は、体制が確立するまで御印押捺を行うことはなかったと思しく、右の文書には御印が欠けているのである。その内容は、見舞いの進上を披露したところ謝意が示された。家督については顕如の譲書（譲状）に従い、理広院＝准如に対して秀吉の相続安堵が下された。よってその「御祝」として、各寺からの要望があれば上聞に達して吟味を加えた上で、御取り上げとなることであろう、と述べられているのである。この年次が文禄二年十月であることは確実であるから、信濃～越後の門徒衆は、教如退隠＝准如継職という本願寺の体制転換の報を得て、直ちに国許を出発したのであろう。そしてその充所の第三に見える「越後勝願寺」こそが、新たに超賢が信濃南条村から転じて創建した越後高田勝願寺と考えられるのである。おそらく移転はこの文禄二年十月の直前のことだったと思われ、教如派末寺衆から受けたであろう種々の迫害が、その契機として想定できるのではなかろうか。

なお充所に登場するその他の寺院にも注目しておくならば、第一は倉科本誓寺（後に生仁へ、次いで松代に転ずる）と思われ、同寺はいま東派に属するから、この段階でも教如派への帰属意識は強かったと思われる。また第五の大岩普願寺（すでに信濃小山村に移転している）も、この段階の住持慶恵は教如派であった。しかるに第二の塩崎康楽寺はいまは西派であるから、この段階からすでに准如派への帰属意識が強かったと思われ、また第四の浄光寺（のちに会津へ移転、西派）も、同様に准如派の立場だったに違いない。このように文禄二年十月頃の信濃〜越後の門徒衆は、まだ教如派・准如派に明確には分裂しておらず、一応の結束を保って一致した行動をとっていたのである。

なおその後の本願寺における状況であるが、教如は秀吉から退隠を厳命されたにも拘わらず、それから約一年間、居住する本願寺内の建物を明け渡そうとはしなかった。しかし文禄三年（一五九四）九月二十一日についに「御裏」に移らざるを得なくなったので、代わって准如がその翌月十四日に「御表」に移動したのであった(48)。

准如体制が確立したことで、勝願寺と末寺衆の関係にも大転換が生じたことであろう。つまり教如時代に末寺衆（教如派）が掌握した主導権は崩れ去り、越後に転じた超賢（准如派）によって再び勝願寺門徒衆全体が統制されることとなったのである。超賢はおそらく末寺衆に対して、帰属誓約の誓詞提出を義務づけたに違いなく、末寺衆はそれに従わざるを得なかったであろう。こうした教如派の姿勢は面従腹背にほかならないが、しかし彼らがその地位を維持するためにはやむを得ない対応策であった。

けれども教如派にとって不可解かつ無念なことは、准如充ての顕如譲状が存在するという点である。彼らはこの譲状について強い疑念があることを指摘し、門主交替は不当であると再三主張していたようである。そこで准如は譲状が正当であることを前提として、次のような書状を発しなければならなかったのである。

態染筆候。仍開山聖人以来、御代々譲状之旨、予相続之儀候。殊先師顕如、任被仰置旨、開山尊像を守申事候間、後生一大事与被思候ハヽ、弥可令参詣事、肝要候。右之旨、聞違候門徒中へ、可被申伝事、専一候。猶又安心之事、雖不珍候、雑行雑善をなけすてゝ、一心に弥陀如来、後生たすけ給へと申さん人々ハ、ミな悉極楽に往生すへき事、不可有疑心候。此上には、仏恩報謝のために、称名念仏可申計候。此趣、各へ披露せられ候へく候。穴賢〳〵。

慶長二
九月朔日　准如　判

イソヘ
勝願寺　取次　頼賑(49)

右は、慶長二年（一五九七）九月朔日付けで、磯部勝願寺超賢に充てられた准如書状の案文であるが、あいにくと勝願寺にこの正文は遺存していないらしい。その言うところは、親鸞以来の代々の門主の譲状に任せて、「予」＝准如が相続することとなった。ことに先師たる顕如の指示に従って親鸞尊像を守護する所存であるから、後生を一大事と考える者は本願寺に参詣すべきであって、この旨を聞き違えている門徒中へは必ず申し伝えるべきであると述べ、後半には法語が記されているのである。このように准如は、教如派からの疑念提出に対抗して、みずからの正当性を声高に主張していたのである。なおここには「イソヘ勝願寺」と見えているから、越後の超賢が磯部第十一代を兼帯していたことは確実としてよいであろう。

なお『慶長日記』(50)を見てみると、慶長二年十二月二十日条から翌三年正月二日条にかけて、「勝願寺」の寺号が散見している。このことから超賢は、慶長三年正月を京都本願寺において迎えたことが確実である。

十　教如の分離独立

ところで、「御裏」に移動を余儀なくされた教如であるが、彼はその後おとなしく謹慎していたかというと、実は決してそうではなく、各地門徒衆の要請に応えて、かなり多数の絵像裏書を下付していたことが認められる。秀吉の存命中ですらそうであるから、秀吉が慶長三年（一五九八）八月に死去して以降は、一段とその数が増えたであろうことは疑いない。

そして慶長五年（一六〇〇）九月の関ヶ原合戦を迎えることになるのであるが、教如はその直前に、徳川家康が会津上杉景勝を攻撃すべく出陣したことに対応して、下野国小山にまで下向して陣中見舞いを言上していることが知られる。家康はそこで教如に「島津黒」という馬や馬具を与えて謝意を示したのであった。

ところがその帰路において八月十日、教如一行は大垣の直前で石田三成軍によって襲撃を受け、随行の門徒衆十数名が殺害されるという危難に直面することになった(51)。幸いに教如はその場を逃れることができ、森部光顕寺・苅安賀正福寺を経て岐阜寄合所に逃げ込み、岐阜織田秀信（西軍）の保護（禁制発給）を受けることができたのである。そして八月十四日になって岐阜を出発した教如は、関ヶ原を避けるために草道島村の西円寺で右折し、伊吹山北側を迂回する粕川谷越えの経路を取って近江板並村へと抜け、十七日になってようやく京都へ戻ることができたのである。徳川家康の東軍が関ヶ原で勝利を納めたのは、その一ヶ月後の九月十五日のことであった。

家康の覇権が確立したことで、教如の周辺はにわかに慌ただしくなり、准如体制下の本願寺から分離独立する動きが急速に強まってくる。家康としては教如を門主の地位に復帰させるつもりがあったようであるが、教如自身がこれを断り、みずからに帰属する門徒衆を率いて一派独立する方向で歩み出したのである。

ところで、こうした教如の分離独立の動きを反映して、慶長六年（一六〇一）四月頃から、教如の下付する絵像に重大な変化が生じている。すなわち彼はこの頃から、みずからを描いた寿像を下付し始めているのである。寿像とは、表面に教如の肖像が描かれ、その裏面に教如自身が裏書を認めたものであって、こうした絵像を下付する教如の心中は、「私を礼拝せよ」と宣言するに等しいと言わねばなるまい。つまり寿像下付とは、昇運に乗ったとの自信がもたらした行為に他ならないのである。

かくしてその翌年慶長七年（一六〇二）三月になって、教如は家康から東六条の寺地を与えられたのである。また教如は、早くから上野国厩橋妙安寺に対して、伝来の親鸞木像（親鸞直刻との伝承があった）を譲渡してほしいとの交渉を行っていたが、これにも家康は介入を行い、本多正信を通じて妙安寺に御紋幕（葵紋の入った幔幕）と大判金を下付するなどしたので、その結果、妙安寺成空はようやくに譲渡することと決断するに至り、慶長八年（一六〇三）正月三日についに親鸞木像が京都に到着したのである[52]。

これと並行して教如は、阿弥陀堂・御影堂の建築工事に着手したらしく、阿弥陀堂は慶長八年十月に完成して棟上げが行われている。また御影堂は同八年五月に旧建物の解体を始め、翌九年（一六〇四）六月に柱立、そして九月十五日には早くも完成して、親鸞木像がここに安置されたのである。

十一　第十二代善慶と大岩普願寺

越後高田勝願寺に居住して磯部第十一代をも兼務した超賢は、やがてその地位を第十二代善慶に譲ることとなるが、善慶の名は『西光寺古記』五十三の「飛檐坊主衆次第」に、次のように記載されている。

一、勝願寺《善慶》　信濃国水内郡南条飯山。根本ハ下総古河磯辺ニ居住也。
　　慶長九年甲辰正月十六日ニ御免、十八歳。(53)

すなわち、信濃国水内郡南条村の勝願寺住持たる善慶が、慶長九年（一六〇四）正月十六日に本願寺准如からその地位を安堵されるとともに、飛檐坊主衆の処遇をも付与されたと見えているのである。彼はまだ十八歳の青年僧と記されているから、逆算すれば天正十五年（一五八七）の誕生であったことが判明する。このことは同時に、父超賢が天正十五年をやや遡る時点で妻を迎えていたことを意味するので、寺伝に言う南条村勝願寺の完成の年、つまり天正九年に、彼が結婚していたと推測してもなんら不都合は生じない。

右の記事においては、善慶は「南条飯山」の勝願寺に居住したと見えていた。このことから考えて、善慶は得度とともに越後高田の父超賢のもとを離れ、信濃南条村勝願寺に転じてこれを管掌することとしたものであろう。

ところで『慶長日記』慶長九年正月十六日条には、前引した史料と同日付で次のごとき記事が見えている。

一、《イツヘ》勝願寺、親之時ヨリ、絹袈裟望候間、今日令免之也。(54)

すなわち、慶長九年正月十六日に磯部勝願寺に対して、絹袈裟着用（または絹袈裟衆の処遇）が認められたとされ、これは親の時代からの希望が実現したものだと述べられている。この絹袈裟着用の許可と、前述した飛檐坊主衆の承認とは、日付が一致している点から考えて、同一の処遇であったとしなければならない。つまり第十二代善慶は慶長九年正月十六日に、飛檐の間への着座が認められ、また絹袈裟着用も容認されたのである。

　こうして飛檐衆＝絹袈裟衆の処遇が認められた善慶は、おそらくはそれを記念する意味と思われるが、親鸞絵伝の下付を准如に要望したらしい。それが完成したのは翌慶長十年（一六〇五）六月のことであって、次のごとき准如裏書を添えて下付されるに至った。

　大谷本願寺親鸞聖人之縁起

　　　　　　　　　　釈准如（花押）
　　　　　慶長十稔己巳六月十一日
　　　下総国下河辺庄郡山郷
　　　礒冂村勝願寺常住物也。
　　　　　願主釈善慶(55)

　すなわち、慶長十年六月十一日付けで親鸞の縁起＝絵伝を、准如から善慶に下付すると記されているのである。ここには善慶の居住地を下総礒部村としているから、彼は信濃南条村から下総礒部村にすでに転じていたのかもしれない。

　善慶の姿はまた、慶長十六年（一六一一）三月の親鸞三五〇年忌においても確認できる。

一、惣外陣ノ坊主衆参百人余リ、此内、磯辺ノ勝願寺善慶・越前本覚寺ハ定衆並也。
　定衆並トハ、惣ノ坊主ヨリ一カワ先ニ着座候。ソノ定衆ノ並ニ、チト間ヲ置、着座候也。廿四輩衆上洛之時ハ、何レモ定衆ナミ也。……（下略）(56)……

右の記事は、慶長十六年三月十八日に執行された親鸞三五〇年忌に参列した各地門徒衆を書き留めたものであるが、内陣衆（南座九人・北座九人・北之間六人）、絵伝之間衆十八人、飛檐衆十八人、御堂衆十一人、定衆二人に続き、惣外陣衆三百人余と記されたなかに、磯辺勝願寺善慶が登場するのである。そして善慶と越前和田本覚寺（准正、慶長十三年九月に飛檐衆、その時点で十三歳）(57)とは、惣外陣衆のうちでも一段上位の格式が与えられて、「定衆並」と位置付けられており、廿四輩衆に対しては常にこの定衆並の処遇が認められると見えているのである。

けれども善慶は、すでに述べたごとくに慶長九年正月に飛檐衆（絹袈裟衆）の処遇とされていたから、右の「定衆並」がその格下げを意味するものではあるまい。とすれば、親鸞三五〇年忌に際して規定された飛檐衆・御堂衆・定衆・「定衆並」は、いずれも同格の処遇であったと想定すべきであろう。そして勝願寺善慶と越前和田本覚寺准正の両人は、惣外陣衆を先導するがごとき位置取りで着座したのであるが、この両寺のそれまでの布教活動と末寺衆の獲得状況を踏まえるならば、最も相応しい位置取りと評しなければならないであろう。

さてこの善慶時代に、末寺衆の一つ大岩普願寺が、教如派（東派）を離脱して准如派（西派）に帰参するという事件が起きる。しかも普願寺は、勝願寺善慶の推挙によって内陣衆（飛檐衆）の地位を付与されることとなった。まず「飛檐坊主衆次第」によると、

一、普願寺《浄恵》　慶（長脱カ）十三戊申年九月十三日御免。
　　信濃国高井郡大岩、今ハ小山ニ居住。(58)

とあって、慶長十三年（一六〇八）九月十三日に普願寺浄恵に対して飛檐処遇が許可されたが、かつて普願寺は信濃高井郡大岩に所在し、現在は小山に所在すると記されているのである。

ここに記されている慶長十三年九月十三日という日付は、飛檐坊主衆の正式許可の日時であって、もう一つの史料「普願寺歴代之記」の第十四代浄恵の項では、その前年にすでに内諾が与えられていたと述べられている。

十四世　浄恵　　慶恵ノ嫡、一名賢栄、信州居住。
慶長六辛丑年三月五日、顕如上人ノ真影ヲ安ス。
太子・高祖ノ両軸、慶長八年。
准如上人ノ御裏、願主釈浄恵。
慶長十二丁未年、内陣官免許。
一本慶長十乙巳年トアリ。
元和元乙卯年六月廿五日、越後国蒲原郡槇町妙光寺
祖師ノ真影、以大岩普願寺ノ御裏、御免。願主釈浄恵。
元和三丁巳年、御領主、当山ニ御逗留。
寛永四丁卯歳十一月六日、時齢五十七往生。(59)

右の「普願寺歴代之記」の浄恵に関する記述によれば、普願寺第十四代浄恵（賢栄とも）は、第十三代慶恵（賢教とも）の嫡男として生まれ、寛永四年（一六二七）に五七歳で死去した（逆算すれば元亀二年＝一五七一の誕生）。その間に下付された絵像としては、慶長六年三月に顕如絵像（下付主体はここには記載されない—後述）があり、次いで慶長八年には聖徳太子像・高祖像が、准如裏書を添えて下付された。さらに慶長十二年（一六〇七）には「内陣官」が免許となった（異説の慶長十年は錯誤であろう）。そして元和元年（一六一五）六月には親鸞絵像が越後槇町妙光寺に下付されるが、裏書には大岩普願寺浄恵充てと記されていた。また元和三年（一六一七）には「御領主」が当寺に逗留された、と記されているのである。この「普願寺歴代之記」の記事から知られるように、すでに慶長十二年に普願寺浄恵は、飛檐衆＝内陣衆の処遇が准如から内諾を与えられていたのである。

そこで次に「本願寺表裏問答」を見てみると、この普願寺への飛檐衆許可に関して次のような記事があり、本寺たる勝願寺善慶の推挙があったことが知られる。

二老普願寺ハ、法義コマヤカナリシユヘ、御座所ヲハナレ奉ラサル処ニ、教如上人、本誓寺ノコトク、御姫君クタサレ、御院家ニナサルヘキヨシ、御印書ヲクダサル。普願寺持参シ奉リ、川主馬ヲ以テ、准如上人ノ賢覧ニソナヘ、願クハ直参ニメシアケラレ、官位御免ニオキテハ、御本廟ヲハナレ申スマジキヨシ、言上セシム。准如上人、勝願寺ニナニノ不直アッテ、下ヲ召アケラルヘキゾヤ。疾々東ヘユケト、オホセハナタル。善慶承ハリ、カレガノゾミ、尤モニテ候。上様ヘアケ奉ル。早々メシアケラレ、私トヒトシク、内陣ヘモ御免アルヘシト、言上セシム。上、大キニ御感ナサレ、三十余年東ニ帰シタル坊主トモ、帰参セシメント、子《（ネ）》カヒタテマツレハ、ソレハ我下、カレハ我門徒ナレハ、ワレニツケサセタマヘト、オサヘト、ムルモノオホシ。然ルニ勝願寺ハ、未タハナレサルヲ指上奉リ、又国ノ六ケ寺ノ下、ハヤ二三寺モ正理ヲキカセ、直参ニアケ奉ルコト、天下ニ二人トモナキ、聖人ヘノ大忠功ノ者ト、大キニ褒美シタマフ。

シカルニ、越後・信濃間ニ、コレヲキ、、是ヲ見ナカラ、取次坊主ノツナサキニトリツキ、御本廟ヘ直参ノノゾミナキコト、今生ノ名望モウシナイ、後生ノ大事オホツカナシ。カノ五箇寺ハ、武家ノ時、重代ノ君臣、釈門ニイリテヨリ、四百年来ノ師弟ナリ。法ニソムキ義ニ違スル処ニ、シタカフコト、マコトニ一盲ニ衆盲ノヒカレテ、一人モノコラス、岸《（崖カ）》ヨリオツルガゴトシ。…（下略）[60]…

すなわち、勝願寺の二老（第二位の末寺）たる普願寺に対して、教如は越後本誓寺と同様に、その姫君を嫁がせて院家に格付けする所存であったが、普願寺はまもなくして考えが変わり、教如方から下付された御印書を持参して准如のもとに達し、川那部主馬を通じて准如に進覧したのである。そして普願寺は、帰属の褒賞として直参処遇の付与を求めたのであるが、准如としては勝願寺の意向に反する直参免許を行うわけにはいかないとの姿勢であった。しかし善慶がこれに口添えするには、勝願寺と等しく直参処遇を認められ、さらに内陣衆に位置づけて頂きたいとの言上であった。そこで准如は感激して、三十余年（正しくは二十余年か）も東派に属した者が帰参する場合には、自分の末寺となるよう奪い合いを行う者が少なくないのに、勝願寺善慶は進んで直参の付与を容認するとともに、六ケ寺の配下たる下寺をも直参に格上げされるようにと望んでおり、誠に天下に二人とはいない大忠功の者だと称賛された。そもそも越後・信濃の門徒衆は、東派の取次坊主に従う者が少なくないのであるが、御本廟＝准如派に対して直参となることを望まない者は、今生（現世）においてはその名望を失い、後生の大事（来世で極楽往生すること）も到底おぼつかないことであろう。普願寺以外の末寺衆五ケ寺も、武家身分の時には勝願寺（井上越後守）との間で重代の君臣の関係であった。釈門に入って以後も、すでに四百年の師弟関係が続いていたのに、いまは法に背き義に違う事態となっている。かかる状況は、一盲に衆盲が従った結果、一人も残らず岸（崖の誤字であろう）より転落するようなものである。

「本願寺表裏問答」では、普願寺浄恵に飛檐衆＝内陣衆の処遇が許可されるに際して、以上のような経緯があったと語られているのである。そしてこれが慶長十二年に内諾を与えられた段階の事件であったことは、もはや言うまでもないであろう。

ところで、先引した「普願寺歴代之記」の第十四代浄恵の項に関して、いま一つ注目すべき点を指摘しておきたい。それは、

慶長六辛丑年三月五日、顕如上人ノ真影ヲ安ス。

との一節があって、慶長六年三月五日に顕如絵像が浄恵に下付されたと記されているのであるが、その下付主体に

ついてここには何も記されていない点についてである。このことは、単に失念したというような単純な理由ではなく、ここに記すことが憚られたためと解すべきであろう。しかりとするならば、その下付主体は教如であったと推測され、またこの絵像下付を申請したのは、父たる第十三代慶恵であったとしなければならない。しかしながら、絵像が下付された慶長六年三月の時点では、すでに父慶恵は住持の地位を譲って隠居していたと思しく（死去は慶長八年八月、六〇歳）、やむを得ず浄恵がこれを受領したのであった。けれども、もともと浄恵には教如帰依の意思が乏しかったから、やがて彼は教如派を離れて准如派（西派）へと転じ、みずから新たに聖徳太子像・高祖像の下付を要請して、ようやく慶長八年に准如裏書を添えて下付されたのであった。

「普願寺歴代之記」から以上のごとき経緯が読み取れるので、これに「本願寺表裏問答」の記事を組み合わせて解釈し直すならば、大岩普願寺の転派事件の顛末は次のように言い直すことができる。すなわち、普願寺第十三代慶恵（教如派）は慶長六年をやや遡る時点で、教如に対して顕如絵像の下付を申請していた。けれども彼はまもなくに引退を余儀なくされ（病臥したか）、嫡子の浄恵が第十四代として寺務を管掌し始めたところ、慶長六年三月五日になって顕如絵像が完成して、教如裏書とともに下付されたのである。しかしながら浄恵は、准如に帰依する意思が強かったために、やがて彼は准如に対して聖徳太子像・高祖像の二点を申請し、この二点は慶長八年に准如裏書を添えて下付されたのである。このような普願寺浄恵の動向は、おそらくは笠原本誓寺（越後高田に所在）を通じて、やがて教如の知るところとなったので、教如は本誓寺に対すると同様に、その娘を普願寺浄恵に嫁がせて院家に昇格させるという方法により、離脱の動きを阻止しようとしたのである（ただし本誓寺に対してはそれまでの忠節を褒賞する目的で）。しかしながら浄恵にはもともと教如帰属の意思が乏しかったから、付与された教如御印書を准如のもとに進覧するとともに、勝願寺末寺の地位を離れて本願寺直参の処遇を認められるよう要望するに至ったのである。おそらくこれが慶長十二年の事件であろう。そこで准如は、浄恵と同道して本願寺に達していた勝願寺善慶にその意向を尋ね、異存はないとの了解を得たうえで、普願寺に対して直参処遇を認めるとともに、内陣衆＝飛檐衆の処遇を許可する旨を内諾したのである。かくしてその翌年慶長十三年九月に普願寺浄恵は、正式に飛檐衆＝内陣衆の処遇が承認されたのであり、かかる変更を了承した勝願寺善慶に対して、准如は「大忠功」の者との称賛を与えたのである。

十二　第十三代善祐の東派帰属

准如体制下の本願寺から教如が分離独立したことで、各地の教如派門徒衆も相次いで准如のもとを離れて、教如に帰参の姿勢を表明したことと思われる。勝願寺末寺たる信濃門徒衆（笠原本誓寺は早い時点で末寺から離れ、また普願寺は前述のように准如派に転じたから、それ以外の四ケ寺）も、いつまでも善慶（准如派）の配下に留まっている必要はない。そこでやがて彼らも教如派（東派）へ転属しようと企てるのであるが、しかし個別に転派することには躊躇があったらしく、一体として共同歩調をとることとした。その方法というのが、本寺たる磯部勝願寺に東派の新住持を迎えるということであった。

新住持として迎えられた善祐は、第十代善栄の娘（妹か）と、その婿たる山川五郎左衛門との間に生まれた男子であって、これが勝願寺第十三代に就任するのである。そして彼は直ちに東派門主の宣如（教如の子）に帰依の意思を表明し、元和九年（一六二三）二月になってついに木仏の下付を受けたのである。

釈宣如（花押）

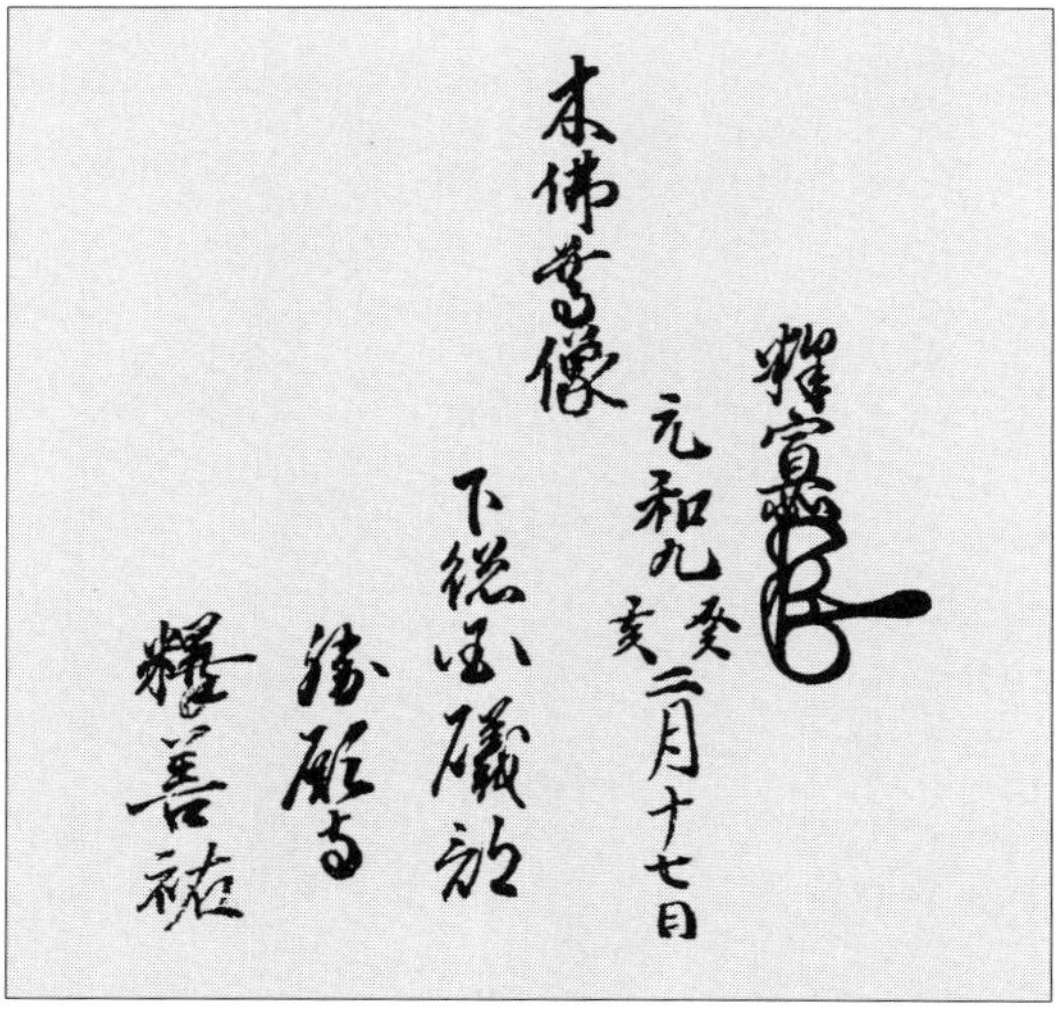

本願寺宣如（東派）の木仏裏書（下総「勝願寺文書」）

木佛尊像
元和九癸亥（年脱カ）二月十七日
下総国礒部
勝願寺（61）
釈善祐

右によれば、元和九年二月十七日に宣如が、下総礒部勝願寺の善祐に充てて木仏を下付すると記されているのである。かくして礒部勝願寺とその末寺衆は、ようやくに安定的な帰属関係を得ることができ、これ以来、東本願寺の門徒衆として活発な活動を継続して、現在に至っているのである。

おわりに

本章の分析で明らかになった下総国猿島郡礒部村の勝願寺の歴史に関し、最後にまとめを行っておきたい。

礒部勝願寺は、親鸞の弟子善性（信濃高井郡井上庄の武士井上氏の出自、延応元年＝一二三九死去、五七歳）によって創建され、第二代はその子明性（弟、のち信濃長沼浄興寺を創建）、第三代は同じく子智光（兄）と継承された。けれども智光には男子が生まれず、その後しばらくは廃絶に等しい状況が続いたようである。そして第四代に迎えられたのは鳥栖無量寿寺の順性であった。彼は中興の人物と位置付けられており、勝願寺の寺号に「鷲高山順性院勝願寺」というように、彼の名が織り込まれているのである。

第五代善忠については、文安二年八月に本願寺存如から拝受した法名状の写しが得られた。またこの頃の存如書状において、彼が磯部と京都山科を往復していたことを確認することもできた。しかるにこの善忠の長子と思しき善慶は、父に先立って死去したらしく、代わってその弟たる慶順が第六代住持となったようである。

第六代慶順については、しかし残念ながら関連資料が得られず、詳細は不明である。

慶順の子と思しき第七代善祐については、まず文明十六年二月に本願寺蓮如から親鸞絵像を下付されており、続いて明応三年十月には蓮如から、勝願寺先々代たる善忠の絵像とその裏書を下付されている。さらに彼は、蓮如が明応八年に死去するや、直ちに実如に蓮如絵像の下付を申請し、四年後の文亀三年七月にこれを授与されていることが知られた。

第八代善賢については、当寺に滞在した某（古河公方か）の書状案（感状）が得られたが、あいにくと発給者・年次などについては判明しない。

第九代善順については、かつて善祐（第七代）が蓮如から下付された親鸞絵像の御煤出しと再表装を企て、天文十七年五月にこれが完成して、証如から裏書を添えて下付されていることが知られた。しかもその際の証如裏書案文（西本願寺に残る）の追記によれば、善順は当初は「善祐」なる法名を下付されていたのであるが、祖父（第七代）と同名である旨を言上した結果、証如は改めて「善順」との法名を付与することとし、裏書にはこの新法名「善順」を記載したと述べられているのである。さらにまた彼は、このほかに証如寿像の下付も受けていることが知られた。

第十代が善栄であって、彼の在任中は本願寺顕如の「石山合戦」時代に相当し、四〇歳前後に達していたと思われる。彼は娘を二人儲けており、その姉に婿として迎えられたのが超賢である。

超賢の出自については残念ながら未詳であるが、彼は天正九年頃に結婚したと思しく、それとともに信濃南条村勝願寺の管掌を委ねられたらしい。ところが天正十年九月に善栄が早くも死去してしまうために、超賢は磯部第十一代をも兼務することとなった。そして教如時代になってまもなくの文禄二年十月に超賢は、教如派からの危害を避けるべく越後に転じていることが知られた。

この超賢の後継者が子善慶で、彼は慶長九年に飛檐坊主衆の格式が与えられている。彼はこの時点で信濃南条村勝願寺にあったことが知られ、磯部第十二代をも兼務したのであろう。本願寺内ではこの頃にはすでに教如派（東派）が離脱を達成し、東西両派の対立は沈静化に向かっていたが、しかし教如派の末寺衆が善慶のもとから完全に独立するのは、第十三代善祐（第十代善栄の娘と山川五郎左衛門との間の男子）が磯部勝願寺に迎えられる元和九年のことであった。

さて勝願寺の末寺衆に位置づけられるのが、「磯部六ケ寺」と称される西久保勝善寺・大岩普願寺・長沼西厳寺・平出願生寺・中俣勝善寺・笠原本誓寺である。このうち中俣勝善寺の顕順は、天正四年二月に摂津花熊城で戦死したとされ、その娘に婿（浄興寺の教了）が迎えられるのは慶長九年正月のことであるから、天正十年代には廃寺同然であったと思われる。また笠原本誓寺については、永禄元年に信濃から越後高田に転ずるとともに、おそらくはこの頃に勝願寺末寺の地位を離脱していたと思われる。よって、これら以外の四ケ寺（西久保勝善寺・大岩普願寺・長沼西厳寺・平出願生寺）が、天正十年代には協調的に活動していた。なお、末寺衆はいずれも井上家の家来の出身であったとされるとともに、この頃には普願寺慶恵の子供たちが婿や嫁として入寺（中保勝善寺の嫁、平出願生寺の婿、笠原本誓寺の嫁）していたから、末寺衆がそろって教如派（のちの東派）に属したのは、普願寺慶恵の意向が強く影響していた可能性が指摘できよう。

現存する「勝願寺文書」十点のうちで、まず取り上げるべきが、天正九年九月十三日付け下間頼廉奉の顕如御印書（「明聖」印）である。内容は金子一両の進上に対して謝意を表したものであるが、日付が「石山合戦」終結の一年後である点が注目される。このことは文言中にも特記されていて、顕如は参詣がなかったことを叱責しているのである。この頃の勝願寺住持は第十代善栄であるが、彼（または名代）の参詣が遅れた原因としては、その娘に婿として超賢を迎え、また彼らのために信濃勝願寺を創建する事業に忙殺されていた点がまず上げられよう。けれどもこれ以上に留意すべきは、教如が越前富島村の南専寺に潜伏していた事実であって、善栄やその末寺衆・門徒衆は、教如のもとに馳せ参じていた可能性もあるのである。

教如はその後、天正十年二月に織田信長軍の甲斐進撃を阻止するために、越中一向衆などに一揆蜂起を命じたが、三月十一日には早くも武田勝頼が滅ぼされたため、彼は直ちに中止を命じて遙かに安芸へと転じ、さらに反転して播磨英賀本徳寺へ潜入する。そして六月二日に本能寺の変が起きるや、備中高松城から撤退した羽柴秀吉と六月九日夜に、教如は姫路城において面謁談話して交誼を深めたとされ、次いで家臣木下半助の警固のもとで彼は雑賀に戻ったのであった。そして朝廷の斡旋に基づき、教如は六月二十七日に父顕如と家中合体＝仲直りを果たすのであるが、顕如は旧主戦派門徒衆の破門処分については解除しようとせず、その存命中にはついに解除は実現しなかったのである。

顕如と教如との入眼が実現したことで、各地門徒衆は続々と紀伊雑賀にまで参詣し、懇志を進上して祝意を表すこととするが、そのなかに勝願寺善栄の派遣した名代達（普願寺・西久保勝善寺・願生寺・西厳寺四ケ寺の住持）もいた。彼らは勝願寺善栄からの顕如充て金子三両と、末寺衆としての教如充て金子五両を進上しているほか、下間頼廉・益田照従にもそれぞれに手次料を届けており、これらに対して天正十年七月十九日付けで御印書・下間頼廉副状・益田照従副状が発せられているのである（ただし御印書は遺存しない）。なおこの段階の末寺衆はこぞって教如派であったとされ、その中核にあったのは大岩普願寺慶恵だったと思われる。

天正十年九月になって、今度は勝願寺善栄みずからが紀伊雑賀に赴いて教如に拝謁しようと企てる。ところが彼は信濃に入ってまもなくに病となったため、金子一両と書状とを名代達に持たせて雑賀に向かわせたが、不幸にして彼はまもなくに死去してしまう。雑賀に達した名代達は帰国を急いだために、下間了明（頼龍）はみずからの副状を天正十年九月十六日付けでまず下付し、教如書状については同月二十四日付けで残留の使者一人に手交するという、変則的な手続きをとって対応していることが知られた。

善栄が突然に死去したことで、後継住持としては信濃南条村勝願寺の超賢（善栄の娘婿）が、磯部第十一代を兼務する体制になったと思われる。彼は結婚してまもなくの二〇歳前後と思われ、また顕如派であったから、教如派の末寺衆とは必ずしも円滑な関係を築くことができなかったようである。

本願寺はその後、天正十一年七月に雑賀から和泉貝塚に転じ、天正十三年八月には摂津中之島川崎に移転するが、その翌年天正十四年十一月には顕如が病床に伏せる事態となってしまう。これが回復するのは半年後の天正十五年五月頃で、各地門徒衆は祝儀を携えて続々と中之島御坊に参集するのであるが、そのなかに勝願寺超賢とこれに同道した康楽寺・浄光寺の姿もあり、彼らは天正十五年七月九日付けで黄金二匁の請取状を得ているのである。

けれども超賢らが中之島御坊に達した目的は、末寺衆との対立状況を解決するための厳命書を拝受することであって、それがその三日後に付与される五カ条の条々書である。条々書においては、勝願寺・康楽寺・浄光寺（いずれも顕如派）に従って、本願寺への「御影様御番」を勤めるようにと指示されているのである。特に「磯部六ケ寺」はそろって教如派であったために、信濃南条村と磯部第十一代とを兼務した超賢（顕如派）の力量では、彼らの反発を抑え切ることができず、そのために本願寺顕如の権威をもって統制力を回復しようとしたものと思われる。

さて天正十七年二月になって、聚楽第の壁に「落書」が張り出される事件が起き、犯人を隠匿する本願寺には謀反の意思があるのではないかと疑われるに至った。その結果、嫌疑を懸けられた願得寺ほか二名が自害し、関係者六六名が磔刑となり、彼らの居住した二町が焼き打ち処分となって、三月八日にようやく落着したのである。かかる報を得た超賢は直ちに名代を派遣し、顕如・教如に懇志を進上して祝意を言上している。その請取状には「信州磯辺勝願寺」と記載されているから、この時期の勝願寺が信濃南条村の超賢によって兼務されていたことは確実と言えよう。

聚楽第落書事件の嫌疑が晴れた本願寺は、その翌年天正十八年に実施された秀吉の小田原攻撃に際して、教如がみずから陣中見舞いを行って歓心を得ようと努めた。その結果、翌天正十九年に秀吉は新たな寺地を京都西六条において与えることとしたのである。そこで顕如は直ちに堂舎建設に着手し、同年八月六日には早くもここに移動したのであった。

天正二十年（文禄元年）十一月についに顕如（五〇歳）が死去すると、新門主となった教如は、直ちに旧主戦派（籠城戦継続への加担派）の破門解除を指示したらしい。その結果、隠居の境遇にあった教如派が一斉に立ち上がり、顕如派の坊主・門徒衆に迫害を加えてその地位を奪い取ってしまったのである。下総磯部でもこれと同様に、教如派の末寺衆が超賢の管掌を排除して、勝願寺の実質的な支配権を掌握した可能性がある。そこで超賢は危難を避けるべく信濃南条村から越後へ移転したようであって、文禄二年十月には勝願寺は越後に所在していることが確認できる。

かかる事態に直面した旧顕如派は、直ちにこれを阻止すべく如春尼（顕如妻で教如母）を通じて、豊臣秀吉に教如排斥を要請したのである。秀吉はそこで文禄二年閏九月に教如を大坂城に呼び出し、偽作された顕如譲状を拠り所として、教如に即刻の退隠を命じたのである。けれども教如は翌文禄三年九月まで屋敷を明け渡そうとはせず、この月二十一日にようやく「御裏」に移ったので、新門主准如が翌十月十四日に「御表」に移動したのであった。

教如が退隠を余儀なくされたことで、教如派（旧主戦派）門徒衆は再びその地位を追われてしまう。磯部勝願寺においても、排斥されていた超賢が再び住持の地位を確保して主導権を握ったことであろう。けれども教如派はその後も事あるごとに、顕如譲状に対して強い疑念を投げつけたから、准如としてはその正当性を声高に主張しなければならず、勝願寺に充てても同様の准如書状が下付されていることが知られた。

しかるに秀吉が慶長三年八月に死去し、慶長五年九月の関ヶ原合戦では徳川家康が覇権を確立したことによって、教如はついに准如体制下から分離独立する切っ掛けをつかむ。彼はその直前に、下野国小山の家康陣に下向して陣中見舞いを言上していたから、この行為が奏功したであろうことは疑いない。

家康の後援に基づいて教如の分離独立の方針が確定したことにより、教如は慶長六年四月頃から寿像を下付し始める。この行為は、昇運に乗ったとの彼の自信がもたらしたものに相違あるまい。家康は慶長七年三月になって教如に東六条の寺地を新たに与え、また上野国厩橋妙安寺に対しては伝来の親鸞木像を譲渡するよう斡旋して、慶長八年正月にようやく妙安寺成空から親鸞木像が譲渡されたのである。そして教如は阿弥陀堂・御影堂の建築工事に着手し、阿弥陀堂は慶長八年十月に、御影堂は翌九年九月にそれぞれ完成したのである。

こうした情勢の推移のなかで、超賢は勝願寺第十二代の地位を子息善慶に譲ることとしたらしい。善慶は慶長九年正月に西本願寺に上ったのであるが、これに対して准如は地位継承を安堵するとともに、飛檐坊主衆（＝絹袈裟衆）の処遇をも付与したのである。またこの時、善慶は親鸞絵伝の制作と下付を要望したもののごとく、それが完成して准如裏書とともに下付されたのは、翌慶長十年六月のことであった。さらに善慶は、慶長十六年三月に執行された親鸞三五〇年忌にも参列していることが確認でき、外陣衆の筆頭にあって「定衆並」の処遇と記されており、廿四輩衆には常に「定衆並」の処遇が与えられると語られている。この記事から考えるならば、慶長十六年段階での飛檐衆・御堂衆・定衆・「定衆並」は、いずれも同格の処遇であったとすべきであろう。

ところで、善慶が第十二代住持に就くのと相前後して、勝願寺末寺衆の一つ大岩普願寺が、教如派（東派）から准如派（西派）へと転ずる事件が起きている。これは普願寺住持が第十三代慶恵から第十四代浄恵に交替する際に起きたものであって、浄恵は慶長六年をやや遡る時点で父慶恵と交代して住持になったと推測され、彼は直ちに聖徳太子像・高祖像の下付を准如に申請し、慶長八年にこれが実現している。そして慶長十二年には本寺たる勝願寺善慶の推挙に基づいて、浄恵に内陣衆＝飛檐衆の処遇を付与する旨の内諾が准如から与えられ、翌慶長十三年九月にこれが正式に承認されたのである。

しかるに他方、教如が准如体制下の本願寺から分離独立を果たした結果、勝願寺末寺衆のうちにも、善慶（准如派＝西派）の下を離脱して、東派に転じようとする機運が生じたようである。彼らはしかし、個別に新たな本寺を求めて転派することには躊躇があったらしく、本来の本寺たる磯部勝願寺に新たに東派の住持を迎えるという方法で、一体として転派を実現しようと企てたのである。かくして第十三代の新住持として、善栄の娘とその婿山川五郎左衛門との間に生まれた善祐が迎えられることとなり、彼は元和九年二月に東派門主宣如から木仏の下付を受けて、ここにようやく安定的な帰属関係を得ることができたのである。

注

（1）本願寺史料研究所編『本願寺教団史料―関東編』（同朋舎出版、一九八八年）。以下では『関東編』と略記する。なお本願寺史料研究所の写真版に基づき、訓読の一部を訂正したものがある。
（2）『西光寺古記』四十八「親鸞聖人御弟子等次第」（『本願寺史料集成』第七巻、同朋舎出版、一九八八年）。
（3）「勝願寺歴代系図（仮称）」（下総「勝願寺文書」―本願寺史料研究所の写真版による）。
（4）勝願寺井上勝氏『勝願寺の歴史』（勝願寺刊、一九九五年）による。なお勝願寺の歴史について触れた研究としては、井上鋭夫氏「親鸞教団の社会的基盤」（同氏『一向一揆の研究』第一章、吉川弘文館、一九六八年）、千葉乗隆氏「信濃真宗寺院成立の系譜」（『中部山村社会の真宗』第六章、吉川弘文館、一九七一年）などがある。
（5）「本願寺表裏問答」（妻木直良氏編『真宗全書』第五六巻、国書刊行会、一九七五年再刊）。
（6）『新編会津風土記』巻之二十、浄光寺条（『関東編』第一章歴代文書、二存如、第一号―四ページ）。
（7）越後「浄興寺文書」（『関東編』第一章歴代文書、二存如、第四号―五ページ）。
（8）越後「浄興寺文書」（『関東編』第一章歴代文書、二存如、第二号―四ページ）。
（9）越後長岡「蓮光寺文書」（北陸真宗史研究会第一回大会基調報告書『一向一揆から真宗王国へ―真宗史研究の課題と方向性―』八ページ掲載図版、二〇〇三年）。
（10）下総「勝願寺文書」（『関東編』第二章裏書・奥書、一裏書集、第三号―一〇九ページ）。
（11）下総「勝願寺文書」（『関東編』第二章裏書・奥書、一裏書集、第六号―一一〇ページ）。
（12）『史料と伝承』第一巻第四号所載史料（『関東編』第四章古文書・銘文、一中世第八四号、三八三ページ）。
（13）「龍谷大学図書館所蔵文書」（『関東編』第二章裏書・奥書、一裏書集、第一一号―一一一ページ）。
（14）下総「勝願寺文書」（『関東編』第二章裏書・奥書、一裏書集、第一三号―一一二ページ）。
（15）「礒辺勝願寺系図略詞」（下総「勝願寺文書」―井上勝氏の御教示による）。
（16）辻善之助氏『日本仏教史』第七巻・近世編之一、第九章（岩波書店、一九五二年）。本願寺史料研究所『本願寺史』第二巻第一章（浄土真宗本願寺派宗務所、一九六八年）。

(17) 柏原祐泉氏「本願寺教団の東西分立―教如教団の形成について―」（『大谷大学研究年報』第一八号、一九六五年）。拙稿「教如の石山籠城と越前一向衆」（拙著『越前一向衆の研究』第六章第一節、法藏館、一九九九年）。

(18) 下総「勝願寺文書」（『関東編』第四章第八九号―三八六ページ）。

(19) 井上勝氏『勝願寺の歴史』。また「瑞泉寺」（『新潟県の地名』二一六ページ―『日本歴史地名大系』第十五巻、平凡社、一九八六）によると、西敬寺蔵「寺社領并由緒書」に、信濃南条村勝願寺の創建が天正九年と記されている由である。なお信濃勝願寺がその後、越後に転じて瑞泉寺と改称することとなる。

(20) 拙稿「教如の北陸秘回と「大坂拘様」御書」（拙著『越前一向衆の研究』第六章第四節）、「教如の諸国秘回と本能寺の変」（拙著『本願寺教如の研究』上、第一部第二章、法藏館、二〇〇四年）。

(21) 「大谷嫡流実記」（『真宗史料集成』第七巻、伝記・系図）。

(22) 下総「勝願寺文書」（『関東編』第四章第一五二号―四一〇ページ）。

(23) 下総「勝願寺文書」（『関東編』第四章第一五一号―四〇九ページ）。

(24) 下総「勝願寺文書」（『関東編』第四章第一五〇号―四〇八ページ）。

(25) 拙稿「益田少将照従の花押」（拙著『本願寺教如の研究』続、第四部第二章第一節）。

(26) 「慶長十六年坊主衆聞書」（『西光寺古記』五十六―『本願寺史料集成』、同朋舎出版、一九八八年）。

(27) 勝善寺井上演良氏「勝善寺由緒略記」による。

(28) 拙稿「越後本誓寺超賢・賢乗について」（本書第二部第四章）。

(29) 「本願寺表裏問答」。

(30) 信濃「普願寺文書」普願寺歴代之記（井上鋭夫氏『一向一揆の研究』史料篇第七「普願寺史料」による）。

(31) 下総「勝願寺文書」（『関東編』第四章第一五九号―四一三ページ）。

(32) 下総「勝願寺文書」（『関東編』第一章教如第一〇号―一〇六ページ）。

(33) 拙稿「教如の籠城戦継続と諸国門徒衆」（拙著『本願寺教如の研究』上、第一部第一章）、「下間按察使頼龍の花押」（拙著『本願寺教如の研究』続、第五部第一章）。

(34) 「宇野主水日記」（『真宗史料集成』第三巻・一向一揆、一九七九年）。

(35)　拙稿「家中合体後の本願寺」（拙著『本願寺教如の研究』上、第一部第三章）。
(36)　下総「勝願寺文書」（『関東編』第四章第一四七号―四〇七ページ）。
(37)　充所脇付「回報」が意味するところについては、拙稿「美濃安養寺乗了の動向と親鸞絵伝」（本書第二部第三章第一節）参照。
(38)　下総「勝願寺文書」（『関東編』第四章第一四九号―四〇八ページ）。
(39)　「本願寺表裏問答」によれば、康楽寺は慶長期に准如に対して「内陣」待遇を希望し、これが叶えられなかったために「御裏ニハシレリ」とて、教如派（東派）へ転じたと語られている。しかしこの事件は、おそらく隠居して分寺に転じていた前代住持の願恵の動向を語ったものと思われ、塩崎にあった後継住持の教専は准如派を離れることはなかったと思われる。なぜならば康楽寺教専は、慶長九年八月に准如派から飛檐処遇を付与されているからである（『西光寺古記』五十三「飛檐坊主衆次第」）。ところで「普願寺歴代之記」を見ると、大岩普願寺においては、第十三代慶恵の第一子浄恵が第十四代を継承する一方、第三子の願恵は塩崎康楽寺に入寺したと記されていた。ところが普願寺浄恵は、のちに教如派から准如派に転じ、その結果、慶長十三年九月に内陣官（内陣衆＝飛檐衆の処遇）を免許されるという経緯があったから、弟の康楽寺願恵もこれに刺激されて、同様に「内陣」昇格を要望した可能性が推測できるのではあるまいか。もしそうであるならば、普願寺浄恵が飛檐処遇とされた慶長十三年九月からほどなくして、既に隠居していた康楽寺願恵も、同様の処遇を要望するに至ったものと思われる。しかしながら准如がこれを認めなかったために、願恵は教如派（東派）への転属に踏み切ったものであろう。つまり願恵の転派事件は、塩崎康楽寺教専とは無関係のところで起きていたのであって、それを「本願寺表裏問答」が「康楽寺」と表記した点に、誤解を生ずる原因があるのである。
(40)　谷下一夢氏『顕如上人伝』第三編第十一章（同氏『増補真宗史の諸研究』、同朋舎、一九七七年）。千葉乗隆・北西弘氏編『本願寺文書』第五九号（解説は千葉乗隆氏、柏書房、一九七六年）。
(41)　下総「勝願寺文書」（『関東編』第四章第一三九号―四〇四ページ）。
(42)　下総「勝願寺文書」（『関東編』第四章第一三八号―四〇四ページ）。
(43)　桑田忠親氏『淀君』（『人物叢書』、吉川弘文館、一九五八年）。
(44)　信濃「西厳寺文書」（『関東編』第四章第一〇〇号―三九〇ページ）。訓みの一部を本願寺史料研究所の写真版によって訂正した。

(45) 浄興寺の寺伝では、信濃長沼から信濃小市村に転じたのが永禄年中、謙信時代には同国「ベッフ」に転じ、景勝時代に越後春日山麓に転じ、堀秀政時代に越後福島に転じ、松平忠輝時代に越後高田に転じたとされる（越後「浄興寺文書」浄興寺由緒書―井上鋭夫氏『一向一揆の研究』史料篇三「浄興寺史料」による）。本文引用の粟津右近書状に基づくならば、信濃から越後春日山麓に転じたのは天正十八年五月以降であったとすべきであろう。

(46) 拙稿「家中合体後の本願寺」。

(47) 信濃「本誓寺文書」（本願寺史料研究所の写真版）。

(48) 拙稿「教如の継職と退隠」（拙著『本願寺教如の研究』上、第一部第四章）。

(49) 「文案」三（『真宗史料集成』第六巻・各派門主消息、本願寺派歴代消息―准如集第二五号）。

(50) 『慶長日記』七～八ページ、同三四～三五ページ（首藤善樹氏編、『本願寺史料集成』、同朋舎出版）。

(51) 宮部一三氏『教如流転』（叢文社、一九八六年）。拙稿「教如の美濃路通過と岐阜寄合所再建」（拙著『本願寺教如の研究』上、第一部第五章）。

(52) 拙稿「教如分立と親鸞木像の上洛」（拙著『本願寺教如の研究』上、第一部第六章）。

(53) 『西光寺古記』五十三「飛檐坊主衆次第」（千葉乗隆氏編、『本願寺史料集成』、三一五ページ）。

(54) 『慶長日記』五四ページ（『本願寺史料集成』）。

(55) 信濃南条「正行寺文書」。西沢新吉氏「親鸞と勝願寺」（長野県須高郷土史研究会『須高』第五七号、二〇〇三年）より再引用し、写真版に基づいて訓読の一部を訂正した。本論文は井上勝氏の御教示による。

(56) 『慶長日記』二十「高祖聖人三百五十年忌日次之記」（『本願寺史料集成』、二〇四ページ）。

(57) 『西光寺古記』五十三「飛檐坊主衆次第」。

(58) 『西光寺古記』五十三「飛檐坊主衆次第」。

(59) 信濃「普願寺文書」普願寺歴代之記（注30）。

(60) 「本願寺表裏問答」。

(61) 下総「勝願寺文書」（井上勝氏の御教示による）。

第七章　本願寺の動向と関東門徒衆

はじめに

本願寺が関東門徒衆に充てて発した文書を、我々は『本願寺教団史料・関東編』(1)によって容易に知ることができる。しかしながらこれまでは、それらの発給年次が判明しなかったために、十分な位置づけを与えられない状態が続いていた。筆者はそこで、それらの文書に据えられた花押の形状変化に注目して年次追究を試みたところ、大半の文書について年次を明らかにすることができた。本章ではそれらの根拠を示しつつ、本願寺の動向と、それに対応する関東門徒衆の動きを追ってみたいと思う。

なお筆者はすでに、上野厩橋妙安寺（東派）、および下総磯部勝願寺（東派）の動向については分析を加えることができたので(2)、本稿ではそれ以外の関東門徒衆、すなわち武蔵麻布（阿佐布）善福寺（西派）・下総横曽根報恩寺（慶長七年に江戸移転、文化七年に現在地「下谷」移転、東派）・下総結城称名寺（西派）・常陸宮後長福寺（西派）・相模野比最宝寺（もとは高御蔵に所在、大永年間に野比へ移転、西派）・甲斐塩田超願寺（東派）、あるいは武蔵築地別院（西派）などに伝来した史料に基づいて、彼らの動向を検討してみようとするものである(3)。

関東門徒所蔵文書中の花押・印章

A：天正５年（1577）
６月13日
顕如
武蔵「善福寺文書」

B：天正５年（1577）
６月13日
頼龍
武蔵「善福寺文書」

C：天正８年（1580）
後３月24日
教如
武蔵「善福寺文書」

D：天正８年（1580）
卯月21日
教如
甲斐「超願寺文書」

E：天正８年（1580）
卯月22日
下間按察法橋頼龍
甲斐「超願寺文書」

F：天正８年（1580）
10月晦日
教如
武蔵「善福寺文書」

G：天正10年（1582）
５月23日
「詳定」
相模「最宝寺文書」

G：天正10年（1582）
５月23日
按察法橋了明
相模「最宝寺文書」

H：天正10年（1582）
５月28日
富井真介正能
相模「最宝寺文書」

I：天正10年（1582）
６月５日
按察法橋了明
相模「最宝寺文書」

J：天正10年（1582）
５月26日
了明
下総「称名寺文書」

K：天正10年（1582）
７月25日
教如
武蔵「善福寺文書」

 Q：天正20年（1592） 8月18日 頼廉 武蔵「報恩寺文書」	 L：天正10年（1582） 7月25日 教如 武蔵「報恩寺文書」
 R：文禄2年（1593） 2月10日 「詳定」 相模「最宝寺文書」	 M：天正19年（1591） 卯月12日 「詳定」 下総「称名寺文書」
 R：文禄2年（1593） 2月10日 刑部卿法印頼廉 （木版花押） 相模「最宝寺文書」	 M：天正19年（1591） 卯月12日 刑部卿法印頼廉 下総「称名寺文書」
 S：文禄2年（1593） 3月26日 頼廉（木版花押） 下総「称名寺文書」	 N：天正19年（1591） 卯月12日 頼廉 下総「称名寺文書」
 T：文禄4年?（1595?） 卯月8日 刑部卿法印頼廉 下総「称名寺文書」	 O：天正19年（1591） 卯月13日 照従 下総「称名寺文書」
 U：慶長元年?（1596?） 3月28日 頼廉（木版花押） 下総「称名寺文書」	 P：天正20年（1592） 5月27日 顕如 武蔵「報恩寺文書」

V：慶長２年?（1597?）
４月27日
准如
武蔵「本願寺築地別院文書」

W：慶長８年?（1603?）
２月７日
教如
甲斐「超願寺文書」

X：慶長９年（1604）
後８月17日
頼廉
下総「称名寺文書」

Y：元和２年?（1616?）
２月14日
「明聖」
下総「称名寺文書」

Z：元和２年?（1616?）
２月14日
「明聖」
相模「最宝寺文書」

一　顕如の石山合戦

いわゆる「石山合戦」は三期に区分される。第一次は、信長の攻撃に対応して顕如が諸国一向衆に蜂起を命じた元亀元年（一五七〇）九月から、元亀三年三月まで。第二次は、加賀一向一揆が越前北半を制圧し、また甲斐武田勝頼が美濃明智城を制圧してまもなくの天正二年（一五七四）四月から、越前一向一揆が壊滅した後の天正三年十月まで。そして第三次は、大坂本願寺に信長軍が直接攻撃を加える天正四年（一五七六）四月から、教如の籠城戦継続が終わる天正八年（一五八〇）八月までである。

この石山合戦に関東門徒衆が関わっていたことを示す史料としては、まず武蔵「善福寺文書」中の天正五年（一五七七）六月の顕如書状を取り上げねばならない。前述の時期区分に従えば、第三次石山合戦（籠城戦）に突入して一年後のものということになる。

A態染筆候。仍当寺之儀、去年以来籠城尓付て、諸人之疲可有推量候。当流法義破滅候へき事、愁歎至極候。門下之輩被抽忠節者、　聖人へたいし奉、報謝不可過之候。当国太守《（北条氏政）》、累年申談之旨、あひかハらす本望候。就其、調略之子細候間、千万無心之儀なから、兵粮馳走、別而憑入候。何様尓も仏法再興之志をはけまれ候へく候。殊坊主分之儀者勿論候。将又法義不可有由断、老少不定のならひ尓て候間、急々信心決定候て、其上尓ハ仏恩報謝の念仏可申候。委細按察法橋《（下間頼龍）》可申候也。穴賢〳〵。

六月十三日《（天正五年）》　　顕如（花押）

阿佐布　善福寺《（性海カ）》御房（4）

B被成　御書候。謹而可有頂戴候。仍当寺、去年以来御籠城之式、上下難艱不能申伸候。此節、御一流可有御断絶事、歎敷被　思食候。可為《（ママ）》御門下之身上、可被竭粉骨事、勿論候。仏法之安危、御一大事相極候。就其、貴国之儀、先太守様御時已来、当御屋形御兼約不被相替、御入魂之儀、御祝着之至候。就中、御調略之子細候之間、近来々々無心千万儀、定而雖可為迷惑候、兵粮一廉馳走之儀、別而頼被　思召候。中国出勢之儀、是又御行調談半候。彼方聊無御表裏候間、不可有御気遣候。猛勢長陣之御用意之条、少遅速之段者、無余儀候歟。東西両口於被示合者、御本意可為眼前候。右之旨、長延寺・堀左近将監、可有伝達候条、不能巨細候。此等之旨、相心得可申下之由、被仰出候。恐々謹言。

（天正五年）六月十三日　　頼龍（下間）（花押）

阿佐布
善福寺（5）
床下

右の二点の史料は、前者が顕如の書状、後者が側近下間頼龍の副状であって、文言中には大坂本願寺での籠城戦が「去年」からと語られているので、天正五年六月の発給と判明する。

前者の顕如書状によれば、当寺＝大坂本願寺は去年（天正四年）以来、籠城を余儀なくされており、諸人の疲労が甚だしい点は推量していただきたい。当流の法義が破滅する事態は愁歎の極みであって、門下の者達が忠節に努めるならば、親鸞聖人に対する報謝となるであろう。当国＝武蔵の「太守」北条氏政とは累年、緊密な関係にあって本望である。ところで調略の必要から、兵粮の調達に協力を求めたい。何事も仏法再興に繋がるものとして、懇志の進上に努めていただきたく、とりわけ坊主衆の協力は不可欠である。なお委細は頼龍が申すであろう、と述べられている。

続いて後者の頼龍副状では、御書が下付されたので頂戴されるようにと述べたうえで、当寺は去年以来、籠城を余儀なくされており、上下の艱難は言い表しがたいほどである。しかしもし御一流が断絶となったならば、誠に嘆かわしいことと考えておられる。門下として粉骨に尽くすべきことは言うまでもない。ところで貴国＝武蔵においては、先代の太守様以来、現在の御屋形＝北条氏政に至るまで、約束に違わず御入魂の関係が続いており、祝着の至りである。いま調略の子細があって、誠に迷惑なこととは存ずるが、兵粮支援の協力を求めたいとの御意向である。中国勢が出兵することについては、まだ調談がついていないが、彼らが表裏（裏切り）する恐れはなく、気遣いは無用である。猛勢が長陣する予定であるから、兵粮の用意に多少の遅れがあっても差し支えはない。東西の両口から示し合わせて攻撃を加えるならば、必ずや御本意が達せられるであろう。なお以上の旨については長延寺・堀左近将監から子細が伝達されるであろう、と述べられているのである。

この後者に登場する長延寺というのが、右の書状を拝受した善福寺名代と思われ、もう一人の堀左近将監というのは、北条氏が派遣した使者なのではなかろうか。彼ら両人はおそらく同道して大坂本願寺に達し、いまそれぞれに顕如からの書状を携えて下向するのであろう。なお、この頃の善福寺住持は性海ではないかと考えられる（後述）。

二　教如の籠城戦継続

顕如の主導した大坂本願寺における籠城戦は、天正八年閏三月五日に顕如が和睦に同意して、一応の終結を迎える。信長からは閏三月十一日付けで加賀を返付する旨の書状が発せられていた。そして顕如は四月九日に舟で大坂を脱出し、翌十日に紀伊雑賀に達したのである。

ところがその嫡子教如は、この父の和睦開城の方針に反対であって、断固たる籠城戦の継続を唱えて諸国門徒衆に檄文を発するに至った。その一つが、武蔵「善福寺文書」に残される次のものである。

C為志銀子五十両到来候。厚志ありかたく候。数ヶ年当寺あひつゝき候事も、各か様の懇志故候。就其、当寺信長と一和相調候。さ候へハ、彼方表裏眼前候。然者、予、思立候旨候条、此度号門弟輩者、抽粉骨、当寺、相続候やう尓馳走候ハゝ、聖人報謝、仏法可為再興候。さてハ皆々、安心決定候て、そのうへの仏恩報尽の称名念仏、心尓かけられ候ハん事、肝要候。返々爰許此刻、たのミ入候計候。穴賢。

（天正八年）後三月廿四日　　　　　教如（花押）

「（奥ウワ書）善福寺御房（性海カ）　　　　教如」（6）

右は、天正八年後三月二十四日付けで発せられた教如書状であって、志として届けられた銀子五十両に謝意を示すとともに、当寺と信長との和睦が成立したが、信長は必ずや「表裏」＝裏切りを見せるに違いない。そこで予＝教如は、籠城の断固たる継続を思い立ったのである。親鸞の門弟と称する者ならば、粉骨を尽くして当寺が相続くように馳走に努めるべきであり、そのことが親鸞聖人への報謝となり仏法再興をもたらすのである、と述べられているのである。この書状を拝受したのは、この時点で本願寺に達していた善福寺性海の名代と思われ、これを得た性海は直ちに近隣の坊主・門徒衆に周知を図ったことであろう。

教如のかかる方針を聞いた各地門徒衆は、そこで直ちに軍装を整えて大坂に上り、教如に加担を表明するのであるが、そのなかには甲斐超願寺の貴西の姿も見られた。

D「（包紙ウワ書）甲州坊主衆
門徒中　　　　教如」

急度取向候。当寺・信長一和之儀、すて尓相調、門主去九日ニ雑賀へ御出候。さ候へハ、彼方表裏眼前候。就其、予、当寺可相拘おもひたち候。然者、　聖人之号門弟輩者、此度尽粉骨を、馳走候ハヽ、仏法再興、　聖人江可為報謝候。さてハ安心決定候て、称名念仏、無由断心尓かけらるへく候。猶各たのミ入候計候。穴賢。

（天正八年）卯月廿一日　　　　教如（花押）

甲州
坊主衆
門徒中（7）

E

（包紙ウワ書）「甲州　諸坊主衆中
　　　　　　　　同門徒衆中　　　　下間按察□橋
　　　　　　　　　　　　　　　　　　　頼龍」

端書無之候。

就当寺之儀、只今従　新門主様、被成下　御書候。抑今度御一和、大形相調、以御領掌之上、当山可被明渡由相究、既　御門主様去九日、至雑賀被成御下向候。万人之歎、絶言語候。然処ニ、　新門跡様　御意ニ者、累代　御開山様御座所、此度法敵ニ可被渡置段、御無念候間、可及程被成御踏、叡慮へも達而被及御理、其上御一宗、御相続有度御憶念候。然間、年月御籠城、万々御不如意、今迄之儀も、自諸国各、以志被成御続事候。今又如此被立　思食候事も、各頼被　思食候て之儀候間、此度不被惜身材、於馳走者、併当家再興、仏法之報謝、可為此一事候。但延々覚悟候て者、無曲事候。一刻も被差急、有調談、可被抽粉骨之事、此節ニ候。尚期後面之時候。恐々謹言。

（天正八年）卯月廿二日　　　頼龍（花押）（ハグルマ型）

甲州
　諸坊主衆中
　同門徒衆中（8）

右の二点は、天正八年卯月に発せられた教如書状および頼龍副状であって、その充所に「甲州坊主衆・門徒中」と表記されている点を踏まえるならば、超願寺住持の貴西がみずから大坂でこれを拝受していたと考えられる（9）。前者の内容は、前引した教如書状とほぼ同じであるが、門主＝顕如が卯月九日に紀伊雑賀へ退出されたとの新たな展開が、ここには語られている。

続いて後者の頼龍副状では、いま新門主様＝教如から御書が下された通り、和睦が成立して当山＝大坂本願寺を明け渡すこととなり、御門主様＝顕如は卯月九日にすでに雑賀に下向された。しかるに新門跡様＝教如は、累代にわたって御開山様＝親鸞像の御座所であった大坂を、法敵＝信長に明け渡すのは無念と考えられ、可能な限り籠城を継続する所存で、叡慮＝正親町天皇へも断りを申し上げて、籠城の継続に踏み切られた。しかし不如意の状況は変わらないので、身材を惜しまず馳走に尽くして頂きたい、と述べられているのである。

こうして教如は、各地門徒衆の支援を受けて断固たる籠城継続を唱えたのであるが、しかし彼の試みも所詮は信長軍の敵でなく、やがて再度の和睦締結に追い込まれて、ついに八月二日、大坂を離脱せざるを得なくなったのである。

以上のごとくにして石山合戦は完全に終結したのであるが、それからまもなくの十月晦日付けで教如は、「武蔵諸坊主衆中・同門徒中」に充てて次の書状を発している。

F雖先便申下、重而染筆候。仍大坂事、信長与御間、種々往来候。乍去、七月盆前可被明渡、令議定候。然共、予事、既雖為家督、遣(カ)一往之不預御届、恣之御様体、無曲儀候。殊蓮如上人已来、数代　聖人御座所、法敵被汚馬蹄事、歎入ニ付而、不能信用候キ。雖然、御門主連々如御契約、結句閏三月九日、紀州雑賀庄之内鷺森ニ云所、御退座候。其御跡可成程、是非共可相抱(ママ)覚悟候。隣国門下、悉致馳走候へとも、何共難測題目等出来候而、不及了簡候条、八月二日、俄退城事候。残多儀候。其刻迄、雑賀者共籠城候而、尽粉骨候間、所詮彼等任異見、至雑賀和哥浦着岸候而、于今在居候。御門主御間、右ニ申結(カ)付而、互非入眼候。就中、近日鷺森有謀人、仏法世法(ママ)之儀、色々申乱由、其聞候。言語道断之次第候。自然其元、如何様之事申下候共、不可能承引候。真俗共以諸篇、可為先規事、肝要候。次於安心之一義、信心決定候て、いよ〱仏恩報尽の称名、無懈怠様心懸、専用候。猶按察法橋可申候。穴賢〱。

（天正八年）
十月晦日　　　　　　　　教如（花押）
武蔵
諸坊主衆中
同門徒中(10)

右によれば、先度の使者によって状況の推移を伝えたが、重ねて筆を染めることとするとして、大坂本願寺に関して信長との間で種々の交渉が持たれた結果、七月盆前に明け渡すとの合意に達した。しかしながら予＝教如に対しては、家督であるにも拘わらず連絡がなく、勝手に決着がつけられるに至ったのである。ことに蓮如から数代にわたって親鸞聖人像の御座所であったところが、法敵の馬の蹄によって汚されることは誠に嘆かわしく、とうてい信用することはできなかった。しかるに御門主は契約に従って、閏三月九日に紀伊雑賀庄の鷺森に御退座されたので、その跡を出来る限り拘える覚悟であった。隣国の門下衆も馳走に尽くしてくれたが、予測できない事態が出現して、ついに八月二日、退城を余儀なくされたのである。この段階まで雑賀衆が籠城に加わっていたので、彼らの異見に従って雑賀和歌浦へ舟で着岸し、今に至って在居しているのである。御門主との間はとうてい「入眼」とはなりえず、とりわけ鷺森にいる「謀人」が、仏法世法に関して色々と申し広めているようであるが、全く言語道断の次第である。いかようの事柄が申し下されようとも、決して承引してはならない。なお子細は頼龍が伝えるであろう、と述べられているのである。本来ならばこれには頼龍副状が添えられていたはずであるが、あいにくと今に残されてはいない。

この書状においても充所が「武蔵諸坊主衆中・同門徒中」となっているから、これを拝受したのは善福寺の住持自身であったと推測され、おそらくそれは性海の長子教海であろう。彼は、先引した後三月二十四日付け教如書状が名代によってもたらされるや、直ちに軍装を整えて大坂に登ったと考えられ、教如の身辺に仕えて警固の任に当たり、さらに雑賀移動にも随伴したに違いない。彼の法名の「教」は、教如から下付された一字である可能性が高いから、もしかするとこの時に教如の御剃刀によって得度を遂げたものかもしれない。そして雑賀移動が一段落した十月晦日になって彼は帰国することと決し、右の書状を付与されたのである。しかしながら彼は、教如派加担を理由として顕如から破門処分を加えられてしまっていたので、善福寺は代わってその弟と思しき祐海が管掌することになったと考えられる。つまり教海は、得度して半年も経たないうちに破門＝隠居の境遇にされるという、誠に不運な巡り合わせとなってしまったのである。

なおここで麻布善福寺についての知見をまとめておきたい。「大谷本願寺通紀」巻第七の「了海」[11]の項によれば、この頃の住持として性海・祐海・堯海・善海・准海がいたと記されている。またこのほかに絵像裏書によって教海[12]の存在が知られるから、これも含めて系譜を復元すれば、次のようであったと考えられる。

麻布善福寺の系譜（推定）

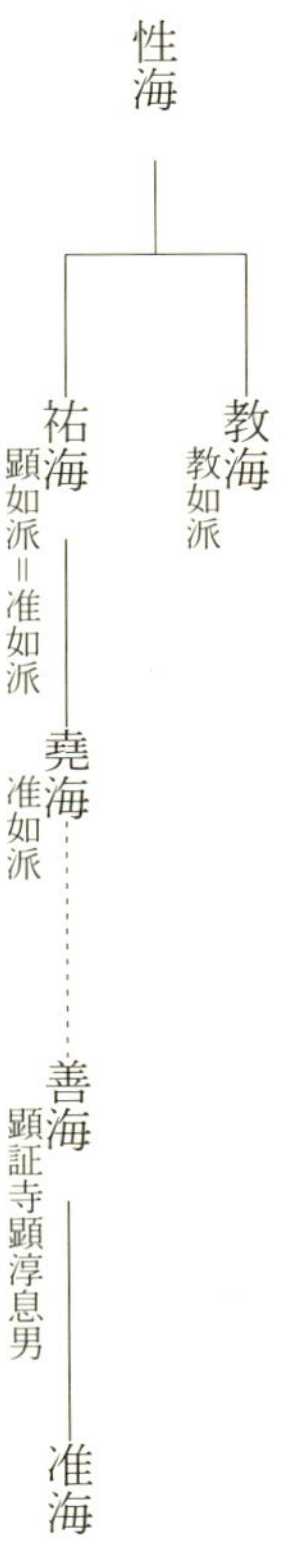

性海に関しては所見が得られないが、「善福寺文書」中の天正五年六月の顕如書状、天正八年後三月の教如書状は、おそらくはともに性海充てのものだったのであろう。この教如書状で籠城戦の継続を聞いたその子教海は、前述したごとくに、天正八年五月頃に大坂に駆け付けて加担を表明し、教如の身辺警固に当たるとともに、教如の御

麻布善福寺住持の史料上の所見

	住　持　名	下付主体	史料
文亀２、９、28、(1502)	○賢海	実如	110
天正５、６、13、(1577)	○性海？	顕如	17
天正８、後3、24、(1580)	○性海？	教如	103
天正８、10、晦、(1580)	○教海？	教如	103
天正10、７、25、(1582)	○祐海？	教如	105
天正10、８、17、(1582)	○□海	顕如	112
文禄３、10、29、(1594)	○祐海	准如	113
慶長７、４、20、(1602)	？　○堯海（木仏先年炎上）	准如	121
慶長７、８、15、(1602)	○堯海	准如	114
慶長７、９、14、(1602)	○堯海	准如	114
慶長11、９、16、(1606)	○祐海	准如	110
慶長12、３、28、(1607)	○教海	教如	116
慶長16、３、18、(1611)	○？ 絵伝之間	(准如)	日記
慶長19、３、19、(1614)	○善海 御剃髪13歳（顕証寺顕淳息男）	(准如)	日記 系図

史料欄について：数字…『本願寺教団史料—関東編』の掲載ページ。
日記…『慶長日記』（『本願寺史料集成』、同朋舎出版、1980年）。
系図…「河州顕証寺系図」（『真宗史料集成』第７巻、同朋舎、1975年）。

剃刀で得度を遂げて法名「教海」を得たのではあるまいか。そして同年十月晦日付けの教如書状を雑賀で拝受した後、彼は帰国することとしたが、しかしすでに彼は顕如から破門処分を受けてしまっていたので、代わって弟と思しき祐海が善福寺を管掌することとなったのである。

祐海に関する所見としては、天正十年八月[13]、および文禄三年（一五九四）十月[14]の絵像裏書が得られ、その後は子堯海に継承させることとしたらしい。この堯海に関する所見は慶長七年（一六〇二）四月～同年九月において得られるが[15]、しかし堯海の所見はその後に途絶えてしまい、慶長十一年（一六〇六）九月になると再び祐海が登場する[16]。こうした推移を踏まえるならば、子堯海の方が先に死去したために、老年の父祐海が再び住持職に復帰した可能性があるとしなければなるまい。慶長十六年（一六一一）三月十八日に挙行された親鸞三五〇年忌にも、「アザフ善福寺殿」[17]の参列が確認できるが、これはおそらく祐海なのであろう。かかる事態となって、祐海はやむなく後継となるべき養子を探すこととし、河内顕証寺顕淳の子善海（十三歳）を迎えることとしたのである[18]。

他方で、破門処分とされた教海についてであるが、教如が分立した後の慶長十二年（一六〇七）三月になって、教如から教海充てに顕如絵像・裏書が下付されていることが知られ[19]、これが彼の唯一の所見である。破門された教海が善福寺歴代住持に数えられていない点は、やむを得ないと言うべきであろうか。なお教海は、教如の分立に呼応して善福寺（祐海、西派）から離脱し、新たな東派寺院を創建した可能性もあるが、残念ながら詳細は判然としない。

三　教如の諸国秘回

前節引用の天正八年十月晦日付け教如書状に、「至雑賀和哥浦着岸候而、于今在居候」と述べられていたごとく、教如は十月晦日までは確実に雑賀和歌浦に滞在していた。しかしそれからまもなくの十一月上旬、彼はここを離れて諸国秘回の旅に出ることとする。まず紀伊日高郡阿尾浦に転じて十数日間留まり、次いで一旦和歌浦に立ち戻った後、大和を経て美濃願誓寺に立ち寄り、さらにその門徒の八代八右衛門の勧めに従って、美濃郡上郡気良庄小倉村に潜んだのである。ここに約一ヶ月留まった教如は、さらに北上して飛騨高山に達したが、ここから先へは進めなかったために反転し、越前大野郡穴馬庄半原村に入って天正九年正月を迎える。そして春になってさらに大野郡富島村南専寺に転じて、ここに翌十年二月まで留まるのである[20]。

天正十年二月になって、教如の耳に信長軍の甲斐攻撃の報が届けられる。教如の最終の目的地は甲斐であったから、この進撃を阻止すべく彼は急ぎ越中五箇山に転じ、一向一揆に蜂起を命じて後方撹乱作戦を展開させることとした。しかしながら三月十一日に早くも武田勝頼が滅ぼされてしまったために、教如は一揆蜂起の中止を命じて遥かに安芸へと移動し、さらに反転して播磨英賀本徳寺に潜入するのである。

教如の本徳寺潜入の知らせは、備後山南の光照寺から、その本寺たる相模最宝寺へもたらされる[21]。そこで最宝寺は遙々と名代を播磨英賀へ派遣し、懇志を進上して次の御印書・副状を拝受するのである。

G　（黒印）（印文「詳定」）

為志、木綿卅端進上之趣、具令披露候之処、遠路不合期之時分、誠以懇志之至被思食候。然者　尊体、御勇健御座候間、忝可被存候。就其、弥仏法世間共、如　御諚之、無由断被懸心、可被相嗜之段、尤肝要之由、能々相意得可申下之旨、被仰出候。仍所被挑（ママ）御印、如件。

按察法橋

（天正十年）五月廿三日　了明（花押）（マリモ心臓型）

最宝寺

(22)

H

「（包紙ウワ書）
最宝寺　富井真介
参御返報　正能」

御志進上之趣、具被遂披露、即按察法橋、御返事被申候。猶以相意得可申入旨候。此方弥御無事、殊更　御尊体、愈御堅固御座候。難有可被思食候。随而私へ白布壱端、被懸御意候。遠路不輙候処ニ、御懇志之至、難有無冥加存候。如何様期御参之時被存候。恐々謹言。

（天正十年）五月廿八日　正能（花押）

最宝寺
御返報

(23)

右の二点は相模最宝寺に伝存する史料で、前者が天正十年五月二十三日付けで下間了明が奉じた教如御印書、後者は同月二十八日付けでこれに添えられた手次富井正能の副状である。前者の言うところは、志として届けられた木綿三〇端について披露したところ、遠路をわざわざ届けられたことにつき感謝しているとの意向であった。教如の「尊体」は御勇健であるので安心されるように、と述べられている。次いで後者の副状では、御志を進上されたことを披露し、了明から返事が下された。この方は御無事で、「御尊体」はますます御堅固であるから安心されるように。また私＝正能へも白布一端が届けられ感謝している、と述べられているのである。

問題はこれの年次が天正十年五月であることの根拠であるが、下間了明がここに据えている花押は「マリモ心臓型」の形状を示し、その使用期間は天正十年三月十二日から同年八月までの間に限定される。(24) よって、前者は天正十年五月のものと判明するのであるが、この時に教如は播磨英賀本徳寺に潜伏していたことが明らかとなっているから、相模最宝寺の名代は遙々と英賀にまでやってきて懇志を進上したと想定すべきなのである。

さて、英賀本徳寺の教如のもとに十数日間留まった最宝寺名代は、やがて帰国することとするが、そのとき了明はさらに次の書状も新たに付与している。

一「(包紙ウワ書)
　最宝寺
　　進之候　　　　按察法橋
　　　　　　　　　　了明」

今度被差上名代、言上之趣、具遂披露候。被対申　上儀、無二之覚悟、寔大切被思召候由、相心得、具可申下之旨候。仍被成　御書候。於法儀之段者、懇被顕　御書之面候。旁以能々有聴聞、弥不可有別儀之心底、肝要迄候。恐々謹言。

(天正十年)
六月五日　　　　　　了明(花押)(マリモ心臓型)
　最宝寺
　　進之候(25)

右によれば、今度名代を派遣して言上された趣旨については、つぶさに披露を行った。「上儀」＝教如に対して無二の覚悟を示されたが、誠に感謝するとの意向が示され、御書が下付された。なお法儀については御書に記されているので聴聞されるように、と述べられているのである。ここに据えられる了明花押も「マリモ心臓型」であるから、その年次は天正十年六月と推断して差し支えない。とすれば、これは本能寺の変（六月二日）の三日後に当たるから、彼らがすでに変報を得ていたであろうことは疑いない（京都〜英賀は約一三〇km、三日間の行程）。つまり最宝寺名代は、信長滅亡の報に接したことにより、播磨から本国へ戻ることとしたものであろう。

これと同じ「マリモ心臓型」形状の了明花押は、次の下総「称名寺文書」中の書状にも見えている。

J

「（包紙ウワ書）
称名寺下　　　　按察法橋
志衆中　　　　　　了明」

はしかきなし。

御心さしとして、しんしやうのとをり、つふさ尓ひろう申候処尓、則　御印をなされ候。よく〳〵御ちやうもん、あるへき事、かんよう尓候。将且拙者金壱分、のほせ給候。誠ニ厚情之儀、ミやうかなきしたひ尓候。なを〳〵御まいりの時、可申候。恐々謹言。

（天正十年）
五月廿六日　　　　了明（花押）（マリモ心臓型）
称名寺下
志衆中(26)

右によれば、志がいま進上されて披露したところ、「御印」＝御印書が下付されたので聴聞されるように（ただし御印書は遺存しない）。また拙者＝了明にも金一分が届けられ感謝している、と述べられているのである。この文言からは年次推測の手掛かりが得られないが、押捺されている了明花押の形状「マリモ心臓型」に基づくならば、天正十年五月のものと判明する。つまり下総結城称名寺も名代を英賀本徳寺にまで遣わして教如に懇志を進上し、右の書状を付与されたのである。日付が最宝寺充て御印書の三日後となっている点を踏まえるならば、称名寺はおそらく最宝寺から教如の動静を聞いて、名代を派遣したものであろう。なおこの書状が仮名書きとなっている理由であるが、これを受領した称名寺下の志衆が女性主体のものだったからか、さもなければ称名寺住持職を女性（住持の妻）が務めていたためではないかと思われる。

四　本願寺の家中合体

六月二日に信長が本能寺で滅ぼされたことにより、備中高松城を攻囲していた羽柴秀吉は、直ちに軍勢を反転させて姫路城に戻ってくる。そして彼はここで六月九日夜に、教如との間に交誼を取り結び、翌十日に家臣木下半助に命じて、舟で教如を紀伊雑賀に送らせたのである。やがて教如は朝廷の斡旋を踏まえて、六月二十七日に父顕如との間で家中合体＝入眼（仲直り）を実現することとなった。

かかる事態の推移を聞いた関東門徒衆は、そこで名代を雑賀に派遣して懇志を進上するが、これに対して発せられたのが次の教如書状である。

K　芳墨はる〳〵と快悦候。木綿十端、懇志ありかたく候。此方無異儀候。就其ハ、信心決定候て、仏恩の深重なる事を心尓かけ、称名念仏あるへき事肝要候。猶按察法橋可申候也。穴賢〳〵。

（天正十年）七月廿五日　教如（花押）

善福寺《アサフ》御房[27]

L　（包紙ウワ書）「報恩寺御房　教如」

将又木綿三拾端、こゝろさしのほと、まこと尓難謝候。已上。

芳墨はる〳〵と快悦候。金子一両、懇志ありかたく候。此方無異儀候。就其ハ、信心決定候て、仏恩の深重なる事を心尓かけ、称名念仏あるへき事肝要候。猶按察法橋可申候也。穴賢〳〵。

（天正十年）七月廿五日　　　教如（花押）

報恩寺御房(28)

右の二点は、前者が麻布善福寺、後者が横曽根報恩寺に残された史料で、同日付け同内容であることから、両寺の名代は同道して雑賀に達したに相違ない。その内容は、前者では麻布善福寺から届けられた木綿一〇端について、後者では横曽根報恩寺から届けられた金子一両・木綿三〇端について、感謝に堪えないと述べているのである。その年次が天正十年である根拠は、まず教如の花押形状の変化に基づいており(29)、これらが天正十年代の前半に属することは確実である。そしてこの段階で、関東門徒衆からこぞって懇志が進上される契機としては、顕如・教如の家中合体＝仲直りという事件を除いては考えられない。以上によって右の二点は、天正十年七月の発給としてまず間違いないと思われるのである。

五　本願寺の寺基移転

家中合体＝仲直りを実現した顕如・教如は、その翌年天正十一年（一五八三）七月四日になって和泉貝塚へ転じ、さらに天正十三年（一五八五）四月には秀吉から摂津中島（中之島）河崎で寺地を拝領するので、八月三十日にここに転ずることとした。そして各地門徒衆から資金・資材の提供を求めて堂舎の新築を企て、「御堂」は天正十四年（一五八六）二月頃に完成、また御影堂も天正十四年七月に棟上式が挙行されている。この新築なった御影堂では、天正十四年八月六日から十三日にかけて、証如三三回忌（天文二十三年八月十三日死去、三九歳）が挙行され

たのであった。(30)

天正十四年十一月頃から翌十五年（一五八七）五月にかけて、顕如は腹部の病気のために病臥を余儀なくされている。他方でその間の天正十五年二月、教如は九州にまで赴いて、島津攻撃に出兵した秀吉への陣中見舞いを行い、六月頃に帰還する。さらに続いて同年八月には、教如は草津への湯治の旅に出発している。

天正十七年（一五八九）二月になって、聚楽第の壁に落書が張り出される事件が発生した。激怒した秀吉は犯人を追及させた結果、その関係者が本願寺に潜んでいるとの報がもたらされ、本願寺に対して謀反の嫌疑が懸けられてしまった。かくして三月八日に、関係ありと目された願得寺らが自害、関係者六六人は磔刑、そして居住の町二つが焼き打ちとされて、ようやく落着したのである。

その翌年天正十八年（一五九〇）三月に秀吉は、相模小田原北条氏の攻撃に出陣するので、教如はまたもや陣中見舞いのために下向し、五月十四日晩に小田原で秀吉に祝辞を述べていることが知られる。

そしてこうした教如の努力が奏功して、天正十九年（一五九一）閏正月五日、秀吉から京都西六条において新たな寺地（南北二八〇間、東西三六〇間、ただし本国寺の敷地を除外）が本願寺に与えられることとなったのである。そこで早速に新堂舎の建立が企てられ、資材は中之島本願寺を解体して利用することとして、同年八月六日に早くも顕如・教如はここに移転したのである。

秀吉から京都に新寺地が与えられるとの報は、関東門徒衆の耳にも達しており、下総結城称名寺は早速に懇志を進上することとした。

M

（黒印）（印文「詳定」）

新御所様へ御座相変申付、為御見舞被差上使者、金子壱文目進上之通、具遂披露候。遙々心遣、神妙被思召候。

将且可被住　法儀事、尤肝要旨、相心得可申候由、　御意候。則被顕御印候也。

刑部卿法印

頼廉（花押）（木版）

（天正十九年）卯月十二日

結城 称名寺（31）

N去月三日之芳札、具披見候。両門様へ御座相改申付而、為御見廻被差上使節、黄金壱文目宛進上之旨、遂披露候。遼遠心懸之至、神妙被思召候。能々相心得可申下旨、被　仰出候。私へ両様ニ同弐朱到来、無冥加候。先以　上々様、御堅固御座候。御座所下京六条ニ候。御普請被仰付、軈而可被移御座旨候。　関白様被入御念、已来迄此方御為、可然様被　仰出候。於様躰者可御心安候。恐々謹言。

（天正十九年）卯月十二日　頼廉（花押）

結城 称名寺 回報（32）

O　猶々、其元御代官衆へ書状之事、則認候而差下申候。以長へ委令申候。以上。

御状之趣、披閲申候。御両門様へ御座相改申付、為御見舞金子壱文め宛、御進上旨、被遂披露候。随而刑部卿法印へ同弐朱、申届候。則御返事被申候。猶能々相意得可申旨候。拙者へ同弐朱上給候。遠路御懇慶之至、難申尽候。先以　上々様、御堅固御座候。可御心安候。御寺内之儀、下京六条へ被成御行候。　関白様色々被入御念、已来迄此方御為、可然様被仰出候。一段御懇之御様躰候。旁期後信候。恐々謹言。

（天正十九年）卯月十三日　（益田少将照従）従（花押）（マツバⅡ型）

結城 称名寺 御返報（33）

右に引用した三点の史料は、本願寺の京都移転が語られていることから、天正十九年卯月に発せられた一連のものである。

第一史料は下間頼廉が奉じた教如御印書で、新御所様＝教如に対して「御座」を転じられる御見舞として金子一匁が進上され、これを披露したところ謝意が表された、と述べられている。

第二史料はこれに添えられた頼廉副状で、三月三日付けの称名寺からの芳札を披見したとしたうえで、両門様＝顕如・教如に対して、「御座」を変更される御見舞の黄金一匁を進上され、これを披露したところ、遼遠の地からの心懸けの程、神妙との意向が示された。また私＝頼廉にも黄金二朱が届けられ感謝している。新たな「御座所」は下京六条で、普請が完成したならば「御座」が移されるであろう。関白様＝秀吉とは良好な関係が続いているので安心されるように、と述べられている。なおこの史料の充所にも脇付「回報」が添記されているから、称名寺の住持みずからがいま中之島本願寺に達して懇志を進上し、この請取状を拝受していると推測するべきであろう。

さらに第三史料はこれに伴う益田照従副状であって、御両門様への御見舞の金子一匁、頼廉への金子二朱をそれぞれに届け、御返事がいま付与された。また拙者＝照従へも金子二朱を送られ感謝している。御寺内は下京六条であって、関白様から色々の指示が下されていると述べられ、さらに猶々書では、そこもと（下総結城）の御代官衆への書状を認めて名代「長へ」に託したので、よろしく取り次いでいただきたい、と見えているのである。

かくして天正十九年八月六日に顕如・教如両人は、まだ一部しか完成していない京都本願寺へ早くも移転したのであった。

さてその翌年天正二十年（＝文禄元年、一五九二）五月になって、横曽根報恩寺の新発意（中将＝顕西）が本願寺に上って来る。彼の目的は、顕如から御剃刀を受けて得度を遂げるためであって、その際に彼は次の二点の書状を付与されるのである。

P（包紙ウワ書）「報恩寺御房　顕如」

折節到来之条、乍軽微、織色三端進之候。猶期後音候也。

芳翰之旨令披見、快然候。仍遠路之処、子息被上候。即得度、尤珍重候。就中、証了往生之由、驚歎無極候。殊為志金子三文目、送賜候。懇意之至、有難候。将又後生之一大事迄候間、無由断法義可被相嗜事、肝要候。次久不被上候。世上も静候者、可有上洛候。爰許之程、委細中将可有演説候条、不能詳候也。穴賢〳〵。

（天正二十年）五月廿七日　顕如（花押）

報恩寺御房[34]

Q今度顕西上洛、上々様へ御礼被申上、殊御剃刀早速被成御免、一段仕合、可然候。御袈裟被致頂戴、色々忝次第候。各可為満足候。顕西長々在寺、万々造作之儀候。即只今下国候。於其元、弥証西・顕西父子へ入魂候て、上儀之御事可有馳走事、尤肝要候。先々此方、御堅固御座候。可心安候。爰元之儀、委細顕西可為演説候。恐々謹言。

（天正二十年）八月十八日　頼廉（花押）

報恩寺
坊主衆中

同惣御門徒中[35]

右の二点は日付が約三ケ月離れているが、後者の文言中に「顕西長々在寺」と語られている点を踏まえるならば、一連のものとして解釈しなければならない。すなわち、中将＝顕西が「上洛」した五月の時点で作成されたのが前者の顕如書状であり、これはそのまま側近たる頼廉の手許で保管されていたのであろう。そして顕西が帰国することと決した八月の時点でようやく後者の頼廉副状が作成され、両者はまとめて下付されたものと思われる。

その言うところは、前者によれば、報恩寺証西からの芳翰を披見した。遠路のところ子息（顕西）を遣わされて得度を遂げさせられるのは、誠に珍重のことである。ところで証了（証西の父で先代住持(36)）が往生した由、誠に嘆くべき事態であり、志として金子三匁が届けられたこと感謝している。証西は久しく本願寺に来ていないから、世上が静まったならば「上洛」するのがよいであろう。なお委細は中将＝顕西から演説（口頭伝達）されるであろう、と述べられている。

続いて後者の頼廉副状によれば、今度顕西が「上洛」され、上々様＝顕如に御礼を申し上げられて御剃刀を受けられたのは、誠に結構なことであった。御袈裟も頂戴され、色々と丁重な扱いを受けておられた。顕西は長々（約三ケ月間）と在寺され、種々に造作なことであったと思われるが、いま下国の途に着くところである。そこもとにおいて末寺坊主衆や惣門徒衆は、証西・顕西父子に対して入魂の態度を示されて、馳走に尽くされることが肝要である。なお委細は顕西が演説するであろう、と述べられているのである。

問題は両者の発給年次であるが、これらは顕如存命中である点が前提となるから、彼が死去する天正二十年（文禄元年）十一月二十八日を下限として設定できる。他方で上限としては、両者にともに「上洛」の文言が見えているので、本願寺が京都に移転する天正十九年八月がその上限となるであろう。かくして以上の二条件に基づき、両者は天正二十年（文禄元年）の発給と断定できるのである。

なお前者の五月二十七日の時点は、顕西が本願寺に達した直後のことであるから、彼はまだ得度を遂げておらず、その呼称は「中将」と見えている。しかるに帰国する八月十八日の段階ではすでに得度して法名「顕西」が下付されているから、この呼称が文言中に登場しているのである。

いま一つの注目点としては、その充所にも留意しなければならない。すなわち後者を拝受したのは明らかに顕西であるから、充所は「報恩寺　坊主衆中・同惣御門徒中」となっているのである。すでに第二節でこれと類似する充所の教如書状を検討し、それらを拝受したのは甲斐超願寺の喜西自身、および武蔵善福寺の教海自身だったと推測したが、右引の後者でも同様の充所となっているから、報恩寺顕西自身がこれを拝受したことはまず間違いないとしてよいであろう。

六　教如の継職と退隠

天正二十年（文禄元年）十一月二十八日になってついに顕如が死去し（五〇歳）、本願寺はその嫡子教如によって継承されることとなる。各地門徒衆は懇志を携えて続々と本願寺に達するが、そのなかには関東門徒衆の姿も見られた。

R
（印文「詳定」）
（黒印）

御所様へ、白綿壱把・悪銭百疋進上通、遂披露候。心懸有難被　思召候。仍安心之一儀、無由断被相嗜、今度之可被遂報土往生事、従何以肝用之旨、能々相心得可申由、被　仰出候。則被顕　御印候也。

刑部卿法印
頼廉（花押）（木版）

（文禄二年）
二月十日
相州
最宝寺[37]

右は相模「最宝寺文書」に残された教如御印書（下間頼廉奉）であって、御所様＝教如に白綿一把・悪銭一〇〇疋が進上され、これを披露したところ謝意が示された、と述べられている。

この御印書の発給年次を推測する手掛かりは、まず第一に奉者が頼廉である点である。彼が教如御印書の奉者を務めるのは、天正十年六月の家中合体から後のことであり、他方で教如が秀吉から退隠を命ぜられた文禄二年（一五九三）閏九月以降には、彼は教如側近の地位を離れてしまう。よって右の御印書はこの期間のものと限定される。次に第二の手掛かりとしては、その文言中で教如がどう呼称されているかであって、右では「御所様」と呼ばれている。しかるに顕如が存命する間に発せられた教如御印書においては、彼は「新御所様」「新門様」などと呼称されていて、右のごとくに単に「御所様」と称されることはなかった。よって右は、顕如死去後のものと限定されるのであって、以上の結果、この御印書は文禄二年二月の発給と推断して差し支えないのである。

続いて文禄二年三月の発給が、次の頼廉書状である。

S御所様へ、御代替之為御礼黄金壱匁、御年忌ノ志同壱匁、并志同壱文め、進上之旨、遂披露候。遙々懇志之至、神妙被思食候。私へ代廿疋上給候。無冥加候。先以此方御堅固候。可心安候。用事候者可承候。不可有疎意候。猶期後音候。恐々謹言。

（文禄二年）三月廿六日　　頼廉（花押）（木版）

ユウキ　称名寺　几下(38)

右は、下総称名寺が派遣した名代に対して付与された頼廉書状である。それによれば、御所様＝教如に「御代替」の御礼として黄金一匁、また顕如の「御年忌」（一周忌）の志として黄金一匁、さらにその他の志として黄金一匁が進上され、これを披露したところ神妙との意向であった。また私＝頼廉へも銭二〇疋が届けられ感謝している、と述べられているのである。発給年次が文禄二年三月であることは、「御代替」との文言が見える点から間違いない。

さて、本願寺門主となった教如は、側近として下間頼廉はそのまま残すが、これまで対立的であった下間仲孝は解任し、代わって下間頼龍・下間頼亮を取り立てた。そして各地の寺院・道場に対しては、これまで破門処分とされていた旧主戦派（教如派）の復活を指示したようである。この旧主戦派とは、天正八年に教如が籠城戦の継続を主張した際、これに加担を表明した坊主・門徒衆のことであって、その後彼らは顕如から破門処分とされて隠居の境遇を余儀なくされていたのである。

しかしながら、旧主戦派が復活することによって当然、これまで寺務を管掌していた顕如派の坊主・門徒衆が排除されることとなるから、各地の寺院・道場では、旧顕如派と教如派との間で激しい対立が生起することとなったに相違ない。そこで旧顕如派は、如春尼（顕如妻で教如・准如の母）を通じて豊臣秀吉に、教如排斥を強く要請することとしたのである。秀吉はそこで文禄二年閏九月十六日に教如と側近衆を大坂城に呼び、全十一条に亙る教如の罪状を糾弾したうえで、顕如譲状（実は偽作）に従って退隠するようにと厳命したのである。代わって門主とされたのは准如（顕如三男）であった(39)。

けれども教如は、その退隠命令に容易に従おうとはせず、文禄三年（一五九四）九月二十一日になってようやく「御裏」へ隠居したので、翌月十四日に代わって准如が「御表」に移動する。また本願寺内から教如派を排除する動きも、必ずしも順調に進んだとは言えないのであって、文禄四年八月に准如が誓詞提出を厳命した結果、ようやくに排除の動きが進展したのである。なお下間頼廉は、文禄二年閏九月に直ちに准如へ帰属する旨の誓詞を提出したので、その後は准如側近として活動することとなった。

七　准如体制の成立

本願寺内の体制転換に伴い、各地の寺院・道場においても教如派は排除され、准如派（旧顕如派）が次第に主導的地位を回復していったと考えられるが、しかしその転換は決して順調ではなかった。下総「称名寺文書」中に残される次の頼廉書状は、こうした推移を示唆しているのであろう。

T
（包紙ウワ書）
「イフキ
称名寺
床下
刑部卿法印
頼廉」

以上

乍幸便令申候。先以此方　上々様、一段御堅固御座候。弥仏法御繁栄（ママ）之儀候間、可御心安候。乍去、其元之義者遠路故、参詣之衆一切無之候。雖然、近年者各法儀心懸之由、被及聞召候。有難被思召候。不及申候へ共、上儀之事、万端御馳走、尤肝要候。委細了善可為演説候。恐々謹言。

（文禄四年カ）
卯月八日　頼廉（花押）

イフキ
称名寺
床下(40)

右によれば、「幸便」が得られたのでこの書状を遣わすとしたうえで、上々様＝准如は御堅固で、いよいよ仏法は御繁栄なので安心されるように。そこもとは遠路であるためか、参詣の衆が全く見られない。けれども近年は態度を転換して法儀を心懸けられるようになった由で、結構なことだとの御意向である。今後も馳走に努められることが肝要で、委細は了善から演説されるであろう、と述べられているのである。

この頼廉書状に語られるように、称名寺からの使者はここしばらく本願寺に来なかったのであって、久しぶりの使者として了善がやって来たので、これを「幸便」と呼んでいるのである。こうした事態となった理由は、旧顕如派であった称名寺に対して、教如派の門下衆が強い反発を示して、准如体制の成立を容易に受け入れようとはしなかったからであろう。そのため称名寺は、本願寺（准如）へ懇志を届けるべき名代を得ることすら困難な状況だったのである。そしていまようやく了善を使者として派遣し、懇志を進上することができたものと考えられるから、その年次は文禄四年（一五九五）卯月と推測するのが無理が少ないように思われる。

本願寺ではその後、文禄四年八月になって准如から帰属誓約の誓詞提出が厳命された結果、一気に体制転換が進むこととなる。教如派門徒衆もこの指示に従って准如派への転換を誓約したことと思われ、それは面従腹背の姿勢と評さねばならないが、しかし秀吉政権の存続する限りは、こうした態度もやむを得ないものであった。

こうしたなかで、旧顕如派＝准如派に帰属する姿勢を一貫して示していた常陸宮後の長福寺（もとは称名寺末寺）に対しては、本願寺直参の待遇を付与するとの次のような頼廉書状が下されている。

U

以上。

従長福寺貴所へ之書状、令披見候。懇遂披露候。然者、長福寺帰参可被申由、神妙被思召候。向後長福寺儀、直参ニ被成　御免由、被　仰出候。則被成御印書候間、尚能々可有演説候。此方、弥御繁昌之御事候間、可心安候。御用之儀候ハヽ、可承候。恐々謹言。

（慶長元年カ）三月廿八日　　頼廉（木版）（花押）

称名寺床下(41)

右によれば、長福寺から貴所＝下総称名寺に充てられた書状を披見し、准如に披露を行った。長福寺が帰参したことは神妙との意向で、今後長福寺には「直参」処遇が与えられることとなった。御印書が発せられたので（御印書は遺存していない）、称名寺からも「演説」を行っておくように、と述べられているのである。前述したように称名寺（旧顕如派＝准如派）に対しては、教如派の門下衆が強い反発を示していたと考えられるが、これに反して長福寺ひとりは、一貫して称名寺へ帰属する姿勢を変えなかったのであろう。そこで称名寺は、こうした長福寺の姿勢を褒賞する意味を込めて、本願寺直参の待遇が付与されるようにと推挙したものと思われる。かくして右のごとくに直参処遇が免許されたのであって、以上の推測がもし妥当ならば、その発給は慶長元年（一五九六）三月のこととすべきであろう。なお右の頼廉書状が、長福寺への直参免許の直後に発せられたものであることは間違いなく、またその際に長福寺が准如に拝謁していることも疑いない。とすれば、この頼廉書状を称名寺にもたらした使者とは、長福寺自身であったと推測しなければなるまい。

他方で教如派にとって、教如を排斥して准如に継職させることとなった根拠が、顕如譲状であった点については、とうてい承服できるものではなかった（実際にその譲状は偽作である）。そこで彼らは事あるごとに、この譲状に対する疑念を表明して反発を示すこととなったから、准如派としても対抗上、次のような書状を発して批判の沈静化に努めねばならなかったのである。

V態染筆候。仍開山聖人已来、以代々譲状之旨、予相続之儀、其元於門下中、何歟与令誹謗之由、沙汰之限候。併法義大様之あらハれニ候。自今以後飜心中、蒐角顕如任被　仰置旨、開山の尊像を奉守事候間、後生一大事

と被思候者、可令参詣事肝要候。各時分柄之儀ニ候へとも、不依多少奉加の儀、頼入計候。将且当流之安心の趣ハ、さらに男女老少をもえらハす、只雑行・雑修、自力なといふ悪き心をすてゝ、一心一向尓阿弥陀仏、後生たすけ給へと頼申せ者、弥陀如来ハふかくよろこひ候て、やかて光明のうち尓おさめをかるゝ尓よりて、往生は治定なりと心得られ候て、命のあらんかきりハ、仏恩の広大なるほとをよろこひ、報謝のため尓ハ、念仏を申され候へと、此旨細々尓談合せられ、無油断嗜まれ候ハんする事、専一候也。穴賢々々。

(慶長二年カ)四月廿七日　　准如（花押）

惣門徒衆中へ(42)

右は武蔵「本願寺築地別院文書」に残される准如書状であって、それによると、開山聖人＝親鸞以来の代々の譲状に従って、予＝准如が相続することとなったが、そこもとの門下中にはなにかと誹謗を加える者がいる由で、沙汰の限りである。今後は心中を翻し、顕如の指示された通りに親鸞尊像を守護し、これに参詣されることが肝要である。なお多少によらず奉加を頼むところである、と述べられているのである。問題は発給の年次であるが、これと同様の内容を持つ書状が慶長二年（一五九七）九月に下総磯部勝願寺超賢に充てて発せられている点(43)、またここに語られる「奉加」とは、慶長元年閏七月の京都地震によって倒壊した堂舎再建のために要請されていると考えられる点、これらの理由により、この書状は慶長二年四月のものと推測してまず間違いないと思われる。

なお、この准如書状の充所が単に「惣門徒衆中へ」となっている点に留意するならば、これは特定の寺院ではなくして、別院のごとき統合的性格を持った寺院の門徒中に充てられたものと言わねばなるまい。そして事実これは「本願寺築地別院文書」として伝来しているのである。とすれば、この書状が発せられた慶長二年四月の段階で、すでに築地別院の前身に相当する堂舎が建立されていたと考えるべきなのではなかろうか。築地別院の創建については第十節で検討するが、元和三年（一六一七）に浅草に創建されたとの説が有力であるから、本稿ではこれを「元和浅草御坊」と仮称することとし、しかもこれより二十年以前の慶長二年（一五九七）四月の段階で、これのさらに前身たる堂舎（「慶長浅草御坊」と仮称する）が、すでに存在していた可能性の高いことを指摘しておきたいと思う。

八　教如分立と親鸞木像の上洛

教如の境遇に大きな変化が生じたのは、慶長三年（一五九八）八月の秀吉死去によってである。教如はそこで徳川家康に積極的に接近を企て、家康の支援を得ることによって准如体制下から分離独立を果たそうと考えた。慶長五年（一六〇〇）六月になって、家康は会津上杉景勝の攻撃のために出陣するが、教如はこれを追って下野国小山まで下向して陣中見舞いを行う。そしてその途中で知った大垣の石田三成軍の動きを家康に言上したので、家康は直ちに軍勢を反転させて西上し、九月十五日に関ヶ原で激突してついに覇権を確立したのである(44)。

こうして家康との交誼を獲得できた教如は、翌年慶長六年（一六〇一）四月頃からみずからを描いた寿像の下付を始めている。この行為は、昇運に乗ったとの彼の自信がもたらしたものであろう。家康はまもなくに教如に対して、本願寺門主への復帰を打診したとされるが、しかし教如はこれを断って分離独立の方向を認めさせたらしい。かくして慶長七年（一六〇二）三月、家康から教如に対して東六条の新たな寺地が与えられたので、彼は直ちに新堂舎の建立に着手する。また家康は、上野国厩橋妙安寺（もとは下総一之谷村に所在、天正十八年に武蔵川越に転じ、慶長六年に厩橋に移る）に伝来した親鸞木像について、これを教如に譲渡するよう斡旋を行い、慶長八年（一六〇三）正月にようやく妙安寺成空から親鸞木像が譲渡されたのである。そして東本願寺の阿弥陀堂は慶長八年十月に完成、また御影堂も翌九年（一六〇四）九月に完成して、ついに分離独立が達成されたのであった。

ところで、妙安寺伝来の親鸞木像に関しては、すでに別稿(45)で検討したところであるが、それ以前の慶長四年（一五九九）正月から同年三月にかけて、「御裏」教如のもとで門徒衆に展観する事業が実施されていたらしい。准如にこれを一瞥する機会が与えられることはなかったであろうが、その木像の詳細が彼の耳に達していたことは疑いなく、その結果、やがて准如は妙安寺成空に対して木像譲渡の要望を申し入れたのである。

猶々、木像様、自准如様御所望、驚入、扨々無冥加御事候。御所様御案外之至ニ思召候。以上。

御書通令披見候。然者貴寺安置之木像様之儀、准如様御所望之旨、去比江戸善福寺を以、貴寺へ被仰遣候処、其方既無御用付、重而御使被遣御所望故、貴寺ニも一段迷惑被存候。其刻、内府様へ内々御伺候処、弥承引有之間敷旨、被仰候ニ付、其段被及御答候段、委細被仰上、　御所様御安心ニ被　思召候。貴寺ニも兼而被蒙仰候通、　御本寺ニ者、御開山様御自作之御木像、御安置無之而者、不可諧之御事候処、其方種々被抽忠節候事、如何程御頼母敷忝　思召、偏ニ可為興隆之由、　御意候。此上大切との御事、其方幾重ニも御頼　思召候。右之趣、宜申進之由被　仰候。貴寺御身上、　御所様別而無御疎略候。扨々御仕合之事候。猶期面上之節候。恐々謹言。

下間按察使

頼龍（花押）（マリモ内髭型）

（慶長四年カ）八月三日

（成空）妙安寺殿(46)几下

右は、下間頼龍が妙安寺成空充てに発した書状であって、ここに据えられる頼龍花押の形状「マリモ内髭型」（花押複写の掲載は省略）を根拠とするならば、その年次は慶長四年のものと推測される。その言うところは、成空からの書状を披見したが、妙安寺に伝来の木像を、准如様が譲与されることを望んでおられる旨、江戸善福寺から貴寺へ伝達されたことに対し、その方としてはその意思がない由を表明されたにも拘わらず、重ねて使者が派遣されて所望されたとのことで、貴寺としてはまことに迷惑な事態とお察し致す。内府様＝家康に内々に伺ったところ、成空は承引しないであろうとのことで、この旨を御所様＝教如に言上したところ、安心された様子であった。貴寺もご承知の通り、御本寺＝本願寺（教如派）には親鸞自作の木像が安置されるようなことはなく、その方の忠節（展観事業を実施できたこと）について、教如は頼もしく思っておいでである。貴寺の御身上について教如は決して疎略に扱うようなことはないので、安心しておられるようにと述べたうえで、さらに猶々書でも、木像の譲与を准如様が望まれた由、まことに驚くべきことである、と見えているのである。

この書状中に語られているように、慶長四年七月頃に准如は、麻布善福寺を通じて妙安寺成空に対し、親鸞木像を譲与するように働きかけていたのである。そこでこのことを知った教如は、この動きの機先を制すべく直ちに厩橋にまで下向し、木像の譲渡をみずからこそ希望している旨を、直接に成空に申し入れたのであった(47)。しかしながら成空は、まだこの段階では木像譲渡を決断することができず、各方面に意見を聞いたうえで追って返答するとして、教如に帰洛を求めたのである。

しかるに翌慶長五年（一六〇〇）になり、家康が会津上杉景勝の攻撃のために下野国小山に在陣する事態となったので、教如は小山にまで下向して八月四日に、家康に陣中見舞いを言上することとした。そしてこの動向に合わせて、妙安寺成空も小山に名代を派遣して教如に挨拶を申し述べさせたところ、教如は同日付けで成空に対して

「式文拝読」を許可し、願得寺からその読み方の伝授を受けて、当年の報恩講には「高座」に上るようにと指示したのである(48)。

このように成空は教如から鄭重なる扱いを受けて、木像譲渡もやむを得ないと次第に考えるようになってきたところに、家康が積極的な斡旋を企てて、木像を教如へ譲渡するよう強力に働きかけたのである。それが「御紋付之御幕」と「大判金」三十枚を贈与するという方法であった(49)。

かくして成空は慶長七年三月、ついに親鸞木像を教如に譲渡することを承諾するに至り、まもなくしてその意思が教如のもとへ伝えられたのである。ところが実際に木像を京都へ輸送する作業は著しく遅延するのであって、同年八月になってもまだ京着していなかった。そこで横田重忠が「急守被申、御上洛御尤ニ候」(50)との書状を発して問い合わせたところ、成空からは同年九月十二日付けで、「道中往来不自由」(51)のために延引しているとの返書が届く。そこで教如は木像警固のために、粟津勝兵衛村昌を迎えの使者として遣わすこととしたのである(52)。

以上のごとき経緯が展開するなかで、次の木仏裏書を見てみると、慶長七年秋頃に准如が、みずから江戸へ下向していたという事実が判明する。

釈准如　―
慶長七年―　十一月十六日
願主善福寺釈行宗《シウ》
右木仏者、相州山下善福寺、予武州江戸へ下向之刻、路次ニテ馳走□候間、令免之者也(53)。
釈准如　―

慶長七年｜十一月十八日
願主称名寺釈信慶
右之木仏者、予先日江戸へ下向之刻、従結城〇《江戸へ》罷越、色々令馳走之間、令免之畢。[54]

釈准如　｜
慶長七年｜《十一月脱カ》廿九日
願主最宝寺釈明順
右之木仏者、愚身江戸へ下向之刻、相州高御蔵最宝寺依馳走、令免之者也。[55]

右に引用した三点の木仏裏書は、いずれも「木仏之留」に記録されたものであって、日付はすべて慶長七年十一月付けであろう。その文言によると、准如が「先日」江戸へ下向した際に、相模山下村の善福寺はその路次において、また結城称名寺と高御蔵最宝寺（この頃には野比から転じていたか）は江戸において、それぞれに馳走に努めてくれたので、これを褒賞するために木仏を下付する、と記されているのである。

右の史料によって、慶長七年の秋頃に准如が江戸に下向していたことが判明するが、問題とすべきはその目的である。おそらく准如は、妙安寺の親鸞木像が教如に譲渡されることを阻止し、みずからこそがこれを譲り受けたいとの意思を直接に伝達するため、江戸へ下向したものであろう。そして、もしこの木像が准如の手元に確保できたならば、教如派の分離独立を阻止することができるかもしれない。しかし逆にこれが教如に譲渡されてしまったならば、教如派の動向には大きな弾みがついてしまうから、准如派にとっては大打撃となるに違いない。かくして准如は、みずからが江戸に下向して、妙安寺成空に木像譲渡を強く要請することとしたものであろう。しかし残念ながら、この准如の働き掛けはついに奏功せず、木像は教如に譲渡されることとなるのである。

かかる事態となって、准如派に残された最後の手段は、木像を輸送の途中で奪い取ってしまうことであり、場合によってはこれを損壊もしくは焼却してしまわねばならない。おそらく成空は、こうした不穏な空気を敏感に感じ取っていたと思われ、このことを「道中往来不自由」という表現で報じたのであろう。そこでこれに対応して、迎えの使者として粟津村昌が厩橋に下向し、京都までの道中の警固に当たることとなるのである。

かくして木像は十二月十五日に成空・村昌らに伴われて、ようやく上洛の途についたのであるが、「妙安寺文書」一谷山記録を見ると、

仍而同年（慶長七年）、於駿河御城上覧。荷徳院（妙安寺成空）守護ニ而、登城在之候。（56）

とあって、木像を家康の上覧に供するために、一行は駿府へ迂回したことが知られる。とすれば、その経路は厩橋から武蔵秩父を経て甲斐に入り、さらに富士山の西麓を南下して駿河上井出～興津と辿り、東海道に入って駿府に至ったものであろう。そして上覧後は、木像は家康の家臣達に託されて先行し、慶長八年正月三日に京着するのである（成空は駿府に約一ヶ月間滞在し、木像とは遅れて上洛する）。

ところで、木像の経路がこうしたものであった点を踏まえ、次の甲斐「超願寺文書」中の教如書状に注目すると、ここで特筆されている「御馳走」とは、この親鸞木像の上洛に関わる尽力なのではあるまいか。

W態取向候。仍連々、与三右御馳走共、難尽筆候。然者其方之儀、向後直参たるへく候。可被得其意候。就其、安心之一儀にをひてハ、連々聴聞のことく、一心に弥陀如来を憑ミたてまつるうへには、仏恩報謝の称名念仏、油断なくたしなみ、肝要たるへく候。あなかしこ〳〵。

（慶長八年カ）
二月七日　（充所欠ク）　（57）

教如（花押）

右の二月七日付け教如書状によれば、これまで「与三右」（与三右衛門か）が示した種々の馳走は筆舌に尽くしがたく、感謝の言葉もない。よって今後は「其方」＝超願寺喜西を直参として処遇するものである、と述べられている。内容からは感状とも言うべきものである。充所が欠けている理由は、それが封紙ウワ書として記載されていたために、開封の際に切断されたからと考えられ、「其方」＝超願寺喜西に充てられたものであることは言うまでもない。また「与三右」とはその名代であろう。そして日付の二月七日とは妙安寺成空が上洛した頃に当たっているから、もしかすると喜西は成空に随伴して上洛し（おそらくこの前日六日に）、その警固の尽力に対してこれが下付されたのであろう。この推測がもし妥当であるならば、その名代「与三右」による馳走も木像警固に関わるものとすべきであるが、しかし与三右は同道して上洛したわけではなさそうである。とすれば、与三右が行った木像警固は、厩橋を出発して甲斐超願寺に達するまでの区間と考えられ、そこから以後の京都までの警固は、喜西自身が成空に随行して行ったものと考えられる。

ところで、それでは准如派はこの木像の上洛を、手を拱いて見ていたのであろうか。筆者には到底そのようには考えられず、あらゆる機会を窺って襲撃・奪取するか、さもなければ損壊もしくは放火を企てようとしたことであろう。よって木像警固の一行は、こうした危難を避けつつ最短経路によって厩橋から駿府に達しなければならず、そのためには敢えて難路を辿ることも辞さなかったとすべきであろう。問題なのは、秩父から甲斐へ抜ける峠道（いわゆる秩父往還）であって、通常であれば秩父栃本から雁坂峠を越えて甲斐広瀬に達するのであるが、道案内の名代与三右としては、この経路を辿ることの危険性を避けたいと考えたに違いない。かくして彼ら一行の経路としては、秩父大滝から少藍峠（将藍峠とも）を越えて甲斐市ノ瀬に抜けるという難路を選んだ可能性が考えられ、そこからは笛吹川に沿って南下して塩田村超願寺に達したのではなかろうか。

「超願寺文書」中の教如書状に見えた「難尽筆候」との文言から、喜西とその名代与三右の馳走について推測を重ねたが、以上によってその書状の発給年次は、慶長八年二月としてまず間違いないと思われるのである。(58)

九　顕如十三年忌と親鸞三五〇回忌

准如体制下の本願寺から教如派（東派）が分離独立することは、まず慶長七年三月に家康から東六条の寺地を与えられ、翌八年正月にここに厩橋妙安寺から親鸞木像を迎え、さらに同年十月には阿弥陀堂が完成、次いで翌九年（一六〇四）九月には御影堂が完成するに至って、ようやくに達成されたのである。しかもこの慶長九年は顕如十三年忌に当たっていたから、その法要を執行するためにも、教如は御影堂の完成を急がせたことであろうが、しかし残念ながら教如派における年忌関連の史料はまだ得られていない。

これに対して准如派（西派）においては、次のような顕如十三年忌に関わる懇志請取状が残されている。

X芳札令披見候。仍而　顕如様十三年忌之為志、御所様へ江戸小判金子壱両進上之通、遂披露候。遠路御心懸、
神妙被　思食候。即被成　御印書候。随而私へ銀子十匁、誠無冥加候。先以此方御堅固ニ御座候。殊更御仏事、
無何事被成御結願候条、可御心安候。上辺用事候ハヽ、可承候。疎意有間敷候。恐々謹言。
（慶長九年）後八月十七日　頼廉（花押）

ユフキ
称名寺
御返報(59)

右によれば、下総称名寺からの芳札を披見したとしたうえで、顕如十三年忌の志として、御所様＝准如に「江戸小判」金子一両が進上され、これを披露したところ神妙との意向が示されて、御印書（遺存していない）が下付された。また私＝頼廉へも銀子十匁が届けられ感謝している。この方は御堅固であり、また仏事も無事に結願に達したので安心されるように、と述べられているのである。日付に「後八月」と見えているから、年次が慶長九年であることは間違いないところである。

さらに下って慶長十六年（一六一一）になると、親鸞三五〇回忌が執行されている。諸国の准如派門徒衆からは相次いで懇志が進上されているが、関東門徒衆に関わるものとしては次のような准如書状が残されている。

（端裏書）「御書之写也」

態染筆候。仍来年、相当開山聖人三百五十回忌候。就其、当寺御堂并亭、其外所々令零落候条、修造之儀思企候。時分柄可為造作候へ共、一は仏法興隆之為、又は知恩報徳の為と被思、不依多少奉加之儀、頼入計候。抑人間は老少不定の境にて候間、今生は一旦の浮生、後生は永生の楽果なれは、みな〳〵一大事とおもひとりて、弥陀の本願をたのみ、他力の信心を決定せらるへし。されは信心をとるといふも、何のわつらひもなく、只もろ〳〵の雑行雑善をふりすてゝ、一心一向に阿弥陀仏、後生たすけ給へと頼申人々は、十人も百人ももらさす、たすけ給ふへく候。是更うたかふへからす。此上には命のあらんかきりは、ねてもさめても念仏申へし。これこそ誠に、仏恩報尽のつとめたるへく候。相構て〳〵無油断嗜み肝要候也。穴賢々々。

（慶長十五年）三月廿八日　准如（御判アリ）

豆州　常州　下総　羽州　奥州
坊主衆中へ
惣門徒衆中へ(60)

右によれば、来年＝慶長十六年は開山親鸞聖人の三五〇回忌に当たっているが、当寺の御堂や「亭」などが零落の状態にあるので、これを修造しようと思い立った。時分がら造作なこととは存ずるが、仏法興隆のため、または知恩報徳のためと思って、多少によらず奉加を頼むところであると述べ、後半には法語が綴られているのである。親鸞三五〇回忌を「来年」と述べているから、その年次が慶長十五年（一六一〇）であることは疑いないところである。

十　浅草御坊の創建

准如派（西派）の関東門徒衆にとって重要な位置を占める築地別院については、「築地別院記」に次のような創建の記事が見えている。

築地別院、在武州豊島郡狭田領江戸東辺、或曰八丁堀御坊。
初准宗主時、元和七年三月中旬、於浅草浜町開基。
…（中略）…一云、元和三年創建、普請奉行遠島掃部、已上並記異聞、以備後検。(61)

すなわち、築地別院は武蔵豊島郡江戸の東方にあり、八丁堀御坊とも称される。創建は准如時代の元和七年（一六二一）三月中旬で、最初は浅草浜町に建設された。しかし異説によれば、元和三年（一六一七）の創建とも語られ、普請奉行には遠島掃部が当たったとされている。

『本願寺史』(62)では、このうち元和三年創建説を採用して、浅草にまず創建されたが、明暦三年（一六五七）正月の火災で類焼した結果、寺地を八丁堀築地の埋立地に移転して再建されることとなり、翌明暦四年（万治元年、一六五八）五月に仮御堂が完成して本尊移徙を行ったと述べられている。以上のことから、築地別院の前身たる「元和浅草御坊」は元和三年に創建され、これが明暦の大火で類焼したために、寺地を築地に移転させて再建されたことが知られるのである。

しかしながら第七節で述べたごとくに、「本願寺築地別院文書」には慶長二年と思しき四月二十七日付け准如書状が伝存しているから、すでに慶長二年の段階で「慶長浅草御坊」が成立していたことは確実としなければならない。そこでこの理解を踏まえて次の史料を眺めてみると、ここで普請が計画されている建物こそは「元和浅草御坊」なのではないかと思われる。

Y急度被　仰出候。今度於江戸　御門跡様へ、従　両御所様、御屋敷被参候。就其、近日可被成御普請旨候。各馳走之儀、頼被　思食候。為其如此候也。

(黒印)(印文「明聖」)　二月十四日(元和二年カ)

下野国(ママ)

称名寺

惣坊主衆中

惣門徒衆中(63)

Z急度被　仰出候。今度於江戸　御門跡様へ、従　両御所様、御屋敷被参候。就其、近日可被成御普請旨候。各馳走之儀、頼被　思食候。為其如此候也。

（黒印）（印文「明聖」）　（元和二年カ）二月十四日

相模国

最宝寺

惣坊主衆中

惣（ママ）御門徒衆中[64]

右の御印書二点は同日付けで発せられているから、下総称名寺・相模最宝寺の名代は同道して京都に達しているのであろう。内容も全く同じで、今度江戸において御門跡様＝准如に対し、「両御所様」＝徳川家康・秀忠から御屋敷が寄付されたので、近日のうちに普請に着手して堂舎の完成を目指したい（寄付された屋敷を解体して移築するとの意味であろう）。ついては、惣坊主衆・惣門徒衆に対して馳走を要請するところである、と述べられているのである。この普請事業こそが、「慶長浅草御坊」に新たに加えられた大規模な改修工事を意味すると思われ、これによって「元和浅草御坊」が完成したのであろう。もしこのように推測できるならば、右の史料の年次は、築地別院創建とされていた元和三年のその前年、元和二年（一六一六）の発給として間違いないのではあるまいか。

これとほぼ同内容の史料はもう一点あるので、ここに合わせて引用しておきたい。

態染筆候。仍於武州江戸、為　上意一宇令建立候。然ハ各時分栖（柄）、可為造作候へ共、一は仏法為興隆、又ハ知恩可為報謝候間、不依多少奉加之儀、頼入候。就其、当流の安心之趣ハ、更に男女老少をもえらハす、只雑行雑修自力なといふ、わろき心をうちすてゝ、一心一向に阿弥陀仏、後生たすけ給へと頼ミ申せは、弥陀如来ハふかくよろこひ候て、やかて光明のうちに、おさめをかるゝによりて、往生ハ治定なりと心得られ候て、命のあらんかきりハ、仏恩の広大なるほとをよろこひ、報謝のために念仏を申さるへき事、肝要候也。穴賢々々。

（元和二年カ）三月廿八日　准如（花押）

安芸国
坊主衆中へ
惣門徒衆中へ(65)

右は備後「光照寺文書」に残された准如書状であって、武州江戸において「上意」に従って一宇を建立する計画である。よって造作なこととは思うが、仏法興隆・知恩報謝のために、多少によらず奉加を求めたい、と述べられているのである。三月二十八日という日付は、前引の二点の准如書状（二月十四日付け）に接近しているから、この一宇も「元和浅草御坊」に当たると思われ、年次も同様に元和二年とすべきであろう(66)。

おわりに

本章の検討で明らかにできた関東門徒衆の動向を、最後にまとめておきたい。

顕如と織田信長との間で展開された「石山合戦」に対しては、関東門徒衆も懇志（軍資金）を進上するなど積極的に関与しており、武蔵麻布善福寺（性海か）から届けられた懇志に対して、天正五年六月に顕如の請取状が下付されていることが知られた。けれども天正八年閏三月になって顕如はついに抵抗を諦め、和睦を締結して紀伊雑賀に転ずることとしたのである。

ところがその子教如はこの方針に反対し、断固たる籠城戦の継続を唱えて諸国門徒衆に檄文を発するに至った。善福寺に残される天正八年後三月二十四日の教如書状は、たまたま本願寺に達していた同寺の名代に下付されたものであろうが、こうした経路を通じて教如の行動を知った甲斐塩田超願寺の喜西は、直ちにみずからが軍装を整えて大坂に上り、卯月二十一日付けで教如書状、その翌日付けで下間頼龍副状を得たのであった。

善福寺教海もこれよりやや遅れて大坂に駆け付けたと思われるが、まもなくの八月二日に教如が籠城戦を諦めて雑賀和歌浦に移動することとなったので、教海もこれに随伴して雑賀に転じ、十月晦日になって彼はようやく帰国することとしたのである。なお、こうした教如派の坊主衆・門徒衆に対しては、顕如は破門処分を加えていたから、帰国した善福寺教海も住持職を弟祐海に譲って、隠居の境遇に甘んじたものと思われる。

しかるに教如は、天正八年十一月上旬になって密かに雑賀を離れ、諸国秘回の旅に出ることとする。まず紀伊日高郡阿尾浦に十数日間留まり、次いで美濃郡上郡気良庄小倉村の八代八右衛門のもとに潜入する。約一ヶ月後に彼はさらに北上しようとしたが、飛騨高山から先へは進めなかったために反転し、越前大野郡穴馬庄半原村に入って天正九年正月を迎え、さらに春になって大野郡富島村南専寺に移動したのである。ところが翌天正十年二月、信長軍の甲斐出撃の報が届けられたので、教如はこれを妨害すべく、越中五箇山に転じて一向一揆の蜂起を命じた。けれども三月十一日には早くも武田勝頼が滅ぼされたため、彼は蜂起の中止を命じて遙かに安芸へと転じ、さらに反転して播磨英賀本徳寺に潜入したのである。

この教如の本徳寺潜入の報は、備後山南光照寺からその本寺たる相模野比最宝寺へもたらされる。そこで最宝寺は名代を英賀に派遣して懇志を進上し、天正十年五月二十三日付けの教如御印書（下間了明奉）、同月二十八日付けの富井正能副状、六月五日付けの了明書状を付与されるのである。また下総結城称名寺からも同様に名代が英賀に派遣され、五月二十六日に教如に懇志を進上しているが、その進上の主体は女性であったと思しく、了明は仮名書きの請取状を発しているのである。

しかるにそれからまもなくの天正十年六月二日、本能寺で信長が滅ぼされてしまう。備中高松城を攻囲していた秀吉は、そこで直ちに撤退して姫路城に戻るが、ここで教如は六月九日に秀吉と交誼を取り結び、翌十日に舟で紀伊雑賀に立ち戻る。そして同月二十七日に父顕如と家中合体＝入眼（仲直り）を実現したのである。

顕如・教如の仲直りの報を得た善福寺（祐海か）・下総横曽根報恩寺は、直ちに名代を派遣しており、同道して雑賀に達した名代両人に対し、七月二十五日付けで教如書状が下付されているのである。

本願寺はその後、天正十一年七月に和泉貝塚へ、次いで天正十三年八月には摂津中島（中之島）河崎の寺地に転じて、ここに新たに中島本願寺が建立されることとなる。しかるに天正十七年二月に起きた聚楽第落書事件においては、本願寺に謀反の嫌疑が懸けられてしまった。幸いにこの危機は願得寺らの尽力（犠牲）によって乗り切ることができたが、その結果これ以降の教如は、秀吉との関係円滑化に一段と腐心し、例えば天正十八年五月の秀吉による小田原攻撃に際しては、教如は小田原にまで下向して陣中見舞いを述べている。そしてこうした努力が奏功して、天正十九年閏正月五日に本願寺には、京都西六条における新たな寺地が与えられたのである。

かかる報を得た結城称名寺は、そこで早速に名代を派遣して祝儀を進上し、天正十九年卯月十二日付けの教如御印書（下間頼廉奉）、同日付けの頼廉副状、十三日付けの益田照従副状を下付されている。かくして顕如・教如両人は、八月六日に早くも京都へ移転してしまうのである。

天正二十年五月になって横曽根報恩寺の新発意たる顕西（中将）が、顕如から御剃刀を受けて得度するために本願寺に上って来る。そして約三ケ月間滞在して、八月中旬に帰国したことが知られた。国許ではその直前に彼の祖父たる証了（先代住持）が死去していたため、それに伴う父証西（現住持）からの志を彼は携えてきていた。

さて、天正二十年（文禄元年）十一月二十八日になってついに顕如（五〇歳）が死去し、ようやく教如が本願寺門主となる。各地門徒衆は相次いで祝儀を上納することとするが、野比最宝寺には文禄二年二月の懇志請取状があり、また結城称名寺には同年三月の懇志請取状が残されている。

門主となった教如は、そこで早速に本願寺内の体制転換を企て、下間頼廉・下間頼龍・下間頼亮らを側近として登用したが、下間仲孝は解任してしまった。また各地の寺院・道場に対しては、これまで破門処分とされていた旧主戦派（教如派）の復活を指示するのである。けれどもこのことは必然的に、これまで寺務を管掌していた顕如派の坊主・門徒衆を排除することとなるから、各地の寺院・道場では激しい混乱が生ずることとなった。そこで旧顕如派は直ちに如春尼を通じて、秀吉に対して教如排斥を要請したのである。この結果、教如は文禄二年閏九月十六日に秀吉から退隠を厳命され、代わって准如が門主とされたのであるが、実際に教如が「御裏」に転ずるのは文禄三年九月二十一日、代わって准如が「御表」に移ったのは翌月十四日のことであった。

本願寺における准如体制への転換は、しかし必ずしも順調には進まなかった。そこで文禄四年八月に准如が誓詞の提出を厳命した結果、ようやくに教如派排除の動きが進展することとなる。各地の寺院・道場においても徐々に教如派は排除され、旧顕如派＝准如派が主導的地位に復帰したものと推測される。結城称名寺においても、教如派門下衆は住持に対して強い反発を示していたらしく、准如への懇志進上のために名代を派遣することさえ、困難な状況が続いていたようである。そうしたなかで末寺の常陸宮後長福寺はひとり、称名寺帰属の姿勢を一貫して示していたらしく、やがてその褒賞のために長福寺には本願寺直参の待遇が付与される。おそらくそれは慶長元年三月のことだったのであろう。

また准如は、教如派から提起された顕如譲状に対する疑問（偽作との指摘）を沈静化させ、合わせて京都地震（慶長元年閏七月）で倒壊した堂舎再建のための懇志進上を要請する書状を下付しているが、そのうち慶長二年四月のものが「本願寺築地別院文書」に残されていることが知られた。なおこの准如書状は、単に「惣門徒衆中へ」と記されているから、この時点ですでに統合的性格を持つ別院のごとき寺院が成立していた可能性が高い。本章ではこれを「慶長浅草御坊」と仮称したが、これがやがて「元和浅草御坊」に発展し、さらには築地へ移転して築地別院となるのであろう。

さて、慶長三年八月に秀吉が死去したことで、教如には准如体制下から分立する道が開ける。彼はそこで上野国厩橋の妙安寺成空に要請して、伝来の親鸞木像を京都にまで持参させ、慶長四年正月～三月に「御裏」教如のもとで展観する事業を実施した。

しかるに、この木像の存在を知った准如は、その年七月頃に麻布善福寺を通じて妙安寺成空に、木像を譲与してほしいと申し入れたのである。事態の思わぬ展開を耳にした教如は、そこで直ちにみずから厩橋にまで下向し、木像譲渡を教如も希望している旨を成空に直接申し入れている。しかし成空はこの段階では即答できず、教如に一旦帰洛するよう求めたのであった。

その翌年慶長五年（一六〇〇）になって、徳川家康が会津上杉景勝の攻撃のために下野国小山に出陣したので、教如はここまで出向いて八月四日に陣中見舞いを言上している。この教如の動向を聞いた成空は、そこで小山に名代を遣わして挨拶を言上させたところ、教如から「式文拝読」が許可され、願得寺からその読み方の伝授を受けて、当年の報恩講には「高座」に上るようにと指示されたのであった。そして教如が帰洛してまもなくの同年九月十五日、関ケ原合戦で家康はついに覇権を確立したのである。

家康との間で交誼を成立させることができた教如は、その支援によって分離独立の方向へ歩み始める。彼は慶長六年四月頃から、みずからを描いた寿像を下付し始めているが、これこそは昇運に乗ったとの自信に裏打ちされた行動であろう。そして慶長七年三月、ついに教如は家康から東六条の新たな寺地を与えられたので、ここに直ちに堂舎の建立が企てられるのである。また妙安寺の親鸞木像についても、家康は「御紋付之御幕」と「大判金」三十枚を成空に贈与して、教如への譲渡を斡旋した結果、ついに成空は慶長七年三月、木像譲渡を承諾するに至ったのである。

成空が木像譲渡を承諾したとの報は、准如の耳にも達する。そこで准如はこれを阻止すべく、みずから江戸に下向して成空に直接働き掛けたのであるが、しかし残念ながら彼の試みはついに成功することはなかった。策に詰まった准如派は、そこで木像輸送の一行を途中で襲撃して略奪しようという不穏な動きを見せたらしい。これを知った成空は、そこで教如に警固要員の派遣を要請し、粟津村昌が下向したのである。かくして村昌の随伴によって十二月十五日、ようやくに木像は上洛の途につく。しかし途中の雁坂峠では准如派に襲撃・略奪される懸念があったために、案内した甲斐超願寺喜西の名代「与三右」は、敢えて難所の少藍峠を越える経路を選んだ可能性がある。そして超願寺に達した後は、彼に代わって喜西自身が一行に随行することとしたらしい。こうして一行は無事に駿府に達し、木像は家康の上覧に供された後、家康被官に託されて東海道を先行して、翌慶長八年正月三日に京着したのである。また成空や喜西の一行は、駿府に約一ケ月留まった後、二月上旬（おそらくは六日）に上洛するので、迎えた教如は二月七日付けで喜西に書状（感状）を認めて、彼に直参処遇を与えたのである。

親鸞木像を迎えた教如は、さらに堂舎の建立事業にも力を注ぎ、慶長八年十月には阿弥陀堂が完成、また御影堂も翌九年九月に完成して、ついに分離独立が達成されたのであった。

なおその後、准如派（西派）では慶長九年に顕如十三回忌、慶長十六年には親鸞三五〇回忌を執行していることが知られ、その前年慶長十五年には西本願寺の堂舎修復に協力するようにとの准如書状が、関東・東北地方の門徒衆に発せられていた。

最後に、築地別院の前身たる「浅草御坊」については、すでに慶長二年四月に成立していたと推測されるが

（「慶長浅草御坊」）、元和二年になって徳川家康・秀忠から屋敷が寄付されるので、これを解体・移築して大規模な改修工事を行ったらしい。これが元和三年の「元和浅草御坊」の建立であって、一般的にはこれをもって築地別院の創建と見なしている。そして「元和浅草御坊」は明暦三年に火災のために焼失するので、翌四年に築地に移転して再建されることとなり、これが現在の築地別院に続いているのである。

注

（1）本願寺史料研究所編『本願寺教団史料―関東編』（同朋舎出版、一九八八年）。以下では『関東編』と略記し、史料の掲載されるページを添記しておく。なお本願寺史料研究所の写真版に基づいて訓読の一部を訂正したものがある。

（2）上野厩橋妙安寺について論じたのが拙稿「教如分立と親鸞木像の上洛」（拙著『本願寺教如の研究』上、第一部第六章、法藏館、二〇〇四年）、下総磯部勝願寺について論じたのが拙稿「下総磯部勝願寺とその末寺衆」（本書第二部第六章）である。

（3）武蔵善福寺・下総報恩寺・下総称名寺・常陸長福寺・相模最宝寺・甲斐超願寺についての概略は、『日本歴史地名大系』（平凡社）第八巻・第十三巻・第十四巻・第十九巻のそれぞれの該当項目を参照している。

（4）武蔵「善福寺文書」（『関東編』一七ページ）。

（5）武蔵「善福寺文書」（『関東編』三八三ページ）。

（6）武蔵「善福寺文書」（『関東編』一〇三ページ）。

（7）甲斐「超願寺文書」（『関東編』一〇三ページ）。この頃の超願寺住持が第七世「喜西」であったことは、『山梨県の地名』（『日本歴史地名大系』第十九巻、平凡社、一九九五年）の記事に拠っている。

（8）甲斐「超願寺文書」（『関東編』三八四ページ）。

（9）充所の表記に関してこのように解釈すべき事例として、越後「本誓寺文書」天正九年二月二十二日付け教如書状がある。この場合には本誓寺超賢自身が教如の秘回の旅に随行していたことが確実で、教如の越前潜伏後に彼が帰国することとなった際、「越後坊主衆中・同門徒中」充ての書状が付与されているのである。とすれば、住持自身が文書を拝受する場合には、必ずこうした充所が記載されたと解すべきなのであろう。拙稿「越後本誓寺超賢・賢乗について」（本書第二部第四章）参照。

(10) 武蔵「善福寺文書」（『関東編』一〇三ページ）。

(11) 「大谷本願寺通紀」巻第七の「了海」の項（『真宗史料集成』第八巻・寺誌遺跡、四五六ページ）。

(12) 『東京都中近世古文書調査目録』所載、慶長十二年三月二十八日、教如絵像裏書（『関東編』一一六ページ）。

(13) 武蔵「善福寺文書」天正十年八月十七日、顕如絵像裏書（『関東編』一一二ページ）。

(14) 相模「成福寺文書」文禄三年十月二十九日、准如絵像裏書（『関東編』一一三ページ）。

(15) ○「木仏之留」慶長七年四月二十日、准如木仏裏書（『関東編』一二一ページ）。
○武蔵「善福寺文書」慶長七年八月十五日、准如絵像裏書（『関東編』一一四ページ）。
○武蔵「善福寺文書」慶長七年八月十五日、准如絵像裏書（『関東編』一一四ページ）。
○武蔵「善福寺文書」慶長七年九月十四日、准如絵像裏書（『関東編』一一四ページ）。

(16) 武蔵「善福寺文書」文亀二年九月二十八日、実如絵像裏書に添えられた、慶長十一年九月十六日付け准如絵像裏書（『関東編』一一〇ページ）。

(17) 「高祖聖人三百五十年忌日次之記」慶長十六年三月十八日条（首藤善樹氏編『慶長日記』―『本願寺史料集成』、二〇三ページ、同朋舎出版、一九八〇年）。

(18) 祐海の後継者として迎えられるのは善海である（「別格諸寺系図―河州顕証寺系図」―『真宗史料集成』第七巻・伝記系図）。善海については、『慶長日記』慶長十九年三月十九日条（同前書、三〇二ページ）に次のような記事が見えている。

一、三月十九日辰ノ刻過、江戸アザフ善福寺殿、御剃髪有之。于時十三歳也。実ハ久宝寺顕証寺殿顕淳息男也。

一、刑部卿法印御取次。仍後見候て、絵伝ノ間ノ中程ヘ御着座候。其後光永寺被参、髪ナトヲサハキ候て、如常御所様御カミソリヲ御アテナサレ候。

一、御門跡様、並ニ慈敬寺殿・顕証寺殿、其外御堂衆も小袖上下共ニ白シ。

一、善福寺殿ハ御剃髪已後、水色ノ裳付ニ白袈裟着用候て、内陣ヘ御出仕候。是又刑法印後見ナリ。

すなわち、河内久宝寺村の顕証寺顕淳の息男＝善海（十三歳、系図では十二歳とする）が、養子となって善福寺住持に転じ、いま本願寺に達して剃髪・得度した。下間頼廉が取次と後見を務め、絵伝の間に着座したので、まず光永寺がその髪を整え、次いで御所様＝准如が剃刀を当てられた。参列された御門跡様＝准如、慈敬寺・顕証寺顕淳、あるいはそのほかの御堂衆も、上下ともに白の小袖を着用しておられた。善福寺は剃髪の後に、水色の裳付に白袈裟を着用して内陣へ出仕されたが、ここでも頼廉が後見を務めた、と述べられているのである。このように慶長十九年三月に顕淳息男の善海が善福寺住持に迎えられている点から考えると、堯海（慶長七年四月〜九月に所見あり）は得度してまもなくに死去したと想定しなければならず、そこでやむなく祐海は一旦、住持職に復帰するとともに（慶長十一年九月に所見あり）、まもなくして新たな後継者に善海を得たものであろう。

(19)『東京都中近世古文書調査目録』所載、慶長十二年三月二十八日、教如絵像裏書（『関東編』一一六ページ）。
(20)拙稿「教如の諸国秘回と本能寺の変」（拙著『本願寺教如の研究』上、第一部第二章）。
(21)備後山南光照寺の本寺が相模最宝寺であることは、例えば次の木仏裏書によって確認できる。

釈准如
慶長十一年丙午九月二日
願主金蔵坊釈知春
右之木仏者、最宝寺門徒光照寺下、備後国品治郡長谷村金蔵坊、依望如此也。
（「木仏留」―『本願寺史料集成』木仏之留・御影様之留、三五ページ）

(22)相模「最宝寺文書」（『関東編』四〇五ページ）。
(23)相模「最宝寺文書」（『関東編』四〇五ページ）。
(24)拙稿「教如の諸国秘回と本能寺の変」、拙稿「下間按察使頼龍の花押」（拙著『本願寺教如の研究』続、第五部第一章）。
(25)相模「最宝寺文書」（『関東編』四〇七ページ）。
(26)下総「称名寺文書」（『関東編』四〇六ページ）。
(27)武蔵「善福寺文書」（『関東編』一〇五ページ）。
(28)武蔵「報恩寺文書」（『関東編』一〇六ページ）。

(29) 拙稿「教如の諸国秘回と本能寺の変」。
(30) 拙稿「家中合体後の本願寺」（拙著『本願寺教如の研究』上、第一部第三章）。
(31) 下総「称名寺文書」（『関東編』三九二ページ）。包紙と文書とが一致しないので包紙ウワ書の引用を省略した。以下同じ。
(32) 下総「称名寺文書」（『関東編』三九三ページ）。
(33) 下総「称名寺文書」（『関東編』三九三ページ）。
(34) 武蔵「報恩寺文書」（『関東編』一八ページ）。
(35) 武蔵「報恩寺文書」（『関東編』四一二ページ）。
(36) 報恩寺の住持が、証了―証西―顕西と継承されることについては、今井雅晴氏「前橋妙安寺所蔵の坂東報恩寺関係文書」（『古文書研究』第二七号、一九八七年）を参照している。
(37) 相模「最宝寺文書」（『関東編』四〇二ページ）。
(38) 下総「称名寺文書」（『関東編』四〇三ページ）。
(39) 拙稿「教如の継職と退隠」（拙著『本願寺教如の研究』上、第一部第四章）。
(40) 下総「称名寺文書」（『関東編』四〇四ページ）。
(41) 下総「称名寺文書」（『関東編』四〇三ページ）。
(42) 武蔵「本願寺築地別院文書」（『関東編』一八ページ）。
(43) 拙稿「下総磯部勝願寺とその末寺衆」。
(44) 拙稿「教如の美濃路通過と岐阜寄合所の再建」（拙著『本願寺教如の研究』上、第一部第五章）。
(45) 拙稿「教如分立と親鸞木像の上洛」。
(46) 上野「妙安寺文書」（『関東編』三九五ページ）。また妙安寺文化財調査委員会『妙安寺一谷山記録・寺宝』（前橋市教育委員会、一九八七年）の六五五ページにも掲載されている。
(47) 上野「妙安寺文書」慶長四年十一月十日、下間頼龍書状（『妙安寺一谷山記録・寺宝』六六八ページ）に、「去頃、御所様江戸通、被成御下向候之処、貴寺へ御立寄、種々御馳走者、懇情不浅 思召、宜申進之由、被 仰候」と記されているごとく、慶長四年夏～秋に教如は、既橋妙安寺にまで下向していることが知られるのであり、その目的は木像譲渡の要請であったと思われる。

(48) 上野「妙安寺文書」慶長五年八月四日、下間頼龍書状（『妙安寺一谷山記録・寺宝』六六三ページ）。

(49) 上野「妙安寺文書」慶長七年五月二十七日、横田重忠書状の記事による（『関東編』三九六ページ、および『妙安寺一谷山記録・寺宝』六五八ページ）。また「妙安寺最頂院筆録」（『妙安寺一谷山記録・寺宝』四一五ページ）によると、幕は二張り、大判金は三十枚であったとされる。

(50) 上野「妙安寺文書」慶長七年八月三日、横田重忠書状（『妙安寺一谷山記録・寺宝』四五六ページ・六六九ページ）。

(51) 上野「妙安寺文書」慶長七年九月十二日、成空書状（『妙安寺一谷山記録・寺宝』四六〇ページ・六七〇ページ）。

(52) この時に持参したのが、慶長七年十月二十日付け横田重忠書状である（上野「妙安寺文書」―『妙安寺一谷山記録・寺宝』六五八ページ）。

(53) 「木仏之留」（『本願寺史料集成』木仏之留・御影様之留、一四ページ、同朋舎出版、一九八〇年）。

(54) 「木仏之留」（『本願寺史料集成』木仏之留・御影様之留、一五ページ）。

(55) 「木仏之留」（『本願寺史料集成』木仏之留・御影様之留、一五ページ）。

(56) 上野「妙安寺文書」一谷山記録（『妙安寺一谷山記録・寺宝』六ページ）。

(57) 甲斐「超願寺文書」（『関東編』一〇五ページ）。

(58) 喜西は教如書状（二月七日付け）を拝受して直ちに帰国することとするが、その際に彼は妙安寺成空から、次の書状（二月六日付け）を横曽根報恩寺に届けるように託されたらしい。

　返々、厩橋へ便宜候者、御ことつて頼入候。従小西伝右衛門尉も、きゝいたし申候間、愚之下り時分ニ、返事申候。取候て可進候。衣之事も、よくハ候ハね共、かひておき申候。なを〱上様之御事、日々夜々御はんしやう、無申計候。はや〱大こ・つきかねハ、大坂之か《(カ)》を、御のほせ被成候。其か《(カ)》んも無之候。如何様以面上可申候。以上。

其後者、久敷不能面談候。其地無何事御座候哉。然者、御所様御繁昌之段、誠ニ無申計候。御屋敷之事、当月二日罷出候。従大苻、榎之御通行ニハ、いたくら四良右衛門殿・賀藤喜助殿・大か与三右衛門殿・寿りん、此等之衆御出被成候て、御渡し被成候。一段之御仕合被申事候。はや〱御屋敷わり迄御座候。頓而御普請可有之候。殊更　御開山様之御わたまし、当月廿四日と申候。北国しなの、西国三川、各々国々迄、坊主衆へふれまわり申候。随而御宮殿も、はや〳〵なかぬりニ御座候。頓而罷下、物語可申候。恐々謹言。

（慶長八年）二月六日　成空（花押）

（奥ウワ書）「報恩寺　従七条
玉床下　妙安寺」

（上野「妙安寺文書」―『妙安寺―谷山記録・寺宝』四七七ページ）

右の成空書状の内容については拙稿「教如分立と親鸞木像の上洛」参照。なお報恩寺充ての成空書状が、現在「妙安寺文書」に属している点について、今井氏「前橋妙安寺所蔵の坂東報恩寺関係文書」によれば、後世の妙安寺住持の成実が譲り受けたためとされる。

(59) 下総「称名寺文書」（『関東編』三九九ページ）。
(60) 常陸「長福寺文書」（『関東編』二一〇ページ）。
(61) 「築地別院記」（「大谷本願寺通紀」巻第十―『真宗史料集成』第八巻・寺誌遺跡）。
(62) 『本願寺史』第二巻第六章（本願寺史料研究所編、一九六一年）。
(63) 下総「称名寺文書」（『関東編』四〇〇ページ）。
(64) 相模「最宝寺文書」（『関東編』四〇〇ページ）。
(65) 備後「光照寺文書」（「本願寺派歴代消息―准如集」第四四号―『真宗史料集成』第六巻・各派門主消息、二一一ページ）。
(66) なお「元和三年日次之記」（『本願寺史料集成』元和日記、第六史料、四五ページ）の元和三年八月十八日条には、「一、十八日、須弥檀、新ヲカヘラレ候。今迄ノハ、江戸ノ御坊へ御下しナサレ候。」と見えているが、この江戸に運ばれた須弥檀こそは、完成した「元和浅草御坊」に据え付けられたものであろう。

付記　本稿を草するに当たり、金龍静氏（北海道、円満寺住職）から多大の御教示を受けている。末尾ながら記して謝意を表しておきたい。

第八章　本願寺の分裂と越前門徒土佐（西派）

はじめに

越前「専応寺文書」に残される天正～慶長期の史料は、当時活動していた安養寺村道場坊主「土佐」（活動時期は天正八年～慶長末年）と、その子乗祐が本願寺から拝領したものである。この史料群を検討することによって我々は、本願寺の東西分裂という激動に翻弄された二人の道場坊主、すなわち弟土佐（法名善照、のち西派専応寺を創建、丹生郡安養寺村）と、その兄大進（法名善好、のち東派養徳寺を創建、丹生郡安養寺村）の動向を詳細に知ることができるのであって、その分析結果はこれまでにいくつかの小文としてまとめることができた(1)。

しかしその後の再検討により、旧稿にはいくつかの不都合な箇所があることが明らかとなった。その手掛かりはそれぞれの文書に据えられる発給者の花押形状であって、これの微細な変化を基準とすることで、文書の年次推測が容易に行えるようになったのである。この結果、情勢の変化は一段と詳しく知ることができるようになり、とりわけ「専応寺文書」には坊官下間仲孝（性乗）とその手次衆の文書が多数伝えられていることから(2)、准如派（西派）の動向を一層詳細に追究できるようになったのである。

そこで本稿では、新たに判明した年次に基づいて「専応寺文書」を配列し直し、土佐・大進両人の動向を再度叙述してみようとするものである。配列の結果は**表1**に整理した通りであり(3)、またそれらに見える花押・印章は**図1**にまとめておいた。

なお以下で史料を引用する際には、その冒頭に『福井県史』資料編六・中近世四の整理番号を記載して、注記を付することを省略したい。他方で、同書に掲載されなかった史料を福井県文書館架蔵の写真版から引用する必要(4)もあるので、その際には冒頭にアルファベット記号を付して、これを明示しておくこととする。なお写真版に基づいて訓みに訂正を加えたものが若干あるが、これを一々注記することは避けておく。

表1　越前「専応寺文書」一覧（その1）

番号	年月日	黒印印文	発給者	充所	内容
32	文禄元?・霜・26		泰治(ウサギ型)	安養寺	御門跡様へ報恩講之御志、綿200目、刑部卿法印へ代20疋、即返事、私へ同10疋、
31	文禄2?・霜・24		泰治(オドリ型)	越前安養寺土佐殿・西衛門殿	御門跡様へ報恩講之御志、綿子100目、刑部卿法印へ同20目、即返事、私へ同10文め、
33	文禄3?・12・18		泰治(オドリ型)	越前安養寺村土佐殿御宿所	御所様へ報恩講御志、綿100目、刑部卿法印へ同30め、即返事、私へ同20目、
23	文禄4?・11・15		頼廉	越前安養寺村土佐殿・西念房・「良西御房」	御門跡様へ報恩講志、綿150目、御印書、私へ同30匁、
24	文禄4?・霜・16		刑部卿法印頼廉	越前安養寺村土佐殿	其方之儀、先年紀州於鷺森、直参ニ被召上候由、承届候、殊少進書出在之儀候条、今以不可有異儀候、
22	慶長元?・3・12		性乗(木版―リングⅠ型)	土佐殿	年甫之御礼儀進上、私へ20疋、懇切之儀歓悦無極候、
29	慶長元?・3・14		讃法祐心(ミノムシ丸型)	土佐殿御返事	御懇札本望、御身上之儀承候、不及是非、様体法印へ懇ニ申候、書状御下候、猶西衛門尉殿ニ申候、
26	慶長元?・6・15		春慶(二重環型)	土佐殿　御宿所	御所様へ銀子4匁、侍従法橋へ同1匁、直札、私へ同5分、

28	慶長元?・7・6		仲孝(ラセン型)		土佐事、先日懇ニ申上候、今迄双方之様躰不成御存知之旨、御意ニ候、一段忠儀無比類、明日下国之由、時分から逗留難成候ハヽ、不及是非、……九日ニ八条□御成ニ付、明日・明後日□御取紛、申上候事難成候、
25	慶長元?・11・24		頼龍(平行型)	安養寺村　土佐	志進上、披露、御印書、私へ銀3分、
27	慶長元?・霜・25		春慶(二重環型)	越前安養寺土佐殿御宿所	御所様報恩講志御進上、侍従へ銀5分、書札、私へ同2分、
39	慶長2?・6・25		少進法印仲孝(リングⅠ型)	安養寺村土佐殿几下	其方直参之儀、先年顕如様自御代被仰付上者、弥上儀馳走可被申事専用、
36	慶長2?・6・27		言之(アリ型―後期型)	土佐殿御宿所	御進上之通、披露、少進法印へ代20疋、即以一札雖被申候、私へ同10疋
37	慶長4・11・17		うり主安養寺村本田与太郎	とさ殿まいる	永代うり渡申七尾谷山之事、合壱ヶ所者、現米7斗ニ永代うり渡申、地子せん・いやうち共ニ31文、惣なミのことく、米にてさたあるへく候、
38	慶長6?・3・20		少進法印仲孝(リングⅠ型)	安養寺村土佐殿几下	其後者絶音問、御床布候、御講被執立之由、尚心願迄申越候間、令省略
写A	慶長6?・7・26	明聖	(記載ナシ)	越前山かれい八日講中	御門跡様へ志代50疋進上、
40	慶長6?・8・28		少進法印仲孝(リングⅠ型)	土佐・同門徒中	其方門徒之儀、弥如前々不可有別条候間、尚以上儀馳走可被申事、兵作申含、
44	慶長6?・9・3		川内蔵助了治(台形型)	越前専応寺殿御門徒衆中	大進殿御裏へ御走候由、各直参ニ可被召上候、
46	慶長6?・霜・28		川那部内蔵助了治(台形型)	専応寺殿御報	志私へ銀子2匁、八日講中より10疋、大進殿御うらへ御参候付、以書状令申候、おそ原之人帰参之由、珍重、御相伴申出候、いかやうの望も相調可申候、
写B	慶長6?・11・29		鳥彦右衛門重治(花押)	専応寺御坊御返報	御状具拝見、御志披露、御印書、川内蔵助殿馳走申候て、法印ノ書状相調下申候、大進殿之儀、さたのかきり
47	慶長6?・霜・29		川那部内蔵助了治(台形型)	越前ヲソ原御門徒衆中	大進殿逆心候処ニ、其方、此方被参候事、神妙ニ被思召候、其道場如前々被相立、参詣可有候、
写C	正・22		仲孝(リングⅡ型)	越前専応寺下惣中	御門跡様へ年頭之御礼代20疋進上、則被成御印書、私へ銀1匁、
写D	正・28		重治(花押)	越前安養寺村専応寺参	御進上之趣、具披露被申候処、則被成御印書候、少進法印へ銀子1匁、我等式へ同1匁、

41	慶長7?・9・10		少進法印仲孝（リングⅡ型）	乗祐・同御徒中	去年被仰付候通、無承引、重而得御意候処、言語道断不相届由、右任御意、御本尊二幅之御影様、御門徒悉専応寺殿へ相渡可被申、御門徒之身上にて御意違背之段、前代未聞之儀、於延引者弥可為越度、
写E	慶長7?・霜・25		川内蔵助了治（台形型）	越前西方八日講中	従講中銀子2匁、御門跡様御堅固、諸国参詣之衆、無御座候て、御物入、彼是御大儀之事候、委興宗寺御物語可有候、
写F	正・18		鳥養彦右衛門尉重治（花押）	越前山干飯八日講御中	当春之御慶先以目出度存候、従御講中御進物、披露、則被成御印書、従少進法印以書中被申入候へ共、尚於様体者、心願申入候条、不能詳候、
写G	2・28		仲孝（リングⅡ型）	越前安養寺村専応寺下惣中	御門跡様へ報恩講志、綿100目進上、則被成御印書、私へ銀子2匁、
写H	2・28		重治（花押）	専応寺御房御返報	御札披見、当春御慶満足、報恩講年頭進上、則被成御印書、尚於様体者、新右衛門尉可被申候、尚々少進法印へ懇ニ書中之通、申聞候、敬覚寺へ此方ニて委申候、
写I	8・28		仲孝（リングⅡ型）	越前安養寺村専応寺	御門跡様江志綿50匁進上、則被成御印書、私へ同20匁、
写J	9・7		仲孝（リングⅡ型）	安養寺村専応寺几下	彦右衛門方迄之書中之趣、具得其意候、綿30匁贈給候、
写K	慶長14・7・16		了治（台形型花押）	専応寺殿御返報	御状之趣、得其意、御門跡様御煩、御□気之御事、御児様御往生被成候、貴所煩候、御養生可有候、私へ銀1匁、委細御舎弟へ申渡候、
写L	慶長16・3・28		仲孝（リングⅡ型）	越前安養寺村専応寺下	御門跡様へ御年忌志、銀子5匁進上、則被成御印書、私へ同2匁贈給候、
写M	7・23		鳥養彦右衛門尉了安（黒印）	越前専応寺　惣門徒衆中	御門跡様へ報恩講之志、綿子100目進上、則被成御印書、少進方へ同10匁、私へ同10匁、
写N	7・27		井田忠右衛門□□（花押）	専応寺様惣御門徒中	御門跡様江、銀子進上、披露、少進方へ同3匁、我等方へ同2匁、
写O	（慶長末年）・8・21		下右近将監仲久（花押）	越前専応寺	御門跡様へ年頭鳥目50疋進上、則被成御印書、私へ綿40目、煩候間、能々養生可有候、
45	元和3・霜・16		川内蔵助了治（三角形型）	おそ原新右衛門殿参	専応寺望之木仏、御礼120め、先度請取申候、180め入申候、60め程たり不申候間、いまた御うらかき不申上候、木仏其方ニ御座候へハ、上分10匁あかり申候間、是も御用意候て、御上可有候、此方ニ而御あつらへ候へハ、仏師よりあけ申候、
					今度者不慮之儀候而、御坊中不残令火失候、御開山様之御真

42	元和4・正・朔		川那部内蔵助了治（三角形型）	専応寺殿まいる	影、上々様、何事無異儀候、御見廻銀子1匁、木仏之儀、入用未不足、不被成御免、今時分何事も御法度ニ而、自由ニ無御座、拙者越前へ罷下、其方次第上可申候、
43	元和4・2・28		川那部内蔵助了治（三角形型）	越前専応寺門徒衆中	御門跡様へ火事之為志、銀子86匁、披露、私へ銀子3匁、
写P	元和4・霜・5		准如（黒印―印文「光昭」）	専応寺釈乗祐	（「右之木仏者、越前国丹生郡安養寺村専応寺、依望如此者也。」切断カ）
写Q	7・27		川那部内蔵助了治（三角形型）	安養寺専応寺御返報・越前八日講中	御門跡様へ銀子10匁進上、則被顕御印、私へ銀2匁、猶々代10疋、即御印ニ書入申候、専応寺へ御別紙可被下候、
写R	7・29		川那部内蔵助了治（三角形型）	専応寺殿几下	芳札令披見、此方上々様御堅固、銀子5匁進上、即被顕御印候、私へ綿子30め送給候、
写S	（元和10以後）7・15		川那部采女了治（四本線型）	専応寺殿参	御状本望之至、御門跡様御堅固、其方無何事候之由、宗順雑談、御音問綿子20匁、興宗寺之儀、未相済候、御門跡様可被聞召之由候得共、彼是御隙入之事候之故、相延候、委曲宗順、
写T	7・26		下間少進仲□（タヌキ型）	越前専応寺	御門跡様へ銀6匁、則被成御印書、我等方へ綿20目、委者鳥養彦右衛門尉方より、

図1　越前「専応寺文書」中の花押・印章（その1）

32：文禄元年?（1592?）
霜月26日
井上勘助泰治
（ウサギ型）

31：文禄2年?（1593?）
霜月24日
井上勘助泰治
（オドリ型）

33：文禄3年?（1594?）
12月18日
井上勘助泰治
（オドリ型）

23：文禄4年?（1595?）
11月15日
刑部卿法印頼廉

24：文禄4年?（1595?）
霜月16日
刑部卿法印頼廉

22：慶長元年?（1596?）
3月12日
性乗
（リングⅠ型―木版）

 36：慶長２年?（1597?） ６月27日 冨永采女正言之 （アリ型）	 29：慶長元年?（1596?） ３月14日 讃岐祐心 （ミノムシ丸型）
 38：慶長６年?（1601?） ３月20日 少進法印仲孝 （リングⅠ型）	 26：慶長元年?（1596?） ６月15日 三上柳斎春慶 （二重環型）
 写A：慶長６年?（1601?） ７月26日 「明聖」	 28：慶長元年?（1596?） ７月６日 仲孝 （ラセン型）
 40：慶長６年?（1601?） ８月28日 少進法印仲孝 （リングⅠ型）	 25：慶長元年?（1596?） 11月24日 下按法頼龍 （マリモ平行型）
 44：慶長６年?（1601?） ９月３日 川内蔵助了治 （台形型）	 27：慶長元年?（1596?） 霜月25日 三上柳斎春慶 （二重環型）
 46：慶長６年?（1601?） 霜月28日 川那部内蔵助了治 （台形型）	 39：慶長２年?（1597?） ６月25日 少進法印仲孝 （リングⅠ型）

 写F：年未詳 正月18日 鳥養彦右衛門尉 重治 （クサビ型）	 写B：慶長6年?（1601?） 11月29日 鳥彦右衛門 （クサビ型）
 写G：年未詳 2月28日 仲孝 （リングⅡ型）	 47：慶長6年?（1601?） 霜月29日 川那部内蔵助了治 （台形型）
 写H：年未詳 2月28日 重治 （クサビ型）	 写C：慶長7年?（1602?） 正月22日 仲孝 （リングⅡ型）
 写I：年未詳 8月28日 仲孝 （リングⅡ型）	 写D：慶長7年?（1602?） 正月28日 重治 （クサビ型）
 写J：年未詳 9月7日 仲孝 （リングⅡ型）	 41：慶長7年?（1602?） 9月10日 少進法印仲孝 （リングⅡ型）
 写K：慶長14年（1609） 7月16日 了治 （台形型）	 写E：慶長7年?（1602?） 霜月25日 川内蔵助了治 （台形型）

 43：元和４年（1618） ２月28日 川那部内蔵助了治 （三角形型）	 写Ｌ：慶長16年（1611） ３月28日 仲孝 （リングⅡ型）
 写Ｐ：元和４年（1618） 霜月５日 准如 （印文「光昭」）	 写Ｍ：年未詳 ７月23日 鳥養彦右衛門尉 了安 （黒印）
 写Ｑ：年未詳 ７月27日 川那部内蔵助了治 （三角形型）	 写Ｎ：年未詳 ７月27日 井田忠右衛門□□
 写Ｒ：年未詳 ７月29日 川那部内蔵助了治 （三角形型）	 写Ｏ：（慶長末年） ８月21日 下右近将監仲久
 写Ｓ：（元和10年～） （1624～） ７月15日 川那部采女正了治 （四本線型）	 45：元和３年?（1617?） 霜月16日 川内蔵助了治 （三角形型）
 写Ｔ：年未詳 ７月26日 下間少進仲□ （タヌキ型）	 42：元和４年（1618） 正月朔日 川那部内蔵助了治 （三角形型）

一　教如の継職と土佐

天正二十年（文禄元、一五九二）十一月二十八日に顕如（五〇歳）が死去したことで、本願寺はその長子教如が継承することとなったが、彼はまず、それまで顕如から破門とされていた旧主戦派（天正八年の教如による籠城戦継続に加担した者達）の処分を解除したと推測される。越前安養寺村の道場坊主であった大進（教如派）も、同様に逼塞を余儀なくされていたから、彼は直ちに坊主としての活動を再開して、旧門徒衆を弟土佐（顕如派＝准如派）から取り戻したものと考えられる。道場の管掌権については判然としないが、「専応寺文書」に見られる文書群としての連続性を踏まえるならば、大進によって道場や文書類まで奪回される事態とはなっていなかったとすべきであろう。もしかすると大進は、逼塞している間に別の道場を設けていた可能性もありそうである。

さて、新門主教如が正式に就任したという事態に対応し、土佐は教如に懇志（祝儀）を進上することとするが、その際の請取状が次のものであろう。

32　「（端裏切封ウワ書）（墨引）
安養寺　　井上勘介
　　　　　泰治」

御門跡（教如）様へ報恩講之為御志、綿弐百目御進上之通、披露被申候。随而刑部卿法印（下間頼廉）へ代二十疋、申聞候。即返事雖被申候、猶能々相心得、可申聞候。次私へ同十疋、無冥加存候。先々此方、一段御堅固御座候間、可御心易候。猶期御参之時候。恐々謹言。

（文禄元年カ）霜月廿六日　　泰治（花押）（ウサギ型）

安養寺（ママ）

右は、刑部卿法印＝下間頼廉の手次たる井上泰治が発した書状であって、「御門跡様」へ報恩講の志として進上された綿二〇〇匁について、いま頼廉から披露が行われた。また頼廉への銭二〇疋について返事が下されたが（頼廉書状は遺存しない）、なお謝意を伝えるべしとのことであった。さらに私＝泰治へも銭一〇疋が届けられ感謝している、と述べられているのである。

この泰治書状32の発給年次について、詳細は別稿[5]で検討を加えるが、次の点を根拠として文禄元年のものと推測すべきであろう。すなわち、頼廉の手次を務めた益田少将照従・草伯部又介重政（了寿）の両人の発給文書を整理すると、文禄元年六月～文禄四年卯月の間にわずかに「隙間」が存在していて、右の泰治書状はその間のものと推測される。つまり教如が門主であった時代に限定して解釈しなければならないのである。次にこれを踏まえて、冒頭の「御門跡様」なる文言から、教如の門主継承（文禄元年十一月二十四日）から、「御裏」移動（文禄三年九月二十一日）の間に発せられたものと限定できるであろう。そして最後に、ここに据えられる泰治の花押形状が「ウサギ型」（後引の31・33は形状が異なる「オドリ型」）である点と、充所に「安養寺」との誤記（村名を寺号と誤解している）があって、泰治と土佐との面識がまだ深まっていない様子が窺える点から、この32は文禄元年霜月二十六日（教如の継職の二日後）の発給であったと推測するのが最も妥当なのである。

そこでこの結論に基づき、教如が継職した段階の土佐について推測を巡らしてみよう。顕如の死去に伴って教如が門主となったことは、ごく普通の相続のあり方であって異とするところではない。右の32で進上された懇志も、教如の継職を奉祝する意味合いを持つものであった。ところが教如は、まもなくして旧主戦派（教如派）の復活を認めたから、このことで旧顕如派に対しては、これまでの坊主としての地位を剥奪したり、あるいは教如派の寺坊へ帰属を強制するなど、粛清措置が加えられることとなったに違いない。土佐の場合は、幸いに兄大進が強行策に出ることはなかったらしく、直参処遇（天正九年九月に顕如から付与されていた）[6]や道場管掌権の剝奪といった事態には立ち至らなかったと思われるが、しかし門徒衆の一部が土佐から大進のもとへと転ずる状況は生じていたことであろう。つまりこの文禄元年十一月の段階で、安養寺村門徒衆はすでに大きく教如派と旧顕如派とに分裂していたと考えられるのである。

さて、新門主教如から旧顕如派に対して粛清策が加えられる事態となったため、彼らはこれを阻止すべく如春尼（顕如妻で教如母）を通じて、豊臣秀吉に教如排斥を強く要請することとした。その結果、文禄二年（一五九三）閏九月十七日に教如は秀吉から退隠を命ぜられ、代わって弟准如（顕如三男）が門主に就くこととされたのである。けれども教如はそれから約一年間、この指示に従おうとはせず、文禄三年（一五九四）九月二十一日になってようやく「御裏」に転じたので、代わって准如が翌月十四日に「御表」に移動したのである。

こうして教如は門主の地位を失ったのであるが、しかし新体制への転換が直ちに実現するわけではなく、退隠命令が本願寺内に貫徹するにはかなりの時間が必要であった。こうした状況を示唆するのが、次の二つの懇志請取状である。

31　「（端裏切封ウワ書）（墨引）
越前安養寺
土佐殿　　　　井上勘介
西衛門殿　□□所（御宿カ）　　泰治」

御門跡様へ報恩講之為御志、綿子百目被進上之通、具披露申され候。随而刑部卿法印へ同廿目、申聞候。即返事雖被申候、猶能々相心得、可申聞候。次私へ同十文め、無冥加存候。かた〳〵期御参之時候。恐々謹言。

（文禄二年カ）霜月廿四日　泰治（花押）（オドリ型）
越前安養寺
土佐殿
西衛門殿

33

「（端裏切封ウワ書）（墨引）
安養寺村
土佐殿　御宿所　井上勘介　泰治」

御所様へ報恩講為御志、綿百目御進上之通、披露申され候。随而刑部卿法印へ同卅め、申聞候。即返事雖被申候、猶能々相心得、可申聞候。次私へ同廿目、無冥加存候。旁期御参之時候。恐々謹言。

（文禄三年カ）十二月十八日　泰治（花押）（オドリ型）
越前
安養寺村
土佐殿
御宿所

右の二点の懇志請取状はともに井上泰治の発したもので、前者31では「御門跡様」教如への綿一〇〇匁、頼廉への綿二〇匁、泰治への綿一〇匁について謝意が示されている。また後者33でも同様に、「御所様」教如への綿一〇〇匁、頼廉への綿三〇匁、泰治への綿二〇匁について礼辞が述べられている。問題は発給の年次であって、詳細は別稿[7]に委ねるが、前者31は文禄二年霜月、後者33は文禄三年十二月のものと推測される。そして注目すべきは、退隠を命ぜられた直後の31において、教如がまだ「御門跡様」と表記されている点、および教如が「御裏」に移動した後の33でも、土佐はまだ泰治を通じて教如に懇志を進上している点であろう。もしかすると土佐は、井上泰治が教如派の手次であることを、十分には理解していなかったのかもしれない。しかしもしそうでないとするならば、土佐は懇志進上の窓口として井上泰治以外の者を見つけられなかったということになり、このことは換言するならば、准如派による本願寺内の体制掌握が遅々として進まなかった状況を示唆しているのである。

二　准如の門主就任と土佐

准如が「御表」に移動した文禄三年十月十四日以降、本願寺内から教如派は徐々に排除され、代わって准如派（旧顕如派）が組織を掌握していったことであろう。例えば教如側近を務めていた坊官下間頼廉は、早くも文禄二年十月五日にその態度を転換して、准如派へ帰属する旨の誓詞を提出しているのである。けれども彼の手次たる井上泰治は、一向に転換の姿勢を示そうとはせず、前引33（文禄三年十二月）になっても懇志受け取りの窓口を務めていたから、彼はまもなくして折檻（破門）処分を受けたらしい。この処分は教如派に対して一斉に行われたらしく、その時期は文禄四年（一五九五）八月頃と考えられる。この結果、その後の文禄四年九月〜十月においては、准如派へ提出される誓詞が激増の状況を見せているのである。(8) つまり文禄四年八月頃を画期として、本願寺内では准如体制がほぼ確立したと言えるのである。

越前安養寺村においても、教如の退隠に伴って兄大進は活動停止に追い込まれ、代わって弟土佐が再び門徒衆全体を管掌する態勢に戻ったことであろう。そしてそれからまもなくの文禄四年十一月、土佐は西念・良西とともに上洛して准如に懇志を上納し、みずからの直参処遇の再確認を求めたのである。

23 （包紙ウワ書）「越前安養寺村
　　　　　　　　　　　　　刑部卿法印
　　とさ殿　　　　　　　　　　頼廉

西念房　　　　」

御門跡様（准如）へ報恩講為志、綿百五十目進上之通、遂披露候。即被成　御印書候。有難可被存候。随而私へ同卅匁、無冥加事候。先以此方　上々様、御堅固ニ御座候間、可心安候。猶期後音之時候。恐々謹言。

十一月十五日（文禄四年カ）　　頼廉（花押）

越前安養寺村
とさ殿

西念房

「良西御房」（異筆）

24

以上。

其方之儀、先年紀州於鷺森、直参ニ被召上候由、承届候。殊少進（下間仲孝）書出在之儀候条、今以不可有異儀候。右之通惣中へも被申、弥　上儀可有馳走事、尤肝要候。恐々謹言。

刑部卿法印

霜月十六日（文禄四年カ）　　頼廉（花押）

越前
安養寺村
土佐殿

右の二点の頼廉書状は、日付が連続している点から同段階の発給と思われる。その内容は、前者23では御門跡様＝准如への綿一五〇匁進上を披露し、御印書（遺存していない）が下された。また私＝頼廉への綿三〇匁についても感謝している、と述べられている。充所には土佐・西念が並記されたうえ、異筆で「良西御房」と追記されているが、これは良西も同道していたにも拘わらず記載がなかったため、後にみずから記入したものであろう。なお西念とは、慶長期になって教如派に属する府中正願寺のことと思われる(9)。

次いで後者24においては、土佐が先年（天正九年九月の段階）、紀伊鷺森において顕如から直参処遇が認められていた由を承り、准如に申し上げた。とくに下間仲孝の「書出」（九月十七日付け）(10)が所持されているので異儀には及ばない。今後も本願寺への馳走に努めることが肝要である、と述べられているのである。

旧稿(11)において筆者は、後者24の年次を文禄二年と考え、しかも教如派からの発給と想定したが、これは誤りであったと思われる。そもそも土佐は旧顕如派であるから、彼が教如派からこうした安堵を受けることは困難であったとすべきであり（大進の妨害も予想される）、もし仮に申請できたとしても、教如派が「紀州於鷺森、直参ニ被召上……少進書出在之」などという表現を採用するはずはなかったであろう。つまり23・24は、あくまでも旧顕如派＝准如派の手になる安堵状とすべきであって、年次も文禄四年十一月と想定するのが無理が少ないであろう。以上の点を旧稿とは変更したいと思う。

こうして土佐は、新たに成立した准如体制から、かつてと同様に坊主たる地位を保証され、また直参身分の再確認を受けることができたのであって、それは文禄四年十一月のことだったと考えられるのである。

三　仲孝復活と土佐の身上

教如によって坊官の地位を剥奪されていた下間仲孝は、文禄五年（慶長元、一五九六）正月十九日に至って准如に誓詞を提出し、ようやくにその地位を回復することができた。土佐はこの仲孝と懇意であったから、早速に名代を派遣して懇志を上納することとする。

22年甫之御礼儀進上之旨、令披露候。尤御祝着被　思召之由、則別紙被成御印書候。可有頂戴候。此方弥御無事御座候条、可御心易候。仍私へ二十疋上給候。懇切之儀、歓悦無極候。猶後音以面上可申候間、不能委細候。恐々謹言。

（慶長元年カ）三月十二日　　性乗（花押）（木版）

土佐殿

29

「（端裏切封ウワ書）
土佐殿　参　御返事　　讃岐 祐心」

返々、其方むり〳〵ニ罷成候御事、咲（笑）止存候。随分御さいかく、かんによう存候。以上。

御懇札本望之至候。仍　上々様（准如）御勇健ニ御座候間、可被御心安候。将且御身上之儀、承候。不及是非御事候。然ハ様体、法印（下間性乗）へ懇ニ申候。即書状御下候。爰許御用之儀候ハヽ、可被仰上候。何様不図御参待申候。其許万不如意候由、咲（笑）止存候。随分貴所御馳走、肝要候。猶西衛門尉殿ニ申候条、令省略候。恐々謹言。

（慶長元年カ）三月十四日　　讃法 祐心（花押）（ミノムシ丸型）

土佐殿　御返事

右の二点の書状は、日付が接近していることから同段階の発給と考えられる。前者22では、年甫（年頭）の祝儀進上に対して御印書が下されたと見え（遺存していない）、また私＝仲孝へも二〇疋を届けられ、「懇切之儀、歓悦無極候」と述べられている。この歓悦極まりなしとの表現は、仲孝書状の文言としては頗る異例であって、かつて懇意であった土佐から再び懇志が届けられ、いたく感激している彼の心情を窺うことができよう。

次いで後者29は、仲孝の手次たる森祐心の副状で、土佐からの書状・懇志の到来に謝意を表したうえで、「御身上之儀、承候」と述べ、土佐が不如意を嘆いている事態を「咲止《笑止》」とし、委細は西衛門尉（名代）に伝えたとしているのである。

この二点を慶長元年三月のものと推測する根拠は、森祐心の花押「ミノムシ丸型」であって、文禄四年八月まで彼は「ミノムシ細型」を使用していたから、このように推測するのが最も無難なのである。[12] そこで注目すべきは、後者29において土佐の「身上」に異変が生じていたことが知られる点であり、これこそが兄大進との間の門徒管掌権をめぐる争いを意味するのであろう。そして彼は、門徒衆が十分に掌握できずに不如意に陥っていたため、その打開策を求めて仲孝のもとへ名代を派遣したというのが、22・29によって示唆される経緯だったのである。

その三ケ月後、今度は土佐がみずから本願寺に上って懇志を進上したらしい。

26 「（端裏切封ウワ書）（墨引）
土佐殿　御宿所　　三上柳斎　春慶」

御所様へ銀子四匁御進上付而、侍従法橋《下間頼純》へ同壱匁、慥申届候処、即直札を以被申候。尚能々相心得、可申入之旨候。将且此方、弥御堅固御座候。先以可御心易候。次私へ同五分、被懸御意候。誠過当之至、無冥加存候。尚期後音之時存候。恐々謹言。

（慶長元年カ）六月十五日　　春慶（花押）

土佐殿　御宿所

28

「（端裏捻封ウワ書）（墨引）
森讃岐御房　御宿所　　仲孝」

返々、いかやうニも我等可然様、可申上候。此等之趣［　］父子へも可有御伝候。九日ニ八条［　］御成ニ付、明日明後日［　］御取紛にて候間、申上候事、難成候。長々逗留迷惑にて候ハヽ、先御くたし候ても可然候ハん歟。跡にても我等、精を入可申候。此等之通、土佐へよく〳〵御申伝、憑申候。旁以面可申入候。以上。

土佐事、先日懇ニ申上候。今迄双方之様躰、不成御存知之旨、御意ニ候。一段忠儀、無比類被思食候。於我等無如在候。随分可然様、可申上候。然者明日、下国之由候。おなしくハ逗留候て、一途相済迄、在京候へかしと存候へ共、時分から逗留難成候ハヽ、不及是非候。尚以面可申入候。恐々謹言。

（慶長元年カ）七月六日（充所欠ク）　仲孝（花押）（ラセン型）

前者26は、下間侍従頼純の手次たる三上柳斎春慶が発した書状で（頼純書状は遺存していない）、准如への銀四匁、頼純への同一匁、私＝春慶への同五分の進上につき謝意が示されている。充所の「御宿所」という脇付から考えて、この時には土佐がみずから上洛し、門主に対する正規手続き（手次三上春慶―坊官下間頼純の経路）を踏んで懇志を上納しているのである。

他方で土佐は、このとき仲孝へも懇志を進上したらしく、これに対する返書が後者28と思われる。前者26と後者28とでは日付に約二十日間の隔たりがあるが、これは仲孝が他所へ出かけるなどしていたため、手次森祐心から仲孝に取り次ぎの書状が発せられ、これを読んだ仲孝が森祐心充てに返信として28を作成して、祐心はこれをそのまま土佐に手交したものであろう。土佐はその手続きの間、逗留を余儀なくされるのであるが、しかし彼としては是非ともその返答が得たかったのである。その言うところは、土佐の事情について先日申し上げたところ、双方の様体を准如は全く存知しておられなかった由で、誠に忠儀のほど比類なしとの意向が示された。土佐は明日下国するとのことであるが、もし出来るならばいましばらく逗留して、一応の結論が出るまで待つのが望ましい。しかし時節がら逗留することが困難であるならば、下国するのもやむを得ないであろうと述べられ、さらに尚々書でも、長々と逗留することが迷惑ならば、ここは一旦下国することも致し方なく、その後においても我等は精を入れて解決に努めるであろう、と記されているのである。

右の二点の書状で問題となっている事柄は、土佐と兄大進との関係である。つまり、一旦復活した大進が、准如の登場に伴って再びその地位を剝奪され、文禄四年八月頃には土佐の復帰がほぼ確定したのであるが、しかし兄弟という関係上、土佐は無碍に兄大進の立場を否定するわけにもいかず、誠に悩むべき状況が続いていたと想像されるのである。そこで土佐は今回はみずからが上洛して、准如や仲孝から直接に打開策の指示を受けようと考えたのである。けれども残念ながら、その在洛中にはついに明確な指示を受けることができず、前引の二点の書状26・28を手にして、やむなく彼は下国の途についたものであろう。

さて、土佐は同年末になってまた上洛したらしい。そして懇志を進上して次の請取状を得ている。

27
「（端裏切封ウワ書）（墨引）
□□
□養寺
土佐□御宿所　三上柳斎
春慶」

御所様（准如）へ報恩講之御志、御進上ニ付而、侍従（下間頼純）へ銀子五分、慥申届候。即以書札被申候。能々相心得、可申入之旨候。将且此方、弥御無事御座候。可御心易候。次私へ同弐分、被懸御意候。過分無冥加存候。尚期後音之時候。恐々謹言。

（慶長元年カ）霜月廿五日　春慶（花押）

越前安養寺　土佐殿　御宿所

すなわち、准如に報恩講の志が進上され、また頼純へは銀五分、私＝春慶へは同二分が届けられ、まことに過分の配慮である、と述べられているのである。年次推測の根拠は乏しいが、慶長元年十一月のものではないかと思われる。

なお次節で述べるところであるが、この27が発せられる四ケ月前の慶長元年閏七月十三日に、畿内地方は大地震に襲われて重大な被害が生じていた。よって土佐は、右の報恩講に対する懇志のほかに、本願寺（西六条）の堂舎修理のための奉加も上納していたと考えられるが、あいにくと関連の請取状はいま残されていない。

四　畿内大地震と教如派への懇志上納

さて、前節で引用した春慶書状27のその前日発給と思しきものが、次の下間頼龍書状25である。

25「（包紙ウワ書）安養寺村　土佐　下按法　頼龍」

端書無。

為志進上之通、具遂披露候処、則被成下　御印書候。有難被存、可有頂戴候。随而私へ銀参分上給候。懇志之段、令満足候。先以此方御無事成候間、可心安候。猶期後音之時候。恐々謹言。

（慶長元年カ）十一月廿四日　　頼龍（花押）（マリモ平行型）

安養寺村
土佐

右の書状**25**によれば、志の進上を披露したところ御印書が下されたので、ありがたく頂戴されるように。また私＝頼龍へも銀三分が進上され満足である、と述べられているのである。

この書状で考えるべきは、頼龍が教如側近を務めた人物だという点であって、文言中に記される御印書というのは、教如の「詳定」印が押捺されたものなのである（ただし遺存していない）。なにゆえに土佐は、この時点で教如派に懇志を進上するという、あたかも「敵に塩」を送るがごとき行動をとっているのであろうか。

手掛かりを得るためには年次推測が欠かせない。ここに据えられた頼龍花押の形状は「マリモ平行型」とでも呼称すべきもので[13]、その使用期間は上限が慶長元年（一五九六）閏七月、下限は慶長二年十二月であることが判明している。よって右の書状**25**はその間の発給と限定され、この結果、慶長元年十一月のもの、または翌二年十一月のものとしてよい。

そこでこれを踏まえて憶測するならば、慶長元年閏七月十三日に畿内で大地震が発生していたという事実が想起されるのであって、右はこれに関連した懇志請取状なのではあるまいか。

畿内大地震によって生じた被害としては、伏見城の天守閣や矢倉の倒壊、京都方広寺大仏殿の倒壊などが知られており、「御表」＝准如派の管掌する本願寺（西六条）の堂舎においても甚大な被害が出ていた。そこで准如は同年九月十一日に大量の書状を発して、

今度地震ニ付而、御影堂破損候条、急度可令再興候。…（中略）…不依多少、奉加之儀頼入計候。[14]

と、破損した御影堂を再興するための「奉加」を進上するよう、諸国門徒衆に呼び掛けねばならなかったのである。被害は当然、教如が居住する「御裏」の屋敷にも及んでいたことであろう。かかる非常の事態に際して、これまでの御表（准如派）・御裏（教如派）の対立抗争は一時棚上げとせざるを得ず、門徒衆は両派のいずれに対しても、見舞いの懇志を上納した可能性が少なくないであろう。このように、右の書状**25**を地震見舞いの懇志請取状と推測してよいならば、土佐（准如派）が頼龍を通じて教如に懇志を進上するという不可解な事態も、十分にあり得ることと思われるのである。よってその年次は、慶長元年十一月のものとしてまず間違いないであろう。

五　土佐の直参処遇の再確認

翌年慶長二年（一五九七）六月になって、土佐はまたみずから上洛した。目的の一つは、御影堂修理の進捗状況を見ることであったと思われるが、いま一つの目的は、昨年の在洛中についに対応策が示されなかった懸案、すなわち兄大進との間で対立している門徒管掌権をめぐる争いに、准如からの指示を得ることであった。その土佐に対して下付されたのが、次の二点の文書と思われる。

39其方直参之儀、先年　顕如様自御代、被仰付上者、弥上儀馳走可被申事、専用候。則門徒中へ以書状申遣候。
恐々謹言。

少進法印

（慶長二年カ）六月廿五日　仲孝（花押）（リングI型）

安養寺村
土佐殿
几下

36　「（端裏切封ウワ書）
とさ殿
御宿所
冨永采女正
言之」

御進上之通、被遂披露候事候。然者　上々《（准如）》さま御けんこニ御さ候ま丶、有かたく偏可為御満足候。将且少進法《（下間仲孝）》印へ代二十疋、くハしく申聞候処、即以一札雖被申候、御懇之通、我等ゟ相心へ可申入由候。次私へ同十疋、被懸御意候。過分之至、万々無冥加候。恐々謹言。

六月廿七日《（慶長二年カ）》
言之（花押）《（アリ型―後期型）》
土佐殿
御宿所

右の39・36の年次についてまず触れると、[15]後者36を発した冨永采女正言之（仲孝手次）の花押形状「アリ型」は、慶長元年六月～翌二年六月の間で使用が認められ、[16]そのうちでも右は後期に属するものと思われる。よって断言はできないものの、36は慶長二年六月の発給と推測してよさそうである。当然、前者39はその二日前のものであろう。その内容であるが、前者39では、土佐が直参であることは先年（天正九年九月を指す）の顕如時代以来認められているので、今後も馳走に努めることが肝要である、と述べられている。次いで後者36では、准如への懇志、仲孝への銭二〇疋、私＝言之への銭一〇疋について謝意が示されている。この後者の充所には脇付「御宿所」が添記されているから、この時には土佐がみずから本願寺に達していたことが知られるのである。

　このようにして土佐は、准如派から直参処遇の再確認を得たので、これを手掛かりとして門徒衆に帰参を強く迫ったことであろう。そしてこの安堵状は無論、准如派門徒衆に対しては絶大な権威を持ち得たであろうが、しかし兄大進に率いられる教如派門徒衆に対して効果があったかどうかは、残念ながら疑問としなければならないのである。

六　山干飯八日講の設立

慶長三年（一五九八）八月に秀吉が死去したことで、教如を取り巻く情勢は大きく転換する。彼はまもなくして徳川家康との間で交誼を取り結ぶことに成功したとされ、慶長五年（一六〇〇）九月十五日の関ケ原合戦で家康の覇権が確立したことによって、いよいよ一派独立の方向で事態は進み始めたのである。こうした教如の心境を推察するには、彼が下付した絵像裏書の分析が有効であって、慶長六年四月頃から彼は寿像を下付し始めているという事実に注目しなければならない(17)。これは教如が門徒に対して、みずからを礼拝するよう命じたということであるから、家康の支援を得て昇運をつかんだ彼の自信の表出にほかならず、歴代門主に並んだという自己認識が示唆されていると解釈できよう。けれども慶長六年八月に家康から「本願寺再住」が打診された際には、彼はこれを断って、希望する末寺門徒衆が「勝手次第」に教如に帰参するという、分離独立の方針を了承させたと述べられている(18)。つまり教如は宗門全体をみずからに帰属させることが、もはや困難であることを十分に理解していたのである。そこで家康は慶長七年三月に東六条の新寺地を教如に寄付したので、彼は直ちにここに新堂舎の建立を開始するのである。

かかる事態の推移に対して、准如派の対応策は必ずしも十分とは言えなかった。そもそも准如派は、関ケ原合戦において西軍を支援した立場であるから、その後の行動が後手に回るのはやむを得なかったのである。

こうしたなかで土佐は、関ケ原の余塵が落ち着いた慶長六年（一六〇一）三月に、久しぶりに名代を本願寺へ派遣したらしい。

38　端書無之候。以上。

其後者絶音問、御床布候。仍御講被執立之由、承候。併仏法興隆之儀候。弥法儀御嗜専用候。将且此方之儀、御無事ニ候。可御心安候。尚心願（越前但馬興宗寺）迄申越候間、可省略候。恐々謹言。

少進法印

仲孝（花押）（リングI型）

三月廿日（慶長六年カ）

安養寺村

土佐殿

几下

右の仲孝書状38によると、久しく「音問」が途絶えていて懐かしいと記されたうえで、「御講」を組織される由を承ったが、仏法興隆に繋がる結構なことと存ずる。子細は「心願」と相談するように、と述べられている。年次を推測する手掛かりは乏しいが、後引の史料と関連させて考えるならば、慶長六年三月のものではないかと思われる。

ここに登場する心願とは、加賀月津興宗寺から越前但馬興宗寺（すでに所在地を福井へ転じていたか）の第十世に転じた人物であって、その子心了（幼名幸菊）が成長して第十一世に就任するまでの、いわば暫定住持という位置付けを与えられていた(19)。但馬興宗寺のこの頃の住持は第八世誓了であるが、彼の子たる第九世祐了がすでに早世していたために、やむなくこうした措置をとったものである。第八世誓了から第十一世心了に与えられる譲状は、慶長六年四月をもって作成されることとなるので、これを若干遡る時点で、心願・心了父子は興宗寺に転じていたとすべきであろう。よって、右の仲孝書状38を慶長六年三月のものと推測することに支障が生ずることはない。
右の38で、土佐は「御講」の組織化を企てていることが知られるが、これは兄大進が教如分立に同調して活動を再開していたことに対抗する、彼なりの対応策だったと思われる。筆者はこの「御講」の実態を、宗教組織としての側面だけで解釈するのは不十分であって、頼母子講のごとき金融組織としての性格を重視する必要があると考えている。つまり講衆で融通された資金は、本願寺参詣の名代の旅費に充てられ、また運営の結果得られた利益は、懇志として本願寺に上納されるのである。その最初の進上に当たるのが、次の御印書（懇志請取状）なのではあるまいか。

A御門跡様へ為志、代五十疋進上、神妙ニ被　思召候。就其、法儀無油断被相嗜、今度之可被遂報土往生事、肝要之旨、被　仰出候也。

（慶長六年カ）七月廿六日　（印文「明聖」）（黒印）

越前山かれい
八日講中

右のAは『福井県史』資料編には掲載されておらず、福井県文書館架蔵の写真版に基づいて引用している。内容は銭五〇疋を受領したというもので、充所に「越前山かれい（山干飯《やまがれい》）八日講中」と表記されている点が注目され、これが創設された丹生郡山干飯郷八日講の講衆からの最初の懇志上納なのであろう。年次推測の手掛かりは乏しいが、前引した38の御講の「執立」に続くべきものとするならば、慶長六年七月の発給と思われる。
ところで土佐は、この時の懇志が八日講運営で捻出された最初のものということもあって、講衆に同道して本願寺に達していた可能性がある。このように考える根拠は、その一ヶ月後に安養寺村道場から絵像が奪われる事件が発生していて、これが土佐の留守を狙った事件であることは疑いないからである。そしてこれを引き起こすのは兄大進などの教如派門徒衆であった。

七　大進の御裏帰属と絵像奪取事件

慶長六年八月に起きる絵像奪取事件について、その詳細は次節引用の41の検討でようやく判明するところであるが、それまで逼塞に甘んじていた兄大進（教如派）が、教如の分離独立の動きに歩調を合わせて、公然と教如派（「御裏」）へ帰参する態度を表明するとともに、道場に安置してあった絵像を奪い取った事件である。おそらく兄大進としては、父乗専が所持した法物類に関して、みずからにも継承権があると主張しての行動だったのであろう。崇拝の対象物たる絵像を奪われた土佐としては、その坊主身分に関わる重大問題であったから、直ちにその返還を兄大進に求めたであろうが、大進がその要請に応ずるはずはなかった。そこで土佐は本願寺に名代を派遣して事態の推移を報告し、解決に必要な時間的猶予をまず求めることとした。

40　端書無之候。

其方門徒之儀、弥如前々、不可有別条候間、尚以上儀馳走可被申事、肝要候。於様躰者、此兵作申含候条、不能一二候。恐々謹言。

少進法印

(慶長六年カ)八月廿八日　仲孝（花押）(リングI型)

土佐

同門徒中

44　猶々、此度直参ニ可被御免候間、被得其意、参詣可有候。望候ハヽ可被申上候。

態令啓達候。仍大進殿、御裏へ御走候由候。各直参ニ可被召上候間、可被得其意候。於同心者、御印書可被差下候。為其如此候。恐々謹言。

川内蔵助

（慶長六年カ）九月三日　　了治（花押）（台形型）

越前
専応寺殿
御門徒衆中

右の40・44二点の書状は、日付が接近している点から同段階の発給と考えられる。まず前者40では、土佐の門徒管掌権が従来通りに別条あるべからずと認められたので、今後も馳走に努めるように。子細については兵作（これが名代）に申し含めた、と記されている。この文言は、絵像を奪われた土佐が、返還交渉のための時間的猶予を求めているという想定に立つことで、ようやくにその意義が正しく理解できるであろう。つまり准如は、絵像を奪われるという失態を生じたにも拘わらず、土佐の坊主としての身分を安堵して、従来通りの門徒管掌権を容認しているのである。発給の年次は、後掲41の内容から勘案して、その前年慶長六年八月のものと推測してまず間違いあるまい。

次いで後者44では、大進殿が「御裏」＝教如派へ走った由、報告を受けた。ところで「専応寺」＝土佐の門徒衆は、直参に召し上げられたので承知するように。同心する者にはやがて御印書が下されることとなるであろうと述べられ、尚々書でも、直参免許となったので本願寺（西派）に参詣されるように。また望み物（絵像の下付など）があれば言上するように、と見えている。

この書状44で注目すべき第一は、大進が「御裏」＝教如派に走ったと述べられる点であって、これが本史料の年次推測の手掛かりとなっている。「大谷嫡流実記」によれば、家康から教如に東本願寺の新寺地が与えられたのは慶長七年三月のこととされるが、しかし大進の教如派帰参がそれ以降であったならば、右のごとき驚きの表現とはならなかったに違いない。つまり44は、それ以前の慶長六年九月のものと推測することで、初めてその文言の緊迫した意味が理解できるのである。[20]

注目すべき第二点としては、これが寺号「専応寺」の初見史料だということである。つまり准如派（西派）は、東派に転属した大進と袂を分かって、従来通り西派帰属の意思を表明した土佐に対し、これまでの直参処遇を再確認するとともに、新たな褒賞として寺号を免許したのである。これこそが東派分立に応じて取られた西派の対応策であって、いわば門徒衆の「囲い込み」政策と評してよいであろう。

ところで、大進・土佐両人の間にあって、いずれに帰属すべきかを決しかねている門徒衆も少なくはなかった。そうしたなかで、一旦は大進に属して東派に走った小曽原《おぞわら》門徒が、まもなくにその考えを変えて西派に帰参する事態となったらしい。そこで土佐は同年十一月にこの顚末を本願寺に報じて、次のような書状を受けている。

46　猶々、爰元之儀、可御心安候。嶋田へ言伝申度候。書状参候へ共、急候間、返事不申候。申物いまた出来不申候。随分急申候。新右衛門へも言伝申度候。以上。

御状之通令拝見候。報恩講御無事被成結願、有難存候。為志私へ銀子二匁、并八日講中より代十疋送給候。毎々過分ニ存候。御心得候て可語候。将又大進殿、御うらへ御参候付、以書状令申候。何も被参候様、才覚可有候。即おそ原（小曽原）之人帰参之由、珍重存候。御相伴申出候。いかやうの望も相調可申候。則少法（下間仲孝）書状認可遣申候。猶期後音之候。恐々謹言。

（慶長六年カ）
霜月廿八日　　　川那部内蔵助
　　　　　　　　　了治（花押）（台形型）

専応寺殿
　御報

B

尚々、其元之儀共、諸事御肝煎、尤存候。いそき早々申入候。以上。
御心□□、二ツ〳〵御ゐい□、いた□□あるへく候。

御状具拝見申候。仍報恩講、御無事ニ被成御執行候。御志披露被申候。則　御印書被下候。将且此使者、御相伴ニも参被申候。川内蔵助殿も馳走申候て、法印ノ書状相調、下申候。此仁も貴寺へ、少も〳〵無如在様体ニ而、拙者も満足申候。来春ハ必々御上洛、待申候。大進殿之儀、さたのかきり存候。弥貴寺、諸事　上様へ御馳走、尤候。猶於様子者、此仁へ申入候。恐々謹言。

（慶長六年カ）
十一月廿九日　　　鳥（ママ）彦右衛門尉
　　　　　　　　　　重治（花押）

専応寺御坊
　御返報

47

態令申候。仍而大進殿逆心候処ニ、其方此方被参候事、神妙ニ被思召候。随而就其道場、如前々被相立、参詣可有候。猶期後音候。恐々謹言。

（慶長六年カ）
霜月廿九日　　　川那部内蔵助
　　　　　　　　　了治（花押）（台形型）

越前
ヲソ原御門徒衆中

右の三点の史料のうち、第一史料46は川那部了治が発した霜月二十八日付け書状、第二史料Bはその手次鳥養彦右衛門尉重治が添えた翌日付けの副状、さらに第三史料47は川那部了治が「ヲソ原」（丹生郡小曽原村）門徒衆に充てた二十九日付け書状である。年次は、その内容から考えて慶長六年とすべきであろう。

第一史料46によれば、土佐からの書状を拝見し、私＝了治への銀二匁、八日講中からの銭一〇疋を受領した。大進殿が「御うら」へ転じたことにつき対応策を指示したが、いま「おそ原」（小曽原）の門徒が帰参したことは誠に珍重で、その結果、「御相伴」が認められたと述べられ、さらに猶々書では、嶋田や新右衛門への言伝があるが、名代が急いで下向する由なので返事は持たせないこととする。「申物」もまだ完成していない、と記されているのである。この猶々書に語られる「申物」とは、寺号免許を契機にして申し出た木仏下付の要望のことと考えられ、それがまだ未完成とされているのである（慶長十一年十月に下付―後述）。

次いで第二史料の鳥養重治副状Bによれば、御状を拝見したが、報恩講が無事に執行された由で、また懇志の進上についても披露を行って御印書が下された（遺存しない）。さらにこの使者は「御相伴」にもあずかることができた。川那部了治も馳走を行い、「法印」＝仲孝の書状が調えられて下された（遺存しない）。この「仁」（使者を指す）は貴寺に対して異議を挟むような様子は一切なく、拙者も満足している。来春には必ず御上洛されるよう待ちたいと思う。「大進殿」の行動は沙汰の限りと言うべきであって、貴寺としてはいよいよ上様＝准如に対して馳走に努められることが肝要であると述べられ、さらに尚々書でも、諸事に努力されることが重要であるとされているのである。

右の第一史料・第二史料においては、本願寺に達した使者が「御相伴」に預かったと記されている点に注目したい。この御相伴とは、門主准如の「御斎」＝食事に同席する栄誉が認められることで、直参免許に伴って容認された具体的な待遇の一つと考えられ、門徒衆の帰依心を強めるには効果的な方法であった。かかる待遇が今回の使者に認められている点からすれば、使者とは帰参を表明した「おそ原之人」自身であったと推測すべきであろう。そしてこの小曽原門徒に充てられた書状が、その次の第三史料47にほかならない。

47の川那部了治書状によれば、大進殿が「逆心」を構えたにも拘わらず、その方は「此方」＝准如派（西派）に帰参され、まことに神妙との思し召しである。よって従来通りに道場を営んで参詣されるように、と述べられているのである。

この帰参を表明した小曽原門徒とは、現在の小曽原西応寺（西派）を指しており、同寺の由緒書には次のように記されている。

教如上人、裏之御門へ御隠居被遊候而、慶長八年、東本願寺御取建之砌、教如上人方八木清左衛門殿ゟ、越前安養寺村養徳寺宮内卿大進へ付、教如上人江可奉帰依旨、了誓方へ御下知之御状被下候へ共、御本廟を奉離事を、殊之外歎ケ敷奉存、曽而承知不仕。且ツハ右了誓儀ハ、慶長十二年八月十日、生年八（六カ）拾四歳ニ而、病死仕候。(21)

すなわち、教如が御裏に隠居された後、「慶長八年」（一六〇三）に東本願寺を取り立てられることとなった際、八木清左衛門から安養寺村養徳寺の宮内卿大進に充てて、了誓を教如方に帰依せしむべしとの下知の書状が下されたが、了誓は「御本廟」を離れることを嘆かわしく思って、これを承知しなかった。やがて了誓は慶長十二年（一六〇七）八月十日に「八（六カ）拾四歳」の生涯を閉じた、と語られているのである。

この了誓こそが、前引史料に見えた小曽原門徒に該当するのである。彼は大進から東派帰属を勧められて、一旦はそれを了承したのであろう。しかしまもなくにその意思を変更して西派へ転じたものと思われ、由緒書の記述と文書の内容とは完全に一致しているのである。なおこの由緒書から考えて、一般的には「慶長八年」が東本願寺の取り立ての年次と理解されていたようである。了誓の「八拾四歳」という享年についてはしかし疑問が残り、もしかすると六十四歳の誤字なのではないかと思われる。

八　土佐の隠居と乗祐の登場

さてその翌年慶長七年（一六〇二）、土佐は名代を派遣して年始の祝儀を進上したと考えられるが、(22) しかし大進によって奪われた絵像の問題については、みずからの責任を明確にする必要があると考えるに至ったらしい。そこで彼はまもなくに隠居することとし、代わってその子乗祐に専応寺住持職の地位を譲ることとしたようである。乗祐はそこで同年（慶長七年）九月、本願寺へ上って状況の推移を報告し、次の仲孝書状の下付を受けて、絵像返還の交渉に臨もうとしたのである。

41　以上。

急度令申候。仍去年被仰付候通、無承引ニ付而、重而得　御意候処、言語道断不相届由、被仰出候間、早々右任　御意之旨、　御本尊二幅之御影様、御門徒悉専応寺へ相渡可被申候。御門徒之身上にて、御意違背之段、前代未聞之儀候。於延引者、弥可為越度候。為其急度申遣候。恐々謹言。

（慶長七年カ）九月十日　　仲孝（花押）（リングⅡ型）

少進法印

乗祐

同門徒中

この仲孝書状41によって初めて、一連の問題は大進の東派転属に伴い、彼が絵像を掠奪するに及んだことが原因と判明するのである。すなわち、去年の返還命令をいまだに承引しない由で、重ねて御意を伺ったところ言語道断との意向であった。速やかに本尊たる「二幅之御影様」を門徒は専応寺へ返還すべきである。門徒という身上でありながら、門主の御意に違背するのは前代未聞の事柄である、と厳しく命じているのである。

乗祐はこの仲孝書状を示して、大進（乗祐からは伯父に当たる）に対して絵像の返還を求めたであろうが、しかし大進としては、みずからにも絵像継承権があると考えての行動であったから、彼が西派からの返還命令に従うはずはなかったのである。おそらく二幅の絵像は、ついに専応寺に戻ることはなかったと思われる。

その二ケ月後の同年十一月に、八日講衆からの懇志がまた本願寺に届けられて、次の請取状が付与されている。

E

以上。

従講中、為御音問、銀子弐匁贈給候。御心付、過分ニ存候。此方　御門跡様、御堅固之御事候。今程、諸国参詣之衆も無御座候て、御物入、彼是御大儀之御事候。委輿宗寺御物語可有候。恐々謹言。

川内蔵助

了治（花押）（台形型）

（慶長七年カ）霜月廿五日

越前西方

八日講中

右の川那部了治書状Eによると、西方（山干飯郷）八日講中から銀子二匁が届けられ、その心遣いは過分の至りと存ずる。御門跡様＝准如は御堅固なので安心されるように。しかしながら諸国からの参詣衆は数少なく、諸費用の調達には大儀を来しておられる次第である。委細は興宗寺から語られるであろう、と見えているのである。年次推測の手掛かりは少ないが、参詣衆が減少して懇志上納が乏しくなっているとの記述に基づけば、慶長七年十一月のものと推測すべきであろうか。

この西本願寺（准如派）への懇志進上が減少しているとの文言は、果たして誇張なのであろうか。近年の数値を基にして考えてみるならば、大正年間における西派（浄土真宗本願寺派）の門徒数は約七四〇万人（約六〇％）、東派（真宗大谷派）の門徒数は約五〇三万人（約四〇％）であったとされている。[23] もしこの比率を、慶長七年の東派分立の段階まで遡らせてよいのであれば、准如（西派）はこの時点で約四〇％の門徒衆を失ったということであるから、決して座視できるような数値ではあるまい。右の了治書状に見える「御物入、彼是御大儀」との嘆きは、決して誇張とは言えないのである。

さて、その後も土佐と乗祐の父子は、ほぼ定期的に上洛して西本願寺へ参詣したことと思われるが、あいにくと懇志請取状の年次が判明しないために、詳細は不明とせざるを得ない。

かくして慶長十年（一六〇五）九月二十五日になって、土佐に対して親鸞絵像が下付され、[24] また翌年慶長十一年（一六〇六）十月十七日には木仏が下付されるのである。この事実から考えるならば、大進によって奪われた「御本尊二幅之御影様」とは、阿弥陀絵像と親鸞絵像の二点であったと思われる。そしてこの事態に応じて乗祐は、阿弥陀絵像に代わるものとして木仏の下付を申請し、また親鸞絵像については同じものの下付を要望したのである。

准如が下付した木仏の裏書には、次のように記されていた。

釈准如――

慶長十一年丙午十月十七日

願主専能（応）寺釈善照

右之木仏者、越前国丹生郡山干飯保内安養寺村善照、依望如此也。(25)

すなわち、慶長十一年十月十七日付けで安養寺村専応寺の善照に対して木仏を下付すると見えており、この善照こそが土佐その人なのである。

こうして慶長六年八月頃に大進によって「二幅之御影様」（阿弥陀絵像・親鸞絵像）を奪われて以来、五年間を経過してようやくに専応寺は、本来の備えるべき法物を持つ寺院にもどったのである。

九　阿茶の往生と親鸞三五〇年忌

慶長十一年以降で、次に年次が判明する史料としては、七月十六日付け川那部了治書状Kがある。

K　猶々、於爰許御用、可承候。以上。

御状之趣、得其意候。仍　御門跡様御煩、御□気之御事候間、可御心易候。御児様御往生被成候。公私中々可申様無御座候。貴所煩候。能々御養性可有候。将又私へ銀壱匁、過分ニ存候。委細御舎弟へ申渡候。恐々謹言。

（慶長十四年）七月十六日　了治（台形型）（花押）

専応寺殿　御返報

右のKによれば、御状の内容について了解した。御門跡様＝准如は「御煩」の様子であったが、回復されたので安心されるように。ところで「御児様」が往生されたことは言うべき言葉もない。「貴所」も煩っておられるとのこと、十分に養生されるべきである。また私＝了治へ銀一匁が進上され、過分のことと存ずる。なお委細は「御舎弟」へ申し渡したと述べられ、さらに猶々書では、ここもとで御用があれば承りたい、としているのである。

これの年次推測の手掛かりは二つあって、一つは「御児様御往生」との記述である。『慶長日記』を繙くと、「小童阿茶往生記」の冒頭条に、

慶長十四年己酉七月五日巳刻首、往生。歳六歳。(26)

との記事があり、慶長十四年七月五日に六歳の幼児「阿茶」が死去したことが知られる。つまり右の書状は、慶長十四年七月のものである可能性が高いのである。

もう一つの手掛かりは、准如が「御煩」になっていたとの記述であって、果たしてこの頃の准如が罹病していたかどうかが問題となる。そこで「小童阿茶往生記」のこれ以降の条文を追ってみると、慶長十四年七月八日条に、

一、大夜(逮)八時ニ始。勤日中ニ同前。煩ユヘ不参。和讃道光明朗、調声慈敬寺也。光永寺読也。夏ノ文ヲカヌル也。(27)

とあって、七月八日の逮夜は「八時」(午後二時頃)に始まったが、准如は「煩ユヘ不参」とて、列席しなかったことが知られる。その後も、同月九日条に「朝勤……予不参」(28)と見え、同月十一日条にも「予煩ユヘ、温気今日深也」(29)と、准如が身体不調によって発熱のあったことが記されているのである。

以上によって、慶長十四年七月に准如は、六歳のわが子「阿茶」を失い、またその後彼は発熱を伴う身体不調を来していたことが知られるので、先引の了治書状は慶長十四年七月のものと確定できるのである。

なお、右のKでいまひとつ注目すべきは、「貴所」も煩っていると語られる点である。これはもしかすると、老

齢になった土佐がいま病臥しているとの意味ではあるまいか。彼は、前節引用の木仏裏書にその法名「善照」が見られた通り、慶長十一年十月には確実に存命していたが、この慶長十四年の時点ではおそらく五〇歳を越えていたであろうから（活動開始の天正八年に二〇歳と仮定して）、次第に罹病の機会が増えるのはやむを得ないところであろう。

さて、その翌々年の慶長十六年には、本願寺で親鸞三五〇年忌の執行が計画されており、専応寺からもこれに応じて懇志が進上されたことが知られる。

」御門跡様へ、御年忌為志、銀子五匁進上、具令披露候処、則被成　御印書候。難有被存、可有頂戴候。先以上々様、弥御繁昌御事御座候間、可心易候。随而私へ同弐匁贈給候。誠無冥加事候。尚各参詣節、以面可申候。

恐々謹言。

（慶長十六年）三月廿八日　　仲孝（花押）（リングⅡ型）

越前安養寺村
専応寺下（ママ）

右の三月二十八日付け仲孝書状」によると、御門跡様＝准如に対して「御年忌」の志として銀子五匁が進上され、これを披露したところ御印書が下付されたので頂戴されるように（遺存していない）。上々様＝准如はいよいよ御繁昌で、また私＝仲孝へも銀子二匁が届けられ感謝している、と述べられているのである。

これの年次推測には「御年忌」が手掛かりとなるが、『慶長日記』を見てみると、

一、（慶長十六年）三月十八日ヨリ廿八日マテ十昼夜ノ間、御開山様三百五十年忌之御仏事有之。様子具ニ別ニ記候間、略之。[30]

との記事があって、慶長十六年三月十八日から二十八日までの十日間、親鸞三五〇年忌の仏事が挙行されていることが知られる。前引した仲孝書状はその最後の日、三月二十八日付けとなっているから、土佐からの懇志はかろう

じて仏事日程に間に合って進上されたということなのであろう。よって右の仲孝書状Lは、慶長十六年三月のものとしてまず間違いないのである。

十　乗祐への木仏下付と本願寺焼失事件

それからまもなくの元和二年（一六一六）五月十五日、准如側近として活動していた下間仲孝が死去する（六六歳）[31]。彼の発給文書の下限は、いまのところ慶長十七年閏十月のものであるから[32]、彼は最晩年まで本願寺中枢にあって活動していたことが知られる。そしてこれに代わって登場するのが、その次男の右近将監仲久である。

O御門跡様へ、為年頭鳥目五十疋進上之趣、具令披露候処、則被成　御印書候。難有被存、可有頂戴候。先以上々様、御堅固之御事候間、可心安候。随而私へ綿四拾目、送給候。誠無冥加事候。将且煩候間、能々養生可有候。尚各参詣之節、可申候。恐々謹言。

（慶長末年）八月廿一日　　　仲久（花押）

下右近将監

越前　専応寺

右のOは、八月二十一日付けで発せられた下間仲久の書状で、いま御門跡様＝准如へ年頭の祝儀として鳥目五〇疋が進上され、これを披露したところ御印書が下された（遺存しない）。上々様＝准如は御堅固なので安心されるように。また私＝仲久へ綿四〇目（匁）が届けられ感謝している。「煩」となっておられる由、よくよく養生されるべきで、なお参詣される時節を期したいと思う、と述べられている。

この仲久書状で注目すべきは、専応寺に病臥する者がいたことが知られる点であって、これがおそらく土佐の近況を意味するのであろう。問題は年次であるが、上限としては仲孝発給文書の所見がある慶長十七年閏十月が設定できる。他方で下限としては、乗祐に木仏が下付される元和四年十一月（父土佐の死去を契機に下付申請したか）を設定できるが、その前年元和三年十二月の本願寺焼失事件よりも以後のものとは考えにくいから、下限は元和三年としてよい。よって右のOは、慶長十八年〜元和三年の八月二十一日のものである。しかしながら木仏下付には、申請から数年間の時間的余裕が必要であるから、右の期間のうちでも早期のものとしなければならず、その結果、右の年次は慶長末年（慶長十八年〜同二十年）に限定してまず間違いないであろう。以上によって、慶長末年に専応寺では土佐が死去して子乗祐が継承し、またそれと同時期に坊官仲孝も隠退して、子仲久が就任していたことが判明したのである。

さて乗祐は、この父土佐の死去を契機にして、木仏の新調を企てたらしい。そしてこれが実現するのは元和四年十一月に至ってのことで、准如から次のような裏書を添えて下付されている。

P

釈准如（黒印）（方形、印文「光昭」）

元和四季戊午霜月五日

願主専応寺釈乗祐(33)

右の木仏裏書Pによれば、元和四年霜月五日に准如から専応寺乗祐に木仏を下付すると記されているのである。この史料においては、准如が黒印（方形、印文「光昭」）を押捺している点に注目しておきたい。

なお、これの控えに相当するものが「木仏之御留」に記録されており、そこには次のように見えている。

釈准如　―　但御印判也。

元和四年戊午霜月五日

願主専応寺釈乗祐

右之木仏者、越前国丹生郡安養寺村専応寺、依望如此者也。(34)

右の木仏裏書案と前引Pとを比較すると、本来の木仏裏書の末尾には所付けが記されていたことが知られるので、現存の裏書の末尾は、表装される際に切断された可能性を指摘しなければならない。

ところで、この元和四年十一月の木仏下付が実現するまでには、しかしかなりの紆余曲折があった。その一つは木仏代銀をめぐる問題であり、もう一つは本願寺焼失事件が発生したことである。

45　専応寺へも、以書状可申候へとも、貴殿より御申可有候。以上。

幸便候間、令啓候。仍此方　上々様、御堅固之御事候。然者、専応寺望之木仏御礼、百廿め、先度請取申候。百八十め入申候。六十め程、たり不申候間、いまた御うらかき、不申上候。銀あかり不申候へハ、不成御免候間、其御心得可有候。将亦木仏（ママ）、其方ニ御座候へハ、上分十匁あかり申候□、是も御用意候て、御上可有候。此方ニ而御あつらへ候へハ、仏師ゟあけ申候。其方御左右次第、可申入候。恐々謹言。

川内蔵助

了治（三角形型）（花押）

（元和三年）霜月十六日

おそ原
新右衛門殿　参(35)

一つ目の木仏代銀をめぐる問題については、右の川那部了治書状**45**に語られている。すなわち、好都合の使者が得られたので書状を持たせるとしたうえで、上々様＝准如は御堅固であるから安心されるように。ところで専応寺が要望している木仏の御礼銀について、先だって一二〇匁を受け取った。しかし一八〇匁が必要であって、まだ六〇匁が不足しているので、「御うらかき」の染筆については未だに申し上げていない。代銀が不足のままでは「御免」とはならないから、速やかに上納されるように。さて「木仏」（専応寺要望の木仏とは別のものか）はその方＝小曽原新右衛門のもとにあり（到着したの意か）、上分として一〇匁が進上されているので、これも用意して上納されるように。この方において誂え（立て替えたの意か）、仏師を通して進上しておいた。その方の手筈（裏書の礼銀のことか）ができ次第、申し入れる所存であると述べられ、さらに尚々書では、専応寺へも書状によって申すべきであるが、貴殿より伝言していただきたい、と記されているのである。

この書状には解釈困難な箇所が若干あるが、前半に見える「専応寺望之木仏」と、後半に登場する「木仏」とは、おそらく別個のものなのであろう。前半では、その専応寺充ての木仏代銀の不足分六〇匁が進上されたならば、直ちに裏書染筆の手続きをとると述べられている。これに対して後半部分の「木仏」とは、小曽原新右衛門が下付を要望していた木仏なのではあるまいか。その木仏がいま使者によって小曽原へ届けられ、この事態を指して「其方ニ御座候へハ」と述べているのであろう。新右衛門の木仏は代銀一〇匁という小型のものであって、代銀は既に了治が立て替えて仏師より進上させたから、速やかにこの代銀を届けること。また裏書の礼銀も用意ができ次第に納入するように、と指示しているものと思われる。

右の用件を新右衛門から聞いた乗祐は、そこで不足分六〇匁の調達に奔走していたところ、二つ目の重大問題が発生する。それはその一ヶ月後の十二月二十日、西本願寺が火災で焼失するという非常の事態である。『元和日記』元和三年十二月二十日条には次のように記されている。

廿日（元和三年十二月）ノ夜、亥ノ刻斗、不慮ノ失火出来テ、御所中一宇も不残、一時ニ灰《クワイ》燼トナリヌ。シカレトモ、御開山聖

人ノ御真影、并ニ御影像等、悉ク相残、諸人遂拝見、難有奉存候。委細ハ別書ニ注之者也。(36)

すなわち、元和三年十二月二十日の亥の刻（午後十時頃）に不慮の出火があって、西本願寺の堂舎は全焼してしまった。しかし幸いにも親鸞御真影（木像か）や絵像はすべて無事であって、諸人が拝見することができた、と記されているのである。

この西本願寺焼失の報は、やがて各地の門徒衆に伝えられることとなり、「専応寺文書」には次のような川那部了治書状が残されている。

42　急候間、不具候。以上。

御札令拝見候。如承候、今度者不慮之儀候而、御坊中不残、令火失候。乍去、　御開山様之御真影、上々様、何も無異儀候。可御心安候。為御見廻、銀子壱匁送給候。過分ニ存候。将且木仏之儀、入用未不足候間、不被成御免候。今時分、何事も御法度ニ而、自由ニ無御座候。拙者越前へ罷下、早々罷上候。其方次第、上可申候。恐々謹言。

川那卩内蔵助
了治（花押）（三角形型）

（元和四年）
正月朔日

専応寺殿
まいる

右の**42**によれば、いま乗祐の書状を拝見したが、ご承知のごとくに今度、不慮の事態が発生して、御坊中は残らず焼失する事態となってしまった。しかし御開山様＝親鸞の御真影（木像か）と、上々様＝准如の身体には、なんら異儀の事態は生じていないから安心されるように。いま御見廻いとして銀子一匁が届けられ過分と存ずる。ところで専応寺への木仏下付については入用＝代銀が不足しているので、いまだに御免とはなっていない。近頃は何事も規制が厳しく、杜撰な手続きのままで行うわけにはいかない。ところで拙者は越前へ罷り下ったが、早々に上洛する予定であるから、その方の用意ができ次第、進上すべきである、と述べられているのである。

この書状の適切な解釈のためには、了治がいまどこにいるのかを明らかにしなければならない。そしてその回答は、末尾に「拙者越前へ罷下、早々罷上候」と記されるごとく、彼は越前に滞在中なのである。しかも冒頭に「如承候」と見えるように、門徒衆は本願寺焼失事件をすでに知っているのである。とすれば、了治の越前下向の目的は、焼失した本願寺を再建するための奉加を要請することだったとすべきであろう。そして後半においては、乗祐の要望した木仏が入用不足のままで下付されることは決してないから、再建奉加とは区別して、厳密に上納するように念押ししているのである。

かくして乗祐はその翌月になって、火事見舞いと再建奉加として銀子八六匁を進上し、次の請取状を得るのである。

43 （端裏書）「専応寺参候時」

猶々、遠路一段御感之御事候。以上。

御門跡様へ、火事之為志、銀子八拾六匁進上候。具令披露候之処ニ、遠路可為造作ニ、神妙被　思召候之通、能々相心得可申之旨候。次私へ銀子三匁、送給候。過分ニ存候。猶期後音之時候。恐々謹言。

（元和四年）二月廿八日

川那卩内蔵助

了治（三角形型）（花押）

越前
専応寺
門徒衆中(37)

右の了治書状43によれば、御門跡様＝准如に対して火事の志として銀子八六匁が進上され、これを披露したところ、遠路をいとわずに進上されたことは神妙だとの意向が示された。また私＝了治へも銀子三匁が届けられ感謝していると述べられ、さらに猶々書でも、遠路のところを届けられ、一段と御感のご様子であった、と記されているのである。

こうして門徒衆の奉加に基づいて西本願寺の再建が始まるのであって、「元和四年御堂其外所々御再興ノ記」(38)によると、まず「カリノ御堂」が元和四年正月十日頃から着工され、二月四日には早くも完成して准如らが移徙し、そして興正寺に安置されていた阿弥陀木像・親鸞木像をここへ移動させる。次いで御対面所が元和四年閏三月二十九日に釿初めとなり、四月二十九日に御柱立てが行われている（完成がいつかは未詳）。阿弥陀堂（本堂）については七月十九日に釿初め、九月十日に柱立て、十月十五日に棟上げが行われ、十一月十七日に阿弥陀木像が移徙している。さらに御茶所が十月二十日に着工し、十一月二十一日に完成したので、ここを暫定的に阿弥陀堂として用い、阿弥陀堂へは「カリノ御堂」から親鸞木像を移徙させることとした。けれども元和六年二月二日になって、阿弥陀堂の彩色改修のために親鸞木像を御茶所へ遷座させたと語られている。

こうして本願寺の再建は、元和四年中に急速に進展して完成するのであるが、他方で専応寺の要望していた木仏下付についても、先引した木仏裏書Pによって知られるごとく、元和四年十一月五日に准如が裏書を染筆して、ようやくに下付されたのである。これが不足分の銀六〇匁を進上した結果であることは言うまでもあるまい。

おわりに

越前「専応寺文書」のうち文禄～慶長期の史料を検討することによって、本願寺の東西分裂の経緯と、それに翻弄された越前門徒土佐の動向が、以下のごとくに明らかになった。

石山合戦最末期の天正八年に教如が籠城戦の継続を唱えた際、越前安養寺村の道場坊主であった大進（善好）は、これを支援する行動に踏み出していた。その結果、合戦終了後に彼は門主顕如から破門処分を受けてしまい、代わって寺務はその弟土佐（善照）に委ねられることとなる。大進はまだ壮年期であったから、土佐の管掌する道場に寄寓する訳にはいかず、おそらくは近在に隠居所を建てて転じたことであろう。そしてこの状態は、天正二十年（文禄元年）十一月の顕如死去まで続くのである。

新門主に教如が就任したことで、状況は大きく転換する。すなわち教如は、旧主戦派に加えられていた破門処分を解除して復活を認めたのである。大進も当然、坊主としての活動を再開し、土佐の管掌下にあった旧主戦派門徒衆を、みずからのもとに奪回したことであろう。しかし土佐の坊主としての地位を剝奪するまでには至らなかったらしい。そこで土佐は、みずからの地位保全のために教如へ懇志を進上し、帰属の姿勢を表明することとしたのであるが、その窓口となったのは坊官下間頼廉とその手次井上泰治であった。かくしてこの段階で井上泰治（教如派）が発した懇志請取状が、文禄元年霜月二十六日付け、文禄二年霜月二十四日付け、文禄三年十二月十八日付けの、以上三点残されているのである。

ところで、旧主戦派が復活することは、必然的に旧顕如派に対する粛清を伴うものであって、宗門内には大規模な混乱が一気に広がることとなった。そこで旧顕如派はこれを阻止すべく、急ぎ如春尼を通じて豊臣秀吉に教如排斥を強く要請したのである。その結果、文禄二年閏九月十七日に教如は秀吉から退隠を厳命され、新たな門主としてその弟准如（顕如三男）が就任することとなった。しかしながら教如は、この命令を容易に受け入れようとはせず、翌文禄三年九月二十一日にようやく「御裏」に転じたので、代わって准如が翌月十四日に「御表」に移動したのである。

ところが土佐はこうした情勢変化があったにも拘わらず、文禄三年十二月までは井上泰治（教如派の手次）に対して懇志上納を行っていることが知られた。この点から考えると、教如派勢力を本願寺内から排除することは、容易に進まなかったようである。そこで業を煮やした准如は、翌文禄四年八月頃に帰属の誓詞提出を厳命するとともに、拒絶する坊官・侍衆に対しては折檻（破門処分）を加えたらしい。こうした強行策をとった結果、ようやくに本願寺内から教如派が排除されて、准如体制の確立を見たのである。

かかる情勢の転換を踏まえて、土佐は文禄四年十一月に西念・良西とともに上洛し、准如派へ懇志を上納したらしい。これに対して、准如側近に転じた頼廉から懇志請取状が下付されるとともに、土佐の「直参」処遇を安堵する書状も付与されたのである。

文禄五年（慶長元年）正月になって坊官下間仲孝がようやく復活したので、これと懇意であった土佐は、まもなくに名代西衛門尉を遣わして懇志を進上している。仲孝はそれに対して同年三月に、「懇切之儀、歓悦無極候」との書状を発して感激の思いを伝えている。しかしそれに添えられた手次森祐心の副状によれば、土佐は兄大進と対立する不幸な「身上」に陥っていたことが知られた。

慶長元年六月になって土佐は、みずから本願寺に上って准如に懇志を進上（下間頼純・三上春慶の経路で）するとともに、仲孝へも手次森祐心を通じて懇志を進上した。これに対して、忠儀のほど比類なしとの准如の意向が伝えられているが、しかし土佐と兄大進との関係を打開する方策については、何の指示も下されることはなかった。

ところがそれからまもなくの慶長元年閏七月十三日、畿内地方は大地震に襲われて多大な被害が発生することとなる。准如管掌下の本願寺（西六条）の御影堂などにも破損が生じたために、准如は九月十一日付けで各地門徒衆に一斉に書状を発して、再建の奉加進上を要請しなければならなかった。あいにくと土佐からの奉加の請取状がどれかは判然としないが、同年十一月に土佐はみずから上洛して報恩講の志を進上していることが知られるから、これが再建奉加に該当するのであろう。これに対して、教如派に進上した懇志の請取状に相当するものが、慶長元年十一月二十四日付けの下間頼龍書状ではないかと推測される。

翌年慶長二年六月にも土佐は上洛している。御影堂修理の進捗状況を見ることがその目的の一つであったが、いま一つの目的は、兄大進（教如派）との間で対立している門徒管掌権をめぐる争いに、准如からの指示を得ることであった。そして直参処遇の再確認を得ることができたので、これを大進と門徒衆に示して帰参を求めたことであろうが、どれほどの効果があったかは疑問とせざるを得ない。

慶長三年八月についに秀吉が死去して、教如を取り巻く情勢は大きく転換する。彼は徳川家康への接近を図り、家康が慶長五年九月の関ケ原合戦で覇権を確立したことによって、教如の一派独立の方針も確定するのである。教如が慶長六年四月頃から寿像を下付し始めている事実は、昇運を摑んだという彼の自信の表れと解されよう。家康は慶長六年八月に教如に「本願寺再住」を打診するが、彼はこれを断って、分離独立の方向を承諾させる。その結果、慶長七年三月に家康から東六条の新寺地が寄付されるので、ここに直ちに新堂舎の建立を開始したのである。

こうした情勢が推移するなかで、慶長六年三月に土佐は名代を本願寺へ派遣して、「御講」＝山干飯八日講を組織する予定であることを言上している。そしてこの八日講からの最初の懇志進上は慶長六年七月に行われたと思しく、しかもこれが最初ということで、土佐は講衆に同道して上洛したらしい。

ところが、その留守中の慶長六年八月に安養寺村では、兄大進を中心とする門徒衆が「御裏」に転属し、道場にあった絵像二点（阿弥陀絵像・親鸞絵像）を奪取する事件を引き起こしていたのである。大進としては、父乗専の残した法物類について、みずからにも継承権があると主張しての行動だったのであろう。

かかる事態に陥った土佐は、本願寺に名代を派遣して状況を報告し、解決に必要な時間的猶予を求めた。これに対して准如は、土佐の直参の地位を安堵して門徒管掌権を認めるとともに、さらに新たな褒賞として寺号「専応寺」を免許していることが知られた。また、一旦は大進とともに東派に走った小曽原村の了誓（のちに西応寺を号する）が、まもなくにその考えを変えて西派に帰参し、土佐の名代の立場で本願寺に達して経緯を言上したところ、准如の食事に「御相伴」する栄誉を与えられていることも知られた。

絵像を奪われた土佐は、やがてその責任をとる形で隠居し、翌慶長七年九月には代わってその子乗祐が上洛する。仲孝はこれに対して書状を与えて、門徒が門主の意向に反して「二幅之御影様」を返還しないのは言語道断であるから、速やかに専応寺に二点を返還すべしと命じている。けれども大進（乗祐からは伯父に当たる）としては、みずからにも絵像継承権があると考えての行動であったから、彼が西派からの返還命令に従うはずはなく、絵像二点はついに専応寺に戻ることはなかった。そこで土佐は代わりの木仏・絵像の下付を申請することとし、親鸞絵像は慶長十年九月二十五日に、また木仏は慶長十一年十月十七日にようやく下付されたのである。

なお慶長七年十一月の西方（山干飯）八日講充ての懇志請取状では、西派への参詣が大幅に減少して、諸費用の調達にも大儀を来しているとの記述があって注目される。

さて西本願寺においては、慶長十四年七月五日に准如の子「阿茶」が六歳で死去する事態が発生し、またこれ以降しばらくの間、准如は身体不調を来していることが、同月の懇志請取状によって知られた。またそれとともに、土佐もこの頃は老齢のために病臥していたらしい。

慶長十六年三月十八日から二十八日にかけて、西本願寺では親鸞三五〇年忌が執行されているが、これに対する専応寺からの懇志は同月二十八日に進上されていることが知られた。

元和二年五月十五日になって下間仲孝（六六歳）が死去し、代わってその次男の右近将監仲久が坊官となる。「専応寺文書」には仲久の発した八月二十一日付け懇志請取状があり、年次は未詳であるが、おそらく慶長末年のものであろう。その文言中では、この頃に専応寺に病臥する者がいたことが知られ、これが土佐の存命を意味すると思われる。しかしまもなくして土佐は死去したと思しく、それを契機に子乗祐は新木仏の下付を要望したらしい。そしてこれが実現するのは元和四年十一月のことである。

けれども、この木仏下付が実現するまでにはかなりの曲折があった。その一つは木仏代銀をめぐる問題で、乗祐は一二〇匁を用意して上納したのであるが、実際には一八〇匁が必要とされ、直ちに不足分六〇匁を進上すべしと指示されている。またこの時には小曽原新右衛門も小型の木仏を下付されていたらしく、その代銀一〇匁（川那部了治が立て替えて仏師より進上済み）を速やかに届けるようにと指示されている。

そこで乗祐は、不足分六〇匁の調達に努めるのであるが、同年十二月二十日になって第二の問題、すなわち西本願寺が火災で焼失するという非常事態が出来する。そこで川那部了治は、堂舎再建の奉加進上を求めるために越前に下向しており、彼に対して乗祐は銀一匁を進上している。そして火事見舞いと再建奉加として乗祐が銀子八六匁を進上するのは、元和四年二月二十八日のことであった。再建は速やかに進捗したらしく、同年十月には早くも阿弥陀堂が完成して、翌月に阿弥陀木像がここに移徙している。

以上のごとき顚末を経て、ようやく元和四年十一月になって乗祐に、准如からの木仏下付が実現したのである。これが不足代銀を進上した結果であることは言うまでもあるまい。

注

（1）拙稿「石山合戦における毫摂寺善秀と越前門徒」（拙著『越前一向衆の研究』第六章第二節、法藏館、一九九九年）、同「雑賀以後の本願寺と越前一向衆」（同書第七章第一節）、同「専応寺への寺号免許と木仏下付」（同書第七章第三節）。

（2）拙稿「下間少進仲孝の花押」（拙著『本願寺教如の研究』続、第四部第三章）・「仲孝手次衆の花押」（拙著『本願寺教如の研究』続、第四部第四章）。

（3）本文で検討できなかった史料については、その分析結果を本章末尾に**表2**・**図2**として提示しておきたい。

（4）福井県文書館「専応寺文書」写真版（架蔵番号E―〇〇八三）。

（5）拙稿「教如時代の井上勘介泰治の花押」（拙著『本願寺教如の研究』続、第四部第二章第二節）。

（6）注（1）の旧稿では、「専応寺文書」第二〇号、九月十七日付け御印書案（内容は直参処遇の免許）を天正八年のものと推測したが、これは翌天正九年のものと判明したので訂正しておきたい。

（7）拙稿「教如時代の井上勘介泰治の花押」。

（8）大喜直彦氏「本願寺准如代替に関する誓詞について―本願寺教団の誓詞に関する一様相―」（福間光超先生還暦記念『真宗史論叢』、一九九三年、永田文昌堂）。

（9）拙稿「越前正願寺への寺号免許と木仏下付」（本書第二部第九章）。

（10）越前「専応寺文書」第二〇号。

（11）拙稿「雑賀以後の本願寺と越前一向衆」。

（12）拙稿「仲孝手次衆の花押」。

（13）拙稿「下間按察使頼龍の花押」（拙著『本願寺教如の研究』続、第五部第一章）。
（14）「本願寺派歴代消息―1准如集」第一五号そのほかの、九月十一日付け准如書状（『真宗史料集成』第六巻・各派門主消息）。
（15）旧稿「雑賀以後の本願寺と越前一向衆」では、前者39を文禄四年のものと推測したが、これは誤りであったので撤回し、本文のごとくに慶長二年のものと考えておきたい。
（16）拙稿「仲孝手次衆の花押」。
（17）北西弘氏『一向一揆の研究』史料篇・裏書集（春秋社、一九八一年）。拙稿「雑賀以後の本願寺と越前一向衆」。
（18）「大谷嫡流実記」（『真宗史料集成』第七巻・伝記系図、六四四ページ）。
（19）拙稿「但馬興宗寺の成立と発展」（『越前一向衆の研究』第三章第一節）。
（20）拙稿「専応寺への寺号免許と木仏下付」における当該史料の年次推測をここで撤回し、本文のごとくに慶長六年のものとしておきたい。
（21）越前「西応寺文書」西応寺由緒書（『越前若狭一向一揆関係資料集成』、同朋舎出版、一九八〇年）。
（22）この慶長七年正月の懇志請取状が次のものではないかと考えられるが、しかしあいにくと年次推測には根拠が乏しい。

C御門跡様へ、為年頭之御礼、代弐十疋進上之趣、具令披露候之処、則被成　御印書候。難有被存、可有頂戴候。先以　上々様、御堅固御事候之間、可心安候。随而私へ銀壱匁、送給候。誠無冥加事候。猶各参詣之節、可申候。恐々謹言。

（慶長七年カ）正月廿二日　　仲孝（花押）（リングⅡ型）

越前
専応寺下
惣中

D「（端裏切封ウワ書）越前安養寺村
専応寺殿
参　　鳥養彦右衛門尉
重治」

御進上之趣、具披露被申候処、則被成　御印書候間、御頂戴可有候。先々　上々様、弥御繁昌之御事候間、難有可被存候。随而少進法印へ、銀子壱匁、懇ニ申聞候。御礼被申候へ共、尚相心得可申之由候。次ニ我等式へ同壱匁、是又無冥加御事候。尚参詣之節、以面上可申入候。恐々謹言。

（慶長七年カ）正月廿八日　　重治（花押）

越前安養寺村
専応寺殿
参

（23）大正二年（一九一三）の時点における西派・東派の門徒数については、『大日本寺院総覧』（堀由蔵氏編、一九六六年、名著刊行会）の一五一六ページに掲載される、「仏教各宗派住職僧侶檀信徒表」（大正二年十二月末現在）の数値を利用している。

（24）慶長十年九月二十五日に親鸞絵像が下付されていることについては、「専応寺文書」元文五年二月廿二日、専応寺乗俊言上状案（福井県文書館写真版E—〇〇八三による）によって確認できる。

今度　信順院様御影并御絵伝、奉願候ニ付、安置仕候法物、被成御尋候故、申上候事。

一、木仏寺号御札　信光院様御筆乗祐　元和四年戊午霜月五日
一、御開山様御真影　信光院様御筆乗祐　慶長十年乙巳九月廿五日
一、太子尊像　信解院様御筆乗玄　寛文十年庚戌七月三日
一、七高僧　信解院様御筆　年号月日、右同断

此外法物、無御座候。

一、私先祖、乗専・乗祐・乗玄・乗秀・私迄、五代罷成、代々坊主筋目尤、古跡地ニ紛無御座候事。
一、同国同所、隠居・兄弟、其外ニ候茂、専応寺之名乗申者、無御座候事。

右六ヶ条之趣、少茂偽無御座候。若私申分、相違仕候与申者御座候ハヽ、御吟味之上、如何様之曲事ニ茂、可被　仰付候。其時、一言之御断、申上間敷候。為其、一札差上申処、如此御座候。以上。

元文五年申二月廿二日　　越前国丹生郡安養寺村
専応寺
乗俊　判

御坊
御輪番所

右願之趣、吟味仕候処、相違無御座候間、御免被遊可被下候。為其、如此御座候。以上。

元文五年
申二月廿二日　　御坊輪番
金光寺　判

下間少進法印様
下間宮内卿法眼様
嶋田主膳様
植田主殿様

右の言上状案によると、元文五年（一七四〇）二月の時点で専応寺に所蔵される法物類として、
①元和四年霜月五日付け、信光院准如筆、木仏裏書（乗祐充て）、および木仏
②慶長十年九月廿五日付け、信光院准如筆、親鸞絵像裏書（乗祐充て）、および絵像
③寛文十年七月三日付け、信解院寂如筆、聖徳太子絵像裏書（乗玄充て）、および絵像
④同日付け、信解院寂如筆、七高僧絵像裏書（乗玄充て）、および絵像
以上の四点があったことが知られる。このうち第二の親鸞絵像が、大進略奪事件に関わって新たに下付されたものであろう。第一の木像については、本文のごとくに慶長十一年十月に土佐（善照）が下付された後、さらに乗祐時代になって新木仏の下付を申請し、これが元和四年霜月に実現していることが判明する。

なお右には専応寺の歴代も記されているが、ここには土佐（善照）が脱落しているから、これを補うならば、乗専—善照（土佐）—乗祐—乗玄—乗秀—乗俊、と相承されたことが知られる。

(25)「木仏留」（『本願寺史料集成』木仏之留・御影様之留、第三史料、同朋舎出版、一九八〇年）。
(26)「小童阿茶往生記」（『本願寺史料集成』慶長日記、第十五史料、九九ページ、同朋舎出版、一九八〇年）。
(27)「小童阿茶往生記」慶長十四年七月八日条。
(28)「小童阿茶往生記」慶長十四年七月九日条。
(29)「小童阿茶往生記」慶長十四年七月十一日条。
(30)「慶長十六辛亥年日次ノ日記」（『本願寺史料集成』慶長日記、第十八史料、一五五ページ）。なお参考に「慶長十

六辛亥期高祖聖人三百五十年忌日次之記」（『本願寺史料集成』慶長日記、第二十史料、一九九ページ）の一節もここに引用しておきたい。

一、三月十八日之御逮夜ヨリ、廿八日迄、十昼夜之間夕、御取越之御仏事被成御執行候。此旨去年ヨリ諸国へ被仰触候。就其、御影堂内陣モ、今迄ハ三間四方ニテ御座候ヲ、四間四方ニ被成、柱モ丸柱ニ被取換候テ、金箔ニテタマレ候。敷居ノ上ノ狭間モ、彫物ニ被成、着色ニ被彩色候。絵伝之間幷ニ九字ノ間ノ張付ヲモ、皆々金ニ成申候。

一、阿弥陀堂モ、台高ノ柱等、金ニタマレ候。……（下略）……

すなわち、三月十八日の逮夜から二十八日までの十日間にわたり、御取越（前倒し）で仏事が執行された。この旨は去年から諸国に伝えられていたことである。これに合わせて御影堂の内陣も、いままでの三間四方を四間四方に改修し、また柱も丸柱に取り換えて金箔を張った。さらに敷居の上の狭間（欄間）にも彫刻をはめ込み、着色して彩られた。絵伝の間と九字名号の間の張付（壁面）も、すべて金箔を押して装飾された。そのほか阿弥陀堂についても、台高の柱などを金箔で装飾された、と述べられている。

(31) 仲孝の長男の式部卿「仲世」は、慶長五年九月十五日の関ケ原合戦に際して大垣表で戦死（二二歳）してしまったから、次男仲久が後継者となったのである。仲久はその後、仲高・仲昌・仲三・仲盛・仲安と改名し（「下間系図」―『真宗史料集成』第七巻・伝記系図、六七七ページ、同朋舎、一九七五年）、寛文十一年（一六七一）七月に六八歳で死去したとされている（「大谷本願寺通紀」巻八―『真宗史料集成』第八巻・寺誌遺跡、四八五ページ）。

(32) 拙稿「下間少進仲孝の花押」。

(33) 越前「専応寺文書」（専応寺住持安野龍城氏からの御教示による）。

(34) 「木仏之御留」（『本願寺史料集成』木仏之留・御影様之留、第七史料、九八ページ）。

(35) 旧稿「専応寺への寺号免許と木仏下付」においては、本史料45の引用に際して不注意な脱落を生じたために、正当な解釈に達することができなかった。ここで訂正を行っておきたい。

(36) 「元和三年日次之記」（『本願寺史料集成』元和日記、第六史料、五七ページ、同朋舎出版、一九八六年）。

(37) 文言中の銀子の額の箇所は、「九拾六匁」と書いた上から、「九」を「八」に手直ししているように見える。

(38) 「元和四年御堂其外所々御再興ノ記」（『本願寺史料集成』元和日記、第八史料、六三ページ）。

【史　料】

福井県文書館架蔵の写真版「専応寺文書」によって、『福井県史』資料編には掲載されなかった当該時期のものが二〇点あることが知られ、そのうちの九点はすでに本文および注で引用した。そこでこれ以外のもの十一点を、ここにまとめて掲載しておく（冒頭の記号は表・図に対応している）。

F

尚々、御進上懇ニ被申上候。可御心易候。於様体者、心願御房可被申候。

当春之御慶、先以目出度存候。仍従御講中御進物、披露被申候。即被成　御印書候。別而可有頂戴候。其方御講中、無何事御座候様ニ、仏法世間共以、御馳走専用候。即従少進法印、以書中被申入候へ□、能々相心得可申入旨候。先以此方上々様、一段御堅固御座候間、可御心易候。尚爰許似相之御用等候者、無御隔心可被仰越候。尚於様体者、心願（但馬興宗寺）申入候条、不能詳候。恐々謹言。

鳥養彦右衛門尉
重治（花押）

正月十八日

越前山干飯
八日講御中

G

「（包紙）越前安養寺村
専応寺下
惣中　　少進法印
仲孝」

御門跡様へ、報恩講為志、綿百目進上趣、具披露申候処、則被成　御印書候。難有被存、可有頂戴候。先以　御門跡様、御勇健御事候間、可心易候。随而私へ銀子弐匁、贈給候。誠無冥加事候。尚各参詣之節、以面可申候。恐々謹言。

二月廿八日　　仲孝（花押）（リングⅡ型）

越前安養寺村
専応寺下
惣中

H

「(端裏切封ウワ書)（墨引）
越前安養寺村
専応寺御房
御返報
鳥養彦右衛門尉
重治」

尚々、少進法印へ懇ニ書中之通、申聞候。敬覚寺へ此方ニて委申承候。尚御参詣之衆、以面上可申入候。以上。

御札具令披見候。如仰、当春御慶、満足此事候。為報恩講・年頭進上趣、具披露被申候処、則被成　御印書候。可有御頂戴候。先以　上々様、弥御繁昌之御事御座候間、難有可被思食候。随而、此方相応之御用等候者、可承仰候。尚於様体者、新右衛門尉可被申候間、不能一二候。恐々謹言。

二月廿八日　重治（花押）

専応寺御房
御返報

I

御門跡様江、為志綿五拾匁進上之趣、具ニ令披露候処ニ、則被成　御印書候間、別而難有被存、可有頂戴候。先以此方　上々様、御堅固之御事候間、可心安候。随而私へ同廿匁、贈給候。誠以無冥加事候。向後用所於有之者、可被申越候。疎意有間敷候。猶期参詣之節候。恐々謹言。

八月廿八日　仲孝（花押）(リングⅡ型)

越前安養寺村
専応寺

J

「(包紙)
越前安養寺村
専応寺
几下
仲孝」

彦右衛門(鳥養重治)方迄之書中之趣、具得其意候。仍為御音問与、綿卅匁、贈給候。毎度之御報志、不浅候。先以此方　上々様、御無事ニ候間、可心安候。何尓ても相応之用所候者、可被申越候。聊疎意有間敷候。猶参詣之刻、面を以可申候。恐々謹言。

九月七日　仲孝（花押）(リングⅡ型)

安養寺村
専応寺
几下

M
「（端裏切封ウワ書）（墨引）
越前
専応寺
惣門徒衆中　　鳥養彦右衛門尉
了安」

以上。
御門跡様へ、為報恩講之志、綿子百目進上之旨、具披露被申候之処ニ、神妙被　思食、則被成　御印書候。難有被存、可有御頂戴候。此方上々様、弥御繁昌之御事候間、可御心安候。随而、少進方へ同拾匁、是又懇申届候。か様被申候へ共、尚相心得、可申入候旨候。次私へ同拾匁、是又無冥加御事候。弥法儀被相嗜、今度之可被遂報土往生儀、肝要候。此方用所候者、可被仰越候。聊疎意不存候間、各参詣之時、以面可申候。恐々謹言。

七月廿三日　　鳥養彦右衛門尉
了安（黒印）
越前
専応寺
惣門徒衆中

N
「（端裏ウワ書）
越前専応寺様
惣御門徒中　　井田忠右衛門（ママ）」

御門跡様江、各為御志銀子進上之通、具披露被申上候。御印書被遣候間、難有可被存候。先以　御門跡様、弥御機嫌能被成候間、御心安可被存候。随而少進方へ、同三匁被進候。以書状御礼被申候へ共、我等方ゟ相心得、御礼可申入之旨申候。将且我等方へ、同二匁被懸御意、忝存候。何様御参詣之節、万々御礼可申入候。爰元相応之御用等候ハ丶、可被仰候。恐惶謹言。

井田忠右衛門

七月廿七日　　□□（花押）

専応寺様

惣御門徒中

Q

猶々、代十疋、即御印ニ書入申候。将又専応寺へ、以別帋可申候へとも、無別条候間、不（カ）申候。以上。

御門跡様へ為志、銀子拾匁進上、具令披露候之処、遠路可為造作、神妙被　思召候通、相心得可申之旨候。則被顕御印候。次私へ銀二匁、送給候。御懇意、過分存候。猶期後音之時候。恐々謹言。

七月廿七日　　川那卩内蔵助

了治（花押）（三角形型）

安養寺

専応寺

越前山かれい

八日講中

R

尚々、爰許相応之御用等、可承候。以上。

芳札令披見候。此方　上々様、御堅固之御事候。然者、銀子五匁進上、具遂披露候。即被顕　御印候。次私へ綿子卅め、送給候。御懇意、過分ニ存候。恐々謹言。

七月廿九日　　川那卩内蔵助

了治（花押）（三角形型）

専応寺殿

几下

S

尚々御懇之御札、過分至候。以上。

御状、本望之至候。此方　御門跡様、御堅固之御事候。其方無何事候之由、宗順雑談候。珍重存候。随而為御音問と、綿子廿匁被懸　御意候。御懇情之段、過分存候。将又興宗寺之儀、未相済候。御門跡様、可被聞召之由候得共、彼是御隙入之事候之故、相延候。委曲宗順可被申候。恐々謹言。

（元和十年以降）七月十五日　　川那卩采女
了治（四本線型）（花押）

専応寺殿
参

以上。

T

御門跡様へ為志、銀六匁進上之旨、具令披露候処ニ、則被成　御印書候。難有被存、可有頂戴候。爰許上々様、弥御繁昌之御事ニ候間、是又可心安候。随而我等方へ、綿廿目送給候。誠毎度過分ニ存候。猶各参詣之節、以面可申候。委者鳥養彦右衛門尉方ゟ、可申越候。恐々謹言。

下間少進
七月廿六日　　仲□（タヌキ型）（花押）

越前
専応寺

表2　本章で検討した以外の越前「専応寺文書」一覧（その2）

番号	年月日	黒印印文	発給者	充所	内容
1	天正5?・2・13		善秀	乗専房	其後無音、無心元、摂州へ乱入、門徒中方々へ散うせ候、御影様之御番、惣中へ書状にて申候、年寄中まわりもちと候てもれうし（聊爾）なる事にて候由、此方各御申候、御番をよくよく御申候へく候、年寄衆と貴所と何事も談合候て、申合可承候、
2	2・13		善秀	乗専御房	此方無事、可御心安、御影様御番之事、かたく可被申候、心さし以下之事ハ各談合候て申合、可承候由申付候、
3	天正8・後3・18		性乗（リングⅠ型）（初期型）	越前七村志惣中	こころさし代2貫文進上、この方御堅固、500文無冥加、
8	天正8?・5・6		和長	毫摂寺殿下安養寺村惣御中	御進上候とをりたしかにひろう、ちきさつにて申され候、われわれにわた10文め
4	天正8・6・21	（写）	顕如	越前国惣門徒中	四月中旬比直書、重而染筆、大坂和談、旧冬以来為禁裏被仰出候、彼方憤り退出之一儀ニ相極ニ付而、無承引候、雑賀衆をめしのほセ、新門を名代として対面させ、各同心候キ、和談之儀、御請申候、然処いたつら者五六人所行として、此和談信長公表裏に候由申出、企造意、国々門徒中へ虚言、卯月十日、紀州雑賀へ下着、猶少進法橋可申候、
5	天正8・6・21	明聖	少進法橋性乗（リングⅠ型）	越前国御門徒衆惣中	重而御書、今度紀州御下向、大坂より種々様々虚言、此節御門主様の儀を相背、永御開山の御門徒たるへからさる由、新門主様へ御世をゆつり被参候由、一節無其儀、殊仏法の御事者猶以不被及御沙汰候、御開山尊形を無事ニ被守参度との御方便、自今以後紀州へ参詣可被申事肝要候、
6	天正8・8・16	明聖	少進法橋性乗（リングⅠ型）	越前国志衆中	御門跡様へ志物とも進上、大坂の事、御拘様不相叶ニつきて、事済候処ニ、今すこしの儀を大坂不相踏、新門様も去二日未刻、御退城、当国のハしまて御下向候、如此之段、天下の被失御面目
7	天正8・9・24	（写）	少進法橋性乗	越前国惣御門徒中	新門主様其国へ被成御書、即御使被罷下之由、御使衆許容之族於在之者、可被相放御門徒旨、御意候、仍所被挑御印如件、
10	天正8?・9・24		性乗（リングⅠ型）	土佐殿	毫摂寺殿下大進殿門徒衆之事、可為直参之由、御影様之御事、如前々其方御番可被相勤之旨、
9	天正8?・11・25		性乗（リングⅠ型）	毫摂寺殿下（ママ）	報恩講之為志、綿百目、仍御仏事御静御執行なされ候、私へ綿20め、

34	天正9?・6・17		池上甚介常長（アンバ型）	安養寺村惣代土佐殿	御志、綿50目、則御返事、拙者へ同20目、
20	天正9?・9・17	写	性乗（花押影）	直参土佐下志衆中	御門跡様へ黄金1匁、
19	天正9?・9・17		性乗（リングI型）	土佐下志衆中	為志黄金1匁、御印書、私へ綿40目、
13	天正9?・9・17		池上甚介常長（アンバ型）	土佐殿取次御志衆御中	為報恩講之志綿40目、即御返事、私へ同20目
11	天正9?・11・24	明聖	少進法橋性乗（リングI型）	あんやうし村・おそはら村・しんしやう	報恩講之為志、綿子200目進上、仍所被挑御印如件、
12	天正9?・11・24		常長（アンバ型）	あんやうし村・おそはら村・しんしやう	少進法橋へ為御志綿50目進上、以直札被申候、私へ同30め、
鷺森旧事記	天正10・6・20	（写）	性乗　判	越前惣御門徒中	当月二日ニ於京都、信長公・同城介殿、明智向州為謀叛、御傷害候、其後於大坂、織田七兵衛尉殿傷害、去十三日ニ山崎表ニ被上著、即時ニ明智向州ト合戦シテ、向州傷害、様子此土佐ニ申渡、
15	（天正10〜）・6・26	明聖	少進法印性乗（花押脱）	越中アンヤウシ・オツハラ惣中	御門跡様へ代1貫文、
21	天正11?・正・28		性乗（リングI型）	安養寺村土佐殿	御所様年頭青銅30疋、御印書、私へ同20疋、
14	天正11・8・11		祐心（ミノムシ細型）	土佐殿参御報	西念御上候折節、取乱、少進殿・清右衛門尉殿、御使者御下候、ちくせんさま懇ニ被仰付、加州・越中・能登三国之儀ハ何も御かつてに御入候、御堂も来月ハとくいてき候ハん、
18	天正13?・11・27	明聖	少進法印性乗（リングI型）	安養寺村とき・新庄村にしゑもん	報恩講志代50疋、
16	天正14?・7・25	明聖	少進法印性乗（リングI型）	直参　西衛門	御所様白綿60匁
30	天正14?・11・24	明聖	（無記載）	越前安養寺土佐・西衛門	報恩講御志　綿100目
17	天正14?・霜・24	明聖	少進法印性乗（リングI型）	安養寺ノ土佐・西衛門	報恩講志代50疋、
35	天正14?・霜・24（天正17・3以前）		重之（バネI型）	土佐殿・西衛門殿御宿所	御進上之通、披露、御印書、少進法印へ代20疋、即一札、私へ綿20匁、

図2　越前「専応寺文書」中の花押・印章（その2）

1：天正５年（1577）
２月13日
善秀

2：年未詳
２月13日
善秀

3：天正８年（1580）
後３月18日
性乗
（リングⅠ型）
（初期型）

8：天正８年?（1580?）
５月６日
和長

5：天正８年（1580）
６月21日
「明聖」

5：天正８年（1580）
６月21日
少進法橋性乗
（リングⅠ型）

6：天正８年（1580）
８月16日
「明聖」

6：天正８年（1580）
８月16日
少進法橋性乗
（リングⅠ型）

10：天正８年?（1580?）
９月24日
性乗
（リングⅠ型）

9：天正８年?（1580?）
11月25日
性乗
（リングⅠ型）

34：天正９年?（1581?）
６月17日
池上甚介常長
（アンバ型）

19：天正９年?（1581?）
９月17日
性乗
（リングⅠ型）

 21：天正11年?（1583?） 正月28日 性乗 （リングⅠ型）	 13：天正９年?（1581?） ９月17日 池上甚介常長 （アンバ型）
 14：天正11年（1583） ８月11日 祐心 （ミノムシ細型）	 11：天正９年?（1581?） 11月24日 「明聖」
 18：天正13年?（1585?） 11月27日 「明聖」	 11：天正９年?（1581?） 11月24日 少進法橋性乗 （リングⅠ型）
 18：天正13年?（1585?） 11月27日 少進法印性乗 （リングⅠ型）	 12：天正９年?（1581?） 11月24日 常長（和泉） （アンバ型）
 16：天正14年?（1586?） ７月25日 「明聖」	 15：（天正10年～） （1582～） ６月26日 「明聖」
 16：天正14年?（1586?） ７月25日 少進法印性乗 （リングⅠ型）	 15：（天正10年～） （1582～） ６月26日 少進法印性乗 （花押脱）

	30：天正14年?（1586?） 11月24日 「明聖」 （奉者名無記載）
	17：天正14年?（1586?） 霜月24日 「明聖」
	17：天正14年?（1586?） 霜月24日 少進法印性乗 （リングⅠ型）
	35：天正14年?（1586?） 霜月24日 重之（冨永言之） （バネⅠ型）

付記　本稿を草するに当たり、専応寺住持安野龍城氏から史料の御教示を受け、また大原美代子氏（本願寺史料研究所）からは資料の御教示を受けた。ここに謝意を表しておきたい。

第九章　越前正願寺への寺号免許と木仏下付

はじめに

真宗大谷派（東派）に属する越前府中正願寺（越前市本町に所在）は、慶長年間までは坊主西念によって管掌される道場であった。これが寺号「正願寺」を拝領したのは慶長八年のことと推測され、その契機は、教如の東本願寺創建に貢献したことに対する褒賞としての措置だったと考えられる。またそれから七年後の慶長十五年霜月には、同寺には木仏本尊が下付されていることが知られる。道場時代にはおそらく阿弥陀絵像が用いられていたであろうから、寺号拝領に伴って木仏の安置が容認されることとなったのであろう。

幸いに「正願寺文書」(1)には、こうした変化を跡づけることの可能な史料が残されているので、本章ではこれらに検討を加えて、近世初期の東派寺院の動きを追究してみたいと思う。なお、引用した史料に見える花押・印章について、その複写を作成して図1に配列しておいた。今後、当該時期の研究に当たっては、史料の年次推測に有効な手掛かりを与えてくれるに違いない。

図1　越前「正願寺文書」中の花押・印章

A：慶長８年?（1603?）
８月28日
粟津勝兵衛村昌
（損傷あり）

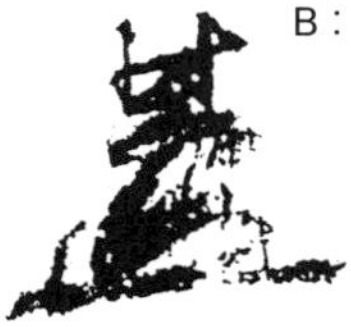

B：慶長８年?（1603?）
８月28日
粟津勝兵衛村昌

C：慶長８年?（1603?）
11月27日
「詳定」

C：慶長８年?（1603?）
11月27日
粟津勝兵衛村昌

D：慶長13年?（1608?）
卯月26日
粟津勝兵衛村昌

D：慶長13年?（1608?）
卯月26日
粟津右近元辰

D：慶長13年?（1608?）
卯月26日
横田河内重忠

E：慶長15年（1610）
霜月28日
「詳定」

E：慶長15年（1610）
霜月28日
松尾左近元《(カ)》信

F：万治元年（1658）
８月10日
粟津右近尉元恒

一　本願寺教如の動向

越前「正願寺文書」の内容を正確に理解するために、あらかじめ本願寺教如の動向を「大谷嫡流実記」[2]などに依拠して略述しておきたい[3]。

本願寺が東西に分裂するに至った発端は、織田信長と本願寺とが対立したいわゆる「石山合戦」（元亀元年九月〜天正八年八月）の最末期に、父顕如の決定した和睦退城の方針に反対して、その長男教如が断固たる籠城戦の継続を唱えたことに起因している。

顕如は、天正八年（一五八〇）閏三月になって信長との間で和睦を締結し、四月九日に大坂本願寺を離れて紀伊雑賀《さいか》鷺森《さぎのもり》に転ずることとしたのであるが、しかし教如とこれに従う主戦派門徒衆は、その後も大坂本願寺に立て籠もって抵抗の姿勢を示したのである。越前府中の道場坊主西念もこれに加担して懇志（軍資金）を進上するなどしていたと思われるが、あいにくと史料不足のために、それを跡づけることはできない。こうして教如派は、それから約四ケ月間籠城を継続するのであるが、しかし所詮は信長軍の敵ではなく、やがて教如も再度の和睦交渉に追い込まれ、八月二日に大坂を離れて雑賀和歌浦《わかのうら》へと転じなければならなくなったのである。

本願寺系図

本願寺十一世 **顕如** 信楽院
- 長男 **教如** 信浄院 ―― **宣如** 東泰院
- 次男 **顕尊** 興正寺
- 三男 **准如** 理広院

主戦派のこうした動きによって、顕如の門主としての権威は著しく損なわれることとなったため、顕如は教如に対しては義絶処分、また主戦派門徒衆に対しては破門処分を加えることとした。この結果、各地の寺院・道場においては、破門された住持（教如派）に代わって、その弟や子が新たに住持職に就くこととなったのである（顕如派）。西念がいかなる処分を受けたかは不明であるが、おそらくは顕如派の寺院へ帰属を強制されたことであろう。

しかるに、それからまもなくの天正十年（一五八二）六月、信長は本能寺の変によって倒されてしまう。この頃の教如は、諸国秘回の旅にあって播磨英賀《あが》本徳寺に潜伏していたのであるが、彼は直ちに雑賀に戻ることとした。そして朝廷の斡旋を踏まえて、父顕如との間で家中合体（仲直り）を実現したのである。しかしながら顕如は、旧主戦派門徒衆に加えた破門処分については一向にこれを解除しようとはせず、顕如の存命中にはついにそれは実現しなかったのである。

その後、本願寺の寺基は天正十一年（一五八三）七月に紀伊雑賀から和泉貝塚へ、次いで天正十三年（一五八五）八月に摂津中島河崎へ、さらに天正十九年（一五九一）八月に京都西六条（現在の西本願寺の地）へと移転し、そして天正二十年（文禄元年、一五九二）十一月に、ついに顕如は死去するのである。そこで後継の門主となった教如は、それまで逼塞に甘んじていた旧主戦派の破門処分を解除することとした。その結果、復活した教如派は、これまで住持職にあった顕如派坊主を追放して、その管掌権を奪い取る行動に出たのである。各地の寺院・道場には重大な混乱が一気に拡がることとなってしまった。

かかる事態を迎えて、旧顕如派はこれを阻止するために、如春尼（顕如妻で教如母）を通じて豊臣秀吉に、教如の排斥を強く要請したのである。そこで秀吉は、文禄二年（一五九三）閏九月十六日に教如を大坂城に呼び、全十一条にわたる彼の罪状を列挙したうえで、准如（教如弟）に本願寺門主の地位を譲渡すべしと厳命するのである。そのときに拠り所とされたのが、偽作された顕如譲状（天正十五年極月六日付け）であった。

こうして退隠（隠居）に追い込まれた教如は、京都西六条の本願寺（現在の西本願寺）の裏方（北の別棟）に転じて「御裏」と呼ばれるようになった。そしてこの状態は秀吉存命中には変わることがなかったが、慶長三年（一五九八）八月の秀吉死去を契機に、情勢は大きく転換することとなるのである。

教如は、徳川家康との間に交誼を形成することを目指した。家康は慶長五年（一六〇〇）六月に、上杉景勝の征伐のために出陣するのであるが、これを追って教如は下野国小山にまで下向し、ここで陣中見舞いを行っている。そして大坂方の動静を伝えた結果、直ちに家康は兵を返し、同年九月に関ケ原において勝利を得ることができたのである。

それからまもなくして、家康は教如に対して門主復帰を打診したらしい。しかし教如はこれを辞退し、准如体制下から分離独立するとの方針を認めさせたのであった。かくして慶長七年（一六〇二）三月、教如は家康から東六条における新たな寺地（現在の東本願寺の地）を拝領したので、ここに直ちに新伽藍の建立を開始するのである。また教如は、その権威を荘厳するために、上野国厩橋《まやばし》の妙安寺に伝来した親鸞木像を譲り受けたいと働きかけていたが、この手続きにも家康が介入して、慶長八年（一六〇三）正月についに木像は教如のもとに届けられる。かくしてこの時点をもって、教如の分離独立は達成されたと解されるのである。

二　西念門徒衆の東本願寺参詣

親鸞木像を迎えた教如は、諸国門徒衆に対してこれへの参詣を呼びかけている。越前府中にあった西念とその門徒衆も、懇志を携えて参詣を果たすこととしたが、次の史料によれば、その第一群の集団が出発したのは慶長八年春のことであったと考えられる。

A 御所様へ為志、鳥目三十足進上之通、令披露候之処、遠路□(懇)志之至、別而有難被　思召之候。能々相心得可被下之由、被　仰出□(候)。就其、法儀弥無油断、各心懸可被申事、肝要之□(由)、御意候。仍被顕　御印候者也。

(「詳定」印脱カ)

(慶長八年カ)
八月廿八日　　　　　　粟津勝兵衛
　　　　　　　　　　　　村昌□□(損傷アリ)

越前府中
西念門徒中(4)

以上。

B 御所様へ進上之通、令披露、即被成　御印候。各有難可被存候。次私へ同十疋、送給候。誠無冥加候。去春早々御印、下可申候処、□□替於一行之事候。猶御用候者、可承候。恐々謹言。

(慶長八年カ)
八月廿八日　　　　　　粟津勝兵衛
　　　　　　　　　　　　村昌（花押）(線挿入型—初期型)

苻中
西念門徒衆御中(5)

右に引用した二点の史料A・Bは、ともに教如の奏者たる粟津勝兵衛村昌が発したものである。その言うところは、前者Aでは、いま西念門徒中から「御所様」＝教如に鳥目三〇疋（三〇〇文）が進上され、これを披露したところ教如の謝意が示された、と述べられている。文言中では「御印」（印文「詳定」の長円形の黒印）が押捺されたと記されているが、しかし袖にはそれが見えていない。教如や村昌が押捺を忘却したとは考え難いから、同様の懇志請取状の発給が多すぎる事態に対応して、敢えて無印のままで下付されたものであろうか。なおこの文書には損傷が生じていて、村昌の花押の箇所がすり切れて判別できなくなってしまっている。

次いで後者Bは、これに添えられた副状に当たるもので、教如への懇志進上を披露して御印が捺されたと語られるとともに、取り次ぎの「私」＝粟津村昌へも銭一〇疋が届けられ、感謝していると述べられる。そして「去春」に御印書を下付すべきであったが、それが果たせなかったので、今回のAをもってこれに代えたい、としているのである（ただし詳定印は押捺されていないが）。この後半の文言によって、西念とその門徒衆は「去春」に早くも一度、参詣に来ていることが知られ、今回は二度目の上洛なのである。

問題はその年次であるが、発給者粟津村昌の花押形状の変遷を見てみると、ここに据えられる花押は「線挿入型」と形容すべきもので、しかもそのうちの初期型の形状を示している。「線挿入型」花押は初見が慶長五年十月であり、他方で下限としては「二段積型」花押の初見たる慶長十一年三月が設定できる。よって、右のA・Bは慶長五年十月～慶長十一年三月の間の発給としなければならない。そしてさらにこのうちでも早い時期に属するから、東本願寺が創建されてまもなくの慶長八年のものと推測すべきであろう。特にBの文言からは、余りにも業務が多忙であるために、「詳定」印の押捺すら省略せざるを得ない状況が看取できるので、この年次推測はまず間違いないと思われる。つまり西念の管掌する門徒衆は、慶長八年春にまず第一群の集団が参詣に上洛し、続けて同年八月にも第二群の集団が同様に参詣を行ったことが知られるのである。

三　西念への寺号免許

西念とその門徒衆は、同年十一月になって、さらに第三群の集団を組織して参詣を企てたらしい。これに対して発せられた御印書が、次のCだったと推測される。

C　（長円形、印文「詳定」）（黒印）

態令申候。仍西念ニ寺号被成　御免、并各直参衆、被成御預候間、猶以向後、正願寺被相談、万馳走可被申上
之由、被　仰出候。仍被排　御印候者也。

粟津勝兵衛

（慶長八年カ）十一月廿七日　　村昌（線挿入型—初期型）（花押）

新二良
小三良　同妙春
弥七良　同妙芸
彦兵衛　同妙存
喜右衛門
勘右衛門
甚右衛門母
妙誓　同コゞ
新四良　同母
彦四良
おなあ
あふきや
おかた
しんちやうノ
弥三良
八木
弥右衛門(7)

右のCも、粟津勝兵衛村昌が奉じた御印書であるが、これによればいま西念道場に対して寺号「正願寺」が免許され、またその門徒たる新二良以下に対しては、本願寺「直参衆」としての処遇が付与されるとともに、正願寺にその管掌が委ねられることとなった。よって今後とも、正願寺と相談のうえで馳走を行うように、と述べられているのである。袖には「詳定」印が押捺されて、この措置が門主教如の了解のうえで行われたものである点が明示されている。

ところで、このCの充所には特に注目しておこう。まず最初の新二良というのは、今回上洛した門徒一行の責任者の立場（正願寺の門徒総代）に当たる者であろう。次いで第二行からは、「小三良　同妙春」「弥七良　同妙芸」「彦兵衛　同妙存」という三組の門徒が並記されているが、これを現在の本山納骨の習俗から類推するならば、彼らの関係は、亡父の菩提供養を求めて東本願寺に参詣した息子と、その母（未亡人）という関係だったのであろう。そして未亡人達は、これを機縁にして「御剃刀」の儀式を受け、法名を拝受したのではあるまいか。続いて「甚右衛門母妙誓　同コゞ」とは、甚右衛門の母妙誓と、甚右衛門の妻コゞという関係であろうが、甚右衛門自身は今回は上洛しなかったのであろう。「新四良　同母」というのも、前述の三組と同様に、息子新四良とその母（未亡人）と思われる。「彦四良おなあ」とは、彦四良の妻「おなあ」で、彦四良自身は同行していないのである。「あふきやおかた」は扇屋を営む「おかた」、そして「しんちやうノ弥三良」とは「新町」に居住する弥三良であろう。「八木弥右衛門」の八木が、姓・居住地のいずれであるかは残念ながら不明であるが、おそらくは姓と思われる。

このCの年次を推測する手掛かりも村昌の花押形状しかないのであるが、「線挿入型」の初期型である点、また前引Bの花押形状と近似している点から考えて、Bの三ケ月後の慶長八年十一月のものである可能性は高いと思われる。なお彼らの参詣が、教如の呼びかけに呼応して行われたものであることは疑いないが、これに加えて第三群の集団は、本願寺での報恩講に列席することも、その目的の一つであったと解して差し支えないであろう。

四　教如の越前下向と府中門徒衆

それから四年後の慶長十二年八月〜九月に、教如は越前下向の旅を行っていることが知られる。すなわち、「重要日記抜書」によると、

(慶長十二年)八月十七日、越前へ御下向。九月二日還御。[8]

とあって、慶長十二年（一六〇七）八月十七日に教如は京都を出発し、越前に下向して九月二日に帰洛したと記されているのである。

この教如の越前下向を語るもう一つの史料として、近江海津「願慶寺《がんきょうじ》文書」の由緒略書の一節にも注目しなければならない。

一、(慶長十二年閏四月八日)慶長年中、越前黄門(松平)秀康卿、御逝去之時分、(教如)信浄院様為御焼香、御下向被遊、御往返共、拙寺ニ被遊御寄宿、還御之節ハ、私ゟ八代以前、権大僧正慶尊、御馳走申上、…（下略）…[9]

この由緒略書の記事によれば、慶長十二年閏四月八日に松平（結城）秀康が死去したことに伴い、教如がその焼香を行うために越前に下向したが、その往復に当たって教如は、海津願慶寺に寄宿したと述べられているのである。とりわけ帰路の際には、住持慶尊が馳走に努めたと特筆されているから、おそらく願慶寺に教如は宿泊したのであろう。とすれば、往路においては一時休憩のための立ち寄りだったと考えられる。

この由緒略書の記事には年次が見えていないが、松平秀康の死去は慶長十二年閏四月八日（三四歳）であり、そ

れは北庄城においてであったから、[10]この記事と、前引した「重要日記抜書」の越前下向の日程（慶長十二年八月〜九月）との間には、なんら問題とすべき齟齬は生じていない。よって、教如が秀康死去の弔問のために越前に下向したという記述は、事実として採用してよいであろう。

教如が越前にやって来たならば、当然のことながら、正願寺を始めとする越前門徒衆に対しては、その馳走が命ぜられていたに違いない。ところが門徒衆の一部には、これを了承しない者もいたらしい。

D　以上。

態令申候。然者、於府中御用、又御使者賄・伝馬以下之儀、被□故、各馳走之儀、被　仰付候処ニ、無馳走之様ニ承候。府中坊主衆之儀、手前まて尓てハ、難成様ニ承候条、向後各入魂候て、御馳走尤候。さ候ハすハ、御□　□へ入候てハ、成不申候間、御ため不可然候。御分別尤候。急度被申合、馳走肝要候。恐々謹言。

（慶長十二年カ）卯月廿六日

栗津勝兵衛
村昌（花押）（隙間型）

栗津右近
元辰（花押）（踏張型）

横田河内
重忠（花押）（首輪型）

いとう
成証寺（糸生浄勝寺カ）

おいまつ
称名寺

□そく成願寺（府中正願寺カ）
みさき法珍
「　」[11]
浄□

右に引用した連署書状Dによれば、越前府中において「御用」があり、また御使者に対する賄いと伝馬の用意などが命ぜられたが、門徒衆の一部には馳走に応じなかった者がいた由である。府中坊主衆がかくも「手前まて」（手前勝手の意か）というのは、誠に不都合なことであるから、今後は各々が入魂して馳走に努められるべきである。もしそうでなかったならば、越前門徒衆の「御ため」にはよくないので、分別されることが肝要である、と述べられているのである。充所の箇所には損傷があってやや不明瞭であるが、糸生浄勝寺・笈松称名寺・□そく成願寺・三崎法珍・某所浄□の五人充てと思われ、このうち第三行の「□そく成願寺」というのが、本稿で分析対象としている正願寺に当たるのであろう。また発給者として粟津村昌・粟津元辰・横田重忠の三名が連署している事例も珍しいが、これは内容的に重大な指示を下すに当たって、その権威付けを図るためだったのではないかと思われる。

考えるべきはその年次であるが、村昌の花押が「隙間型」である点が一つの手掛かりとなる。彼は慶長十二年九月までは「二段積型」花押を使用しているから、右のDはそれ以降のものとしなければならない。[12]つまりDは、慶長十三年卯月のものか、もしくはそれ以降のものなのである。

また、連署する粟津元辰・横田重忠の花押についても考えねばなるまい。粟津元辰の「踏張型」花押は、慶長十年十一月〜慶長十六年卯月に所見がある。[13]横田重忠の「首輪型」花押については、文禄元年四月〜慶長十三年卯月

(右のD)に所見があって、[14] これらの使用期間を踏まえても、Dの年次推測に不都合が生ずることはない。よって このDは、慶長十三年卯月のものか、もしくはそれ以降のものなのである。

そこでこの年次を踏まえて、前述した教如の越前下向の旅を考え合わせるならば、越前門徒衆には教如の下向を歓迎するため「御用」が割り当てられたのであるが、しかし他方でその負担を拒絶する門徒衆も存在したのであろう。このように状況を想定することによって、史料Dの解釈には整合性が与えられることとなるであろう。また教如が下向する直前には、その旅程に関して連絡・調整を行う使者も下向していたに違いなく、これへの賄いと伝馬の提供も重要な任務であったが、一部門徒衆からはこうした負担提供も拒絶されていたのである。以上のごとくに推測するならば、史料Dに見えた「御用」とは、慶長十二年の教如下向を歓待するための種々の役務、およびその前後に分担して課せられた経済的負担を指すと解して、まず間違いないと思われるのである。

そしておそらくは正願寺が、越前門徒衆(教如派)を統括すべき立場にあったのであろう。彼は、一部門徒衆が示した負担提供の拒絶という事態を、そのままに放置するわけにはいかなかった。そこで彼はその翌年(慶長十三年)に上洛して、以上のような経緯を東本願寺の側近衆に言上し、非協力的な門徒衆に対する命令書の下付を求めたのである。その結果、右の連署書状Dが下されて、分担を完納すべしとの厳命が示されたのである。

以上によって、右の連署書状Dは慶長十三年卯月の発給と推測して、まず間違いないと思われる。しかしながら、このD負担提供を拒絶した門徒衆は、そもそも教如派(東派)に属することを嫌っての行動だったであろうから、このDを示して協力(帰順)を求めたとしても、その姿勢が転換するはずはなかったに違いない。かくして非協力的な門徒衆は、まもなくして西派(准如派)へと帰属を転じたことと推測される。

五　正願寺への木仏下付

さてその翌々年、慶長十五年（一六一〇）になって、府中正願寺に対して本願寺教如から、木仏本尊と前机が下付されることとなった。

E　（黒印）（長円形、印文「詳定」）

木仏之御本尊并前机、依望、申上候処、則被成　御免候。有難被存、可有安置之旨、　御意候。仍被顕　御印候者也。

慶長拾五年
霜月廿八日　　松尾左近
元信（カ）（花押）
越前府中
正願寺[15]

右に引用した御印書Eによれば、正願寺が申請していた木仏本尊と前机の下付がいま認められので、これを伝達すると述べられている。奉じたのは側近の松尾左近元信（カ）であり、袖には教如が「詳定」印を捺している。正願寺が木仏下付を申請したのは、寺号拝領を契機としたものであろうから、申請から下付まで七年の時間を要したこととなろう。

このような木仏下付を伝える史料は、当該寺院にとっては最も重要なものと言わねばならないが、実際には意外と残存する事例が少ない。しかも年次の特定できる例はさらに少ないから、「正願寺文書」に右のような史料が伝えられている点は、まことに幸運なことと言わねばならない。

六　宣如死去と越前門徒衆

最後に、次の史料Fを取り上げておこう。

F東泰院様《宣如》為御遷化之志、銀子十匁進上之通、御門跡様《琢如》へ遂披露候処、芳志之至被　思召候。其段、相心得可申入旨、被　仰出候。其方、今度可有上京処、所労敷之躰候故、無其儀、断之通、承届候。自分へも銀子弐匁、送給候。厚情之至存候。恐々謹言。

粟津右近尉

八月十日《万治元年》　　元恒（花押）《駐禁型》

「越前府中《奥ウワ書》
　　正願寺殿」(16)

右のFは、東本願寺の奏者たる粟津元恒が発した八月十日付けの書状である。その内容は、「東泰院様」＝宣如が遷化（死去）されたことに対し、志として銀子一〇匁が進上されたので、これを「御門跡様」＝琢如に披露したところ、芳志に感謝するとのことであった。ところでその方（正願寺）は今回、上京すべきところであったが、所労の故をもって上京できない旨の断りの知らせがあり、承知した。また自分（元恒）へも銀子二匁が届けられ、厚情の至りと感謝している、と述べられているのである。

「東泰院様」とは、教如の三男に当たる宣如光従のことである。(17)教如の長男尊如（?～慶長元年七月）、次男観如（慶長二年～慶長十六年十一月、十五歳）は、不幸にして相次ぎ夭逝してしまったために、三男たる宣如が東本願寺の後継者となったのである。母は妙玄院如空尼（?～寛永十年九月）といい、慶長九年（一六〇四）二月に誕生し、父教如が慶長十九年十月五日に死去した際には、まだ十一歳にすぎなかった。やがて九条兼孝の猶子となり、元和二年（一六一六）九月には得度し、そして万治元年（一六五八）七月二十五日に至って五五歳で死去するのである。なお、さらにその後継者となる琢如は、父宣如と母成等院如従尼（九条幸家女）との間に、寛永二年（一六二五）七月に誕生し、寛文十一年（一六七一）四月十四日に四七歳で死去した人物である。

以上のような系譜を踏まえると、右の史料Fは東泰院＝宣如が死去した直後のものであるから、万治元年八月の発給と確定できる。そしてこの事態に対応して、正願寺住持とその門徒衆は、弔問の懇志として銀一〇匁を進上しているのである。

おわりに

本章の検討で明らかにできた点を、最後に簡単にまとめておきたい。

越前府中正願寺は、慶長年間までは西念によって管掌される道場で、教如派（東派）の府中門徒衆を統括すべき重要な位置にあったようである。しかしあいにくと史料が残されていないために、東本願寺の分立以前の状況については知るところがない。けれども、西念が主戦派（教如派）に属したであろうことは疑いないから、教如によって籠城戦の継続が唱えられた際には、彼はこれに加担して懇志を進上したことと思われる。そしてその結果、合戦終結後には顕如から破門処分を受けたか、さもなければ顕如派寺院への帰属を強制されたことと思われる。おそらくは後者の、帰属強制を命ぜられていたことであろう。こうした措置は、西念にとっては面従腹背の心境だったとしなければならないが、教如が分離独立する以前においては、このような境遇も甘受せざるを得なかったのである。慶長八年になって教如は、徳川家康の支援を受けることで、ついに東本願寺の創建を達成することができた。西念など教如派門徒衆は、この段階で教如への帰属を鮮明にして、ようやくに安定的な活動が可能となったのである。西念と府中門徒衆のうちからも、慶長八年春に第一群の集団が懇志を携えて参詣を果たしていたらしく、また同年八月には続いて第二群の集団も上洛しているのである。しかるにこの時に発せられた懇志請取状（奏者栗津村昌が奉ずる）には、御印（「詳定」印）の押捺が省略されている。懇志の上納が多すぎる事態に対応して、押捺を敢えて省略する措置が取られたものであろうか。

同年十一月になって、西念はさらに第三群の集団を組織して参詣を行ったらしい。これに対して教如は御印書（粟津村昌奉）を発して、西念に寺号「正願寺」を付与し、門徒衆には「直参衆」の処遇を認めて、その管掌を西念に委ねるとの措置を取ったのである。

それから四年後の慶長十二年八月十七日、教如は越前下向の旅に出発し、翌月二日に帰洛していることが知られた。その目的は、同年閏四月八日に死去した松平（結城）秀康（三四歳）の菩提を弔うためであり、その途中に近江海津願慶寺に立ち寄っていることも知られた。とくに帰路においては願慶寺に宿泊したらしく、住持慶尊が馳走に努めたとの記録が残されている。

教如を迎えて府中門徒衆は、正願寺を中心にして歓待の馳走を尽くしたようである。ところが一方で、これに非協力的な門徒衆もいたらしい。そこで正願寺は、翌年慶長十三年卯月に上洛して、協力的な態度へと転換するよう命じた奏者衆（粟津村昌・粟津元辰・横田重忠）の連署書状を拝受しているのである。けれども非協力的な者達は、そもそも教如派に属することを忌避していたのであろうから、やがて彼らは准如派（西派）に転属することとなったに違いない。なお、この連署書状の充所から、この段階で中心的に活動する教如派（東派）の寺院・道場の坊主としては、糸生浄勝寺・笈松称名寺・「□そく成願寺」（これが府中正願寺か）・三崎法珍・某所浄□の五人がいたことが知られた。

さらに慶長十五年霜月になって、本願寺教如から正願寺に対して、木仏本尊と前机が下付されていることが知られた。またそれから約五十年経った万治元年（一六五八）七月に、東本願寺の門主たる宣如（東泰院）が五五歳で死去したので、正願寺は弔問の使者を派遣して銀一〇匁を琢如に進上しているが、住持自身は所労のために上洛しなかったことが知られた。

注

（1）越前「正願寺文書」（『福井県史』資料編六・中近世四、福井県、一九八七年）。なお福井県文書館に架蔵される同文書の写真版により、訓読の一部を手直ししたものがあるが、特に注記を付することはしない。
（2）「大谷嫡流実記」（『真宗史料集成』第七巻・伝記系図、六四二ページ、同朋舎、一九七五年）。
（3）拙稿「教如の動向と本願寺の分裂」（拙著『本願寺教如の研究』上、第一部、法藏館、二〇〇四年）。
（4）「正願寺文書」第三号。
（5）「正願寺文書」第四号。
（6）拙稿「粟津勝兵衛村昌の花押」（拙著『本願寺教如の研究』続、第五部第八章）。
（7）「正願寺文書」第五号。
（8）「重要日記抜書」（『続真宗大系』第一六巻、国書刊行会、一九七六年再版）、慶長十二年八月十七日条。
（9）近江「願慶寺文書」由緒略書（星野元貞・高島幸次・首藤善樹氏「湖西地域における真宗教団の展開」―『龍谷大学仏教文化研究所紀要』第一八集、一五〇ページ、一九七九年）。
（10）松平文庫「越前松平家系図」（『福井市史』資料編四・近世二、一二ページ、福井市、一九八八年）。

(11)「正願寺文書」第二号。
(12)拙稿「粟津勝兵衛村昌の花押」。
(13)拙稿「粟津大進元辰の花押」(拙著『本願寺教如の研究』続、第五部第七章)。
(14)拙稿「横田河内守重忠の花押」(拙著『本願寺教如の研究』続、第五部第六章)。
(15)「正願寺文書」第六号。
(16)「正願寺文書」第八号。
(17)「大谷嫡流実記」(『真宗史料集成』第七巻、六四八ページ)。なお余談ながら、『真宗史料集成』第七巻には乱丁が見られ、六四八ページから以降は、六四八～六五一～六五二～六四九～六五〇～六五三ページ、という順序で記事は続いている。

第十章　能登末吉西来寺の成立

はじめに

能登羽咋郡末吉村（石川県羽咋郡志賀町末吉ゥ五五）に所在する西来寺は、延宝五年（一六七七）に東派から寺号と木仏を下付された寺院で、それ以前は末吉道場として経営されていた。ここには現在、天正〜慶長期の史料九点が伝存しており[1]、いずれも御印書・坊官副状・手次副状の三点が揃って三組あり、しかも保存の状態は極めて良好である。また延宝五年の木仏裏書とそれに関わる副状も残されている。そのほか、同寺の門徒たる川嶋義之家（以下では屋号を用いて「源助家」と称する）[2]には、当寺に関連すると思しき法名状が二点（天正八年・慶安三年）残されていて、これらの史料を総合して分析するならば、天正〜近世初期の本願寺の動向、およびそれに従う門末道場の様子を、かなり詳細に明らかにすることができそうである。そこで本章では、西来寺（末吉道場）の成立に焦点を当てて検討を行ってみることとしたい。

「西来寺文書」に見られる花押・印章（「川嶋義之家文書」を含む）

「川嶋義之家文書」
天正８年（1580）
５月12日
釋教如

A：天正16年?（1588?）
6月28日
「明聖」

A：天正16年?（1588?）
６月28日
刑部卿法印頼廉
（木版花押）

B：天正16年?（1588?）
６月28日
頼廉
（木版花押）

C：天正16年?（1588?）
６月28日
益田少将照従

D：慶長元年(1596)
閏7月12日
「明聖」

E：慶長元年（1596）
閏７月12日
頼純

F：慶長元年（1596）
後７月12日
三上柳斎春慶

G：慶長元年（1596）
後７月12日
「詳定」

G：慶長元年（1596）
後７月12日
按察法橋頼龍

H：慶長元年（1596）
壬７月12日
頼龍

Ⅰ：慶長元年（1596）
後７月12日
龍也

「川嶋義之家文書」
慶安３年（1650）
７月15日
釋宣如
（文字・花押ともに木版）

延宝５年（1677）
２月15日
釋常如
「光晴」

右半分……常如の木仏裏書の奥に押捺
（印文「本願寺」の右半分、青印）
延宝５年（1677）２月15日
左半分……常如御印書の袖に押捺
（印文「本願寺」の左半分、青印）
延宝５年（1677）２月15日
（粟津右近元隅奉）

延宝５年（1677）
２月15日
粟津右近元隅

一　末吉道場の成立

末吉道場の成立について、まず西来寺所蔵の「由緒略記」を眺めてみよう。

一、拙寺開基之儀者、能州末吉之城主、高野遠江守兼吉之弟吉房、致出家、同所真言宗金剛院と《ママ》致寺務候処、其節　蓮如上人、越前吉崎被為在《ママ》御下向、不思議之縁ニヨリ、奉蒙　御化導を、無二之信心者と相ナリ、誠念坊と被成下。其頃、能州ゟ参詣之同行、御別を悲候ニ付、則九字之御名号を被成下、誠念坊指添、帰国被使付《ママ》候ニ付、小堀《小崎カ》と申所ニ、草坊を致建立、御化導を相伝所、夫ゟ三代目、誠圓と申時代ニ、石山へ致参上、御身方を申所、其人致自滅候而、子孫相続し、右高野越後守吉重之代、及落城ニ、草坊も其節致類焼。其後、右之於城跡ニ、致小坊を建立、数代を送り、則常如上人之御代、拙寺乗誓と申者、木仏・寺号西来寺と奉蒙御免。其乗誓ゟ私迄七代、寺務相続仕候。依由緒有増（カ）申上候。以上。

嘉永三年戌十二月　日

能州羽喰郡末吉村
西来寺
誠仙　判

集会所
月番御衆中(3)

すなわち、西来寺（当初は末吉道場）の開基（第一世）は末吉城主高野遠江守兼吉の弟に当たる吉房で、真言宗金剛院において出家したのであるが、たまたまその頃、越前吉崎に蓮如が下向していたので、これに化導を受けて無二の信者となり、誠念という法名を付与された。また蓮如から九字の名号（南無不可思議光如来）を拝受したので、誠念は同行衆とともに帰国して、「小堀」（末吉地籍内に小字「小崎」が所在し、その隣地に当初の末吉道場が立地していたと伝えられるから、これは小崎のことであろう）という所に草坊を建立して安置したのである。その後、それより三代目（つまり第四世であろう）の誠円の時代に、大坂石山へ参上して本願寺顕如・教如の味方に加わったが、誠円はまもなくに死去（「自滅」）してしまったため、直ちに子孫が相続した。しかし末吉城は、高野越後守吉重の代になって落城し、その時に草坊も類焼するに至ったのである。その後、末吉城の城跡（現在地のこと）に小坊を建立して数代経過したところ、本願寺常如の時代（延宝五年、一六七七）になって、乗誓に充てて木仏と寺号「西来寺」とが御免になった。この乗誓から私＝誠仙（幕末嘉永三年に在職）まで七代の間、無事に寺務を相続しているのである、と述べられている。

右の由緒に基づいて末吉道場（西来寺）の成立を考えるならば、創立者たる誠念は、末吉城主高野兼吉の弟吉房という人物であった。そもそも末吉村は、比叡山延暦寺領の堀松庄に属していたから、高野兼吉はその庄官に在任していた可能性も指摘できよう。彼が出家した真言宗金剛院とは、おそらくは高野氏の氏寺で、吉房はその後継住持となるべく期待されていたのであろう。誠念という法名は、もしかすると真言僧として出家した際に称したものかもしれないが、右の由緒では蓮如からの下付と語られている。その蓮如は文明三年（一四七一）に越前吉崎に下向するのであるが、誠念や同行衆はそこへ馳せ参じて帰依し、やがて九字名号の下付も得ることができたので、これを崇拝すべく小崎に新坊を創建したのであった。以上が、由緒に記された末吉道場創建の経緯である。

二　石山合戦と末吉道場

それから約百年が経過して、本願寺顕如と織田信長との対立（いわゆる石山合戦）に際しては、末吉道場第四世の誠円が大坂石山に参上し、味方に属して活動したものの、まもなくに彼は「自滅」したと由緒に述べられていた。この表現は戦死を意味するものとは考えにくく、病気などによる自然死だったとすべきで、しかも誠円は壮年期にあって、その後継者はまだ幼少（つまり出家以前）であったごとくに想像される。

ところで、この誠円の動向をわずかに垣間見せているのが、西来寺門徒たる「源助家」（川嶋義之家）に伝存する次の法名状である。

法名
釈尼妙祢
天正八年五月十二日

釈教如（花押）[4]

右は、本願寺教如が天正八年（一五八〇）五月十二日に下付した法名状で、所蔵者「源助家」の先祖の女性に対して、「釈尼妙珎」（妙珍）なる法名が下付されている。問題とすべきはその日付であって、石山合戦最末期に教如が唱えた籠城戦継続（天正八年閏三月〜八月）の、その真っ最中に当たっているのである。

ここでいささか遠回りとなるが、石山合戦の経緯について述べておくこととしよう。[5]顕如と信長とが厳しく対立した石山合戦は、三次にわたって展開された。すなわち、

第一次石山合戦……元亀元年（一五七〇）九月〜同三年三月
第二次石山合戦……天正二年（一五七四）四月〜同三年十月
第三次石山合戦……天正四年（一五七六）四月〜同八年八月

以上の三次である。

足利幕府第十三代将軍足利義輝（第十二代義晴の子）が永禄八年（一五六五）五月に三好義継・松永久秀らに殺害された後、足利義栄（ヨシヒデ、義晴弟義維の子）を擁立する三好三人衆（三好政康・三好長逸・家老石成友通）の陣営と、足利義昭（義晴子で義輝弟）を擁立する織田信長の陣営とに別れて対立していた。本願寺はこのうち前者の義栄方に属し、三好三人衆の味方であった。義栄は永禄十一年（一五六八）二月に首尾よく将軍となるが、しかし同年九月には早くも倒され、代わって翌十月に義昭が信長勢とともに入京して新将軍に就いたのである。

そこで信長は将軍の名で諸大名に上京を促すが、ことごとくに拒絶されたので、元亀元年（一五七〇）四月に越前攻撃を行った。しかし近江浅井長政が背反するに至ったので撤退を余儀なくされている。六月になって信長は再び出兵して近江小谷城を攻囲し、救援に駆けつけた朝倉義景勢と浅井長政勢との連合軍を姉川で撃破する。次いで

信長は兵を転じて、摂津野田・福島城の攻撃に向かったところ、八月下旬に朝倉義景や浅井長政らは西近江路を長駆し、比叡山に立て籠って京都を窺う形勢を見せたのである。この結果、信長は前面には三好勢、背面には朝倉・浅井勢を迎えて、最大の危機に陥ることとなった。こうした状況のなかで九月十二日夜半、本願寺は反信長方として挙兵したのである（第一次石山合戦）。しかし信長はこの苦境をよく凌ぎ、同年末に将軍足利義昭の斡旋によって朝倉義景との和睦締結に成功する。義景が降雪で退路を失う危険性を嫌ったためと考えられるが、信長にとっては幸運な展開であった。そしてこの時に敵対した延暦寺を、信長は翌二年（一五七一）九月に焼き打ちするのである。こうして元亀三年（一五七二）三月になって、顕如は第一次和睦を締結することとし、信長に白天目を献じて交誼を通じたのである。

しかるにこの第一次和睦期の天正元年八月、信長は朝倉義景を倒してしまう。またその帰途には近江浅井長政を自害に追い込み、近江から越前にかけての地域を一気に平定したのである。本願寺との和睦が、信長には有利に、朝倉・浅井勢には不利に作用したと言わねばなるまい。

そこで顕如は天正二年正月、加賀一向一揆に越前への南下を命ずる。信長の置いた統治者（桂田長俊・冨田長繁など）を相次いで滅ぼし、代わって坊官下間頼照・七里頼周・杉浦玄任らをここに配置したのである。こうして越前が本願寺支配下となったので、天正二年四月、顕如は再び反信長の旗色を鮮明にして第二次石山合戦に踏み込むこととした。けれども信長は、翌天正三年（一五七五）八月に再度の越前制圧軍を動かして、十五日には木目峠の守備陣を抜き、また別働隊の羽柴秀吉・明智光秀勢には大良越えから府中へ突入するよう指示していた。この結果、退却した一揆勢は府中表で挟撃されて甚大な被害を出すこととなったのである。こうして越前が信長に制圧されたため、顕如は同年十月、和睦締結を余儀なくされたのであった（以上が第二次石山合戦）。

第二次和睦期に顕如は、毛利氏や上杉氏との連携強化を目指すが、この動きは信長の知るところとなって、翌四年（一五七六）四月から第三次石山合戦になる。顕如はこれ以降を籠城戦と呼び、天正八年（一五八〇）閏三月まで続くのである。しかしながら上杉・毛利氏による支援は思うに任せず、天正七年九月には摂津有岡城（荒木村重）が陥落し、翌八年正月には播磨三木城（別所長治）が制圧されて、戦局の帰趨はほぼ決するに至った。そこで顕如は朝廷の和睦勧告を受け入れ、同八年閏三月に和睦を締結、そして四月九日に大坂から紀伊雑賀に転じたのである。

ところが、この和睦退城に断固反対したのがその嫡子教如であって、彼は各地門徒衆に檄文を発して一層の籠城支援を呼びかけた。この動きに加担したのは、摂津毫摂寺善秀・近江慈敬寺証智・摂津教行寺証誓などであった。しかしこの試みも信長軍に敵うものではなく、やがて教如も再度の和睦締結に追い込まれて、八月二日に大坂から雑賀に脱する（以上が第三次石山合戦）。顕如はそこで教如を義絶とし、また加担の主戦派門徒衆には破門処分を加えたのである。

以上のごとき石山合戦最末期の戦況のなかで、それでは前引の法名状はどのように位置づけられるであろうか。まず「源助家」の妻女が、教如から妙珎尼なる法名を授与されているということは、彼女がいま大坂本願寺に達しているることが大前提である。彼女が本願寺に来た理由は、おそらくその夫の納骨のためと思われ、これを機会にして彼女も御剃刀の儀（帰敬式）を受けて出家を遂げ、生前法名の授与を求めたのであろう。そしてこの妙珎尼を大坂まで引率した者こそは、末吉道場の誠円だったに相違あるまい。つまり誠円は、教如の唱えた籠城戦継続に対して、懇志を上納して加担を表明した可能性が大きいのである。そしてそうであればこそ、その後身たる西来寺が現在東派に属している事実が、整合性を持って理解されることとなるであろう。

しかしながら、誠円や妙珎尼らの一行が大坂本願寺に出入りできた点から考えると、教如の籠城戦継続とは言うものの、戦闘そのものはほとんど行われず、通行を妨害されることも稀であったと想定しなければならない。誠円は不幸にしてこの大坂で病没したと語られていたが、残る妙珎尼は無事に能登まで帰還することができたのである。

由緒の記述を踏まえ、また「源助家」の妙珎尼に法名が下付されている事実をも合わせて考えるならば、以上のごとき経緯があったと推測されるのである。

なお、法名下付という行為は本来、門主権限に属するものと思われ、右のごとくに教如が下付できるものかどうか、この点が問題となるかもしれない。けれどもこの頃の教如は檄文中で、父顕如から「世」を譲られて門主になったと主張しているから（顕如はこれを否定しているが）、この点からこの法名状を疑問視するには及ばないと思われる。

三　家中合体と末吉道場

信長が目論んだのは大坂本願寺の無傷の接収であるが、教如が雑賀に転じてまもなくに何者かがこれに放火したため、信長の目的は達せられなかった。

雑賀に転じた教如は、ここに天正八年（一五八〇）十一月初旬まで逼塞していたが、やがてここを脱して諸国秘回の旅に出ることとした。最終の目的地は甲斐武田勝頼のもとで、かつて母如春尼の姉が武田信玄に嫁いでいたからである。彼は紀伊日高郡阿尾浦にしばらく留まった後、美濃郡上郡気良庄小倉村に転じ、さらに飛騨高山まで北上するが、ここから先へは進めなかったため（戦況悪化が原因か）、反転して越前大野郡穴馬庄半原村に達して翌九年（一五八一）正月を迎える。そしてさらに大野郡富島村の南専寺に転じて、翌十年（一五八二）三月までここに滞在することとなる。

ところが天正十年三月、この教如のもとへ信長の甲斐出陣の報がもたらされる。そこで彼は一向一揆に蜂起を命じて後方攪乱を企てることとし、みずからは直ちに越中五箇山へと転じた。しかしながら三月十一日に早くも武田勝頼が滅ぼされ（頸実検は十四日に伊那谷浪合で）、それ以降の一揆蜂起が無意味となったため、教如は直ちにここを離れて安芸某所へと転じ、さらに反転して播磨英賀本徳寺に潜入したのである。

こうした情勢のなかで、それでは誠円死去後の末吉道場はどうなっていたであろうか。その後継者たる某（第五世）が当然、道場の管掌権を相続していたであろうが、しかし後掲する天正十六年（一五八八）と思しき六月二十八日付け懇志請取状三点を踏まえるならば、彼はまだ天正十年の段階では出家の年齢に達していなかった可能性がある。そして彼が初めて本願寺に参詣して得度を遂げたのは、おそらくこの天正十六年六月のことだったのであろう。

さて、播磨英賀に潜伏した教如のもとへ、まもなくに信長滅亡（天正十年六月二日）の報が届けられる。そこで教如は、姫路城に撤退してきた羽柴秀吉と交誼を結び、次いで雑賀に立ち戻って、六月二十七日に父顕如との家中合体＝仲直りを果たしたのである。しかしながら、旧主戦派に対する破門処分は一向に解除されず、顕如の存命中にはついにそれは実現しないのである。

本願寺はその後、天正十一年（一五八三）七月に雑賀から和泉貝塚に転じ、さらに天正十三年（一五八五）八月に摂津中之島川崎（天満とも）へ移動する。そしてここに新たな堂舎の建立が企てられて、門徒衆には資金・資材の提供が呼びかけられた。その結果、翌天正十四年になって阿弥陀堂、同十五年になって御影堂が完成したと推測される。

それからまもなくに発せられた末吉道場充ての顕如御印書が、次の三点一組である。

A

（黒印）（印文「明聖」）

御門跡様へ為志、鳥目百疋進上之趣、具遂披露候。懇志之至、神妙ニ被　思食候。先以　御所様、一段御堅固ニ御座候。可心安候。将且各参会之時者、相互信不信旨、被談合、如　御掟之、有安心決定、今度之可被遂報土往生事、善智識之御本意、不可過之候。誠広大深遠之御恩徳之程、有難可被存候。只有増之躰尓てハ、不可有其詮候。弥可被住（ママ）　法儀事、尤肝要之旨、能々相心得可申之由、被　仰出候。仍所被挑（ママ）御印、如件。

刑部卿法印（下間）

六月廿八日（天正十六年カ）　頼廉（花押）（木版）

能登
ホリマツノ内
末吉村（6）

B

御所様へ為志、鳥眼百疋進上、懇ニ申上候。委細被成下　御印書候。可有頂戴候。随而私へ同拾疋給候。寔以無冥加事候。先々此方、弥御無事候。可心安候。猶期後音候。恐々謹言。

六月廿八日（天正十六年カ）　頼廉（花押）（木版）

能州
ホリマツノ内
末吉村（7）

C

（端裏ウワ書）
「（墨引）
能州ホリマツノ内
末吉村
益田少将
照従

田中　　　　　」

御所様へ代百疋、御進上之通、被遂披露候。随而刑部卿法印へ同十疋、慥ニ申届候。則御返事被申候。猶能々相心得可申候旨候。次拙者へ同十疋、上給候。寔以過分、無冥加御事候。先々此方　上々様、御堅固御座候。可御心安候。旁期後音之時候。恐々謹言。

（天正十六年カ）
六月廿八日　　照従（花押）（マツバ型―後期型）

能州
ホリマツノ内
末吉村
田中
(8)

右に引用した三点のうち、まずAは六月二十八日付けで坊官下間頼廉が奉じた御印書で、袖の黒印（印文「明聖」）によって顕如の意思であることが明示されている。その内容は、御門跡様＝顕如への志として鳥目一〇〇疋が進上され、これを披露したところ神妙との意向が示された。顕如は一段と御堅固で安心されるようにと述べられ、さらに法語が記されているのである。ここに据えられた頼廉花押は木版で成形されている点が興味深く、文書の大量発給に対応するためのものであろう（なお文書は三点とも益田照従が執筆したものと考えられる）。

次いでこれに添えられた頼廉の副状Bでは、顕如への鳥眼一〇〇疋進上に対し、御印書が下されたので頂戴するように。また私＝頼廉へも鳥目一〇疋が届けられ感謝している、と述べられている。さらにCの益田照従副状では、顕如への代一〇〇疋、頼廉への一〇疋を確かに申し届け、返書が認められた。また拙者＝照従へも一〇疋が届けられ感謝している、と述べられているのである。

問題はその発給年次であって、おそらくは天正十六年（一五八八）六月のものであろう。その推測の根拠は、まず第一に頼廉の僧位「法印」が手掛かりとなる。(9)彼が法印に昇進するのは天正十四年七月～八月某日の間であって、右の三点はそれより以後、つまり天正十五年六月もしくはそれ以降のものである。次に第二の注目点としては、Cに据えられた益田照従の花押形状がある。(10)ここには「マッバ型」花押が見えているが、彼は天正十五年六月～七月の間は「アヒル型」花押を使用しており、この期間を除外することが前提となる。かくして右の三点は、天正十六年六月か、またはそれ以降のものとしなければならない。そして最後に第三の注目点として、照従の署名の崩され方に留意しよう。彼は「マッバ型」花押の後期において、文禄年間に近づくにつれて徐々に崩れた（つまり粗相な）署名を行うように変化する。しかし右のCにおいてはまだ丁寧な署名が見られ、「照従」と読むことも不可能ではない。よって「マッバ型」花押の後期のうちでは早いものと考えられるのであって、以上の結論として天正十六年六月のものである可能性が高いということなのである。

なお、この懇志上納を行ったのは末吉道場第五世某（誠円の後継者）であろうが、彼はこの時が初めての本願寺参詣であった可能性があり、この機会に出家を果たして法名下付を受けたのではなかろうか。法名の下付主体は顕如とするのが無難であるが、もしかすると教如だったかもしれず、もしそうならば父誠円と同様に、教如派に色分けすることができるであろう（ただしこの頃の顕如体制のもとで、教如に法名下付権があったかどうかは検討すべき課題であるが）。

さて、その後の本願寺は天正十九年（一五九一）八月に、秀吉から拝領した京都西六条の寺地へ転ずることとなる。新堂舎の建設資材は、摂津中之島の建物を解体・輸送して使用することとしたらしい。そしてその翌年天正二十年（文禄元年、一五九二）十一月に至って、ついに顕如はその生涯を閉じたのである（五〇歳）。

四　准如の登場と末吉道場

顕如の死去に伴って、嫡子教如が本願寺門主の地位を継承することとなる。彼は翌年文禄二年（一五九三）に参内して朝廷の承認を受け、次いで肥前名護屋に赴いて、朝鮮出兵を指揮していた秀吉からも承認を取り付けたとされる。

ところが同年閏九月になって、大坂に帰城した秀吉から呼び出された教如は、突然に退隠を命ぜられてしまう。その原因は、これまで逼塞を余儀なくされていた旧主戦派（顕如から破門処分を受けた教如派門徒衆）を、教如が処分解除して復活させていたからである。この措置は、必然的に旧顕如派（穏健派）に対する粛清を伴ったから、旧顕如派はその地位を剥奪されたり、あるいは教如派寺院への服属を命ぜられるなどしていたことであろう。そこで彼らは、急ぎ如春尼（顕如妻で教如母）を通じて秀吉に教如排斥を要請するとともに、これに代わる門主として准如（顕如三男）を推挙していたのである。

秀吉から退隠命令を受けた教如は、しかしこれを容易に受け入れようとはせず、翌三年（一五九四）九月になってようやく彼は「御裏」に転じたので、その翌月に准如が「御表」に移動した。けれども側近衆に対する粛清措置はさらに遅れ、准如が文禄四年（一五九五）八月頃に再度の誓詞提出を厳命したことで、ようやくに教如派を本願寺内から一掃できたのであった。

末吉道場第五世某も、こうした情勢の変化に無関心でいることはできない。准如体制が確立した翌年の慶長元年（文禄五年、一五九六）閏七月、彼は本願寺に達して懇志を上納し、次のような請取状を得ている。

D御所様へ苧之為最花、銀弐匁進上、神妙被思召候。随而安心之一儀、無由断被相嗜、今度之可被遂報土往生事、肝要之旨、被　仰出候也。

（印文「明聖」）
（黒印）　閏（慶長元年）七月十二日

堀松
スヱシ
尼入志中(11)

E御門跡様へ、為苧最花、銀子二匁進上之趣、具遂披露候処、遙々懇志、神妙被　思召、即被成下御印書候。可有頂戴候。随而此方、弥御無事候。可心易候。将且安心之一儀、連々如聴聞、各参会之時者、相互ニ信不信被談合、今度之可被遂報土往生事、尤肝要之旨、御意候。次私へ青銅十疋、送給候。誠以無冥加事候。尚期後音之時候。恐々謹言。

閏（慶長元年）七月十二日　頼純（下間）（花押）

ノト
堀松
スヱシ村
尼入志中(12)

F「（切封ウワ書）（墨引）

堀松
スヱシ
尼入御志中　三上柳斎　春慶」

御門跡様へ苧之最花、御進上ニ付而、侍従法橋（頼純）へ鳥目十疋、慥申届候。即以書札被申候。尚能々相心得、可申入之旨候。将且此方、弥御無事候。先以可御心易候。次私へ同五十銭、被懸御意候。誠ニ過分之至、無冥加存候。尚期後音之時存（ママ）候。恐々謹言。

（慶長元年）後七月十二日　　　　春慶（花押）

能州
堀松
スヱシ村
尼入御志中(13)

右の三点はいずれも同日の発給で、閏七月と見えるところから慶長元年（一五九六）のものと特定できる。Dでは、御所様＝准如に苧の最花として銀二匁が進上され、神妙との意向であったと述べられ、日付の上部に准如の意思を示す「明聖」印が据えられている。ここに見られるごとく、慶長初年の准如御印書における様式上の特徴として、日付の上部に「明聖」印が据えられていること、また奉者の署名が見えないこと、この二点を指摘することができる。これは前引Aに見られた様式とは明らかに異なっており、准如の示した新たな方針による変更とすべきであろう（ただし実際にD・E・F三点を執筆したのはFの発給者三上春慶と考えられる）。

次いで侍従法橋頼純の副状Eでは、御門跡様＝准如への銀子二匁を披露したところ、神妙との謝意が示されて御印書が下された。また私＝頼純にも青銅一〇疋が届けられ感謝している、と見えている。さらに続いて、その手次の三上柳斎春慶の副状Fでは、准如への苧の最花、また頼純への鳥目一〇疋を確かに届け、返書が下されたが、なおよく心得て礼辞を述べておくようにとのことであった。門跡はいよいよ御無事であるから安心されるように。さらに私＝春慶へも銭五〇銭が届けられ感謝している、と述べられているのである。

このように第五世某が准如に充てて懇志を上納するということは、換言すれば、准如派帰属の意思をみずから表明したことに外ならない。つまり彼は、秀吉の圧力によって生じた本願寺の体制転換を一応容認し、准如に従うとの態度を示したということなのである。なおここでは充所に「スヱシ」と記されているが、現在でも末吉の現地発音はスヱシであるから、脱字が存在するわけではない。

ところで、前引A・B・C三点とこのD・E・F三点とを対比して、文言上に見られる注目点をここで指摘しておきたい。すなわち、A・B・C三点においては、「明聖」印の据えられたAにおいて門主顕如は「御門跡様」と呼ばれ、他のB・Cでは「御所様」と表記されている。しかるにD・E・F三点においては、「明聖」印の押されたDにおいて、門主准如は「御所様」と称されているのに対し、他のE・Fでは「御門跡様」と記されているのである。こうした変化はなぜ生じたのであろうか。

門主が黒印を据えているA・D二点をまず比較してみると、Aにおいて顕如はみずからを「御門跡様」と呼ばせているのに対し、Dにおいて准如はみずからを「御所様」と呼ばせているにすぎない。つまり顕如の方が、比べると尊大な姿勢を示していると解さねばならないであろう。ところが、側近の門主に対する対応は、B・Cにおいては「御所様」と呼んでいて親しい関係のごとくに印象づけられるが、E・Fでは「御門跡様」と呼称していて、かなりの距離感を持たしめているのである。こうした表記の違いを踏まえて、門徒衆の立場から二組を見直すならば、A・B・Cにおける門主の地位ははるかに上位にあり、しかも側近もそのすぐ下位に位置づけられている印象がある。つまり門主も側近もともに「雲の上」の存在なのである。けれどもD・E・Fにおいては、門主は進んで門徒衆の近くに降りて親しげな態度を示すがごとき印象があり、その一方、側近は門主との間に大きな距離を置こうとしているように感ぜられる。つまり「雲の上」にある門主は、門徒衆の水準にまで下降する意思を示し、これに対して側近と門徒衆とははるか下位に位置づけられていて、しかも側近と門徒衆の地位にはさしたる差異がないような印象を抱かしめているのである。

文言の変化から受ける印象によって、門主・側近・門徒衆の心理的な位置関係を以上のように評してみたが、門徒衆にとってはD・E・Fから看取される位置づけ、つまり門主一人がはるかに上位にあって、しかも彼は門徒衆の近くにまで下降する態度を示しており、これに対して側近と門徒衆はほぼ同水準の位置にあり、ともに門主を仰ぎ見る立場であること、このような位置づけの方が、門徒衆にとってはむしろ好ましいと理解されたのではあるまいか。

五　御裏時代の教如と末吉道場

准如に懇志を上納する第五世某の心底には、しかしながら、教如に門主であってほしいという願いが強く秘められていた。これは父誠円の遺志とも言えることであって、このことを証明するのが次の三点の懇志請取状である。

G

（印文「詳定」）（黒印）

御所様へ為志、銀子弐匁進上之通、具遂披露候処、遠路懇志之至、神妙被　思召候旨、被　仰出候。然者、連々如聴聞候、安心決定上ニハ、仏恩報謝之称名念仏、無由断被相嗜、今度報土可被遂往生事、尤肝要候旨、御意候。仍所被排　御印也。

（下間）按察法橋

（慶長元年）後七月十二日　頼龍（花押）

能州堀松末吉村
尼入惣中(14)

端書無之候。

H

為志進上之通、具遂披露候処、則被成下　御印書候。有難被存、可有頂戴候。随而私へ代拾疋、上給候。懇志之段、令満足候。先以此方、御堅固之御事候間、可心安候。猶期後音之時候。恐々謹言。

（慶長元年）壬七月十二日　頼龍（花押）

能州堀松
末吉村
尼入惣中(15)

I

以上。

御志御進上之通、申聞候処、則被遂披露、委細以書状被申候。猶弥相心得、可申入候由候。随而私へ代五十文、被懸御意候。遠路御懇志之儀、難有存事候。猶期御参之時候。恐々謹言。

（慶長元年）後七月十二日　（榎本）龍也（花押）

末吉村
志衆
惣御中(16)

右の三点の史料は、日付の一致から前引D・E・Fと混同しがちであるが、袖に据えられた「詳定」印により、「御裏」に隠居する教如充て懇志の請取状であることが判明する。その言うところは、Gでは御所様＝教如への銀子二匁を披露し、神妙との意向が示された、と述べられている。奉じたのは下間按察頼龍で、慶長元年（一五九六）後七月十二日付けである。次いでこれに添えられた頼龍副状がHで、志を披露したところ御印書が下されたので頂戴されるように。また私＝頼龍へも代一〇疋が届けられ感謝している、と見えている。さらにIはその手次榎本龍也の副状で、志二件の進上を披露して書状が下されたが、なおよろしく伝えるようにとのことであった。また私＝龍也にも代五〇文が届けられ謝意を表す、と述べられているのである。この三点においては当然のことながら、教如を指して「御所様」と呼称しており、「御門跡様」との表現は見られない。

ところでそれでは、このように教如に懇志を上納する第五世某の心底が、果たしていかなるものだったのか、ここで憶測を逞しくしてみよう。彼は、かつて父誠円が教如派加担の意思を示していたことを引き継ぎ、同様に教如派帰属の意向を強く持っていた可能性がある。ところが本願寺では、秀吉の圧力によって教如が退けられ、新たに准如が門主に就任していた。このことは旧顕如派の復活を意味するから、各地門徒衆においても教如派が再び退けられて逼塞に追い込まれ、代わって旧顕如派＝准如派が主導権を掌握したことであろう。誠に残念な事態の推移と言わねばならないが、しかし秀吉権力の確立したこの段階では、一揆蜂起といったような情勢展開には到底なりえず、それどころか、第五世某はみずからの道場坊主としての地位保全を図るべく、急ぎ対応策を講ずる必要すらあったのである。そこで彼は、前引D・E・Fに示されたごとくに、准如派に懇志を上納して帰属の意思を表明したのであろう。けれども、彼の本心はあくまで教如の門主就任であって、近い将来に情勢が転換してそうなるよう祈るとともに、当面は自重の姿勢を維持しなければならなかったのである。

このように第五世某は、「御裏」に隠居する教如へ密かに懇志を上納して復活を待望する一方で、教団門主たる准如へも懇志を上納して、みずからの地位保全を果たしているのであるから、その姿勢はまさしく「面従腹背」と評さねばなるまい。

六　東本願寺の成立と寺号免許

教如の境遇に重大な変化が訪れたのは慶長三年（一五九八）八月のことで、ついに秀吉が死去するに至った。そこで教如は、翌慶長四年秋に伏見向島城で徳川家康と交誼を取り結び、さらに翌五年（一六〇〇）六月の家康による奥州上杉景勝攻撃に際しては、はるばる下野国小山の家康陣にまで出向いて見舞いを言上し、その歓心を買おうと努力したのである。その結果、同五年九月の関ケ原合戦で家康の覇権が確立したことによって、教如は准如体制下の本願寺から離脱する切っ掛けを掴むことができたのである。家康としては教如に本願寺再住を命ずるつもりであったらしいが、教如はこれを断って、末寺・門徒衆が勝手次第に教如に帰属を表明するという方法、つまり一派独立の方針を家康に承諾させたのである。また家康は、上野国厩橋（前橋）妙安寺に伝来した親鸞木像を教如が譲り受ける交渉にも介入し、大判金三〇枚と御紋幕を下付して了承を取り付けたのである。かくして親鸞木像は慶長八年（一六〇三）正月に上洛し、さらに阿弥陀堂は同八年九月に完成、御影堂も翌九年九月に完成して、ようやくに教如の独立は達成されたのである。

慶長十九年（一六一四）十月五日に教如が死去すると（五七歳、信浄院）、その跡は十一歳の宣如（慶長九年〜明暦四年七月二十五日）が継承することとなる。彼には兄が二人いたが、長兄尊如は慶長元年（一五九六）、次兄観如は慶長十六年（一六一一）にそれぞれ死去していたため、残った宣如が後継となったものである。

こうした情勢の推移のなかで、それでは末吉道場はどうなっていたであろうか。残念ながら史料が残されていないため不明と言わねばならないが、ただ一つ参考となるのが、その門徒たる「源助家」に伝来した次の法名状である。

法名　釈道専

慶安三季七月十五日

釈宣如（花押）(17)

右は、慶安三年（一六五〇）七月十五日付けで宣如が下した法名状で、「道専」なる法名が下付されている。この道専という人物は、「西来寺文書」の過去帳によれば、

十二日　　　同村
道専　萬治三庚子七（月脱）　　源助[18]

と記されていて、万治三年（一六六〇）七月十二日に死去した「源助家」の当主の源助そのひとであることが知られる。つまり源助は、死去する十年前の慶安三年に東本願寺に参詣し、門主宣如から御剃刀の儀（帰敬式）を受けて「道専」なる法名を下付され、万治三年に至って死去したのである。もちろん源助が東本願寺に参詣するに当たっては、末吉道場の坊主が同行していたに相違ないのであるが、残念ながらこのことを示す史料は得られない。おそらく末吉道場は第六世の時代となっていたことであろう。

　さてここで、東本願寺の門主歴代をまとめておくと、次のようになる。

○教如……顕如の長男、永禄元年（一五五八）～慶長十九年（一六一四）十月五日、五七歳、信浄院
○宣如……教如の三男、慶長九年（一六〇四）～明暦四年（一六五八）七月二十五日、五五歳、東泰院
○琢如……宣如の二男、寛永二年（一六二五）～寛文十一年（一六七一）四月十四日、四七歳、淳寧院
○常如……琢如の長男、寛永十八年（一六四一）～元禄七年（一六九四）五月二十二日、五四歳、泥洹院

　末吉道場にとっての転機は、常如時代の延宝五年（一六七七）二月に訪れる。常如から木仏と寺号「西来寺」とが許可されたのである。

　　釈常如（朱印）（印文「光晴」）
方便法身尊像　西来寺
安置焉

延宝五年二月十五日
（青印ノ右半分）（印文「本願寺」）(19)

（青印ノ左半分）（印文「本願寺」）

依其方望、木仏尊像、并寺号西来寺と、被成　御免候間、有難可被存候。仍顕　御書出御印者也。

粟津右近
元隅（花押）

延宝五丁巳年
二月十五日
能州羽喰郡四ケ内
末吉村
西来寺
乗誓(20)

右の二点の史料が、末吉道場に木仏を下付し、またそれとともに寺号「西来寺」を許可したものである。前者は木仏裏書であって、常如が延宝五年二月十五日に木仏（方便法身尊像）を西来寺に下付すると認めている。次いで後者は、その側近の粟津右近元隅が奉じた御印書で、木仏と寺号が許可されたと述べ、充所にはこの時の住持名「乗誓」が記されている。そして最後にこの二点の史料を重ね合わせて（後者の袖の部分に、前者の奥を重ねて置く）、正方形の青印（印文「本願寺」）を押捺しており、その結果、前者の奥には青印の右半分が、後者の袖には青印の左半分が押捺されているのである。

ところで、この木仏・寺号の免許に関連して、次の史料にも注目しておきたい。

木仏御礼目録

一、御門跡様　　丁銀五枚

一、新門様　同　壱枚
一、督様　同　壱枚
一、当座御礼　同弐拾目
一、御取次　同壱枚
一、口伝衆　同拾匁
一、小取次　同五匁
一、掛減　同五分
一、極印　同参匁八分
合参百八拾参匁参分
　寺号御礼目録
一、御門跡様　丁銀百七匁五分
一、御取次　同□□匁
一、口伝衆　同拾匁
一、小取次　同二匁
一、極印　同一匁四分
一、掛減　同五分
合百四拾弐匁九分
二口合五百廿六匁二分

（黒印）

一、小判金八両壱歩　　六十五匁三分かへ
　此払五百卅八匁七分
引残　拾弐匁余也。
　　　相済申候。

万治四年
　丑三月廿六日　　　　極印吉兵衛（黒印）

能州乗誓房参[21]

右は、木仏・寺号が免許される延宝五年（一六七七）から十六年遡った万治四年（一六六一）三月のもので、乗誓が本願寺に木仏・寺号の下付を申し出た際の礼銀（諸費用）の目録と思われ、受取人の「極印吉兵衛」とは、こうした金銭を取り扱った専門の窓口担当者（両替商か）であろう。その内容は、木仏に対して銀三八三匁余、寺号については銀一四二匁余、二件を合計して五二六匁余の銀子を上納していたことが知られるのである。乗誓はこの費用に相当する小判金八両一歩を、代理人（使者）を派遣して納入したが、金一両を銀六五匁三分で換算した結果、差し引き一二匁余を釣りとして返却すると記されているのである。この礼銀の額は、江戸初期の木仏代銀一二〇匁[22]と比較すると、約三倍に高騰していることが知られる。また申し込んでから引き渡されるまでに十六年もの長期間が必要であったという点も注目すべきところであろう。

かくして、末吉道場は延宝五年（一六七七）二月に至って、ようやくに寺号「西来寺」と木仏が下付されて、道場から寺院へと発展したのである。この時の住持は乗誓で、彼はおそらく第七世に当たったのではなかろうか。

おわりに

本章で明らかにできた西来寺の成立の経緯を、最後に簡単にまとめておこう。

能登末吉村の西来寺（当初は末吉道場）は、末吉城主高野兼吉の弟吉房の創建にかかり、当初は真言宗であったが、吉房は文明三年に越前吉崎に来た蓮如に帰依して一向宗に転じ、九字名号を授与されたと語られる。法名「誠念」は、寺伝では蓮如下付とされるが、もしかすると真言僧として出家した際のものかもしれない。

それから百年後の石山合戦の最末期、天正八年に教如が籠城戦継続を唱えた際に、末吉道場第四世の誠円は懇志を上納して、これに加担の意思を表明した可能性がある。彼はこの時、門徒たる源助家の妻女妙玠尼を伴って大坂に達し、彼女の亡夫の納骨と、教如からの法名拝受について便宜を図っていた。けれども誠円はここで病没したと思しく、その後継者某（第五世）はまだ幼少であったと推測される。

さて、天正八年に大坂から紀伊雑賀に転じた顕如は、その後天正十一年七月に和泉貝塚に移動し、さらに天正十三年八月には摂津中之島川崎へ転ずる。末吉道場の第五世某は、天正十六年六月にこの中之島本願寺に参詣したと考えられ、懇志を上納して出家を遂げたらしく、これに対して請取状三点（顕如御印書・下間頼廉副状・益田照従副状）を下付されている。

天正十九年八月、秀吉から拝領した京都西六条の寺地へ移動した顕如は、中之島御坊の建物を解体・輸送して再構築するという方法で、新堂舎を建立している。そして翌年文禄元年十一月に至って、彼はついにその生涯を終えたのである。

この跡を継承する嫡子教如は、しかし翌文禄二年閏九月に秀吉から退隠を命ぜられてしまう。その原因は、破門されていた旧主戦派を教如が復活させたため、粛清の危機に陥った旧顕如派が如春尼を通じて、秀吉に教如の排斥を強く働きかけていたからである。代わって門主に就くのが弟准如である。

しかし教如は、翌文禄三年九月まで退隠指示に従おうとはせず、この月ようやく「御裏」に転じたので、その翌月に准如は「御表」に移動する。けれども本願寺内から教如派側近衆を完全に排除できるのは、翌年文禄四年八月頃になってのことであった。

准如体制の確立を見た末吉道場の第五世某は、そこで慶長元年閏七月に准如に懇志を進上して帰属の意思を表明し、これに対して請取状三点（准如御印書・下間頼純副状・三上春慶副状）が下付されている。しかしながら彼は、心底では教如の門主就任を強く望んでおり、同時に密かに「御裏」の教如にも懇志を上納して、請取状三点（教如御印書・下間頼龍副状・榎本龍也副状）を下付されているのである。

隠居の教如にとって、慶長三年八月の秀吉死去は大きな転機であった。彼は翌慶長四年秋に徳川家康と交誼を結んだとされ、慶長五年六月の上杉景勝攻撃に際しては、下野国小山にまで出向いて家康に陣中見舞いを言上している。そして同五年九月の関ケ原合戦で家康が覇権を確立したことにより、教如はついに准如体制下から離脱する切っ掛けをつかんだのである。そこで家康は、慶長七年に東六条に新たな寺地を与え、さらに上野国厩橋妙安寺から親鸞木像を譲渡させる斡旋も行って、本山としての体裁を調えさせた。かくして親鸞木像は慶長八年正月に上洛し、阿弥陀堂は同八年九月に完成、御影堂も翌九年九月に至って完成したのであった。

慶長十九年十月に教如が死去すると、その跡は宣如が継承するが、末吉道場の門徒「源助」は慶安三年七月に、この宣如から「道専」なる法名を下付されていることが知られた（源助は万治三年七月死去）。

末吉道場に木仏と寺号「西来寺」が下付されたのは延宝五年二月のことであって、東本願寺の門主は常如、また西来寺住持は乗誓なる人物であった（第七世か）。乗誓がその申し入れを行ったのはそれより十六年前の万治四年のことで、礼銀として合計五二六匁余を要したことが判明する点は、注目すべきところであろう。

注

（1）能登「西来寺文書」（日置謙氏編・松本三都正氏増訂『増訂加能古文書』補遺第二〇八号〜第二一六号）。同寺文書の写真版は、住職萬澤（カズサワ）不二雄氏に御教示を受けたので、ここに謝意を表しておきたい。なお写真版によって読みの一部を訂正したものがある。

（2）川嶋義之家（石川県羽咋郡志賀町末吉に在住）は、屋号を「源助おもや」と称し、『能登志徴』巻第二に、

　　○末吉の源助　同村

　能登誌に、此末吉村に源助と云て、古き百姓あり。むかし義経に宿をまゐらせ、其比賜はりしとて、太刀の小柄を持伝へりといへり。

と記載されている旧家であって、現在も西来寺の門徒である。写真版（赤外線照射による撮影）は萬澤不二雄氏から御教示を受けた。

（3）「西来寺文書」由緒略記。

（4）「川嶋義之家文書」。法名状の現状は、各行を縦方向に切断して短冊状の四紙片に分けたうえ、次にこれらを配列し直して軸物（縦方向に巻く）に表装してある。このように四紙片に一旦切断したのは、損傷の甚だしい法名状を表装するに当たり、糊付けを容易にするためのやむを得ない方法だったと思われる。そしてこの法名状の下方には、もう一点の宣如法名状（慶安三季七月十五日付け）が貼付されている。つまり二点の法名状が、まとめて一本の縦長の軸物に仕立てられているのである。

（5）石山合戦の経過については、『信長公記』（奥野高広・岩沢愿彦氏校注、『角川文庫』二五四一）の記述に基づく

ほか、井上鋭夫氏『本願寺』（『日本歴史新書』、至文堂、一九六六年）、神田千里氏『信長と石山合戦—中世の信仰と一揆—』（吉川弘文館、一九九五年）などを参考にしている。また拙著『本願寺教如の研究』上（法藏館、二〇〇四年）第一章・第二章でも論ずるところがあった。
（6）「西来寺文書」（『増訂加能古文書』補遺第二一四号）。
（7）「西来寺文書」（補遺第二一五号）。
（8）「西来寺文書」（補遺第二一六号）。
（9）拙稿「下間刑部卿頼廉の花押」（拙著『本願寺教如の研究』続、第四部第一章）。
（10）拙稿「益田少将照従の花押」（拙著『本願寺教如の研究』続、第四部第二章第一節）。
（11）「西来寺文書」（補遺第二一〇号）。
（12）「西来寺文書」（補遺第二〇八号）。
（13）「西来寺文書」（補遺第二〇九号）。
（14）「西来寺文書」（補遺第二一一号）。
（15）「西来寺文書」（補遺第二一二号）。
（16）「西来寺文書」（補遺第二一三号）。
（17）「川嶋義之家文書」。
（18）「西来寺文書」過去帳。
（19）「西来寺文書」。
（20）「西来寺文書」。袖に見られる異筆追記は引用を省略した。
（21）「西来寺文書」。
（22）千葉乗隆氏「解説」（『本願寺史料集成』木仏之留・御影様之留）。

あとがき

前著『本願寺教如の研究』上、第一部「教如の動向と本願寺の分裂」において解明できたことは、顕如の主導による石山合戦の最末期に、和睦退城に反対してその子教如が籠城の断固たる継続を主張したこと、その結果、顕如は教如を義絶処分とし、また加担の門徒衆には破門処分（折檻・勘気）を加えたこと、そしてこの顕如派（のちの西派）と教如派（主戦派、のちの東派）との対立は、その後も容易に修復することができず、ついには東西両派の分裂へと帰結すること、以上の点であった。

こうした結論を踏まえて、本書（下、第二部「本願寺の動向と諸国門徒衆」）では、本願寺の動向に翻弄された諸国門徒衆の動きを叙述することを目的とした。いま振り返ってみるならば、この目的はほぼ達成できたと自負している。

ここに掲載した全十章のうち、最初に成稿できたのは美濃安養寺乗了を論じた第三章であった。破門処分とされた乗了がその後、いかなる方法で教如染筆の絵像裏書を入手できたのか、またその処分解除を求めて彼はどのような努力を傾けたのか、これらの点が解明できたことにより、これ以外の寺院・道場に関する論述にも明るい見通しを持つことができたのである。

次いで第四章では、教如の諸国秘回の旅に越後本誓寺超賢が随行していたことを明らかにできた。この理解を得たこともその後の分析には大きな影響があり、例えば尾張光明寺名代・美濃西方寺名代なども同様に教如に随伴していて、彼らが帰国する際に教如書状・下間了明（頼龍）書状などを拝受しているという経過を明らかにできたのである（上、第一部第二章参照）。

最も遅い時点でまとまったのが、近江興敬寺永宗に関する第一章の分析である。栗東歴史民俗博物館に保管される「興敬寺文書」写真版をすべて入手できたことが、成稿の直接の切っ掛けとなったが、そのほかに旧門徒たる増田明性寺や八坂善敬寺などの動きについても目配りすることができ、その叙述には厚みが生まれたと思う。

このほか、第八章の越前門徒土佐（のちの専応寺）に関する検討においては、東派門徒（教如派）に振り回される西派門徒（顕如派＝准如派）の動きを明らかにすることができた。他の文章とはやや異質と言わねばならないが、敢えて本書に掲載して、本願寺門末の混乱した状況を理解する手掛かりにしたいと思う。

ところで、本書を執筆するに当たっては、それぞれの寺院の御住職に史料閲覧などの御配慮をいただくことができ、ここに改めて御礼申し上げておきたいと思う。とくに石見満行寺小笠原静之氏、下総勝願寺井上勝氏、能登西来寺萬澤不二雄氏には、所蔵文書の複写を御教示たまわり、感謝に堪えないところである。また金龍静氏（本願寺史料研究所副所長、北海道円満寺住職）には、収集された史料写真版を御教示いただいており、深く謝意を表しておきたい。

そのほか、本願寺史料研究所・東京大学史料編纂所・岐阜県歴史資料館・新潟県立文書館・福井県文書館・栗東歴史民俗博物館・米沢市立上杉博物館には、架蔵される史料写真版の閲覧と複写に御便宜をいただいたので、ここに謝辞を呈しておかねばならない。さらに法藏館の前編集長上別府茂氏、および長谷川小四郎氏にも、御礼申し上げたいと思う。

なお、上・下二書を叙述するに当たって筆者は、その前提作業として、本願寺一族（顕如・教如・顕尊・准如）

をはじめ、西派側近衆・東派側近衆が押捺した花押・印章の複写を収集して、形状がどのように変化しているかの分析を行っている。その成果は出来るだけ早い機会に続編（第三部〜第五部）として刊行し、今後の研究の一助にしたいと念じている。

最後に、校正作業中の八月二十五日に母たつえ（七九歳）が死去するに至った。出来あがった本書は、まず母の墓前に捧げることにしたいと思う。

平成十九年（二〇〇七）九月十日

小泉　義博

小泉　義博（こいずみ　よしひろ）

1950年　福井県生れ
1973年　金沢大学法文学部史学科卒業
1975年　金沢大学大学院文学研究科（修士課程）修了
現　在　福井県立武生東高等学校教諭
研究業績　『越前一向衆の研究』（法藏館、1999年）
　　　　　『本願寺教如の研究』上（法藏館、2004年）
現 住 所　〒915-0842　福井県越前市常久町 2-12

本願寺《ほんがんじ》教如《きょうにょ》の研究《けんきゅう》　下

二〇〇七年一一月一日　初版第一刷発行

著　者　小泉　義博
発行者　西村七兵衛
発行所　株式会社法藏館
京都市下京区正面通烏丸東入
郵便番号　六〇〇－八一五三
電話　〇七五－三四三－〇〇三〇（編集）
　　　〇七五－三四三－五六五六（営業）

印刷・製本　亜細亜印刷株式会社

ISBN978-4-8318-7473-3 C3021

本願寺教如の研究　上　小泉義博著　九、〇〇〇円
越前一向衆の研究　小泉義博著　一〇、〇〇〇円
本願寺教団の展開　戦国期から近世へ　青木忠夫著　一〇、〇〇〇円
戦国期本願寺教団史の研究　草野顕之著　九、八〇〇円

大系真宗史料　全二十五巻（刊行中）

特別巻　絵巻と絵詞　小山正文担当　三二、〇〇〇円
伝記編3　近世親鸞伝　塩谷菊美・大桑　斉担当　一〇、〇〇〇円
伝記編6　蓮如絵伝と縁起　青木　馨担当　一〇、〇〇〇円
文書記録編11　一向一揆　大桑　斉担当　一〇、〇〇〇円